AF164402

PHIL GAIMON

ZUGTIERE
IN TRÄGERHOSEN

Aus dem Amerikanischen von Olaf Bentkämper

covadonga

Der Amerikaner Phil Gaimon war Radprofi von 2009 bis 2016, unter anderem fuhr er zwei Jahre in der UCI WorldTour in Diensten von Garmin-Sharp (2014) und Cannondale (2016). Darüber hinaus hat sich das Multitalent auch als Keks-Connaisseur, Amateur-Comedian, Podcaster, Blogger, Gastgeber eines Gran Fondo in Malibu und ordinierter Priester bei den Trauungen mehrerer Teamkollegen einen Namen gemacht. Phil Gaimon hat sich inzwischen aus dem Radrennsport zurückgezogen, fährt aber immer noch eine Menge Rad, einfach aus Spaß an der Freud oder für seine Rekordjagden auf Strava, die er auf seinem YouTube-Kanal »Worst Retirement Ever« dokumentiert. Dies ist bereits seine dritte Buchveröffentlichung (nach »Pro Cycling on $10 a Day« und »Ask a Pro«) und die erste, die auch in deutscher Übersetzung vorliegt. Mehr unter: *www.philthehrill.net*

Die Originalausgabe dieses Buches erschien unter dem Titel »Draft Animals. Living the Pro Cycling Dream (Once in a While)« bei Penguin Books, einem Imprint von Penguin Random House LLC, New York.
© Phil Gaimon 2017

Phil Gaimon: Zugtiere in Trägerhosen – Wie ich meinen Traum vom Radprofi lebte (zumindest hin und wieder)

Aus dem Amerikanischen von Olaf Bentkämper

© der deutschsprachigen Ausgabe: Covadonga Verlag 2018
Covadonga Verlag, Spindelstr. 58, D-33604 Bielefeld
ISBN (Print): 978-3-95726-031-4
ISBN (E-Book): 978-3-95726-032-1

Druck: Hans Kock Buch- und Offsetdruck GmbH, Bielefeld

Fotonachweis: Cover und Cover-Rückseite – Hennes Roth, Seite 19 – VeloImages, Seite 95 – Laura Meseguer, Seite 279 – Nate King, Seite 282 – Doug Earnest, alle anderen Aufnahmen – Phil Gaimon

Alle Rechte vorbehalten. Wiedergabe, auch auszugsweise, nur mit ausdrücklicher Genehmigung des Verlags.

Bibliografische Information der Deutschen Nationalbibliothek:
Die Deutsche Nationalbibliothek verzeichnet diese Publikation in der Deutschen Nationalbibliografie; detaillierte bibliografische Daten sind im Internet über http://dnb.dnb.de abrufbar.

Covadonga ist der Verlag für Radsportliteratur.
Besuchen Sie uns im Internet: *www.covadonga.de*

Für Dad

EINLEITUNG

Ich erwachte mitten am Nachmittag auf einem Bürgersteig auf Trinidad, in ein Stück eines verstaubten Teppichs gewickelt, das ich von einer Rolle in der Garage eines Fremden gerissen hatte. Mein linker Arm, der als Kissen herhalten musste, war taub, also schüttelte ich ihn aus, während ich mit der rechten Hand Fliegen verscheuchte, die mir um die Augen summten, bevor ich in meinem Rucksack nach dem Trikot des Teams kramte, für welches auch immer ich mich in dieser Woche gerade abstrampelte, zusammen mit Fahrern, von denen ich noch nie gehört hatte, und bezahlt von Sponsoren, deren Namen ich nicht aussprechen konnte. Inzwischen 26 Jahre alt, hatte ich in dieser Saison ein paar größere Rennen gewonnen und mir nach Jahren harter Arbeit und vieler Opfer endlich einen richtigen Profivertrag erkämpft. Ich hatte gedacht, dass die schweren Zeiten damit hinter mir liegen würden, aber inzwischen weiß ich, wie falsch ich damit lag.

Hört das jemals auf? Wann darf ich mir einbilden, es geschafft zu haben?

Als ich klein war, bläuten Sportler und Prominente meiner Generation ein, dass wir stets an unseren Träumen festhalten sollten und dass wir Großes erreichen könnten, wenn wir uns nur tüchtig anstrengten und an uns glaubten. Klingt toll, aber was sie uns verschwiegen, war, dass auf jeden strahlenden Sieger tausende andere kamen, die sich ebenso sehr anstrengten, aber einfach nicht gut genug waren. Den Unterlegenen hält man kein Mikrofon hin, damit sie ihre Geschichte erzählen, man ahnt daher nicht, wie viel Scheitern es da draußen gibt und wie verzerrt die eigene Perspektive ist. Ich schätze, ich konnte von Glück sagen, immerhin irgendwo in der Mitte zu landen.

Ich kam am Tag der Challenger-Katastrophe zur Welt und malte mir daher aus, irgendwann Astronaut zu werden oder notfalls der nächste Michael Jordan – Träume, die meinen Eltern sicher nicht behagten. Mom war in Brooklyn groß geworden. Mit 24 machte sie ihren Doktor in Betriebswirtschaft an der Carnegie Mellon University, wo sie meinen Dad kennenlernte. Er war im Deutschland der Nachkriegszeit aufgewachsen und kam dank eines Fulbright-Stipendiums in die Staaten, um Informatik zu studieren. Sie erhielten beide eine Anstellung als Dozenten am Georgia Tech, und während Jordan mir also riet: »Just do it«[*], mach's einfach, erinnerten meine Eltern mich lieber regelmäßig an einen Typen, der mir mal als Sportschuhverkäufer bei Stride Rite die Nikes geschnürt und dabei von seiner Zeit als Basketballprofi in Europa erzählt hatte. Er diente ihnen als ein warnendes Beispiel, um mir und meiner Schwester den Wert von pragmatischen Zielen, Sicherheit und Stabilität zu vermitteln. Mom und Dad verdienten gutes Geld, schnitten aber Gutscheine aus der Zeitung aus und fuhren Toyotas mit Kurbelfenstern, um für unsere College-Ausbildung zu sparen – oder für schlechte Zeiten.

Wir lebten in Georgia, in einer ehemaligen Eisenbahnersiedlung namens Tucker, die heute ein Vorort von Atlanta ist und wo die Geschäfte an der Main Street allesamt Namen wie »Grandma's Attic« hatten und nie mehr als ein oder zwei Jahre durchhielten. Das Radgeschäft »Bikeways of Tucker« befand sich jenseits der Gleise hinter dem Eisenwarenladen, und wie es hieß, diente das Gebäude, bevor es mit Speichen und Ritzeln vollgestopft wurde, dem Ku-Klux-Klan als Treffpunkt.

Als 1996 die Olympischen Spiele in Atlanta stattfanden, sahen wir uns die Leichtathletikwettbewerbe an. Ich war zehn Jahre alt, in Ehrfurcht erstarrt und malte mir aus, wie es wäre, eines Tages selbst zu diesem elitären Club dazuzugehören und einer der besten Sportler der Welt zu sein. Ich erkannte, dass es vermutlich nichts auf Erden gab, was begehrter und

---

[*] Lesen zufällig Anwälte mit? Können wir Nike wegen irreführender Werbung verklagen?

härter erarbeitet war als eine Goldmedaille. Dad war immer der Meinung gewesen, Sport sei unsinnig, aber mir zuliebe gab er zu meinem Geburtstag 299 Dollar bei Sports Authority aus und rührte in einer Schubkarre Zement an, um in unserer Einfahrt einen Basketballplatz anzulegen (er geriet ein bisschen schief, ich habe aber nie einen Ton gesagt).

Das Eheste, was meine Familie in Sachen Sport und körperlicher Ertüchtigung unternahm, war, gemeinsam Rad zu fahren. Eine meiner frühesten Erinnerungen ist ein Besuch bei Verwandten meines Vaters in Deutschland, wo wir einen Abstecher in die Niederlande machten und auf geborgten Tourenrädern die örtlichen Radwege erkundeten. Ich erinnere mich, dass wir direkt an einem Fluss in einem Restaurant mit einem Wasserrad vor dem Eingang zu Mittag gegessen haben. Holländische Pfannkuchen sind gelb und haben die Größe eines Gullydeckels, daher teilte ich mir einen mit meiner Schwester, und auf dem Heimweg musste Dad mich im Gegenwind schieben, sonst hätten wir es niemals zurückgeschafft.

Jeden Sommer packten meine Eltern den Minivan voll und mieteten für eine Woche ein Haus auf Jekyll Island an der Küste von Georgia. Dad und ich standen jeden Morgen früh auf, um auf unseren Huffys zum Café im Hof des Jekyll Island Club Hotel zu fahren. Er kaufte einen Kaffee und eine Zeitung und ich bekam einen Fudge Brownie Chip Cookie, was das Leckerste war, was ich jemals gegessen hatte. Ich zog meinen Dad dafür auf, ständig einen Rucksack mit sich herumzuschleppen, wenn wir unterwegs waren, aber er hielt auf dem Heimweg gerne am Supermarkt an, um Lebensmittel einzukaufen. Ich erinnere mich an das eine Mal, als es an der Schnellkasse »15 Teile oder weniger« hieß und er 16 Teile in unserem Korb zählte und sich dann an der längeren Schlange anstellte, weil er nicht im Traum daran dachte, die Blumen zurückzulegen, die er für meine Mom ausgesucht hatte. Dad befolgte die Regeln und er blieb seinen Prinzipien treu.

Mit siebzehn hielt ich mich für zu alt, um im Urlaub die ganze Zeit mit meinen Eltern abzuhängen, also holte ich mir mit Dad meinen Cookie, drehte für mich allein eine ängstliche Runde um die Insel und schaute im

Ich, mein Vater und meine Schwester Valerie auf Jekyll Island, Georgia.

Ferienhaus fern, während sie an den Strand fuhren. Erst war ich genervt, dass nichts lief außer der Tour de France[*], aber dann gewann Tyler Hamilton mit gebrochenem Schlüsselbein eine Etappe und Lance Armstrong stürzte, setzte sich auf dem Weg zu seinem fünften Toursieg aber trotzdem in den Bergen gegen Jan Ullrich durch.[†]

Dad meinte, ich würde meine Ferien verplempern.

»Wen interessiert schon, wer ein Radrennen gewinnt?«, fragte er.

Aber ich musste einfach sehen, ob die Discovery-Channel-Mannschaft von Armstrong die Ausreißer einholen würde. Seine Teamkollegen machten vorne im Hauptfeld das Tempo, während ihr Kapitän sich im Windschatten versteckte, um Kräfte für seine nächste verheerende Attacke zu sparen.[‡] Innerhalb des Rennens gab es alle möglichen Preise und Wertungen, die sich auf die Strategien der Teams auswirkten, von

---

[*] Und *Der Preis ist heiß*.
[†] Nicht zu verwechseln mit einem Typen, der ... EIN NIGELNAGELNEUES AUTO gewann.
[‡] Radprofis machen sich genau wie NASCAR-Fahrer den Windschatten zunutze. Am Hinterrad eines Vordermanns spart man bis zu 30 Prozent Energie.

Etappensiegen und Sprints bis hin zum Bergtrikot für den besten Kletterer. Wie es sich an Schlössern vorbei- und an Küsten entlangwand, glich das Peloton einer Symphonie, und Radrennen kamen mir vor wie eine magische Kombination aus Boxen und Schach.

Die Stadt Atlanta gehört im Grunde genommen Coca-Cola. In unserer Schule gab es daher Getränkeautomaten mit dem Zeug und ich kann mich nicht erinnern, als Kind je Wasser getrunken zu haben. Den Großteil meiner Teenagerzeit verbrachte ich übergewichtig und deprimiert, mit Bewegung hatte ich nichts am Hut, aber als wir von Jekyll Island heimkehrten, begab ich mich direkt zu Bikeways, wo mir der Eigentümer ein gebrauchtes Trek 1200 verkaufte. Es war zwei Nummern zu klein, ich kann also bestätigen, dass der Typ ein Arschloch war (wenn nicht gar Mitglied des KKK), aber ich liebte die Freiheit, die mir dieses Rad verschaffte. Unterwegs mit meinen Freunden war ich wie ein Entdecker, der zum ersten Mal die Welt sah. Wenn ich heimkam und mein Rad in der Garage an die Wand lehnte, ertappte ich mich dabei, zu lächeln und zu singen, und ich wusste, dass es meiner Seele guttat.

Als ich meine College-Ausbildung an der University of Florida begann, hatte ich 45 Pfund abgenommen, im UF Cycling Club war ich daher als »Skinny Phil« bekannt, und ich war mehr daran interessiert, die Geheimnisse des Windschattenfahrens zu lernen, als an meinen Hausaufgaben. Auf Ebay ersteigerte ich ein richtiges Rennrad und kehrte zu Weihnachten mit rasierten Beinen und hautengen Shorts nach Tucker zurück. (Dad schüttelte den Kopf, fast genau wie in einer Szene aus dem Rennrad-Film *Breaking Away*.)

Bikeways machte pleite und ich bemerkte ein Schild an der Main Street, das hochtrabend ein »Verschönerungsprojekt« für Tucker ankündigte. Man plante, eine Fahrspur zurückzubauen, um Platz für mehr Parkplätze zu schaffen, und es waren bereits ein paar erhöhte Betonflächen angelegt worden, die man mit Erdreich aufgefüllt und mit grauem, kniehohem Gestrüpp bepflanzt hatte. Ich stellte mir die Sitzung vor, in der die Stadtoberen über die Bereitstellung der Mittel für das Projekt entschieden hatten, und fragte mich, ob jemand gewagt hatte, das Unaussprechliche anzusprechen: Wie jede Antiquität hatte Tucker gewiss seinen Charme, aber es war alt und runtergekommen, ein Relikt voller stolzer Geschichte – im Grunde war da nichts mehr zu retten. Als ich die Gleise überquerte, bremste neben mir ein Pick-up ab und das Fenster wurde heruntergelassen. »Runter von der Straße, du Schwuchtel!«

Ich trainierte hart in jenem Winter und mein Gehirn setzte ein paar spitzenmäßige Chemikalien frei, als ich mein erstes Rennen gewann. Ich war süchtig und in den nächsten zehn Jahren meines Lebens war nichts anderes mehr wichtig. Ich fühlte mich lebendiger, wenn ich Rennen fuhr, und es war das Erste, was ich je gemacht hatte, bei dem ich auf Anhieb gut war. Als ein Freund mich zu einem Labortest drängte, kam ich auf einen irren VO_2max von 88, und ich fühlte mich, als hätte ich eine Superkraft in mir entdeckt.*

Da es mir an den schnell kontrahierenden Muskelfasern mangelte, die man dafür benötigte, verlor ich jeden Sprint, aber bergauf war ich fast immer der Schnellste und meistens auch im Zeitfahren – eine Disziplin, bei der man auf speziellen Rädern allein gegen die Uhr fährt. Meine Freunde absolvierten im Sommer Praktika und zerbrachen sich die Köpfe über albernen Kram wie Berufsaussichten und Einstiegsgehälter, während ich an der Ostküste umherstreifte und mir in Amateurkreisen einen Namen machte. Wie ein verschlagener Wanderprediger tauchte ich an irgendwelchen Orten auf, mischte ein wenig die Lokalrennen auf und zog wieder ab. Oft verdiente ich kaum genug, um den Sprit und einen Burrito für den Heimweg bezahlen zu können, aber manchmal strich ich 1.000 Dollar ein, und als ich zwanzig war, hatte ich genug gewonnen, um bei einem der führenden Amateurteams unterzukommen, das bei den größten Rennen im nationalen Rennkalender startberechtigt war.

Profisportler neigen anscheinend dazu, recht nachtragend zu sein, was ihre frühen Zweifler betrifft. Michael Jordan beispielsweise ritt ständig auf dem Highschool-Coach rum, der ihn damals aus dem Team gestri-

---

* VO_2max ist ein Maß der Sauerstoffaufnahme und gilt als einer der wichtigsten genetischen Faktoren im Ausdauersport.

chen hatte, aber der einzige Zweifler, an den ich mich aus dieser Zeit erinnere, war der Leiter des US-Nachwuchsprogramms, das junge Amerikaner fit für die UCI ProTour machte, die damals höchste Liga im weltweiten Straßenradsport. Ich war in meinem zweiten Jahr am College, als er meinte, ich sei zu alt, um mich der Mannschaft in Belgien anzuschließen, und dass ich an der Uni bleiben solle. *Was soll's. Wer will schon in Belgien rumhängen? Nach ein paar Wochen würden mir Waffeln sicher zum Hals raushängen.*

Davon abgesehen hätten meine Eltern mich umgebracht, hätte ich das College geschmissen. Dad meinte immer, ich würde meine Zeit verschwenden, indem ich so viele Stunden auf dem Rad verbrachte, dennoch würde ich ihn nicht als Zweifler bezeichnen – er wollte einfach nur das Beste für mich. Wenn er das Wort »ProTour« hörte (beziehungsweise »WorldTour«, wie die Serie seit 2011 heißt), dann waren das für ihn nur Männer in hautengen Shorts, die ein Spiel spielten und sich grundlos die Beine rasierten, aber für mich waren Lance und seine Kollegen Gladiatoren: der Gipfel menschlichen Potenzials in Sachen Kraft, Ausdauer und Teamwork, gemeißelt aus Granit. Gut, stimmt schon: in hautengen Shorts und mit grundlos rasierten Beinen.

Die Leute, die an mich glaubten, waren in jenen Jahren wesentlich lauter als die Zweifler: Als ich mit dem Gedanken spielte, Jura zu studieren, bekam ich von den älteren Herren unter den lokalen Radrennfahrern während unserer gemeinschaftlichen Trainingsausfahrten immer zu hören, wie elend es doch sei, einer »ordentlichen« Arbeit nachzugehen. Sie versicherten mir, dass ich das Talent hätte, um »Profi« zu werden und »den Traum zu leben«.

Ich glaubte, sie wollten mir Mut zusprechen, aber inzwischen weiß ich, was wirklich dahintersteckte: Diese Männer hatten keineswegs meine Zukunft im Sinn, sie erinnerten sich vielmehr an eine Zeit, als sie selbst aufgegeben hatten – nicht unbedingt den Radrennsport, aber irgendwann hatten sie sich von irgendeinem Traum verabschiedet. Nun mochten sie einen Beruf, eine glückliche Familie und ein Rad für 5.000 Dollar haben, aber es gab immer noch Höhen und Tiefen. Da konnten sie sich leicht einreden, dass ihr Leben perfekt wäre, hätten sie es damals nur *darauf ankommen lassen.**

Lance Armstrong war mit seiner inspirierenden Geschichte jedermann ein Begriff, und als bei meinem Dad Krebs festgestellt wurde, bezog meine Mom Kraft aus seinem Buch. Dad besiegte die Krankheit nach monatelanger Chemotherapie und meine Mom wurde zum Radsportfan.

Als Lance 2009 ein Comeback wagte, gab es im Radsport zahlungskräftige Sponsoren zuhauf. Den etablierten Rennställen stand daher reichlich Geld zur Verfügung, und für junge Fahrer war es ein Leichtes, einen Job bei einem der kleineren Teams auf »Continental«-Ebene zu finden, der Rennserie, die unterhalb der ProTour angesiedelt ist und sich auf den jeweiligen Kontinent beschränkt. Mit 22 schloss ich mich einem solchen Team an. Es wurde von Jelly Belly gesponsert, und so erhielt ich ein mit Geleebohnen lackiertes Rad, Trikots, auf denen Süßigkeiten zu sehen waren, und Gepäck, auf das unser Teamlogo und mein Name aufgedruckt waren. Klingt ein bisschen albern, aber ich war stolz wie Oskar.

Wenn Sie »Profisportler« hören, denken Sie vielleicht an verwüstete Hotelzimmer und schicke Autos, aber das entsprach nicht unbedingt meiner Erfahrung bei Jelly Belly. Die besten Fahrer auf diesem Niveau verdienten sechsstellige Summen, aber das durchschnittliche Gehalt lag eher bei 15.000 Dollar im Jahr und meins betrug 167 Dollar im Monat. Ich fuhr in einem Toyota Matrix mit Kurbelfenstern kreuz und quer durch die Staaten und traf meine Teamkollegen in Städten, von denen kein Mensch je gehört hatte, um an Rennen teilzunehmen, bei denen es keine Fernsehkameras und bestenfalls mickrige Preisgelder gab. Wir kamen bei Gastfamilien unter, die auf die harte Tour lernten, niemals »bedient euch in der Speisekammer« zu sagen.

Als Jelly Belly mir nur 6.000 Dollar für ein weiteres Jahr bot, wechselte ich zu einer kleineren Mannschaft, die vom Reifenhersteller Kenda gesponsert wurde. Sie zahlten mir 15.000 Dollar, eine für mich damals

---

* Ich weiß nicht, wie oft ich den Satz »Ich hätte Profi werden können, aber …« zu hören bekam.

erkleckliche Summe, waren aber nicht gut genug, um zur Tour of California, zur Tour of Utah und zur Tour of Colorado eingeladen zu werden – den einzigen Rennen, bei denen amerikanische Continental-Fahrer sich mit den Spitzenteams messen konnten. Stattdessen juckelten wir zu jeder kleineren Rundfahrt, bei der die Veranstalter für unsere Reisekosten aufkamen, oder zu sogenannten Kriterien. Das sind schnelle Rennen auf innerstädtischen Rundkursen, bei denen die Veranstalter die Gehsteige in den engeren Kurven mit Heuballen ausstaffieren, weil sie genau wissen, dass es dort zu Stürzen kommen wird. Ich wurde Gesamtzweiter bei der fünftägigen Tour de Taiwan (hinter einem Typen, der eine zweijährige EPO-Sperre hinter sich hatte), riss mir aber das Kinn auf, als bei der Tour de DMZ in Korea, einem Etappenrennen durch die Demilitarisierte Zone, das Führungsmotorrad stürzte.* Hätte es eine Somalia-Rundfahrt mit Gratisbüfett gegeben, ich wäre gewiss dabei gewesen.

Die UCI (Union Cycliste Internationale, der Radsport-Weltverband) verlangt von Profis, krankenversichert zu sein, doch nur wenige Teams sind bereit, die Kosten dafür zu tragen. Angesichts meines Gehalts meldete ich mich pro forma bei einer Versicherung an, zeigte meine Versichertenkarte beim Verband vor, um meine Rennlizenz zu bekommen, und kündigte meine Krankenversicherung dann sofort wieder. Meine Eltern fürchteten, ich würde das Geld verschleudern, das sie in meine Ausbildung gesteckt hatten (tat ich auch), aber sie kümmerten sich weiter um mich, ließen mich die Versicherung erneuern und übernahmen die Beiträge. Ich hatte gedacht, ich würde meinen Traum leben, als ich Profi wurde, aber ich war weit davon entfernt, unabhängig, abgesichert oder gefestigt zu sein.

Alle Continental-Fahrer hofften, einen Platz in der WorldTour zu ergattern. Sprinter waren scharf darauf, sich bei einem der legendären

---

* Sie denken bestimmt, ich hätte mir die Tour de DMZ nur ausgedacht, aber weit gefehlt. Drei Tage lang fuhren wir unentwegt an Stacheldrahtzäunen entlang, und die einzigen Zuschauer waren Soldaten mit M16-Gewehren. Die Rennleitung warnte uns, zum Pinkeln nicht die Straße zu verlassen, denn dort gab es scharfe Landminen, und der Offizielle auf dem Motorrad – dessen Aufgabe es ist, die Fahrer zu leiten und den vor uns liegenden Verkehr zu blockieren – unterschätzte auf einer Abfahrt eine enge Kurve und rutschte mit seiner Harley aus, und die gesamte Führungsgruppe rauschte in ihn hinein.

Kopfsteinpflaster-Klassiker wie Paris–Roubaix durchrütteln zu lassen, während Kletterer davon träumten, an einer dreiwöchigen Grand Tour teilzunehmen, doch von den mehr als hundert Jungs in der Serie, die alle das gleiche Ziel hatten, schaffte es vielleicht alle paar Jahre mal einer nach Europa. Keine tollen Aussichten, aber weil die Saison kurz war, blieb Zeit genug, sich auf andere Weise die Brötchen zu verdienen. Ich verdingte mich als Personal Trainer, schrieb als freier Autor für Magazine[*] und eröffnete einen Online-Vertrieb für Radsportbekleidung. Manches davon lief ziemlich gut, aber ich lebte weiterhin nicht auf großem Fuß und sparte mein Geld in der ständigen Furcht, jeder Dollar, den ich verdiente, könnte der letzte sein.

Ich startete in diesen Jahren ein paar Versuche, eine Beziehung anzufangen, was aber nicht recht klappte. Ich war zu beschäftigt damit, mich um meinen Traum zu kümmern – den ganzen Aufwand, den ein verantwortungsvoller Mann getrieben hätte, um sich um seine Familie zu kümmern, investierte ich in meine Radsportkarriere. Als einmal eine Freundin sagte, sie wolle mehr gemeinsame Zeit verbringen, nahm ich mir dies zu Herzen, indem ich ein bisschen Popcorn machte und einen Film anstellte, nebenbei Bauchpressen auf dem Teppich absolvierte und in den Pausen zwischen den einzelnen Serien noch ein paar geschäftliche E-Mails schrieb. Aus irgendeinem Grund wollte sie mich trotzdem heiraten, doch wir trennten uns, als sie sagte, dass sie eines Tages Kinder wollte. Ich bekam es ja kaum auf die Reihe, für mich selbst zu sorgen, und konnte mir beim besten Willen nicht vorstellen, solche Verantwortung zu übernehmen.

Ich habe das Leben als Profi in der Continental-Serie nicht gerade in rosigen Farben geschildert, aber wenn man sich einredet, dass die Zukunft besser sein wird, rechtfertigt das die Gegenwart, und sein Dasein als Profisportler bestreiten zu können, war gewiss ein Privileg. Und überhaupt: Sollte ich mich in diesen Jahren schwergetan haben, so hatte ich

---

[*] Ich sagte zum Beispiel dem *Bicycle*-Magazin, dass ich gerne über Standpumpen schreiben würde. Sie schickten mir sechs Stück, ich probierte sie aus, schrieb 500 Wörter für ein Honorar von 500 Dollar und vertickte die Pumpen bei Ebay.

offenbar viel zu viel Spaß dabei, um es zu bemerken. In Straßenrennen beispielsweise gibt es immer wieder lange Phasen, in denen nicht viel passiert. Sobald sich die frühe Ausreißergruppe gebildet hat, kann man sich mit seinen Freunden unterhalten und herumdölmern. Wenn man pinkeln muss, begibt man sich normalerweise auf einer Abfahrt an den Straßenrand und lässt sich von einem Teamkollegen schieben, während man sich bei 50 km/h erleichtert. Manchmal ließ ich mich anschieben, so dass es aussah, als würde ich pinkeln, hielt dabei aber eine Trinkflasche in Hüfthöhe und verpasste dem halben Feld eine Dusche, was ein entsetztes Geschrei gab, bis sie mir auf die Schliche kamen. Anschließend kam es zu einer spontanen Wasserschlacht, die Ausreißer wurden geschnappt und wir passten wieder auf. Nach dem Rennen gab es Champagner, wenn wir gewonnen hatten, oder Bier, wenn wir leer ausgegangen waren. So oder so war es eine Party.

Jedes Jahr hatte ich ein oder zwei Teamkollegen, die Freunde fürs Leben wurden. Zwischen Brad Huff, Jeremy Powers und mir gab es seit 2009 einen Running Gag, dass wir uns gegenseitig bescheuerte Fotos mit noch bescheuerteren Kommentaren schickten. Zum Beispiel ein Bild, auf dem meine Eier zur Seite raushängen, garniert mit der Frage »Sagt mal, Jungs, die Shorts passen ganz gut, oder?« – etwas in der Art. Einmal, als ich mit ein paar Leuten, die ich gerade erst kennengelernt hatte, auf einer Kneipentour war, lachte ein Mädchen über das Video eines hin und her schlenkernden Pimmels, das ihr Freund ihr geschickt hatte, und zeigte es am Tisch herum.

»Hey, woher kennst du Jeremy Powers?«, fragte ich.

Sie war ganz perplex, denn die Person in dem Video sah man nur vom Oberschenkel bis zum Bauchnabel, aber den Schwanz würde ich überall erkennen. Wie sich herausstellte, fuhr Powers in der gleichen Mannschaft wie ihr Freund.

Auf meinem Handy habe ich immer noch eine ganze, ähm, Latte an Fotos der Genitalien meiner Freunde. Ich hatte in den Jahren damals wirklich Spaß ohne Ende, ich habe tolle Freundschaften geschlossen und einmalige Erfahrungen gesammelt. Mit 25 war ich, einen Familienurlaub auf Hawaii eingerechnet, in 49 US-Bundesstaaten gewesen (komm endlich in die Puschen, Alaska, und veranstalte ein Radrennen) und hatte Rennen auf drei Kontinenten bestritten – nur nicht auf dem, der wirklich zählt. Manchmal gewann ich sogar, und ganz gleich, wie trüb meine Aussichten auch generell waren: In den Momenten, in denen mein Körper von den Chemikalien des Siegestaumels geflutet wurde, lebte ich den Traum.

Irgendwann kriegten wir spitz, dass in der ProTour beziehungsweise WorldTour hemmungslos betrogen wurde. Viele Sportarten hatten ein Dopingproblem, aber besonders effektiv waren leistungsfördernde Mittel bei Zeitfahren und im Hochgebirge; im Radsport setzten sich folglich die Fahrer durch, die besonders gewissenlos waren. Auch als Fahrer eines Continental-Teams musste ich die US-Anti-Doping-Agentur (USADA) stets über meinen Aufenthaltsort unterrichten. Mitbewohner kamen manchmal nach Hause und trafen mich, Formulare ausfüllend und Urinbecher versiegelnd, mit einem Vertreter der USADA und einem Aufpasser in der Küche an – dem letzten Ort, an dem man Körperflüssigkeiten sehen möchte.

Der bis dahin größte Dopingskandal war die sogenannte Operación Puerto, bei der die Behörden bei einem zwielichtigen Arzt 211 Blut- und Plasmabeutel sicherstellten. Die Beutel waren mit den Decknamen der Fahrer beschriftet, von denen sie stammten. Ein Rechtsstreit machte es zwar unmöglich, die jeweilige Herkunft zu bestätigen, aber es war doch teils ersichtlich, welcher Fahrer im Einzelnen dahintersteckte.

Auch wenn er es abstritt, stammten beispielsweise 20 Beutel vom Spanier Francisco Mancebo. Mancebo fand keinen Job mehr im schrumpfenden europäischen Peloton, also verdingte er sich stattdessen bei einem amerikanischen Team der Continental-Serie. Ich glaube nicht, dass er weiterhin dopte, aber Mancebos Motor war nach all den Jahren schmutziger Rundfahrten gut geölt, in kleineren Rennen war er daher fast unschlagbar. Ich kam mir fast vor wie der Held in einem Videospiel: Gegen alle anderen hatte ich mich durchgesetzt, nun musste ich einen Weg finden, *ihn* zu besiegen.

Leiden an Mancebos Hinterrad, Redlands Classic 2012.

Als weitere Skandale herauskamen, sahen Sponsoren den Radsport als Risiko, viele Geldgeber stiegen aus und große Teams mussten dichtmachen. Ich war jung und besaß noch Entwicklungsspielraum, aber da es immer weniger Jobs gab, war jedes Jahr ein »schlechtes Jahr«. Aufstrebende Talente gingen mit 25 zum College zurück oder beendeten mit 30 ihre Karriere. Ich teilte mir die Wohnung mit meinem Teamkollegen Pat Lemieux, als dieser mit der Profi-Triathletin Gwen Jorgensen zusammenkam. Als sie ein paar Wettkämpfe gewann und beschloss, ihren Job als Buchhalterin an den Nagel zu hängen, um ihren Traum von den Olympischen Spielen zu verwirklichen, waren wir alle der Meinung, dass es sinnvoller wäre für Pat, sie zu den Rennen zu begleiten, sich um ihr Rad zu kümmern und für sie zu kochen, statt sich fürs nächste Kriterium in meinen Toyota zu quetschen. Ich dachte, dass jede Saison meine letzte sein könnte, aber ich bekam immer einen neuen Vertrag, der gerade so reichte, um mich durchzuschlagen, sofern ich noch etwas nebenbei verdiente, und es gab immer einen Sieg, einen Moment der Hoffnung, an den ich mich klammern konnte. Mehr brauchte ich nicht, um auf der gepunkteten Linie zu unterschreiben, und mit jedem Fahrer, der aufgab oder weiterzog, kam ich der Spitze ein kleines Stückchen näher.

Verbittert über die Situation, in der ich mich mit 25 befand, ließ ich mir das Wort »Clean« auf den rechten Bizeps tätowieren, wo es nicht zu übersehen wäre, wenn ich auf dem Podium den Arm hob. Die Leute dachten, ich hätte es gemacht, weil ich Doper nicht ausstehen konnte, und ich gebe zu, dass ich diesen Kerlen bei jeder sich bietenden Gelegenheit die Meinung geigte, aber der wahre Grund war ein anderer: Ich verstand, warum manche Fahrer betrogen. Die Motivation als solche war mir nicht völlig fremd. Ich selbst wollte es so sehr schaffen, dass es mir bisweilen Angst machte, und das Tattoo sollte mir Kraft geben für den Fall, dass ich in Versuchung käme. Meine Kollegen Nick Waite, Adam Myerson, Isaac Howe und Brad Huff hatten ähnliche Tätowierungen und wir schlossen einen Pakt: Falls einer dopte, würden die anderen ihn sich schnappen und sein Tattoo mit einer Käsereibe runterraspeln.

Es kam schließlich heraus, dass Armstrong – *das* Aushängeschild unseres Sports – nicht einfach nur gemogelt hatte wie alle anderen. Er war ein Superbetrüger, heuerte Spitzenärzte an und heckte neue Methoden aus, um zu gewinnen, koste es, was es wolle. Während seine Konkurrenten erwischt wurden, nutzte Lance seine Macht und sein Geld, um jeden zu verfolgen, der ihm in die Quere kam, verklagte unter anderem einen früheren Soigneur, der ausgepackt hatte[*], und hinterließ per Voicemail Drohungen, die seine Feinde um ihre Familien fürchten ließen. Frankie Andreu war einer der Ersten, der auspackte, und stand in der Branche jahrelang auf der Schwarzen Liste, bis er schließlich als Sportlicher Leiter meines Kenda-Rennstalls zurückkehrte.

Ich versuchte, mich in meine Kollegen hineinzuversetzen und die Grauzonen zu verstehen, aber mein ehemaliger Held schien ein Soziopath sondergleichen zu sein, ein Bösewicht wie aus dem Comic. Ich fürch-

---

[*] Soigneurs sind spezielle Betreuer im Profiradsport, die sich um Dinge wie Massage, Logistik und Verpflegung kümmern.

tete, dass Dad doch recht habe könnte und dass ich meine Zeit verschwendete, aber in der WorldTour schien ein Umdenken stattzufinden. Jonathan Vaughters – auch er ein früherer Teamkollege von Lance – baute eine neue Mannschaft auf, die sich dem Kampf gegen Doping verschrieb, und heuerte einen Haufen Amerikaner an, um in Europa sauber Rennen zu fahren, wie David gegen Goliath. Angesichts seiner gewaltigen Koteletten, dem winzigen Budget und seltsamen Trikots, die mit Argyle-Karomuster verziert waren, war schwer zu sagen, ob JV es ernst meinte, aber als er Garmin als Hauptsponsor an Land zog, warfen auch andere Teams die Nadeln weg und die Ära des flächendeckenden Dopings war in Auflösung begriffen.

Ich war nur ein dummer Junge, der aus seinem Auto heraus lebte und Preisgelder für ein Tattoo ausgab, aber als ich das Team Garmin bei der Tour de France fahren sah, fühlte ich mich nicht mehr ganz so verloren. Ich flog nach China, um Muster für meinen Radklamotten-Shop abzunehmen, und holte einen Partner ins Boot, der sich um das Tagesgeschäft kümmern würde, so dass ich mehr trainieren und für ein kleines monatliches Gehalt halbtags arbeiten könnte. Dann gab ich meine Ersparnisse von 80.000 Dollar für ein zwangsversteigertes Haus in Athens, Georgia, aus, riss den Hundekampfplatz ab, den der Vorbesitzer hinter der Garage eingerichtet hatte (ja, Sie haben richtig gelesen), und wandelte das Untergeschoss in eine Wohnung mit kleiner Küche um. Mein neues Schlafzimmer hatte eine massive Tür und kein Fenster nach draußen (ideal für Ruhe und Regeneration). Ich stellte die Garage mit Rädern voll, und im oberen Stockwerk waren drei Schlafzimmer und zwei Badezimmer, die ich als zusätzliche Einnahmequelle vermieten konnte.

Athens ist eine tolle Stadt für einen Radprofi mit kleinem Budget. Ein Parkticket kostete vier Dollar und eine meiner Trainingsstrecken umfasste zwei überdachte Brücken und eine Tankstelle, wo es einen Riesenbatzen Maisbrot für läppische 25 Cent gab. So wie die Dinge nun geregelt waren, mit dem Geschäft und dem Haus, befand ich mich in einer ungeahnt komfortablen Situation, aus der heraus ich neu angreifen konnte – mein »Piratenschiff«, wie ich es nannte. Die Rechnungen waren bezahlt, und der Radsport wurde von einem Hobby zu einem richtigen Job. Ich legte mir einen Entsafter zu, bekam jede Woche eine Massage und heuerte einen Coach an, der mein Training steuerte. (Meine Eltern zahlten immer noch meine Krankenversicherung.)

Derart neu gestärkt, gewann ich die Auftaktetappe beim Redlands Classic, einem legendären Etappenrennen in der Nähe von Los Angeles, das als Sprungbrett zur WorldTour gilt. Ich wäre fast eingebrochen, als Mancebo am Schlusstag attackierte, aber ich flog in strömendem Regen durch nasse Kurven und ging dermaßen an die Reserven, dass ich am nächsten Tag nicht laufen konnte, aber ich holte ihn wieder ein und sicherte mir den Gesamtsieg. Mein Vorsprung: zwei Sekunden. Praktisch nichts. Wie knapp das doch alles war: Es waren diese zwei Sekunden, die dafür sorgten, dass ich mir einen Namen machte, und es waren dieselben mickrigen zwei Sekunden, die mich davon trennten, gescheitert zu sein und nichts vorweisen zu können aus dieser Zeit. Ich erinnerte mich, wie ich als Amateur das Redlands Classic als Zuschauer verfolgt hatte und wie ich dann bei meiner ersten Teilnahme nur Kanonenfutter gewesen war und davon träumte, dieses Rennen eines Tages vielleicht gewinnen zu

Das Piratenschiff in Athens, Georgia.

können. Auf dem Podium weinte ich und hatte zum ersten Mal das Gefühl, dass alles gut ausgehen würde, als ich meinen tätowierten Arm über Mancebo hob. Und ich weine wieder, wo ich dies schreibe, nur beim Gedanken an diesen Moment. Ich bin echt eine Heulsuse...

Die sechsstelligen Gehälter, die früheren Redlands-Siegern winkten, konnte ich mir nach den ganzen Skandalen abschminken. Ich war daher hocherfreut, bei einem finanzstarken Continental-Team namens Bissell einen mit 45.000 Dollar dotierten Vertrag für 2013 zu unterschreiben. Nach wie vor nicht erste Liga, aber Bissell wurde stets zu den großen amerikanischen Rennen eingeladen, ich würde also die Chance haben, mich mit WorldTour-Fahrern zu messen, und ich würde mit dem Flieger zu den Rennen anreisen und im Hotel übernachten, statt mit dem Auto zu fahren und auf einer Luftmatratze zu schlafen. Und, jawohl: Das Sponsoring umfasste auch Gratis-Staubsauger. Meine Böden in Athens waren blitzblank. Verzeihung, ich meine natürlich meine *Veranda*.

Es ging aufwärts, aber es gab ein Problem: Ich war bereits 25 Jahre alt und nur ein einziger Typ hatte es noch nach dem College-Abschluss und einem späten Start in die WorldTour geschafft. Sein Name war Ted King. Ted hatte verstanden, dass Verträge nicht nur an Resultaten hingen, also musste er Wege finden, sich gut zu verkaufen und für Sponsoren attraktiv zu sein. Andere Profis machten sich lustig über Ted, weil er einen Blog schrieb und die sozialen Medien intensiv nutzte, aber dank seiner Kontakte zum Pedal-Hersteller Speedplay bekam er einen Fuß in die Tür zur WorldTour und wurde schließlich zum Vorzeige-Amerikaner bei einer von Cannondale gesponserten italienischen Mannschaft. Seinem Beispiel folgend, legte ich mich ins Zeug, um etwaigen Teams mehr zu bieten als bloße Rennergebnisse, und fing an, für Sponsoren in sozialen Medien zu werben und Testberichte für Magazine zu schreiben. Die Leute twitterten mir, welche Arten von Böden und Haustieren sie hatten, und ich empfahl ihnen den passenden Staubsauger von Bissell. (Ich bekomme immer noch Gratis-Sauger. Mark Bissell ist ein netter Kerl.)

Ab Januar 2013 würde ich also endlich ein Gehalt bekommen, von dem ich leben konnte, und eine Chance auf die großen Fleischtöpfe erhalten, aber als Kenda Pro Cycling mitten in der Saison das Geld ausging und den Laden dichtmachen musste, war ich vorerst auf Preisgelder und Rennen angewiesen, um in Form zu bleiben. Daher nahm ich die Einladung an, im August als Gastfahrer (quasi als Söldner) für eine Amateurmannschaft die Tour of Trinidad zu bestreiten, ein zehntägiges Etappenrennen in der Karibik, wo dem Sieger ein Auto winkte. Ich war so verzweifelt, dass ich nicht einmal fragte, was für eins.

Einhundert Fahrer zwängten sich um fünf Uhr morgens in Trinidads Hauptstadt Port of Spain in Schulbusse und traten die zweistündige Fahrt zum Eröffnungszeitfahren an. Die zweite Etappe ging abends in der gleichen Stadt über die Bühne, anstatt uns also in der Zwischenzeit zum Hotel zu fahren, luden sie uns einfach bei irgendjemandem zu Hause ab. Nach einem kargen Mahl aus Weißbrot und gebackenen Bohnen begab ich mich in die Stadt, um ein Roti aufzutreiben. Das ist eine trinidadische Spezialität aus Curryhähnchen, Kartoffeln und scharfer Soße, eingewickelt in Fladenbrot.[*]

Nachdem mein Magen besänftigt war, setzte die Erschöpfung ein, aber das Eheste, was ich als Bett ausfindig machen konnte, war eine Teppichrolle, also riss ich einen Streifen ab und schlief auf dem Bürgersteig ein – eingewickelt wie ein Roti.

Einer meiner Teamkollegen führte die Gesamtwertung an, ich fuhr daher an der Spitze des Feldes, als der Polizeiwagen, der die Aufgabe hatte, den Verkehr zu stoppen, unvermittelt an einer Tankstelle abbog, so dass es mir überlassen war, uns durch eine Hölle aus Lastwagen zu manövrieren, die auf beiden Seiten mit 60 Sachen an uns vorbeirasten. Im Rennen gab es auch eine Bergwertung, allerdings waren die Passhöhen nicht markiert, weshalb ich doch schmunzeln musste, als man mir hinterher das traditionelle gepunktete Trikot für den besten Kletterer überreichte. Jemand meinte, ich hätte außerdem einen Bullen gewonnen, aber ich habe ihn nie zu sehen bekommen, das mag also Bullsh… ähm, ein Witz gewesen sein. Nach der Etappe kaufte ich meinen Teamkollegen einen

---

[*] Mir läuft das Wasser im Mund zusammen. Warum hat es Roti nicht in die USA geschafft?

Sechserpack Corona und nahm den nächsten Flieger nach Hause. Die Jungs waren stinkig, ihre Zugmaschine zu verlieren, aber als ich hörte, dass zwei Etappen wegen starker Regenfälle und Überflutungen abgesagt werden mussten, musste ich mein Bestes geben, mir die Schadenfreude zu verkneifen, um ein wirklich schönes deutsches Wort aufzugreifen, das die Freude bezeichnet, die man über das Missgeschick anderer empfindet. Nach der Rundfahrt litten manche Fahrer unter einem Virus, das Fieber und Magenprobleme mit sich brachte, und ich gab mein Bestes, mir die Scheißenfreude zu verkneifen, um ein nicht ganz so schönes Wort aufzugreifen, das ich mir gerade ausgedacht habe und das die Freude bezeichnet, die man über den Dünnpfiff anderer empfindet. Ich habe nie herausgefunden, welche Art Auto der Sieger erhielt. Ich wette, es war gebraucht. Oder von Hot Wheels. Und irgendjemand da unten schuldet mir einen Bullen.

Wieder zurück in Georgia nahm ich mir ein paar Wochen frei, um mich von einer langen Saison zu erholen, und nutzte die Zeit, um an einem Buch über meine Reise durch den Radsport zu arbeiten. Gemütlich daheim in Georgia sitzend, auf meinen ersten richtigen Scheck als Radprofi wartend, dachte ich, meine Reise wäre vorbei – Ende gut, alles gut. Doch als ich mein Manuskript einem Verlag vorlegte, hieß es, es würde ein richtiges Ende fehlen[*], was stimmte, aber irgendwie auch traurig und beleidigend war. Inzwischen empfand ich das Schreiben als etwas Erlösendes, ein Gefühl ganz ähnlich, als würde man eine juckende Stelle kratzen, also starrte ich in jenem Herbst und Winter, wenn ich nicht gerade auf dem Rad saß, auf mein Laptop. Als ich endlich wieder aus meiner Höhle kroch, meinten Freunde, ich sei über Monate verschwunden gewesen. Aber mein Versuch, imaginären Lesern Dinge zu erklären, hatte doch was gebracht. Er hat mir geholfen, diese Dinge selbst besser zu verstehen, und er zwang mich dazu, Emotionen zu verarbeiten, die zu empfinden ich seinerzeit zu beschäftigt gewesen war. Und so entschuldigte ich mich nun telefonisch bei Freunden, deren Hochzeiten ich versäumt hatte, und

---

[*] Übersetzung: »Du bist immer noch ein Loser. Trainier weiter.«

kontaktierte frühere Teamkollegen, um mich für aufmunternde Worte zu bedanken, an die sie sich in der Regel nicht mal mehr erinnerten. Ich nahm mir vor, ein inneres Gleichgewicht zu finden und ein besserer Mensch zu sein, dann ging ich mit meinen Kumpels zum »Weinabend« in eine Kneipe, wo ein Glas Cabernet und ein Stück Pizza 4,50 Dollar kosteten und ich mit der Barkeeperin nach Hause ging. Sie hatte blaue Haare.

Ich ging nicht davon aus, dass es mein Laptop je verlassen würde, trotzdem war es ein gutes Gefühl, mein Buch zu vollenden. Das Thema von *Pro Cycling on $10 a Day*[*]: Folge deinem Traum, aber geh auf Nummer sicher, beende die Schule, bring nicht zu viele Opfer. Sie verstehen schon, was ich meine. Ich weiß aber nicht, wie ich inzwischen dazu stehe.

---

[*] Der Titel war eine Parodie auf das berühmte Reisebuch *Europe on $5 a Day*, den Witz hat aber keiner verstanden.

TEIL 1

Das Leben in der
Post-Dopokalypse

KAPITEL 1

Für ein oder zwei Jahre war der Profiradsport fast so etwas wie Mainstream gewesen, aber 2013 war eine Zeit, die ich die »Post-Dopokalypse« zu nennen pflege. Als namhafte Sponsoren das Handtuch warfen*, mussten die Manager der Rennställe mit dem klarkommen, was sie aus der Fahrradindustrie herausquetschen konnten. Weitere Teams stiegen aus und der ganze Profizirkus war nur noch ein Trümmerfeld im Vergleich zu dem, den ich als Teenager verfolgt hatte.

In den meisten Sportarten wird jemand, der beim Doping erwischt wurde, ausgeschlossen und kehrt meistens auch nicht mehr auf die Bildfläche zurück, aber im Radsport war das Doping zu weit verbreitet und zu tief verwurzelt. Lance Armstrongs früherer Trainer Chris Carmichael zum Beispiel hatte sich zwar vermutlich auf der falschen Seite der Regeln bewegt, als er sich einen Namen als erfolgreicher Radsport-Coach machte, aber er nutzte den Boom, um sein Unternehmen für Trainingsberatung aufzubauen, das bis zum heutigen Tag besteht. Die meisten der Sportlichen Leiter und Manager der Teams, die sich über Wasser halten konnten, waren frühere Doper, und die Rennen wurden von Fahrern gewonnen, die entweder bereits Sperren verbüßt hatten oder einfach nicht erwischt worden waren. Im Peloton wimmelte es von markanten Kinn- und Stirnpartien – eine typische Nebenwirkung von Wachstumshormonen – und fast ein Drittel der Fahrer in der WorldTour besaßen

---

* Nike hatte einen Haufen Geld in Lance gesteckt und hat seither einen Bogen um den Radsport gemacht.

Rezepte für Asthmasprays, ein halblegales leistungsförderndes Mittel. Ich bewunderte Alberto Contador für seine Zähigkeit und seine Fahrweise, aber wenn ich ihn auf alten Aufnahmen sah, wie er Lance am Berg attackierte, kam ich ins Grübeln. *Er hat damals bestimmt betrogen, tut er es vielleicht immer noch? Gewinnt er nur aufgrund der Mittel, die er früher genommen hat?* Dann wurde Contador positiv auf Clenbuterol getestet und machte ein verunreinigtes Steak dafür verantwortlich. Sein Teammanager war Bjarne Riis, bekannt als »Mr. 58 Prozent«, eine Anspielung auf die atemberaubenden Hämatokritwerte, die er dank EPO in seiner Zeit als aktiver Fahrer erreichte.[*]

Eines der WorldTour-Teams firmierte unter dem Namen »Katusha«, der russischen Bezeichnung für einen Mehrfach-Raketenwerfer, der auch als »Stalinorgel« bekannt war. Das Marketing war sehr effektiv. Als mein Raketenwerfer kaputtging, habe ich mir sofort einen neuen Katusha gekauft.

Ein anderes großes Team gehörte dem Kasachen Alexander Winokurow, der beim olympischen Straßenrennen 2012 augenscheinlich einen kolumbianischen Fahrer bestochen hatte, ihm den Sieg zu überlassen. Beide streiten dies ab, aber die Spiele sollten eigentlich heilig sein, und es erschien mir einfach falsch, dass »Wino« nun Teamchef der von der kasachischen Regierung finanzierten Astana-Mannschaft wurde.

In der Dopokalypse wurde immer dann, wenn ich dachte, der Sport wäre gesäubert worden, ein weiterer Radrennfahrer, gegen den ich gefahren war oder zu dem ich aufgeschaut hatte, positiv getestet. Bei Neoprofis konnte man vielleicht davon ausgehen, dass sie noch nicht mit Dopingmitteln behelligt wurden, trotzdem war schwer zu sagen, wem man zujubeln durfte und wem nicht. Die Zuschauer begegneten längst jeder Leistung mit Skepsis und sprachen ähnlich über EPO, wie Basketballfans darüber diskutieren mochten, ob Michael Jordan in seiner besten Zeit besser war als LeBron James – endlose Mutmaßungen

---

[*] Der Hämatokrit bemisst den Sauerstoffgehalt des Bluts – ein wichtiger Faktor bei Etappenrennen. Alles über 50 Prozent wird als fragwürdig eingestuft. Selbst unter Nicht-Dopern weiß jeder Radsportler, der etwas auf sich hält, die Ergebnisse von Bluttests zu deuten.

wurden darüber angestellt, wer etwas nahm, wer nicht und wer vielleicht inzwischen damit aufgehört, früher aber definitiv zugegriffen hatte. Die Leute vertrauten höchstens Fahrern mit »Clean«-Tattoos, aber wir gewannen nicht besonders oft.

Der US-Radsport war durchsetzt mit früheren Dopern wie Jonathan Vaughters (dessen sauberes Karomuster-Team inzwischen Garmin-Sharp hieß, nachdem man sich einen neuen Sponsor gesichert hatte), George Hincapie, der bei der schweizerischen Mannschaft BMC angeblich ein Jahressalär von einer Million Dollar einstrich, und Levi Leipheimer, der einer der Kapitäne beim Team Rabobank gewesen war (einem der schmutzigsten Rennställe aus jener Zeit) und bei Quick-Step unter Vertrag stand, als er über seine Vergangenheit auspackte. Die Verantwortlichen von Quick-Step müssen über seine Geschichte im Bilde gewesen sein, aber als er an die Öffentlichkeit ging, gaben sie sich bestürzt und feuerten ihn – die Strafe dafür, dass er das Gesetz des Schweigens gebrochen hatte. Auf diese Weise in den Ruhestand zwangsversetzt, veranstaltet Levi inzwischen einen jährlichen »Gran Fondo« im kalifornischen Santa Rosa, wo einige tausend Hobbyradsportler eine Startgebühr entrichten, um auf den Trainingsstrecken eines früheren Dopers fahren zu dürfen. Ist das verkehrt? Hat er seine Strafe verbüßt? Keine Ahnung. Wenn man sich mit ihm unterhält, macht er einen netten Eindruck.

Dann war da noch Tom Danielson. Am Berg einer der besten Fahrer der Welt, hatte er bei Vaughters unterschrieben, irgendwann reinen Tisch gemacht und saß nun eine verminderte Sperre ab, nachdem er als Kronzeuge gegen Lance ausgesagt hatte. Continental-Fahrer hassten Doper, und aus irgendeinem Grund war Danielson derjenige aus dieser Generation, den sie am meisten verachteten – die eine Hälfte konnte den Kerl nicht ausstehen, die andere wollte ihm eine reinhauen. Weil ich es nicht besser wusste, hatte ich ihm zugejubelt, als die Tour of Georgia 2005 durch Tucker kam, aber ich war wütend, als er sieben Jahre später bei einem Benefizrennen auftauchte, bei dem ich auch dabei war. Nachdem sich die Startflagge senkte, setzte ich also alles daran, den Doper in Grund und Boden zu fahren. Der Schuss ging nach hinten los, als Danielson mich ansprach und mir sagte, wie beeindruckt er doch von mir sei: Ich sei ein großes Talent und er könne mir helfen, es in die WorldTour zu schaffen, wenn ich den Winter über mit ihm zusammen in Tucson in Arizona trainieren würde. Ich konnte diesen Drecksack von Betrüger nicht leiden, aber ich fühlte mich geschmeichelt. Schon die alten Herren hatten bei den gemeinsamen Trainingsausfahrten ja davon gesprochen, dass ich es nach Europa schaffen könnte, aber Danielson war der Erste, von dem ich es hörte, der auch Ahnung davon hatte.

Mein Coach zu dieser Zeit war Matt Koschara. Er hatte eine lange, saubere Karriere als Profi gehabt, sich zehn Jahre lang gegen Doper abgestrampelt und war kaum über die Runden gekommen. Im Nachhinein sah er die Sache so, dass er Opfer gebracht hatte, die er nicht hätte bringen sollen. Koschara war für mich ebenso sehr Ratgeber wie Trainer.

»So wie es im Moment um den Radsport bestellt ist, kannst du es gleich sein lassen, wenn du nicht in der Lage bist, mit Dopern auszukommen«, sagte er. »Kein WorldTour-Team wird einen Typen mit Clean-Tattoo anheuern, wenn sie befürchten müssen, dass er ihre Manager und die Hälfte der Fahrer hasst.«

Er meinte, ich könnte ja vielleicht eine Art Bindeglied zwischen der sauberen neuen und der schmutzigen alten Generation sein – der erste Radprofi, der sich offen gegen Doping ausspricht, aber trotzdem in die alte Garde integriert ist. Davon abgesehen konnte ich, wenn ich mir die Tour vor Augen führte, die ich mit Danielson in Florida absolviert hatte, den potenziellen Trainingsnutzen nicht abstreiten – immerhin hatten wir 160 Kilometer in deutlich unter vier Stunden abgerissen.

»Es gibt keine bessere Trainingseinheit, als sich mal so richtig schön die Fresse polieren zu lassen«, schloss Koschara. Der Typ ist ebenfalls Autor. Kann echt mit Worten umgehen. Und wie es der Zufall wollte, war ein Freund und früherer Teamsponsor von mir gerade dabei, sein Haus in Tucson zu verkaufen, und meinte, ich könnte dort unterkommen, solange ich die Bude für die Makler sauber hielt. Also packte ich mein Auto voll und fuhr nach Arizona.

Ich war davon ausgegangen, Danielson nicht leiden zu können, aber ich war überrascht, wie aufbauend und positiv (kein Wortspiel beabsichtigt) er war. Er stellte unentwegt Fragen und brachte mir einiges über das Training bei. Lance hatte immer alles dafür getan, um zu gewinnen, einschließlich Doping im großen Stil, aber auch in punkto Coaching, Ernährung, Doping, Ausrüstung und Doping war für ihn stets nur das Beste gut genug. Danielson hatte eine Menge von ihm gelernt und war erpicht darauf, die erlaubten Aspekte an mich weiterzugeben, zum Beispiel wie man mit einem Powermeter trainiert, einem modernen Gerät, das laufend aufzeichnet, wie viel Watt man tritt. Toms Botschaft lautete: »Wir haben es früher anders gemacht, aber so ist es besser.«

Wir begannen den Tag, indem wir locker mit 200 Watt zum Fuß des Mount Lemmon gondelten, was sozusagen unser Weg zur Arbeit war, denn erst dort fing das eigentliche Training in unserem sechstägigen Trainingszyklus an:

Tag 1: drei Intervalle à 20 Minuten bei 400 Watt, gefolgt von einer Ausdauer-Einheit, insgesamt vier Stunden

Tag 2: drei Intervalle à 40 Minuten bei 370 Watt, danach wieder Ausdauer, insgesamt fünf Stunden

Tag 3: sechs Stunden, durchgängig bei Ausdauer-Pace, ohne Frühstück und ohne Kohlenhydrate, um »den Fettstoffwechsel anzukurbeln«, was auch immer das hieß

Tag 4: wie Tag 1, plus 5 Watt

Tag 5: wie Tag 2, plus 5 Watt

Tag 6: auf keinen Fall das Sofa verlassen, wozu ich ohnehin nicht imstande war

Schon komisch, wie einfach es auf dem Papier klingt, sich an die Zahlen zu halten, und wie unglaublich schwer es in der Praxis war, es tatsächlich zu tun. Danielson beendete jede Einheit hustend und spuckend über dem Lenker zusammengesackt. Ich glaubte, auch vorher schon hart trainiert zu haben, aber ich hatte nicht einmal gewusst, was Training bedeutet, bis ich mich an seinem Hinterrad abstrampelte und von WorldTour-Schweiß besprenkelt wurde. Ich schlief jede Nacht zehn Stunden und war abends kaum in der Lage, die Treppe zum Schlafzimmer hochzukommen. Und ich aß während dieser Tage Unmengen an Haferbrei. Sie ahnen ja nicht, wie viel Haferbrei ich aß.

Weit davon entfernt, der hinterlistige Doper zu sein, den ich erwartet hatte, erwies sich Danielson als großzügig und liebenswürdig. Gegen Ende einer unserer gemeinsamen Trainingseinheiten hatte ich kaum eine Meile von meiner Unterkunft entfernt einen Platten. Ich sagte ihm, er solle ruhig vorfahren, aber er wartete, während ich den Schlauch wechselte. Als er erwähnte, dass ihm die Wohnung, die er in Tucson gemietet hatte, inzwischen ziemlich auf den Senkel ging, meinte ich: »Weißt du was, Alter? Du solltest dir mal das Haus von meinem Kumpel Billy ansehen.«

Verhandlungsbasis waren 520.000 Dollar und Danielson schlug sofort zu. Als er das erste Mal dopte, hatte er vermutlich gar nicht im Sinn, zu betrügen und saubere Fahrer zu bescheißen. Wahrscheinlich war er mit seinen Teamkollegen zusammen und einer meinte: »Weißt du was, Alter? Du solltest dir mal EPO spritzen.«

Als ich ihn schließlich auf das Thema Doping ansprach, meinte Danielson, dass es ihm nicht falsch vorgekommen wäre, da alle anderen es auch taten. So ähnlich wie auf der Autobahn, wo sich ja auch keiner ans Tempolimit halten würde. Ich wusste, dass er Fehler gemacht hatte, aber er schien ein Kerl zu sein, der sich bemühte, es nun besser zu machen als in der Vergangenheit, und mir zu helfen, war seine Weise, Wiedergutmachung zu leisten. Falls Sie mal vorhaben, jemanden zu hassen, sollten Sie eins unbedingt vermeiden: Lernen Sie ihn nicht näher kennen.

Amerikaner erinnern sich, wo sie waren, als sie von der Ermordung Kennedys oder den Anschlägen vom 11. September erfuhren, und genauso ist es mit Radfahrern, wenn es um Lance Armstrongs Geständnis bei Oprah Winfrey geht. Ich saß mit meinem früheren Teamkollegen Isaac Howe in dem Haus in Tucson und wir versanken samt unserer »Clean«-Tattoos fassungslos im Sofa.

Kaum besser fühlte ich mich, als ich am nächsten Tag am Ende von Danielsons Intervallen nicht mehr mithalten konnte.

»Du kletterst wie ein Tier«, meinte ich zu ihm, als wir oben auf dem Mount Lemmon angekommen waren und ich mit dem Mund voll Energieriegel am Aussichtspunkt Windy Point auf der Leitplanke saß.

»Ja, wie ein Elefant«, lachte er. »Du kommst mir jedes Mal ein Stückchen näher. Du packst das schon.«

Er hatte recht. Nach ein paar Wochen konnte ich mit ihm mithalten und einmal hängte ich ihn sogar ab. Ein Mal.

KAPITEL 2

In der Post-EPO-Ära nutzten Topfahrer Höhentrainingslager, um die Produktion roter Blutkörperchen auf legale Weise anzukurbeln. Da der menschliche Körper auf Höhe des Meeresspiegels leistungsfähiger ist, lautete das Motto: »oben leben, unten trainieren«. Also begab ich mich von Tucson nach Big Bear in Kalifornien, das hoch genug lag, um eine Anpassung zu erwirken, aber nur eine Stunde von Redlands entfernt war, so dass ich im Flachen trainieren konnte, auf Straßen, die ich gut kannte. Ich wohnte mietfrei im Haus eines anderen Freundes, dessen Eltern es sich als Skihütte für den Winter hielten, doch nachdem es im Vorjahr einen Einbruch gegeben hatte (bei dem unter anderem ihre Springsteen-CDs erbeutet wurden), waren sie froh, dass es im Sommer bewohnt war.

Topfit vom Training mit Danielson fuhr ich die Konkurrenz beim Saisonauftakt im kalifornischen Merced schwindlig, und als ich ein paar Wochen später beim Bergzeitfahren des San Dimas Stage Race ins Ziel kam, wusste ich sofort, dass ich gewonnen hatte, obschon die Hälfte der Fahrer noch nicht mal unterwegs war. Bis bei einem solchen Zeitfahren die Ergebnisse bekanntgegeben werden, laufen die Fahrer auf dem Parkplatz herum und erkundigen sich diskret gegenseitig nach ihren Zeiten. Ich saß mit hochgelegten Beinen am Bissell-Van und sagte jedem, der es hören wollte, dass ich 14:03 Minuten gefahren war – eine so schnelle Zeit, dass alle dachten, ich würde sie nur auf den Arm nehmen.

Danielson war in Europa, aber ich schickte ihm meine Leistungsdaten vom Rennen und er empfahl Vaughters, mich für 2014 unter Vertrag zu nehmen. JV meinte, dass die Zahlen nicht stimmen könnten, doch auf Koscharas Betreiben hin bot er mir an, in Denver einen Leistungstest zu absolvieren, und ich buchte einen Flug für Ende April, wenn ich im Vorfeld der Tour of California in Höchstform sein würde.

Mit guten Beinen und einer starken Mannschaft im Rücken, um mein Führungstrikot zu verteidigen, war ich vor dem Start der zweiten Etappe in San Dimas so zuversichtlich wie selten zuvor. Ich alberte mit Freunden im Peloton herum und in den ersten paar Runden flog ich den Anstieg förmlich hinauf, doch etwa zur Hälfte des Rennens sah ich mich über die Schulter nach meinen Teamkollegen um und touchierte mit dem Lenker einen Zaun am Straßenrand. Ich hatte zehn Jahre gebraucht, um der WorldTour so nahe zu kommen, aber nur ein Fehler, ein Moment der Unachtsamkeit bei 55 km/h genügte, und statt in Führung zu liegen, lag ich bewusstlos in einer Blutlache auf der Straße, das Gesicht vom Asphalt zerschreddert.

Das Rennen ging weiter, außer für mich und Ben Jacques-Maynes, der durch meinen Sturz aufgehalten worden war. Ich kannte ihn kaum und wir waren auf dem Rad Konkurrenten, aber er hielt an, um zu helfen, und hatte Angst, mich sterben sehen zu müssen, als sich die Sanitäter um mich scharten.

Ich kann mich nach wie vor weder an den Sturz noch an die Minuten davor erinnern, aber ich werde nie meine Gedanken vergessen, als ich zu mir kam.

Ich bin tot.[*]

Warte mal, keine Panik! Ich kann sehen, also bin ich nicht tot.

Aber ich kann meinen Kopf nicht drehen. Ich bin bestimmt gelähmt. Ich werde nie wieder laufen.

Wie heiße ich?

Joanna.

So heiße ich nicht. Fuck. Ich kann mich nicht an meinen Namen erinnern. Wer ist Joanna?

---

[*] Was würde dann aus meinen Bonusmeilen?

Sie muss meine Frau sein.
Wo bin ich? Was ist das für ein Lärm?

Ich dachte, mein Genick wäre gebrochen, also griff ich mit der linken Hand nach einem Büschel Haare und zog daran, um meinen Kopf zu drehen und mich umzusehen. Der Lärm, den ich hörte, war das Geräusch von Rotorblättern, denn ich befand mich in einem Hubschrauber auf dem Weg ins Krankenhaus. Ich hatte noch nie solche Angst gehabt, aber das Morphium wirkte schnell und meine Genickmuskeln spielten später wieder mit, ich war also nicht gelähmt. Ich erinnerte mich schließlich, dass mein Name Phil und Joanna nicht meine Frau war. Sie war ein Mädchen, das ich gerade kennengelernt hatte, und sie hatte einen Freund. Das erinnerte mich außerdem daran, dass ich ein Loser war.

Omer Kem, der Sportliche Leiter von Bissell, kaufte mir auf dem Heimweg vom Krankenhaus einen Burger bei In-N-Out. Der Milchshake beruhigte meinen wunden Kiefer, aber nach einem halben Double-Double spuckte ich zwei Backenzähne in meine Hand. Meine Krankenversicherung deckte Zähne leider nicht ab, hätte es also keinen Zahnarzt/Radsportfan/Helden gegeben, der mich über Twitter ausfindig machte und zufällig in Redlands lebte, hätte ich sie vermutlich durch Chiclets oder Wrigley's Extra ersetzen müssen.

Schmerzmittel sind bei der Bedienung eines Kraftfahrzeugs nicht gerade förderlich, weshalb mein Teamkollege Pat McCarty mich zurück nach Big Bear fuhr. Pat war ebenfalls ein paar Jahre als Profi in Europa gefahren, als einer der wenigen, die nicht gedopt hatten (was vermutlich der Grund war, warum er nicht viel gewonnen hatte und bei Bissell landete). Wie es hieß, hatte er es abgelehnt, sich dem »Programm« zu unterziehen, als er in Lance' Mannschaft fuhr, und als die Teamleitung das spitzkriegte, wurde Pat kaum noch zu Rennen geschickt und nach Ablauf der Saison gefeuert. Er hatte einen Abstecher nach Big Bear geplant, um mit mir zu trainieren, aber ich lag zwei Wochen im Bett, und Pat musste eher als eine Art Rund-um-die-Uhr-Pflegekraft herhalten. Ich hatte nie rotes Fleisch gemocht, aber ich glaube, mein Heilfleisch bescherte mir einen plötzlichen Heißhunger auf Rind, also nahm er mich mit zu Get the Burger, einem im Hollywood-Style aufgemachten Restaurant in der Nähe der Skigebiete. Ich saß mit dem Gesicht zur Wand, wo keiner die Prellungen und Frankenstein-Nähte in meinem Gesicht sehen konnte.

Mein Handgelenk war gebrochen und mir tat alles weh, aber am meisten litt ich unter der Gehirnerschütterung. Über Wochen vergaß ich Namen und wo ich meine Schlüssel hingelegt hatte, ich war mürrisch und fühlte mich niedergeschlagen. Ich schickte gehässige Mails an jeden, der mir je Unrecht getan hatte, und ich stellte einen Freund dafür zur Rede, Mancebos Team zu sponsern, was zu einem hitzigen Wortgefecht mit dem Manager des Rennstalls führte (er hätte mir liebend gern ein blaues Auge verpasst, was aber redundant gewesen wäre). Joanna sagte, sie würde eine schwierige Phase mit ihrem Freund durchmachen, also nahm ich ihr das Versprechen ab, mit mir auszugehen, sobald ich wieder auf dem Damm wäre. Kann ich das auf die Gehirnerschütterung schieben? Hm, vielleicht war es auch ein anderer Körperteil. Profisportler sind ja angeblich eh alles Mistkerle, oder?

Unser Teamarzt hatte uns vor der Saison einen neuropsychologischen Baseline-Test mit einer Reihe von Gedächtnis- und Denksportaufgaben absolvieren lassen, und als ich nun in einem Vergleichstest wieder die gleichen Werte erzielte wie damals, bedeutete dies, dass mein Gehirn sich ausreichend erholt hatte, um wieder fahren zu dürfen. Die Tour of California stand in wenigen Wochen bevor, also unternahm ich einige der härtesten Trainingseinheiten meines Lebens, mit Wiederholungen am Anstieg von Redlands hoch nach Big Bear, bei dem 2.500 Höhenmeter zu überwinden sind. Ich erinnere mich, in diesen Tagen abends in der Dusche gesessen zu haben, weil ich nicht mehr imstande war zu stehen.

Meine Form war dahin, aber ich war zu geizig, das Flugticket wegzuwerfen, das ich vor dem Sturz gekauft hatte, also reiste ich trotzdem nach Denver, um mich Vaughters' Labortest zu unterziehen. Dr. Iñigo San Millán schloss mich an eine Sauerstoffmaske an, erhöhte auf einem 40.000-Dollar-Ergometer allmählich den Widerstand und piekste mich alle paar Minuten mit einer Nadel, um die Laktatsäure in meinem Blut zu messen. Er hatte schon Dutzende WorldTour-Fahrer getestet und sagte, dass meine gewichtsbezogene Leistung bei einer 20-minütigen Ausbelastung wahrscheinlich zu den besten 50 der Welt zählte.

Als der Radsport wissenschaftlicher wurde, mit Laktattests und der Messung von Watt-pro-Kilo-Verhältnissen, wurde er auch magersüchtiger. Ich hatte in jenem Frühling eine Menge Salat gegessen, mein Spiegelbild bestand also aus nichts als Haut, Adern und Knochen, aber Dr. San Millán meinte, ich könnte noch zwei Pfund loswerden. »Ich könnte meinen halben Penis abschneiden«, schlug ich vor.

Er lachte nicht. Manche WorldTour-Teams waren für ihre »Hungerlager« verschrien, bei denen die Fahrer mit nichts als vielleicht einem Apfel, wenn überhaupt, auf lange Trainingsausfahrten geschickt wurden, und ich hatte von Profis gehört, die »negative Kaloriensuppe« aßen: verdünnte Rinderbrühe mit Sellerie und anderem ballaststoffreichen Gemüse.[*]

Ich probierte eine Schüssel und befand, dass ich mich lieber abhängen ließ.[†]

Ich sah mal einen Profi am Flughafen einen Riegel dunkle Schokolade kaufen, daran riechen und ihn dann wegwerfen.

Vaughters war beeindruckt von den Testresultaten, und damit begannen wochenlange Verhandlungen, alle per Mail. Er stellte eine Frage – zum Beispiel, wie ich es geschafft hatte, aus dem Nichts zu kommen und 2012 das Redlands Classic zu gewinnen – und ich verbrachte Stunden damit, eine perfekte zweizeilige Antwort zu formulieren. Unser Dialog setzte sich fort bis zur Tour of the Gila in New Mexico, wo ich das Feld auf der letzten Etappe, dem »Gila Monster«, auseinandernahm und Gesamtzweiter wurde, auf dem letzten Kilometer lediglich von Mancebo geschlagen.

---

[*] Irgendjemand wird dies lesen und die Suppe probieren wollen. Tun Sie's nicht.
[†] Ich glaube nicht, dass ich je eine Essstörung hatte, aber es würde mich nicht überraschen. Mein Job war es, einen bestimmten Watt-pro-Kilo-Wert zu erreichen, und ich wurde nie schwach oder krank davon, wenn ich es mal übertrieb, aber Sie können mich gerne diagnostizieren.

Auf dem Weg zum Flughafen nach dem Rennen kritisierte Vaughters meine Taktik, lobte aber meinen Einsatz und fragte dann, ob ich unter Heimweh leide – anders gesagt: ob ich damit klarkäme, nach Europa zu ziehen. Ich weiß noch, mich innerlich gefragt zu haben, ob schon mal jemand diesen Teil des Vorstellungsgesprächs vermasselt hätte. (»Warte, das ist in Europa? Vergiss es.«)

Ich erzählte ihm, dass ich zwei Semester Spanisch absolviert hätte und Paella liebte. Ich landete in San Diego, noch immer der Ansicht, bei der Tour of California in der Woche danach etwas zeigen zu müssen. Mein Freund JC hatte sich mein Auto geborgt, während ich Rennen gefahren war, daher saß ich auf der heißen Metallbank am Flughafen und wartete, dass er mich abholte, als ich den Signalton meines Handys vernahm und im Posteingang eine Mail von Vaughters mit einem Vertrag im Anhang vorfand. Er wusste, dass ich gut drauf war, und wollte mich unter Vertrag nehmen, bevor ich ein gutes Resultat einfuhr. Das Angebot, dem ich mehr als ein Jahrzehnt nachgejagt war, für das ich nach Denver geflogen war und mich drei Wochen lang hatte ausfragen lassen: 50.000 Dollar, das Mindestgehalt in der WorldTour – friss oder stirb.

Was dachte Vaughters sich dabei, mir ein so beschissenes Angebot zu schicken? Dass sein Team so etwas wie eine elitäre Bruderschaft wäre, die mein Schicksal für immer verändern würde? Dass ich mein Leben auf den Kopf stellen, mich nach Europa schleppen und für weniger, als sein Müllmann verdiente, bei null anfangen würde? Dass ich für 5.000 Dollar mehr, als ich bei Bissell verdiente, die doppelte Arbeit verrichten würde? Ja, das dachte er, und natürlich hatte er recht.

Mein Ziel war immer die WorldTour gewesen, aber ich hatte nie wirklich damit gerechnet, dass es passieren würde. Wenn ich in die Zukunft blickte, sah ich einen Abgrund – ich ging davon aus, zurück zum College gehen zu müssen oder mir als Parkwächter meine Brötchen zu verdienen oder sogar eines Tages in meiner eigenen Pisse im Dreck zu liegen und fremde Leute anzupöbeln. Vaughters' Vertrag würde mich vor diesem Schicksal bewahren. Aber was noch viel wichtiger war: Er verhieß Ruhm, und das war die ganzen Intervalle wert und ebenso die vielen Male, die ich im Regen gefahren und mit einem dreckbespritzten Rad und dem Koffer voller nasser Sachen nach Hause geflogen war. Es war sogar die Stürze wert. In gewisser Weise fühlte es sich an, als wäre ich ein verlorenes Waisenkind, das von Jonathan Vaughters großherzig adoptiert wurde: JV fand mich in der verarmten Welt der Continental-Rennen und holte mich da raus, darauf bauend, dass ich mich an seine schicke WorldTour-Welt auf der anderen Seite der Gleise gewöhnen könnte. Er hätte jeden verpflichten können, den er wollte, aber er wollte mich und dafür liebte ich ihn.

Danielson sagte, dass es üblich sei, im ersten Jahr nur das Mindestgehalt zu bekommen, und dass es bei kleinen Teams noch geringer ausfiele (es gibt Jungs, die für 35.000 Dollar Jahressalär die Tour de France bestreiten), aber sofern ich mich als ein verlässliches Mitglied der Mannschaft erwiese, würden mir mehrjährige Verträge winken, die mit 150.000 bis 200.000 Dollar dotiert seien. Als Siegfahrer sind es 400.000 Dollar und wenn man die richtig großen Rennen gewinnt, zählt man zu der Handvoll Cracks, die siebenstellig verdienen. Wieder einmal wurde mir vor Augen geführt, dass ich es nur halb geschafft hatte. Der Traum von der großen Karriere wartete hinter der nächsten Serpentine.

Ich hätte den Vertrag im FedEx Sendezentrum abschicken können, das sich direkt neben unserem ersten Hotel bei der Tour of California befand, aber dort wimmelte es von Teammanagern und Medienvertretern, also begab ich mich auf geheime Mission – zur nächsten FedEx-Filiale, die vier Meilen entfernt lag. Ich war so aufgeregt, dass ich wegen Geschwindigkeitsübertretung angehalten wurde (88 Meilen pro Stunde in einer 65er-Zone), aber der gute Mann ließ mich ziehen, als ich ihm erläuterte, warum ich in der Stadt war. Die örtlichen Wachtmeister lieben die Tour of California. Sie bekommen die Überstunden bezahlt und alles, was sie tun müssen, ist herumstehen.

Ich sprintete ins FedEx-Büro und verließ es mit dem großkotzigen Gebaren eines Mannes, der gerade das ganz große Los gezogen hatte. Dann fiel ich in meinen Toyota, heulte mir ein paar Minuten die Augen aus und machte mich mit exakt 64 Meilen die Stunde auf den Weg zurück zu meiner Mannschaft.

Mein neuer Job würde erst im Januar beginnen und ich war gehalten, Stillschweigen zu bewahren, bis Vaughters es offiziell bekanntgab. Das bedeutete, dass ich es allen, die ich kannte, erzählte, *ihnen* aber das Versprechen abnahm, es auf keinen Fall weiterzusagen. Ich mailte außerdem noch am gleichen Abend meinem Verlag eine Idee für ein neues Ende: Vaughters und Danielson sind die unwahrscheinlichen Helden und ich würde in den Farben von Garmin-Sharp ein Teil der WorldTour. Sie gaben mir einen Vorschuss über 10.000 Dollar, und mir nichts, dir nichts gingen zwei Träume in Erfüllung.

Vaughters erwartete von mir, bei der Tour of California auf dem Podium zu landen, aber ich hatte schlechte Beine und stieg nach ein paar Tagen aus. Ich hakte es als eine Erkältung oder Allergie ab, aber inzwischen glaube ich, das Problem war eher emotionaler Natur. Ich hatte mir für diesen Vertrag einiges abverlangt und als ich ihn endlich bekam, schaltete mein Körper einfach ab. Es war, als wollte mein Nervensystem mich zu meinem Einsatzwillen beglückwünschen, als Beleg, dass ich immer absolut 100 Prozent gegeben hatte. Oder es war nur eine Erkältung und ich bin melodramatisch.

Ich rehabilitierte mich eine Woche später bei der US-Straßenmeisterschaft, deren Sieger ein Jahr lang das Stars-and-Stripes-Trikot tragen darf. Ich attackierte zum perfekten Zeitpunkt und sah schon wie der sichere Sieger aus, bis 800 Meter vor dem Ziel der WorldTour-Profi Matt Busche seine eigenen Ambitionen opferte, um mich zu stellen, vermutlich als Gefallen für einen befreundeten Fahrer einer anderen Mannschaft. Solche Absprachen sind nicht erlaubt, aber dennoch recht verbreitet, diesmal ging es allerdings nach hinten los, als Jelly Bellys berüchtigter Sprinter Freddie Rodriguez sich den Sieg schnappte. Zuschauer berichteten, dass sie gesehen hatten, wie Freddie sich in der letzten Runde am Anstieg eine »Sticky Bottle« genehmigte, sprich sich beim Anreichen einer Trinkflasche aus dem Begleitwagen ein Stück weit habe ziehen lassen. Er hätte demnach disqualifiziert werden müssen, aber die Offiziellen beließen es bei einer Geldstrafe von 2.000 Dollar – ein Schnäppchen für einen Landesmeistertitel.*

Vaughters meinte, ich solle die Frau von Busche bumsen, um mich zu revanchieren, was nicht unbedingt die Sorte Rat war, die man von seinem zukünftigen Chef erwartet. Aber ich war der Letzte, der sich ein Urteil darüber erlauben durfte. Schließlich war ich gerade zu beschäftigt damit, zu versuchen, die Freundin eines anderen zu bumsen.

Als Garmin-Sharp meine Verpflichtung schließlich offiziell verkündete, verdoppelte sich binnen weniger Stunden die Zahl meiner Follower auf Twitter und ich erhielt Interviewanfragen von sämtlichen Radsport-Publikationen, dazu hunderte Glückwünsch-Botschaften via E-Mail, SMS und Facebook. Auf meiner Trainingsfahrt an diesem Tag waren die Hügel rund um Redlands von einer Reihe von Rauchsignalen erhellt, die, wie ich annahm, »Gratuliere, Phil!« bedeuteten. Es stellte sich aber als Waldbrand heraus, der mich zu einem Umweg zwang und aus meiner schönen sechsstündigen Tour eine hässliche siebenstündige machte. (Profis berichten gerne von siebenstündigen Trainingsausfahrten, die sie aber selten mit Absicht unternehmen.)

Ich wusste den Zuspruch zu schätzen, aber es war beängstigend, dass mich die Leute plötzlich lieber mochten. Hieß das, sie würden mich weniger mögen, wenn es wieder bergab ging? Normalerweise bestand die Kommunikation mit meinem Freund Jeremy Powers aus dem Austausch von Schwanzbildern, aber er war mir auf der Erfolgskurve ein paar Jahre voraus†, also bat ich ihn telefonisch um Rat.

»Deswegen rücken wir näher an unsere echten Freunde heran, Phil. Ab jetzt musst du vorsichtiger sein, wen du in deinen Kreis lässt. Denk daran, wer dich zurückgerufen hat, bevor du in der WorldTour warst, und pass

---

* Von einer Sticky Bottle spricht man, wenn vom Begleitwagen aus eine Flasche angereicht wird, statt sie aber zu nehmen, hält sich der Fahrer fest und lässt sich ziehen. Ich bekam viele Sticky Bottles in meinem Jahr bei Jelly Belly, bis ich bei einem Rennen in China disqualifiziert wurde und es nie wieder tat.
† Jetzt nicht mehr, Arschgeige! Ich habe ein Buch geschrieben.

auf, nicht mit Mädchen auszugehen, die dich nur mögen, weil du schnell bist.«

»Verstehe. Nur mit Mädchen ausgehen, die mich mögen, weil ich so gut aussehe.«

»Genau. Dann ist alles in Butter, solange du dir das Futter für ihren Blindenhund leisten kannst.«

Das war ein guter Rat, den ich aber nicht annehmen konnte, weil es an der Zeit war, einen Manager anzuheuern. Nun, da ich meinen Fuß in der Tür hatte, boten mir Leute ihre Dienste als Berater an, die mich zuvor ignoriert hatten, darunter auch Andrew McQuaid. Andrews Vater war der frühere UCI-Präsident Pat McQuaid, der Lance stets unterstützt und keinen Schimmer hatte, dass irgendjemand dopte, solange nur die Schecks pünktlich kamen. Dass sein Sohn diverse Radprofis vertrat, schien mir definitiv ein Interessenkonflikt zu sein, aber da einige der besten Fahrer der Welt zu seinen Klienten zählten, hatte ich das Gefühl, eine große Nummer zu sein, als ich unterschrieb. Er würde nichts von meinem Vertrag für 2014 mit Garmin-Sharp erhalten, dafür aber zehn Prozent meiner nächsten Kontrakte einstreichen, wenn der Rubel so richtig rollen würde.

KAPITEL 3

Der Rest des Sommers verlief nicht besonders gut für mich und meine Bissell-Mannschaft. Ich bekam hin und wieder ein »viel Glück« oder »gute Arbeit« von Mark Bissell zu hören, aber der Vorstand des Unternehmens hatte die Nase voll vom Radsport-Sponsoring. Bei unserer ersten Teambesprechung bei der Tour de Beauce in Quebec gab Omer Kem bekannt, dass man 500.000 Dollar von einem Co-Sponsor bräuchte, der im nächsten Jahr auf den Trikots neben dem Bissell-Logo prangen würde, ansonsten müsste das Team das Handtuch schmeißen.

»Wie wär's mit Hoover?«, schlug ich vor. »Oder vielleicht Dyson?« Alle lachten, aber nur kurz. So witzig ist die Aussicht auf die eigene Arbeitslosigkeit dann auch nicht.

Da ich als einziger Fahrer einen Vertrag für die nächste Saison hatte, konnte ich verstehen, dass die Jungs nicht scharf darauf waren, sich für mich den Arsch aufzureißen, aber als das Teamwork eine untergeordnete Rolle zu spielen begann, hatten wir nicht mehr so viel Spaß zusammen wie noch im Frühjahr. Manchen Kollegen stieß es bitter auf, dass ich in die WorldTour aufsteigen würde, und sie sahen mit säuerlicher Miene zu, wie ich mit Fans für Fotos posierte (plötzlich hatte ich Fans). Ich hatte in einem Blog erwähnt, dass ich Kekse mochte, und die Leute backten welche für mich und überreichten sie mir bei den Rennen. Es war bizarr und wundervoll (und natürlich teilte ich mit den anderen), aber ich glaube, sogar Omer war eifersüchtig. Selbst ein gescheiterter Continental-Fahrer, hielt mir unser Sportlicher Leiter eine Standpauke, weil ich vergessen hatte, zur Tour de Beauce in Quebec mein Polohemd mit Teamlogo einzupacken.

»Wenn du in der WorldTour fährst, solltest du darauf achten, niemals dein Polohemd zu vergessen«, ermahnte er mich.

»Was zum Geier weißt du über die WorldTour?«, verkniff ich mir zu fragen.

Ich holte mir in dieser Woche eine Erkältung und diesmal hatte es keine emotionalen Gründe: Von Fieber und einem schlimmen Husten geschwächt, fiel ich an jedem Anstieg zurück und stieg auf der dritten Etappe schließlich aus, gemeinsam mit meinem Teamkollegen Carter Jones, der sich das Hotelzimmer mit mir teilte und sich angesteckt hatte. Zu verlegen, um uns abends beim Büfett blicken zu lassen, borgten wir uns das Teamauto und fuhren zu einem Restaurant, um Poutine zu essen, Quebecs fettige Spezialität aus in Käse und Bratensoße ertränkten Pommes. Omer händigte uns die Autoschlüssel aus, maßregelte uns am nächsten Morgen aber, von ihnen Gebrauch gemacht zu haben. Er sagte, dass Chris Baldwin, einer der Routiniers im Team, sich beschwert habe, wir hätten uns »unprofessionell« verhalten, als wir das »Rennen geschmissen« und »einen draufgemacht« hätten. Omer war bisweilen eine kleine Bazille. Ich hatte ihn damit prahlen hören, dass er seine Fahrer gegeneinander ausspielte, um sie anzustacheln, denn was ein Continental-Team, das vor dem Aus steht, wirklich brauche, sei ein Machiavelli.

Die alten Herren, die mir geraten hatten, meinen Träumen zu folgen, erzählten oft Geschichten über nervende Kollegen und beschissene Chefs, aber die gibt es im Profiradsport auch. Ein mieser Teamkollege kann dir den Tag ruinieren, und es ist der Sportliche Leiter, der bestimmt, wer verpflichtet wird, welche Rennen du fährst und welche Rolle du auf jeder Etappe zu erfüllen hast. Wenn er dich nicht leiden kann, lässt er dich zu Hause, degradiert dich zum Wasserträger oder noch schlimmer: Er schickt dich zu Kriterien.

Die meisten Sportlichen Leiter waren früher selbst Profis, aber es ist erstaunlich, wie schnell sie vergessen, wie es war. Nach Trainingsfahrten und Rennen auf holprigen Straßen tauchte ich meine Hände hinterher immer noch in Eiswasser, weil meine Handgelenke von der Fraktur im März schmerzten, aber nun wurde von mir erwartet, krank Rennen zu fahren, und ich wurde wie ein Schuljunge wegen eines vergessenen Polohemds gemaßregelt. Radprofi zu sein, erinnerte mich an das Computerspiel »Oregon Trail«, mit dem ich als Kind endlose Stunden verbracht hatte und bei dem es um die Pioniere ging, die im 19. Jahrhundert westwärts zogen. In dem Spiel erwarb man Zugtiere wie Ochsen oder Pferde, um die Planwagen zu ziehen. Man konnte sie verkaufen oder tauschen, aber meistens verheizte man sie einfach und kaufte ein neues, wenn sie verendeten. Wir waren so etwas wie Zugtiere in Trägerhosen.

Carter entschuldigte sich bei Omer, aber ich wollte meinen Stolz nicht runterschlucken und hatte nichts zu verlieren, also gab ich meinem Sportlichen Leiter zum ersten Mal Widerworte. Kontra zu geben und für meine Rechte einzutreten, bereitete mir so große Freude, dass ich den Rest des Jahres damit weitermachte und Omer bei jeder sich bietenden Gelegenheit ins Gesicht lachte. Was hätte er schon tun können? Seinen besten Mann nicht starten lassen?

KAPITEL 4

Ich ging zurück in die Höhe nach Big Bear und brachte dort vier Wochen intensives Training hinter mich. Bluttests zeigten, dass dies den gewünschten Einfluss auf meinen Hämatokrit hatte, aber der Preis dafür war nicht ganz ohne: Es war zermürbend, so lange Zeit allein in einem verlassenen Skiresort zu hausen. Entsprechend froh war ich, als ich beim fünftägigen Cascade Classic, das mir als letzte Vorbereitung auf Utah und Colorado diente, meine Kollegen endlich wiedersah. Ich erzählte jedem, der es hören wollte, dass ich fünf Kilometer vor dem Ziel attackieren und die erste Bergetappe des Cascade gewinnen würde. Sie lachten und dann sahen sie zu, wie ich genau das tat. Mancebo wurde Zweiter, nachdem er sich am ersten Anstieg etwas in den Mund stopfte, was nach einer Vereinsration Koffeintabletten aussah, getreu der althergebrachten Logik des europäischen Radrennsports: Finde heraus, wie viele Pillen dich umbringen, und dann schluck genau eine weniger.

Auf dem Gipfel genoss ich eine kurze Podiumszeremonie, gefolgt von einer langwierigen Pinkelzeremonie für die Dopingaufsicht. Ich bilde mir normalerweise viel darauf ein, wie zügig ich die einzelnen Schritte einer Dopingkontrolle hinter mich bringe: Formulare ausfüllen, die Nummer auf der Packung der entsprechenden Ampulle zuordnen, die offizielle Versiegelung öffnen, und so weiter. Es ist der immer gleiche Ablauf und man möchte vor der USADA ja nicht wie ein Anfänger dastehen, aber an diesem Tag war ich dehydriert und im ersten Versuch schaffte ich gerade neun Milliliter, was zusätzlichen Papierkram erforderlich machte.

Wochen später erhält man per E-Mail Bescheid, dass die Tests abgeschlossen sind, also loggt man sich auf der Website der USADA ein und lädt den offiziellen Brief herunter (er fängt an mit »Herzlichen Glückwunsch!«). Natürlich habe ich nie betrogen, trotzdem beschleunigte sich jedes Mal, wenn ich auf den Download des Briefs wartete, mein Puls, so wie man auch nervös wird, wenn man am Flughafen von einem Polizeihund beschnüffelt wird. Ich dachte an Contadors Ausrede vom »verunreinigten Fleisch« und an die Tacos, die ich mir an einer Imbissbude geholt hatte. Könnte ein Taco verunreinigt sein?

Falls Sie Bücher von anderen Radprofis gelesen haben, wissen Sie, dass alle irgendeine Art von Doping-Beichte parat haben, ich bringe es also am besten gleich hinter mich. Liebe USADA, erinnerst du dich an jenen Tag beim Cascade, als du mich am Ziel auf einem Campingstuhl hast sitzen und eine Stunde lang Wasser trinken lassen, bis ich den Urinbecher vollmachen konnte? Und erinnerst du dich an die vielen Male, als du bei mir zu Hause auf der Matte standest, um mir Blut abzunehmen? Ich war nicht immer ganz ehrlich zu dir, USADA. Die Wahrheit ist, dass ich zwischen 2008 und 2013 mehrere deiner Kugelschreiber geklaut habe. (Mir gefällt der Gedanke, dass ich dafür verantwortlich bin, dass sie in dem Laden inzwischen auf iPads umgestiegen sind.)

Mein Vorsprung schmolz nach der ersten Etappe dahin, so dass ich beim Cascade am Ende nur Fünfter wurde, und wann immer es im Monat darauf in Utah und Colorado bergauf ging, fand ich mich gleich in der zweiten oder dritten Gruppe wieder. Ich hatte mich als der beste Kletterer bei den Continental-Rennen erwiesen, aber gegen die Topfahrer und die großen Teams kletterte ich wie ein Elefant.

Bei Bissell arbeiteten wir zusammen, aber unsere Strategie bei großen Rennen war breit gefächert: Carter und ich hofften, unter die ersten zehn im Gesamtklassement zu kommen, während andere sich auf Sprints oder Ausreißergruppen konzentrierten. Ich stellte fest, dass WorldTour-Teams anders vorgingen, mit acht Fahrern, die alle auf ein gemeinsames Ziel hinarbeiteten. In einem Feld von 150 Fahrern haben nur zehn die Aussicht auf ein gutes Resultat und ihre Teamkollegen haben verschiedene

Aufgaben zu erfüllen, um dies zu ermöglichen: vorne fahren, um Ausreißer zu stellen, für die Kapitäne Trinkflaschen vom Begleitwagen holen, den Sprintern helfen, wenn sie am Berg abgehängt werden. Solche Helfer nennt man Domestiken. Sie bilden die Arbeiterklasse des Profiradsports. Diese Rolle würde mir vermutlich im nächsten Jahr blühen.

Bei den meisten Radsportfans läuft der Fernseher nur im Hintergrund, solange die Domestiken ihrer Arbeit nachgehen. Erst in der Schlussphase, wenn die Kletterer sich gegenseitig attackieren oder die Anfahrer den Sprint anziehen und um die Positionen kämpfen, schauen alle gespannt hin. Dann spielen sich die Dramen ab. Der Ruhm. Die Stürze.

Domestiken müssen sich um dieses Chaos keine Gedanken machen. Wenn die großen Namen schließlich Ernst machen, rücken sie in den Hintergrund und jemand ruft: »Gruppetto!« – das Stichwort für die Hälfte des Feldes, die Beine hochzunehmen und schwatzend und scherzend gemütlich Richtung Ziel zu fahren. Als zukünftiger WorldTour-Profi wurde von mir mit meinen 26 Jahren erwartet, in Utah aufs Podium zu fahren, aber stattdessen erlebte ich mein erstes Gruppetto, während der 21-jährige Lachlan Morton für Garmin-Sharp die Etappe am Mount Nebo gewann. Ich war erneut im Gruppetto, als Danielson in Snowbird die Führung in der Gesamtwertung übernahm, und ich war dort auch einen Großteil der Tour of Colorado anzutreffen.

Die Fahrer im Gruppetto sind in der Regel eine anonyme Meute, aber in diesen Wochen gab es eine Ausnahme: Jens Voigt. Jens war bekannt für seine unermüdlichen Attacken und seine Leidensmiene, wenn er einen seiner aussichtslosen Versuche startete, dem heranstürmenden Feld ein Schnippchen zu schlagen. Keine Ahnung, was die Fans in Europa von Jens hielten, aber eine Kultur wie die unsere, in der jedem eingebläut wird, seinen Träumen zu folgen, liebt einen Kerl, der alles daran setzt zu gewinnen, sich immer wieder aufs Neue voll reinhängt und scheitert. Somit war Jens der gefeierte Held, wo auch immer er in den USA auftauchte, und heimste den Beifall der Zuschauer ein, wenn er Minuten hinter den Siegern im Ziel eintrudelte. Ich respektierte seine Entschlossenheit, aber ich hatte ein kleines Problem mit Jens: Er war in der schmutzigsten Dekade des Radsports für einige der fragwürdigsten Teams gefahren und behauptete dennoch beharrlich, nie etwas genommen oder auch nur etwas Verdächtiges bemerkt zu haben.

Entweder brauchte Jens einen Augenarzt oder er erzählte einen Haufen Mist, aber als er fragte, ob ich einen Witz hören wollte, fühlte sich ein Teil von mir geschmeichelt, dass ein so berühmter Fahrer meine Existenz zur Kenntnis nahm.

»Drei Männer waren beim Guinness-Buch der Rekorde«, begann er. »Einer sagt: ›Ich möchte den Rekord für die kleinsten Hände der Welt.‹ Die beiden anderen warten, bis er ganz aufgeregt wieder herauskommt, mit einer Bescheinigung für seinen neuen Weltrekord. Der zweite Typ geht rein und sagt: ›Ich möchte den Rekord für die kleinsten Füße.‹ Auch er kommt mit einer Bescheinigung wieder. Dann sagt der Dritte: ›Ich möchte den Rekord für den kleinsten Penis.‹ Sie warten und warten, bis auch er schließlich mit seiner Bescheinigung wiederkommt. ›Gratuliere, Jens!‹, sagen sie.«

»Wenn du den Witz erzählst, kannst du jeden Namen nehmen, den du willst!«, erläuterte Jens mit seinem fetten deutschen Akzent. »Du kannst deinen eigenen Namen nehmen oder den Namen der Person, der du den Witz erzählst, oder sogar meinen, wenn du möchtest.«

»Ich verstehe. Danke, Jens.«

Ich erzählte ihm im Gegenzug den Witz über meinen Cousin Mike, der bei mir zu Besuch war.

»Ich vergaß anzuklopfen und ging einfach in sein Zimmer rein und, nun ja, er ist 13, du kannst dir ja vorstellen, was er gemacht hat. Ich sage: ›Mike, wenn du so weitermachst, wirst du davon eines Tages noch blind.‹

Darauf Mike: ›Hey Phil, ich bin hier drüben.‹«

Jens hat ihn nicht verstanden.

An die Schwanzwitze kann ich mich Wort für Wort erinnern, aber fragen Sie mich nicht, wer in Colorado die Etappen gewonnen hat, denn mit meinen zehn Minuten Rückstand bekam ich nicht viel davon mit. Gut möglich, dass es Peter Sagan war, ein junger Allrounder aus der Slowakei. Sagan hatte ein paar große Rennen gewonnen, war aber vor allem dafür bekannt, bei der Flandern-Rundfahrt 2013 einem der Podium-Mädchen, die mit der Siegerehrung betraut waren, an den Hintern gegrapscht zu haben. Ich hatte gehofft, dass der Zwischenfall der misogynen Unsitte vom Küsschen für den Sieger ein Ende bereiten würde, aber die Veranstalter beharrten darauf, dass es Tradition wäre, Hostessen anzuheuern, um sie in kurzen Röcken herumstehen zu lassen, und dass sie keineswegs sexuelles Freiwild wären. Schön und gut, aber nach allem, was ich gesehen habe, landen die meisten von ihnen nach dem Rennen in irgendwelchen Hotelzimmern.

In Colorado wurde ich nach einer Etappe für eine stichprobenartige Dopingkontrolle ausgelost, was angesichts meines 80. Platzes beweist, dass die Sache tatsächlich nach dem Zufallsprinzip funktioniert. Bei dem Prozedere gibt man an, welche Vitamine man nimmt und ob man medizinische Ausnahmegenehmigungen hat, sogenannte TUEs, die einem gestatten, bestimmte Substanzen zu nehmen, sofern sie von einem Arzt verschrieben wurden. Ich hatte lediglich ein Multivitamin anzugeben, aber mit mir im Raum war ein WorldTour-Fahrer, der einen ganzen Katalog heruntebetete, angefangen von einer Reihe harmloser Präparate, die wahrscheinlich auch Ihre Mutter nimmt, bis hin zu TUEs für Asthmamittel, das erlaubte Limit an Kortison, ein Schmerzmittel namens Tramadol, viel zu viel Koffein und eine lange Liste an Dingen, von denen ich noch nie gehört hatte. Hätte Hunter S. Thompson sich in den Kopf gesetzt, einen Marathon zu laufen, hätte so seine Einkaufsliste ausgesehen. *War das normal? War es das, womit ich mich in Europa würde herumschlagen müssen?*

Ich war nicht der einzige Continental-Fahrer, der sich – unvorbereitet auf die längeren Etappen und die härtere Konkurrenz und mit nicht annähernd genug Pillen ausgestattet – in diesen Wochen sehr schwertat. Pat McCarthy erwischte Freddie Rodriguez mal wieder dabei, sich bergauf eine Sticky Bottle zu genehmigen, also packte er Freddie an seinem Meistertrikot und stauchte ihn zusammen, bis der Wagen weiterfuhr.

Richtig harte Rennen offenbaren stets die Betrüger, und ich habe festgestellt, dass Profis auch häufiger stürzen, wenn sie im roten Bereich fah-

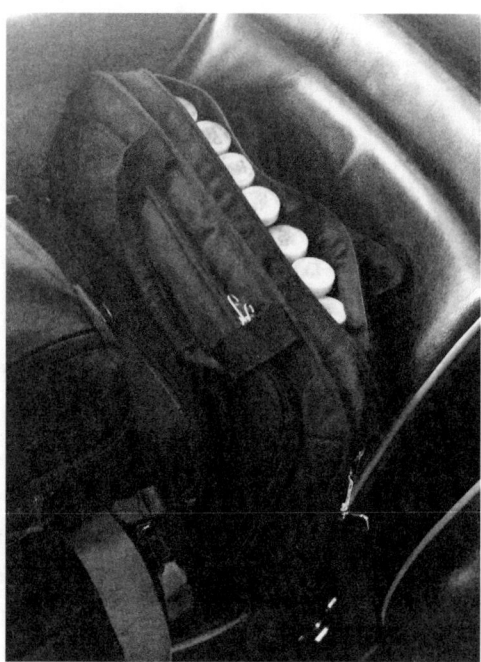

Die Tasche eines Teamarztes in der WorldTour.

ren. Kennen Sie das, wenn Sie bei der Arbeit am Schreibtisch sitzen und plötzlich überschlagen sich um Sie herum Menschen und Maschinen, und alles, was Sie inmitten des Lärms aus berstendem Karbon, reißendem Fleisch und den Schmerzensschreien erwachsener Männer tun können, ist, so fest wie möglich die Bremse an Ihrem Bürostuhl zu ziehen? Dann blockieren die Räder, Sie sind in die falsche Richtung unterwegs und genau in dem Moment, als der Boden Sie herunterzieht und Sie denken, jetzt ist alles vorbei, lassen Sie die Bremse los, vom Schwung werden Sie wieder aufgerichtet, Sie finden eine Lücke im Gemetzel und sind zurück im Büro und scherzen mit Ihren Kollegen, als wäre nichts gewesen? Ach, so etwas gibt es bei Ihnen auf der Arbeit nicht? Sie Glückspilz.

Da wir keinen Co-Sponsor auftreiben konnten, erreichte die Stimmung im Team gegen Ende des Sommers ihren Tiefpunkt. Chris Baldwin kündigte an, seine Karriere zu beenden, Colorado war somit sein bittersüßes

Abschiedsrennen, so dass es umso tragischer war, als er mit einem Finger in sein Vorderrad kam und das Rennen nicht beenden konnte. Ich hatte stets zu Chris aufgeschaut, aber unser Verhältnis war schwierig geworden, seit ich meinen WorldTour-Vertrag unterschrieben hatte. Er mäkelte bei Teambesprechungen herum und führte einmal sogar selbst die Verfolger wieder heran, als ich beim Cascade Classic gute Aussichten auf einen zweiten Etappensieg hatte. An jenem Tag in Colorado hatte er einen Streit wegen Trinkflaschen angefangen und ich meinte zu ihm, dass ich ihm nach der Etappe im Bus in den Arsch treten würde. Dann versuchte Chris, während der Fahrt den Sensor seines Radcomputers an der Gabel zu justieren, und landete im Krankenhaus. Baldwin war ein technisch solider Fahrer, aber ein kurzer Moment der Unachtsamkeit bei 55 Sachen die Stunde reichte aus, und er saß kurz vor Steamboat Springs im Dreck und hoffte, dass man seinen Zeigefinger wieder annähen könnte.

Chris kehrte am nächsten Tag zum Rennen zurück und im Jahr darauf als Kommentator, aber er ging mir stets aus dem Weg. Ein Freund vermutete, dass Baldwin sich unbewusst absichtlich den Finger abgesäbelt hätte, nur um der Abreibung zu entgehen, die ich ihm versprochen hatte. Wir waren beide über 1,80 Meter und wogen 67 Kilogramm, hatten keine nennenswerte Oberkörpermuskulatur, aber dafür eine Weltklasse-Ausdauer und einen starrsinnigen Willen zum Leiden, es wäre also ein toller Kampf geworden. Aber Chris, falls du das liest: Ich hätte dich nur ein bisschen angeschnauzt.

Nachdem Baldwin raus war, setzte bei Bissell der große Schwund ein. Wir waren mit acht Fahrern angetreten, aber eines Morgens saß ich beim Frühstück nur noch mit Carter Jones, Pat McCarty und Jason McCartney zusammen. Jason meinte, er hätte einmal die Vuelta a España bestritten und damals hätten nur drei Fahrer seines Teams die Rundfahrt beendet. Er war ein weiterer früherer Teamkollege von Lance, und als ich ihm verriet, dass ich im kommenden Jahr in Spanien stationiert sein würde, hatte er viele gute Ratschläge für mich, und dazu ein drei Jahre altes Klapphandy mit spanischer SIM-Karte, das er mir zum Spottpreis von 40 Dollar verkaufen wollte.

Pat und Jason kannten Danielson noch aus der Zeit, als er gedopt hatte, also fragte ich, was sie von meinem neuen Freund und Wohltäter hielten.

»Mann, als wir Teamkollegen waren, sagten selbst die Spanier, dass er ›die Medizin missbraucht‹«, meinte Pat stirnrunzelnd (wenn selbst die Spanier es sagen, musste was dran sein).

»Aber wie ist es heute? Meinst du nicht, dass er sich vielleicht geändert haben könnte?«

»Du kennst mich ganz gut, oder, Phil? Du weißt, ich bin ein anständiger Kerl, oder?«

»Klar, Pat. Der beste«, sagte ich, mich an all die Male erinnernd, als er mich in Big Bear auf Burger eingeladen hatte, als mein Gesicht völlig zerschunden war.

»Wenn du mal mit Tom abhängst, erkundigst du dich nach mir und schaust, was er sagt. So weißt du, ob er in Ordnung ist.«

Mir gefiel McCartys Antwort (hatte was von *Der Pate*), aber ich wusste bereits, dass Danielson ihn nicht leiden konnte. Ich mochte Freunde auf beiden Seiten haben, aber die gegenseitigen Ressentiments und die Wut aus jenen Jahren würde ich nicht überwinden können. Auch Pat beschloss, seine Karriere zu beenden, als Bissell den Betrieb einstellte, und scherzte, wie fett er werden würde, wenn er mit dem Radsport aufhörte. Die Weihnachtskarte, die er in jenem Jahr schickte, war ein Foto von sich und seiner Freundin, mit digital vergrößerten Wänsten und Doppelkinnen. Auf der Rückseite hatte Pat eine kurze Nachricht notiert: »Folge weiter deinem Traum, Phil.« Ich bin mir ziemlich sicher, dass er mich verarscht.

Jason McCartney wollte sich derweil nicht über Doper äußern. Ich glaube nicht, dass er selbst berüchtigte Ärzte aufgesucht hatte, aber viele der Kollegen aus seiner Zeit fuhren nach Mexiko, um EPO zu kaufen, oder bestellten Mittel übers Internet und hofften, dass sie nicht sterben würden, wenn sie sich das Zeug irgendwo allein im Badezimmer spritzten, weil sie das für nötig hielten, um ihre Jobs zu behalten.

Pat und Jason brachten mir bei, wie man in der WorldTour seine »Schlechtwetter-Tasche« für die Rennen packte. Bei Bissell konnten die

Fahrer Überschuhe und Armlinge im Teamwagen verstauen, falls diese Sachen im Rennen gebraucht würden, aber in Europa hat jeder Fahrer eine eigene Tasche im Kofferraum mit Jacken, Westen, Handschuhen und Überschuhen, um für jede Witterung gewappnet zu sein.

Omer bekam das Gespräch mit und mahnte mich noch einmal, stets ein Polohemd mit Teamlogo im Koffer zu haben.

»Hier kannst du mit so was durchkommen, aber nicht in der WorldTour«, sagte er.

»Wenn ich damit durchkommen kann, warum fängst du dann immer wieder davon an?«, fragte ich.

»Was zum Geier weiß der Typ schon von der WorldTour?«, lachte Pat, als Omer außer Hörweite war.

Die Schlussetappe fand auf einem Rundkurs in der Innenstadt von Denver statt. Ted King kontrollierte für Peter Sagan an der Spitze des Feldes das Tempo. Nur um etwas zu tun zu haben, fuhr ich nach vorn und löste mich mit Ted ab, bis Jason kam und mir zuflüsterte.

»Phil, bezahlen sie dich dafür, vorne zu fahren?«

Ich hatte von erschöpften Teams gehört, die solche Deals machten, aber natürlich war das hier nicht der Fall. »Klar«, sagte ich, »Cannondale brauchte unbedingt noch ein paar PS. Sie haben mich den ganzen Tag bekniet, also meinte ich, sie sollten ihre Scheckbücher zücken. Nächste Woche lasse ich bei mir zu Hause einen Pool einbauen.«

»Dann verschwinde von hier vorne, Phil. Du arbeitest nicht umsonst für eine andere Mannschaft.«

»Was kriegt man denn dafür, für ein anderes Team die Arbeit zu machen?«, fragte ich, nachdem wir uns ins Feld zurückfallen ließen.

»Ich kannte Typen, die tausend Dollar am Tag bekamen, wenn eine Mannschaft verzweifelt genug war«, sagte Jason.

Nach der Etappe hätte ich Ted oder Sagan aufsuchen sollen, um einen Dollar für meine drei Pedalumdrehungen vorne im Wind einzutreiben, aber ich war zu sehr mit den Popeln beschäftigt, die sich durch die trockene, verschmutzte Luft von Denver in meiner Nase bildeten. Meine Mutter hatte meine halbe Kindheit mit dem Versuch verbracht, mich vom

Popeln abzubringen, bis mein Großvater mir einen aufrichtigen Rat gab, wie ihn Erwachsene Kindern viel öfter geben sollten (statt diesem Quatsch darüber, seinen Träumen zu folgen):
»Achte nur darauf, dass es keiner sieht«, sagte er.
Opa hatte eine riesige Nase, wenn ich also jemandem vertrauen konnte, wenn es ums Popeln ging, dann ihm. Ich suchte mir einen Platz hinten im Wohnmobil und begann, meine Nasenlöcher zu bearbeiten.
Colorado war das letzte Rennen der Saison, es war daher an der Zeit, Abschied zu nehmen. Pat kam gerade aus der Dusche, also bekam er eine große, feuchte Umarmung, aber als ich Jason die Hand hinhielt, ließ er mich hängen. »Alles Gute in Europa, Phil. War schön, dieses Jahr mit dir zu arbeiten, aber ich gebe dir nicht die Hand, denn ich habe dich gerade popeln sehen.«
Erzählen Sie's nicht meinem Opa.
Tejay van Garderen gewann die Tour of Colorado, aber alle Augen waren auf Chris Horner gerichtet, der in Utah Zweiter wurde und ein paar Wochen später die Vuelta a España gewann. Er hatte vier Mal das Redlands Classic gewonnen, bevor ich überhaupt mein erstes Rennen bestritt, und war lange Jahre als Domestik in Europa gefahren. Die Fans liebten die Geschichte vom Fahrer, dessen große Stunde nun im Alter von 41 Jahren schlug, aber wenn etwas im Radsport zu schön scheint, um wahr zu sein, dann ist es das meistens auch. Während Danielson und mehrere seiner Kollegen öffentliche Geständnisse ablegten, zogen andere Fahrer es vor, ihre Namen aus den Aussagen streichen zu lassen. Horner hat es stets bestritten, aber generell wird davon ausgegangen, dass er sich hinter »Fahrer 15« verbirgt. Ich schätze, 2013 war er runter vom guten Zeug, aber das Antidoping-System hatte immer noch ein paar Schlupflöcher und man munkelte, dass er die erste Jahreshälfte »verletzt« pausierte, um sich mit Kortison vollzupumpen. Als effektive Behandlung für kaputte Gelenke und Entzündungen ist Kortison abseits des Wettkampfs erlaubt, es ist daher üblich, das Steroid zwischen den Rennen zu missbrauchen, um an Kraft zuzulegen und Körperfett abzubauen. Chris wurde nicht positiv getestet, aber alle anderen Mannschaften blieben misstrauisch

und es sagt einiges, dass er als frisch gebackener Sieger einer der drei großen Landesrundfahrten dennoch arge Schwierigkeiten hatte, einen Vertrag für die folgende Saison zu bekommen. Es war frustrierend, den Zuspruch zu erleben, den Typen wie Horner und Voigt erhielten, aber wenn ich schon selbst nicht daraus schlau wurde, wem ich trauen konnte und wem nicht, wie konnte ich es dann von den Fans erwarten?

KAPITEL 5

Nun, da die Saison vorbei war, freute ich mich auf Europa. Mein Buch war fast fertig und mein Unternehmen für Radbekleidung lief quasi wie von selbst. Ich hätte glücklich sein sollen, aber etwas fehlte in meinem Leben: Ich hatte genug davon, allein zu sein, und war auf Joanna fixiert, die sich endlich von ihrem Freund getrennt hatte.

Als ich in Athens lebte, stellte mir jedes Mädchen, das ich nach Hause brachte, zwei Fragen, wenn sie mich zum ersten Mal nackt sah:

1. »Wo kommen die Bräunungsstreifen her?«
2. »Wie oft bist du gestürzt?«

Ich hatte es daher aufgegeben, mit Mädchen auszugehen, die nicht selbst Rennrad fuhren. Joanna fuhr an den Wochenenden und träumte davon, Profi zu werden (oder Schauspielerin), aber sie hatte ein Sozialleben und einen normalen Job in der TV-Produktion in Hollywood. Man könnte einwenden, dass die frühe Phase einer Gehirnerschütterung nicht der beste Zeitpunkt ist, um auf seine Instinkte zu vertrauen, aber ich wertete es als ein Zeichen, dass ich an ihren Namen dachte, als ich im Hubschrauber lag, während ich mich an meinen eigenen nicht erinnern konnte. Sie sagte, sie wolle nach der Trennung erst mal eine Weile Single sein, aber statt nach Georgia zurückzukehren, überredete ich sie, dass ich sie in L.A. besuchen kommen würde.

Ich freute mich darauf, die übliche Rennpause am Ende einer Saison einzulegen und Zeit mit meiner neuen Freundin zu verbringen, aber

Vaughters hatte andere Pläne. Mein Training war seit jeher auf kurze Anstiege ausgerichtet, wie ich sie vom Redlands und Cascade kannte, aber angesichts meiner miesen Auftritte in Colorado und Utah wollte er, dass ich meine Ausdauer verbesserte, indem ich die Länge und Intensität einer Grand Tour simulierte: Sein Programm sah vor, drei Wochen lang täglich eine fünfstündige Einheit bei 300 bis 350 Watt zu absolvieren (das ist ziemlich viel), mit insgesamt nur zwei Ruhetagen zwischendurch. Das Ganze nannte sich »Tour de Phil«.[*]

Freunde meinten, mein neuer Boss wolle mich schikanieren, oder es sei eine Art Prüfung, aber auf eine verdrehte, masochistische Weise klang es ganz spaßig.

Der schwierigste Part war der Anfang. Als ich mich am zweiten Tag abquälte, konnte ich mir kaum vorstellen, es drei Wochen lang durchzustehen. Am dritten Tag war ich noch nicht mal aus der Stadt raus, als mich ein Auto überholte und dann direkt vor mir abbog. Ich konnte mich nur retten, indem ich mich mit der Hand auf der Motorhaube abstützte, was nicht nur das Handgelenk reizte, das ich mir ein halbes Jahr vorher gebrochen hatte, sondern mir auch eine Prellung auf der Handfläche bescherte. Genau dort, wo sie beim Radfahren auf dem Lenker ruht.

Aufgewühlt von diesem Erlebnis war mein erster Gedanke, ein paar Tage frei zu nehmen, die Hand verheilen zu lassen und die Tour de Phil eine Woche später von vorn zu beginnen, aber dann fiel mir ein, dass dies ja die Simulation einer Grand Tour sein sollte. Würde ich eine richtige Rundfahrt bestreiten, würde ich vielleicht (hoffentlich) nicht mit einem Auto kollidieren, aber mit Widrigkeiten der einen oder anderen Art bekäme ich es gewiss zu tun, also fuhr ich heim, holte mir ein Paar gepolsterte Handschuhe und machte mich wieder auf in die Berge.

Ich bat in dem Monat jeden, den ich kannte, mich zu begleiten, aber falls Sie mal einen Radsportler erbleichen sehen wollen, laden Sie ihn ein, fünf Stunden lang bei 325 Watt zu fahren (und falls Sie möchten, dass er sich erhängt, fragen Sie ihn im September, wenn die Saison eigentlich

---

[*] JV ist sehr kreativ.

vorbei sein sollte). Ein früherer Teamkollege namens Stefano Barberi schloss sich mir für ein paar Tage an. Er war ein guter Freund und wie jeder anständige Radsportler wusste er eine Prise Masochismus zu schätzen. Stefano gehörte zu den besten Fahrern in der Continental-Serie, als ich auf dem Weg nach oben war (vor allem, wenn man die Doper außer Acht ließ), doch er war ein weiteres Opfer eines schrumpfenden Sports – ein Routinier, der keinen neuen Vertrag mehr bekam.

Ins Amateurlager gewechselt, war er mit seiner Verlobten Katie nach Thousand Oaks gezogen, wo ein Kollege namens Jesse Anthony (der für das Continental-Team Optum fuhr) uns die Straßen zeigte.[*]

Nur ein paar Minuten nördlich von L.A. erwartete ich Gehupe und viel Verkehr, aber abgesehen von ein paar Promis, die dort leben, war nicht viel los an den Anstiegen, die vom Pacific Coast Highway die Küste entlang bis hinauf auf den Mulholland Highway führen. Nur wenige Minuten entfernt von einer riesigen Metropole fühlte ich mich sicherer als auf dem Land in Georgia (in Athens wurde ich mal in einem Waffle House von einem durchgeknallten Proll attackiert), ich bin aber ziemlich sicher, einmal von Tom Selleck geschnitten worden zu sein.

In der zweiten Woche fühlte ich mich besser und war überrascht, wie gut meine Beine sich an die Anstrengung anpassten. Eines Tages fuhr ich landeinwärts nach San Dimas, um an der Stelle zu pinkeln, wo sich, wie ich auf Fotos gesehen hatte, nach meinem Sturz Sanitäter um mich gekümmert hatten – denn wer kann schon von sich behaupten, auf sein eigenes symbolisches Grab gepisst zu haben? Meine ganzen Medaillen und Auszeichnungen waren irgendwo in einer Schachtel vergraben, aber an jenem Abend hängte ich das noch blutige und verdreckte San-Dimas-Leadertrikot auf, das sie mir damals im Krankenhaus vom Leib geschnitten hatten. Das war das erste Mal, dass ich auf der Schwelle zwischen Leben und Tod getanzt hatte. Ich war stolz darauf, es über-

---

[*] David Zabriskie von Garmin-Sharp lebte ebenfalls in der Gegend. Ich sah ihn ein paar Mal und winkte, in der Auffassung, wir sollten zusammen trainieren, da wir voraussichtlich bald Teamkollegen sein würden, aber er winkte nie zurück. Wie es heißt, verstand er sich nicht mit Danielson.

standen zu haben, und es schien mir etwas zu sein, das ich nicht vergessen sollte.

Als ich die dritte Woche begann, war ich guten Mutes, die Tour de Phil überstehen zu können, aber mein Körper widersprach. Meine Wattzahlen waren weiterhin gut, aber meine Herzfrequenz ging nicht mehr über 140 und jede Beschleunigung war eine Qual. Ohne Begleitwagen oder Soigneur, die mir Trinkflaschen reichten, hatte ich mir zur Halbzeit jeder Ausfahrt eine Pause gegönnt. In der ersten Woche hielt ich an Tankstellen, füllte meine Flaschen auf und begab mich zurück auf die Straße. In der zweiten Woche wurden die Pausen länger und umfassten häufig ein Hähnchen-Wrap bei Chick-fil-A. In der dritten Woche war es ein Stopp bei In-N-Out Burger am Ventura Boulevard in Woodland Hills, wo ich eine Stunde lang blieb und meinem Rad den Stinkefinger zeigte, wenn es mich schief ansah. Bis dahin hatte ich alles vertilgt, was der Kühlschrank hergab, also bestellte ich Pizza zum Abendessen oder holte mir was beim Thai oder Mexikaner. In den meisten Nächten wachte ich gegen vier Uhr morgens auf und aß Erdnussbutter aus dem Glas, froh, dass Joanna verreist war, um irgendwo ein Rennen zu fahren.

Als ich am letzten Tag aufwachte, war ich fix und fertig und konnte mir nicht vorstellen, mich weiter zu pushen, also beschloss ich, dies dem steilsten Anstieg in Malibu zu überlassen. Ich parkte mein Auto auf dem Schotter am Fuß der Decker Canyon Road und schnitt mit dem Leatherman-Messer, das ich in meinem Handschuhfach verwahrte, die Ärmel vom Trikot ab. Die nächsten sieben Stunden warf ich mein Rad so heftig ich konnte die Serpentinen hinauf, machte am Gipfel kehrt, um es zehn Minuten lang herrlich rollen zu lassen, und stieg unten am Ozean direkt wieder in den Anstieg ein.

Nach zwölf Runden war mein Tank leer und ich sank erschöpft in mein Auto. Noch in meiner Radhose, barfuß, mit Dreiwochenbart und sonnenverbrannt vom ärmellosen Trikot, taumelte ich bei Trader Joe's hinein und erstand eine Gallone Milch sowie eine Packung Chocolate Chip Dunkers (längliche Kekse, ideal zum Dippen). Die meisten großen Landesrundfahrten enden mit Champagner und einer rauschenden Abschlussparty, aber die Tour de Phil beschloss ich damit, auf einem Bordstein in Westlake Village sitzend einen Eimer Kekse zu futtern und Vollmilch aus einem Kübel zu saufen.

Ich glaube nicht, dass Vaughters je jemand anderen auf eine Tour de [Name einfügen] schickte, vielleicht war es also wirklich Schikane, aber ich war froh, es getan zu haben. Ich hatte eine Scheißangst gehabt, nicht bereit zu sein für die WorldTour, und war sicher, dass er einen Fehler gemacht hatte, mich zu verpflichten. Nun hatte ich, statt die Saison mit einem Winseln zu beenden, etwas geschafft, was ich nicht für möglich gehalten hätte. Ich fühlte mich bestärkt und bereit für die kommende Saison. Ich hatte mir die Pause redlich verdient – und meine Dunkers.

Unterdessen war Pat McQuaid endlich als Chef der UCI abgesetzt worden, mit einer Wahl, die angesichts all der Skandale um ihn herum von vornherein entschieden zu sein schien. Falls Sie den Auftrag erhalten, eine Brücke zu bauen, sind Sie ein Architekt, wenn Sie sie aber aus Scheiße errichten und sie auseinanderfällt, sind Sie ein Verbrecher. »Auf Nimmerwiedersehen, Arschloch«, konnte ich nicht sagen, denn sein Sohn war mein Manager.

Trotz der Keks-Orgie beendete ich die Tour de Phil fünf Pfund leichter, als ich sie begonnen hatte, also machte ich für die folgende Woche einen Termin beim Ernährungsberater aus. Dr. Phil Goglia hatte bereits mit allerhand Athleten und Filmstars gearbeitet, vor allem aber war er Radsportfan, weswegen er mir die 250 Dollar Honorar für den ersten Besuch erließ. Selbst ehemaliger Bodybuilder, hatte Goglia mit den Nebenwirkungen von Steroiden zu kämpfen gehabt, daher hatte er sich dem Thema Ernährung verschrieben und suchte nach sicheren Methoden, um das Beste aus dem menschlichen Körper herauszuholen. Wenn Schauspieler eine Rolle als Superheld bekommen und stark und muskelbepackt werden wollen, ohne sich umzubringen, heuern sie Goglia an.

Auf Basis von Bluttests und einer Analyse meiner Körperzusammensetzung erstellte er einen Ernährungsplan, der mich optimal versorgen würde, mit tonnenweise Wasser, guten Kohlenhydraten, jeder Menge

Gemüse, mehr Wasser, verschiedenen Eiweißlieferanten und noch mehr Wasser. Er nahm mir das Versprechen ab, alle paar Wochen wiederzukommen, um die Tests zu wiederholen und die Mahlzeiten gegebenenfalls anzupassen, und dann ging er ins Hinterzimmer und kam mit einer Schachtel Pillen wieder heraus.

»Was ist das?«, fragte ich.

»Ergänzungsmittel!« Er lächelte.

»Nee, den Kram brauche ich nicht. Ich habe schon ein Multivitamin und sämtliche Nährstoffe, die ich brauche, sind hier drin«, sagte ich und zeigte auf den Ernährungsplan.

»Klar, aber viel Glück dabei, das durchzuziehen, wenn du 75 Tage im Jahr auf Flughäfen verbringst oder bei Rennen, wo man dir ausschließlich Pasta serviert. Dein Körper zählt zu den besten 0,1 Prozent auf der Welt und du stellst extreme Anforderungen an ihn. Deinen Blutwerten nach zu urteilen hast du den Testosteronspiegel eines zehnjährigen Mädchens und dein Immunsystem ist komplett im Eimer.«

Goglia erläuterte mir den Zweck jedes Mittels, glich Inhaltsstoffe mit der Datenbank der USADA ab und prüfte Hersteller, um sicherzustellen, dass nichts verunreinigt sein würde. Mein Blut wies niedrige Werte an Vitamin A und Aminosäuren auf, also gab er mir Tabletten mit Vitamin A und Kapseln mit Aminosäuren.

»Und hier noch ein bisschen Tribulus für deinen Testosteronspiegel«, sagte er. »Vielleicht musst du ja jetzt im Kino nicht mehr immer weinen.« *Woher wusste er das?*

Hochwertige Ergänzungsmittel sind nicht billig, also fuhr ich in einem 2.000-Dollar-Auto mit Vitaminen im Wert von 800 Dollar heim. Der 24-jährige Phil wäre sehr böse gewesen, hätte er die Massen an Pillen gesehen, die ich zweimal am Tag einwarf, aber es kam mir nicht verkehrt vor. Ich hatte Frankie Andreu darüber reden hören, wie gut EPO funktionierte, wie es einen im Nu in einen stärkeren Fahrer verwandelte, aber der einzige Unterschied, den ich nach der Umstellung auf Goglias Plan bemerkte, war, dass ich wegen dem ganzen Eiweiß mein Gewicht hielt, ohne das Gefühl zu haben, hungern zu müssen. Außerdem wurde ich nachts zwei- oder dreimal wach, weil ich pinkeln musste.

Als es endlich so weit war, eine Trainingspause einzulegen, stellte ich fest, dass ich es gar nicht schaffte, zur Ruhe zu kommen. Ich hatte meine Ziele erreicht und etwas Geld auf dem Konto, aber es war gar nicht so einfach, sich zum Beispiel mal ein schönes Abendessen im Restaurant zu gönnen, wenn man noch vor kurzem aus dem Auto gelebt hatte und sich sein Spritgeld hatte ersprinten müssen, um zum nächsten Rennen zu kommen. Ich hatte das Gefühl, nicht das Recht zu haben, mich zu entspannen, denn alles könnte mir jeden Moment wieder entgleiten. Ich habe nach wie vor manchmal dieses Gefühl, aber statt mir neue Ideen für mein Geschäft einfallen zu lassen oder fieberhaft zu schreiben, wie ich es im Jahr zuvor getan hatte, bemühte ich mich, mich locker zu machen und es mir gut gehen zu lassen. Ich schaute Filme mit Joanna (ohne mich nebenbei mit etwas anderem zu beschäftigen) und fungierte als »Geistlicher« bei der Hochzeit von Stefano und Katie in Las Vegas (für 40 Dollar kann jeder ordinierter Priester sein und Leute trauen). Dann kaufte ich zwei Flugtickets, um mit Joanna zur Hochzeitsfeier zu reisen, die Stefanos Familie in Brasilien ausrichtete, wobei ich mein Rad und mein Laptop zu Hause ließ.

Während Joanna mir ermöglichte, mich zum ersten Mal wie ein menschliches Wesen zu benehmen, bestand mein Beitrag zur Beziehung in langfristiger Planung und Sparsamkeit. Eigentlich konnte sich keiner von uns beiden die Wohnung leisten, die sie gemietet hatte, also zogen wir in ein winziges Apartment im San Fernando Valley um. Wir hatten eine Mitbewohnerin, einen feindseligen Nachbarn unter uns, ein Wohnzimmer voller Fahrräder und eine münzbetriebene Waschmaschine im Keller, aber wir sparten jeden Monat Geld und Joannas Vater lebte in einem Haus um die Ecke. Da er selbst Radfahrer war, machte es ihm nichts aus, wenn ich meine schicken Räder in seine Garage auslagerte.

Ich war fest davon ausgegangen, das Leben in L.A. zu hassen, aber sobald ich die Straßen kannte, war es super. Falls meine Trainingseinheit einen längeren Anstieg vorsah, lag nur wenige Meilen östlich der Mount

Wilson. Für Intervalle gab es eine Strecke, die zum Griffith Park führte, der Heimat des Hollywood-Schriftzugs: eine vier Meilen lange Schleife mit Radspur und mehreren kurzen Anstiegen, die für Autos weitgehend gesperrt war, es sei denn, es wurde gerade ein Werbespot gedreht.*

Jeden Freitagmorgen traf ich mich mit einer Gruppe von Radsportlern an einem Restaurant namens Sweetsalt in Toluca Lake, einer ruhigen Ecke von Hollywood, wo die Straßen sauber sind und das Trader Joe's voller Prominenter, aber es gibt keine Paparazzi und reichlich Parkplätze. Der Riverside Drive wirkt wie eine eigene kleine Stadt, mit dem Sweetsalt, dessen Inhaber ebenfalls Rennrad fährt, direkt in der Mitte. Bei *Top Chef* war er rausgeflogen, weil er eine Crème brûlée vermasselt hatte, aber seine Kekse sind hervorragend.

Gruppenausfahrten sind meistens verbissen und nervig, aber beim »Sweet Ride« wurde stets gehalten, wenn jemand einen Platten hatte. Ich absolvierte meine Intervalle an den Anstiegen, und am Gipfel machten wir Halt, um uns wieder zusammenzuschließen, Fotos zu machen und die Ausblicke auf die Stadt zu genießen. Intensiver wurde es nur, wenn die Meute bummelte, denn Sweetsalt serviert Frühstück nur bis elf und wenn es um Bacon geht, ist sich jeder selbst der Nächste. Normalerweise ist es beängstigend, in ein neues Umfeld zu kommen, aber ich fand schnell neue Freunde und fühlte mich ganz wie zu Hause.

---

* Wann immer Sie einen Werbespot für Autos sehen, ist der Teil mit den vielen Kurven der Mulholland Highway in Malibu oder Calabasas und die schmale Straße mit Blick auf die Stadt ist Griffith Park. Jedes Mal, wenn ich an einem Set vorbeikam, fragte ich, ob sie vielleicht einen Radfahrer bräuchten. Einmal sagten sie ja, also hielt ich an, aber man befand mich für zu schmächtig.

KAPITEL 6

Mein erster Vorgeschmack auf die WorldTour war Garmin-Sharps »Orientierungs-Camp« für die zwölf neuen Fahrer im Team. Bissell hatte selbst bei den größten Rennen maximal zwei Mechaniker und zwei Soigneurs dabeigehabt, aber auf der Personalliste, die an die Tür meines Hotelzimmers in Boulder geklebt war, standen 25 Namen, was einen Marathon endloser Termine mit Ärzten, Chiropraktikern und Physiologen bedeutete. Dann saß ich mit gefühlt einhundert Sportlichen Leitern an einem einschüchternden, langen Holztisch, wie man ihn von Geschäftsbesprechungen in alten Filmen kennt, um meine Ziele und Renntermine zu erörtern.

Bei acht Fahrern für jedes Rennen und insgesamt 30 Fahrern im Kader ist der Rennkalender eine ziemliche Puzzelei. Unterschiedliche Fahrer sind auf unterschiedliche Terrains spezialisiert und die Kapitäne nutzen kleinere Rennen, um für prestigeträchtige Veranstaltungen mit WorldTour-Status zu trainieren. Für manche Rennen wie die Tour de France war bereits eine Vorauswahl getroffen worden und selbst die besten Fahrer würden um ihren Startplatz dort kämpfen müssen.

Ich hatte keine Aussicht auf einen Start bei einer dreiwöchigen Landesrundfahrt. Meine Aufgabe war es, eine beständige Form aufrechtzuerhalten, so dass ich unsere Kapitäne das ganze Jahr über als Domestik unterstützen könnte, angefangen mit der Tour de San Luis in Argentinien im Januar, gefolgt von einer Handvoll kleinerer Rennen in Europa, von denen ich noch nie gehört hatte, bevor dann mein erster WorldTour-Start anstand: die Volta a Catalunya im März. Dann erklärte man mir, dass sich mein Kalender noch vollkommen verändern könnte, ich sollte mich daher nicht allzu sehr darauf verlassen.

Beim Abendessen verglichen die Fahrer ihre Rennkalender. Die Amerikaner im Team kannte ich bereits, aber es gab auch ein paar europäische Jungs, deren Namen mir nichts sagten, und ich bin immer neidisch, wenn ich einen jungen Kerl in einem WorldTour-Team sehe. Einer von ihnen sah pummelig aus und konnte nicht älter als 20 sein. *Womit hat er das verdient? Gewiss hatte er sich nicht hochgearbeitet. Er hat nie aus einem Auto heraus gelebt.*

Die ganze Woche über fragte ich mich, wie er es so weit gebracht hatte, und dann googelte ich schließlich seinen Namen: Lasse Hansen hatte in London *Olympia-Gold* im Omnium gewonnen. Manche Fahrer müssen sich nicht hocharbeiten und vermutlich hatte er einfach nur schwere Knochen.

Einer der jungen Kerle stellte fest, dass ein hübsches Mädchen auf Instagram seine alten Fotos durchgegangen war und bei dutzenden Bildern ein Like hinterlassen hatte – im Jahr 2013 eine Form des Flirtens. Er sagte mir ihren Namen und war betrübt zu hören, dass sie das Gleiche bei mir gemacht hatte. Sportler haben das gleiche Problem wie attraktive Frauen: Bisweilen interessieren sich die Leute nicht dafür, wer wir wirklich sind. Mark Cavendish könnte ein Foto mit Gandhi posten, aber er würde trotzdem mehr Likes für ein Foto seiner achtlos an einen Zaun gelehnten Rennmaschine bekommen.

Ich war Neuling in der WorldTour, aber dies war ein Thema, wo mein junger Kollege etwas von mir lernen konnte. Radprofis kommen nicht viel raus, wenn man daher eine anständige Gefolgschaft hat, sind die sozialen Medien eine tolle Möglichkeit, Frauen kennenzulernen. Ich ging seine Follower durch, scrollte durch tausende Männer mittleren Alters, bis ich auf eine Frau traf, die keinem anderen Radprofi folgte.

»Oh, ja! Die ist mir auch aufgefallen!«, sagte er.

»Folge ihr auch und like ein Selfie von vor ein paar Wochen«, riet ich ihm. »Das zeigt ihr, dass du ein Auge auf sie geworfen hast. Wenn sie dann das nächste Mal eins deiner Bilder kommentiert, antworte mit einer privaten Nachricht, so dass ihr chattet. Dort plaudert ihr eine Weile und dann fragst du sie nach ihrer Nummer.«

Als ich Single war und quer durch die USA reiste, ging ich, wenn ein hübsches Mädchen ein paar meiner Posts likte, ihre Fotos durch und stellte mir vor, wie unser gemeinsames Leben aussehen würde, und sofern sie in der Nähe wohnte, verabredete ich mich auf der Stelle zum Abendessen mit ihr. Ich denke mir das nicht aus. Ich kenne ein Mädchen, das mir erzählte, dass Lance Armstrong ihr Nachrichten auf Twitter schickte und dann mehr als zwei Stunden mit dem Auto fuhr, um Sex mit ihr zu haben.

Vaughters lebte nicht weit entfernt in Denver, aber wir bekamen auf dem Trip nicht viel von ihm zu sehen. Er war dabei, seinen Magister in BWL zu machen, was schon irgendwie komisch war, denn er hatte bereits einen Job bei einem millionenschweren Unternehmen, das er selbst gegründet hatte, und nun schien er keine Zeit zu haben, sich selbst darum zu kümmern.

Ein weiterer Grund für JVs Abwesenheit in der Woche war ein Shitstorm in den Medien, denn Ryder Hesjedal war als EPO-Betrüger in den Jahren vor seiner Zeit bei Garmin aufgeflogen. Vaughters hatte viel Kritik dafür einstecken müssen, für seine »saubere« Mannschaft frühere Dopingsünder verpflichtet zu haben, die Fans waren daher ziemlich sauer, dass Ryder, während Danielson und andere geständig waren und milde Sperren verbüßten, den Mund hielt und den Giro gewann.

Die Sache mit der Antidoping-Mission schien Vaughters durchaus am Herzen zu liegen. In einem Meeting hinter verschlossenen Türen sah er uns allen in die Augen und sagte, er würde lieber verlieren als betrügen und falls es in der Mannschaft jemals einen positiven Dopingtest gäbe, wäre das Experiment gescheitert und er würde das Team auflösen.

Der nächste Termin war eine Präsentation unseres Radsponsors Cervélo, der uns seine Produkte vorstellte. Jeder von uns würde bei jedem Rennen aus drei Rahmen auswählen können: ein leichtes Rad zum Klettern, ein steiferes, aerodynamischeres Rad für flaches Terrain und eines, das irgendwo dazwischen lag. Jedes hatte beeindruckende technische Merkmale und Features, aber niemand schenkte den Ausführungen Aufmerksamkeit. Wären PowerPoint und Meetings unsere Welt, hätten wir richtige Jobs (Tyler Farrar faltete gelangweilt einen Papierflieger, den er aber nicht warf), und weil wir sie umsonst bekommen, interessieren sich Radprofis einen feuchten Kehricht für Räder. Sprechen Sie mit einem Kerl, der auf ein Cervélo gespart hat, und er kennt alle technischen Details und die ganze Wissenschaft, die dahintersteckt, aber Profis bekommen jedes Jahr brandneue Rennmaschinen, uns ist laut Vertrag nicht gestattet, unsere Räder zu behalten, und ohnehin werden wir sie wahrscheinlich bei einem Sturz zu Bruch fahren, warum also sollten wir unser Herz daran hängen? Mir entging allerdings nicht, dass sie ziemlich schnell zur nächsten Folie wechselten, als sie zu Hesjedals Foto kamen.

Nach dem Meeting traf ich mich mit der PR-Managerin des Teams. Sie sagte, sie sei froh, einen Typen mit einem »Clean«-Tattoo in der Mannschaft zu haben, als ich daher am Nachmittag von unserem Bekleidungssponsor Castelli für neue Trikots vermessen wurde, bat ich bewusst um kurze Ärmel, damit es nicht verdeckt sein würde.

Mavic, unser Laufrad-Sponsor, war ebenfalls vor Ort. Ihnen war aufgefallen, wie engagiert ich in den sozialen Medien war, und so boten sie mir 5.000 Dollar dafür, in ihren knallgelben Schuhen zu fahren.

Fünftausend Dollar.

Dafür, Schuhe zu tragen.

Mavics Vertrag stellte mir außerdem Prämien für allerlei Resultate in Aussicht, die ich im Leben nicht erreichen würde: 15.000 Dollar für den Gewinn der Tour de France, 8.000 Dollar für den zweiten Platz, bis hinunter zu 2.500 Dollar für einen Etappensieg bei einem UCI-Rennen der Kategorie 2.1. Es fiel mir nicht leicht, keine Miene zu verziehen, als sie mir erklärten, dass sie meine Prämien bei 5.000 Dollar deckeln müssten.

Das Abendessen im Trainingslager fand immer in einem hübschen Restaurant in der Pearl Street statt, Boulders Einkaufsmeile in der Innenstadt, mit der kompletten Belegschaft und vielen neuen Namen, die es sich einzuprägen galt. Eines Abends saß ich neben einem Mann in einem schicken Anzug, der mich für einen Mechaniker hielt.

»Und was machen Sie so im Team?«, fragte ich, nachdem ich ihn aufgeklärt hatte.

»Ach, ich verbrenne Geld«, sagte er, an seinem Wein nippend.

Das große, schmutzige Geheimnis der WorldTour in der Post-Dopokalypse ist, dass sie im Grunde nicht durch Sponsoren am Laufen gehalten wird. Sponsoren helfen, aber die meisten Rennställe haben einen wohlhabenden Gönner, jemanden, dessen Herz für den Radsport schlägt und dem es nichts ausmacht, zehn Millionen im Jahr dafür hinzublättern, sich als ein Teil der Show zu fühlen. Garmin-Sharp wurde von einer Handvoll kleinerer »Investoren« finanziert, und nun war ich einem von ihnen in seiner natürlichen Umgebung begegnet. Ich fragte mich, wie Vaughters ihm die Sache schmackhaft gemacht hatte[*], aber wir unterhielten uns stattdessen über Bücher (der Abschluss in Anglistik machte sich langsam bezahlt). Er empfahl einen Autor, den ich zu lesen versprach, wozu ich aber nie kam, sollte ich ihm also je wieder über den Weg laufen, schnappe ich mir schnell eine Kippe und fange an, ein Rad zu putzen, damit er mich nicht erkennt.

Ein paar der Jungs gingen nach dem Essen regelmäßig noch einen heben, aber ich blieb meistens im Hotel, aus Angst, einen schlechten Eindruck zu hinterlassen. Ich bedauerte das später, denn wie sich herausstellte, wurde von uns erwartet, in dieser Woche einen draufzumachen. Der alljährliche Herbstausflug wird informell als »Saufcamp« bezeichnet und Jahre, bevor er für das Team Sky die Tour de France gewann, hatte Bradley Wiggins als eine Mutprobe sein Argyle-Dress ausgezogen und war nackt durch die Pearl Street gelaufen.[†]

---

[*] Ich lernte später den Drehbuchautor Paul Guyot kennen. Paul hatte seinen achtjährigen Sohn auf eine »Meet and Greet«-Fahrt mitgenommen und der Kleine war am Boden zerstört, als er das Tempo nicht mitgehen konnte. Paul kamen die Tränen, als er mir erzählte, wie Danielson kehrtmachte, um sich mit den beiden zu unterhalten, und Paul am Nachmittag Vaughters vorstellte. JV witterte Geld und sie waren wochenlang die besten Freunde. »Wie würde es deinem Sohn gefallen, bei Paris–Roubaix im Teamwagen mitzufahren?«, fragte er schließlich und bot ihm für eine Million Dollar im Jahr Zugang zum Team an. Paul sagte, er habe derzeit keine Aufträge, »aber wie wäre es mit 250.000 Dollar für dieses Jahr?« Das ist eine Viertelmillion Dollar quasi ohne Gegenleistung, aber Vaughters hörte auf, auf Guyots Nachrichten zu antworten.

Ich verließ Denver mit einem nigelnagelneuen Cervélo R5 im Wert von 10.000 Dollar, einem Wäschesack des Teams, auf dem mein Name falsch geschrieben war (Philip), einem neuen Garmin-Computer (der aufs metrische System eingestellt war‡) und einer Menge Karomuster-Klamotten, aber ich hielt mich an meinen Vertrag und trug noch bis zum 1. Januar beim Radfahren mein Bissell-Outfit. Ich gebe aber zu, dass ich das Argyle daheim ein paarmal vor dem Spiegel anprobierte, mit einem breiten Lächeln im Gesicht.

Mein altes Team hätte es vermutlich nicht bemerkt, hätte ich gegen meinen Vertrag verstoßen. Omer war damit beschäftigt, einen Deal abzuschließen, der sich den ganzen Sommer über vor unseren Nasen zusammengebraut haben musste: Statt neue Sponsoren für ihre jeweiligen Teams aufzutreiben, hatte Axel Merckx lieber Omer einen Job angeboten, falls es ihm gelänge, Bissell als Sponsor seiner Bontrager/LiveStrong-Nachwuchsmannschaft zu gewinnen. Ich war sauer auf Omer, seinen eigenen Arsch zu retten, während die meisten der Fahrer gezwungen waren, ihre Karriere an den Nagel zu hängen, und ich nahm es Axel übel, nur einen einzigen Anruf zu tätigen, um seine Mannschaft am Leben zu erhalten, indem er den Sponsor eines anderen abwarb, statt Klinken zu putzen, um einen neuen aufzutun. Aber sie taten, was sie tun mussten in einem schrumpfenden Sport, in dem eine Fusion verhindern konnte, dass zwei Teams komplett verschwänden. Die Continental-Serie war ein knallhartes Geschäft, ein Hauen und Stechen, und ich war froh, aus der Nummer raus zu sein.

---

† Der Sundown Saloon ist die angesagteste Tränke in Boulder, und Bustop ist der Stripclub. Viele Profis kommen durch Boulder, ein großer Teil des Pelotons ist also mit beiden Etablissements vertraut. Falls man das Teamauto nimmt, parkt man am Radgeschäft die Straße runter, sonst gibt es Ärger mit dem Sponsor.
‡ Das bedeutet, dass man auch sein Gehirn aufs metrische System umstellen muss. Sie können meinen Schmerz sicher nachempfinden.

KAPITEL 7

Zu Matt Koschara verspürte ich eine beinahe familiäre Verbindung, aber er hatte noch nie mit jemandem aus der WorldTour gearbeitet, also heuerte ich im Herbst einen neuen Coach an, den mir Vaughters empfohlen hatte. Auf höchstem Niveau sind die Leistungsunterschiede winzig, man muss also zum richtigen Zeitpunkt in Bestform sein, und mit meinen bisherigen vier Trainern in neun Jahren hatte ich durchweg das Problem gehabt, im Winter zu hart zu trainieren, im Frühjahr alles in Grund und Boden zu fahren und im Sommer hinterherzuhecheln. Als Domestik bei Garmin-Sharp würde ich konstanter sein müssen, ich betonte daher, dass es die Hauptaufgabe meines neuen Trainers wäre, darauf zu achten, dass ich nicht zu früh in Höchstform käme.

Radsport bedeutet wenig Belastung für die Gelenke und Knochen, was ein zweischneidiges Schwert ist, denn schon so mancher junge Fahrer hatte wegen Osteoporose seine Karriere frühzeitig beenden müssen. Um die Knochendichte zu verbessern, bemühte ich mich daher, in der rennfreien Zeit regelmäßig in den Kraftraum zu gehen. Mein neuer Trainer bereitete dem aber ein Ende, denn er meinte, wir hätten genug auf dem Rad zu tun, also würden wir die langfristige Gesundheit hintanstellen. Mit anderen Worten: Um im Radsport der Allerbeste zu sein, muss man zulassen, dass es einen zum Krüppel macht. Glücklicherweise ist es in den Augen der Gesellschaft vollkommen in Ordnung, den Anfang und das Ende seines Lebens zu opfern, solange man es irgendwann dazwischen zum Profisportler schafft.

Zu Weihnachten reiste ich nach Athens, wo Jeremy Powers mich zwischen zwei Cyclocross-Rennen besuchte. Er verriet mir, dass er darauf aus war, einen Weltcup zu gewinnen – die wichtigste Rennserie im Cyclocross.

»Und was ist dein langfristiges Ziel?«, wollte Jeremy wissen.

»Ich weiß gar nicht, ob ich mir jemals Ziele über den nächsten Schritt hinaus setze«, wurde mir klar. »Ich starre nur auf den Boden und schaufle in der Hoffnung, dass es vorangeht, weiter Kohle in den Kessel.«

»Genau, Phil, und deswegen endest du bei beschissenen Rennen in Thailand. Lass uns ein paar Ziele setzen.«

Wir beschlossen, dass ich versuchen sollte, ein Rennen auf UCI-Ebene zu gewinnen. Jeremy räumte ein, dass es angesichts meiner Rolle als Domestik wohl ein paar Jahre dauern könnte, aber ich ging eher davon aus, dass es niemals so weit kommen würde. Dann lachten wir über die Prämien in meinem Mavic-Vertrag.

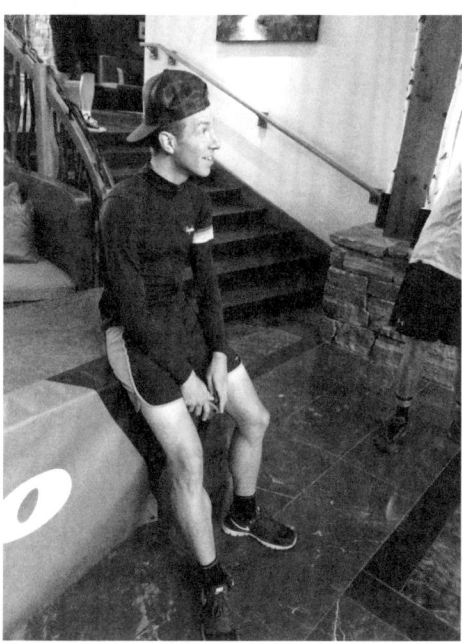

Jeremy Powers in seiner ganzen Pracht.

»Nichts für ungut, aber die Jungs haben einen an der Waffel«, sagte er.

Abends verschüttete Jeremy Müsli oder Goji-Beeren oder irgendeinen anderen Hippiefraß in der Küche und fand einen alten Staubsauger im Flurschrank, um es zu beseitigen.

»Phil. Ein Eureka?«, fragte er ungläubig, nachdem er das ganze Jahr über meine Bissell-Reklame auf Twitter ertragen hatte. »Du hast echt Eier!«

»Funktioniert noch!«, wandte ich ein. »Was soll ich denn machen? Einen Staubsauger, der vollkommen okay ist, wegschmeißen, nur weil ich vom Sponsor einen umsonst bekommen habe?«

»Echt Eier!«, johlte er.

Ich verkaufte den Staubsauger und alles andere im Haus auf Craiglist, denn nun, da ich in Kalifornien lebte, würden Dauermieter das Piratenschiff übernehmen. Irgendwie brachte ich es außerdem auf 32 Stunden auf dem Rad in sieben Tagen, mit sogar einem Ruhetag dazwischen, da ich bei einer weiteren Hochzeit als Geistlicher fungierte.[*]

Da ich nicht wusste, wann ich zurückkehren würde, blieb ich recht lange bei der abendlichen Feier, um mich von meinen Freunden zu verabschieden. Sie waren es gewohnt, mich frühzeitig von Partys verschwinden und spät von meinen Trainingsausfahrten heimkehren zu sehen, also wünschten sie mir viel Glück in Europa und hofften, dass sich alles bezahlt machen würde.

»Von allen da drüben musstest du es dir härter erarbeiten als jeder andere«, lallte einer. »Jetzt geh und reiß ihnen den Arsch auf.« Er hatte einen sitzen, aber seine Worte blieben haften.

Als ich im Januar nach L.A. zurückkehrte, war ich in der Lage, mich voll aufs Training zu konzentrieren, und es lief perfekt. Danielson beklagte sich darüber, wegen des Schnees in Boulder und Tucson ständig Trainingseinheiten zu versäumen, aber alles, worum ich mir Sorgen machen musste, war ein möglicher Sonnenbrand. Mein neuer Coach ver-

---

[*] Das bedeutet zwei Auftritte als Geistlicher bei Trauungen in einer Winterpause, falls Sie mitgezählt haben. Keine schlechte Ausbeute, oder? Gut, Morgan und Thomas waren beide Radprofis, das zählt also nicht.

schrieb mir präzise, sehr spezifische Trainingseinheiten – »zehn Minuten bei 250 Watt und einer Kadenz von 70 RPM, gefolgt von fünf Minuten bei 300 Watt und 120 RPM« –, die so komplex waren, dass ich sie auf einer Karteikarte notieren und an den Vorbau kleben musste. Meine Leistung analysierend, bemängelte er, dass ich es in den Canyons zu viel rollen ließe, ich sollte daher flachere Strecken aufsuchen, um Abfahrten zu vermeiden. Ich mag es, zu klettern, und ich liebe es, es einfach rollen zu lassen, aber die Rennen würden härter werden, insofern war es zweckmäßig, dass auch das Training härter würde, und er versicherte mir, dass ich mit längeren Ausfahrten bei geringer Intensität nicht zu früh in Höchstform kommen würde.

Die »Keine Abfahrt!«-Regel bedeutete lange Tage auf Radwegen oder dem Pacific Coast Highway, wo es immer von Radfahrern wimmelte, und nun, da ich ein WorldTour-Trikot trug, meinte plötzlich jeder, den ich überholte, sich für das Team anbieten zu müssen. Ich überholte Typen, als würden sie auf der Stelle treten, und dann, keine zehn Sekunden später, sprinteten sie an mir vorbei, damit sie ihren Frauen erzählen konnten, sie hätten einen Profi »versägt«. Ein Kerl saß zwei Stunden lang von Oxnard bis Santa Monica an meinem Hinterrad. Ich hätte ihn am liebsten in den Ozean gestoßen, aber als ich an einem Café anhielt, stellte er sich mir vor.

»Hey, Phil! Mein Name ist Michael. Danke für den Windschatten. Darf ich mich zu dir setzen?«

»Hi, Michael. Du zahlst«, sagte ich.

Ich glaube, das nennt man Symbiose. Wir führten eine angenehme Unterhaltung. Er war Architekt.

Wenige Tage vor dem Start der Tour de San Luis traf ein schnittiges Cervélo P5-Zeitfahrrad bei mir zu Hause ein, das zuvor vom Amerikaner Jacob Rathe gefahren worden war (sein Name stand auf dem Aufkleber). Ich hätte es fast mit zu einem Fachmann genommen, um mich vernünftig vermessen und ein richtiges Bikefitting machen zu lassen, aber ich wurde faul und erledigte es stattdessen so gut ich konnte selbst mit einem Maßband im heimischen Wohnzimmer. In Spanien würden wir Personal haben, um es im Februar einzustellen, und das nächste Zeitfahren war die fünfte Etappe der Tour de San Luis. Bis dahin wäre ich eh 60. im Gesamtklassement, und Domestiken ließen es in Zeitfahren ohnehin locker angehen und sparten Kräfte, um am nächsten Tag ihrem Kapitän zu helfen.

Um ehrlich zu sein, hatte ich in der Woche alles andere als das anstehende Rennen im Kopf. Da nur wenige Tage zwischen meiner Rückkehr aus Argentinien und einer dreimonatigen Reise nach Europa lagen, würde aus meiner Liaison mit Joanna eine Fernbeziehung werden. Wir waren noch nicht lange zusammen, aber wir verstanden uns super, und sie gab mir etwas, worauf ich mich abseits meiner Leistung konzentrieren konnte und was mir die Achterbahnfahrt des Sportlerdaseins spürbar erleichterte. Das wollte ich nicht aufs Spiel setzen, daher ging ich in ein Juweliergeschäft und am Vorabend meiner Abreise bat ich sie, mich zu heiraten.

Sie jagte ja und trug den Ring, aber sie wollte sich auf keinen Termin festlegen, was mir recht war. Der Radsport hatte mich gelehrt, dass ich mir das, was ich wollte, verdienen musste, aber mit der Zeit – und genügend Entschlossenheit und Einsatz – würde es sich schon irgendwann ergeben. Der Radsport hatte mich außerdem gut darin gemacht, mir etwas vorzumachen.

Sie gab mir eine Silberkette mit einem Messingring daran und wir feierten mit Steak und Wein in einem teuren italienischen Restaurant, bevor wir den Abend in der romantischen Garage ihres Vaters damit beschlossen, Räder für mein erstes Rennen in der WorldTour zu verpacken.

TEIL 2

Wir haben was
Besseres verdient

KAPITEL 8

Der erste Wettkampf einer langen Saison, die Tour de San Luis in Argentinien, gilt als lockerer Aufgalopp, war aber dennoch das größte Rennen, das ich bis dahin bestritten hatte. Wegen des Zeitunterschieds reisten wir frühzeitig an und hatten zwei Tage totzuschlagen, also schnappten wir uns ein Taxi und machten uns auf die Suche nach einem Frisör. Es war zu warm, um zottelig zu sein, und sich die Haare schneiden zu lassen, ist immer ein schönes Abenteuer in einem fremden Land. Ich zeigte dem Frisör ein Bild von George Clooney, das ich in einer Zeitschrift entdeckt hatte, aber es kam eher Jim Carrey dabei heraus.

Während seine Teamkollegen einen neuen Haarschnitt verpasst bekamen, legte Danielson im Hotel die Füße hoch. Inzwischen 34 Jahre alt und dank einer strikt veganen, auf entzündungshemmende Lebensmittel setzenden Ernährung 15 Pfund leichter als ein halbes Jahr vorher bei der Tour of Utah, war er angereist, um das Rennen zu gewinnen. Mit dem hehren Ziel, 2014 eine Podiumsplatzierung bei einer Grand Tour zu erreichen, hatte er den Winter mit hartem Intervall-Training am Mount Lemmon zugebracht. Derweil hätte ich noch längst nicht in Höchstform sein sollen, wir waren also beide etwas überrascht, als ich ihn am Tag vor der ersten Etappe bei einer Vorbelastung, um die Beine in den Rennmodus zu bringen, am Anstieg abhängte. Ich führte es auf die Hitze zurück, die ich aus Los Angeles gewöhnt war. Wir sammelten uns auf dem Gipfel, wo Tyler Farrar sich über einen Riesenhaufen Kuhscheiße hockte, so dass es aussah, als wäre es seine eigene. Ich schoss ein Foto, und es macht mich wahnsinnig, dass ich es für dieses Buch nicht finden kann, legen Sie also bitte einen Moment das Buch beiseite und versuchen Sie, es sich vorzustellen, okay? Er verzieht dabei das Gesicht.

Der Ex-Profi Chann McRae (raten Sie mal, in welchem Team er ein paar Jahre vorher gefahren war) war unser Sportlicher Leiter in dieser Woche. Bei unserer ersten Besprechung sagte er, dass Danielson unser Kapitän sei und Janier Acevedo geschützt werde, um ihm an den Anstiegen zu helfen. Janier kam ebenfalls aus einer amerikanischen Continental-Mannschaft, wir waren im Vorjahr also Konkurrenten gewesen, aber da er den ganzen Winter über mit Knieproblemen zu kämpfen hatte und mich bei der Vorbelastung erlebt hatte, merkte er an, dass ich vielleicht besser geeignet wäre für diese Rolle.

Chann sah mich skeptisch an. »Schauen wir mal, wie die ersten Etappen laufen. Fürs Erste schützen wir Janier.«

Mein Job wäre es, Trinkflaschen vom Auto zu holen.

»Aber wenn du dich gut fühlst, Phil, dann versuch, in die frühe Fluchtgruppe zu kommen.« Er zuckte die Achseln. »Die großen Teams kennen dich nicht, vielleicht lassen sie dich ziehen.« Mir machte das mit den Trinkflaschen nichts aus, ich fand aber, dass ich mehr zu bieten hätte, und ein Ausreißversuch würde Spaß machen.

Als wir uns in einem rostigen Van auf den Weg zum Start machten, hörte ich eine Playlist, die Joanna für mein Debüt in der WorldTour zusammengestellt hatte. Ich glaube, sie nahm es eher als Gag auf, aber ich wurde ein wenig emotional, als »Started from the Bottom« von Drake angespielt wurde und ich an mich selbst mit 24 dachte – ein verzweifelter Bengel, der in seinem Auto zu Rennen fuhr und sich fragte, was er mit seinem Leben anstellen sollte, bis dieses kleine Team im Karomuster ihm etwas gab, auf das er hinarbeiten konnte. Nun hatte ich es geschafft. Ich gehörte dazu.

Der Drake-Song spukte mir immer noch im Kopf herum, als an der Startlinie die Topfahrer vorgestellt wurden. Die Menge geriet außer Rand und Band, als Nario Quintana angekündigt wurde, ein mitreißender junger Kolumbianer, der bei der Tour de France dank seiner Kletterkünste auf den zweiten Platz gefahren war, aber sie jubelte auch Filippo Pozzato zu, einem Italiener mit einer langen Geschichte fragwürdiger Ärzte. Pozzato hatte seit Jahren kein Rennen mehr gewonnen, aber er bezog noch immer ein fürstliches Gehalt, machte Party und riss Weiber auf und als wäre das nicht Grund genug, ihn zu verachten, hatte Pippo einmal einen Winter in Malibu trainiert und war mit Joanna ausgegangen. Als er vor kurzem in L.A. war, erfuhr er zu seiner Enttäuschung, dass sie inzwischen vergeben war, und freute sich darauf, gegen mich anzutreten.

»Wir werden in San Luis ja sehen, wer der bessere Mann ist«, teilte er meiner Verlobten mit. Was für ein Drecksack.

Das Rennen hatte kaum begonnen, als ich mit vier Mitstreitern aus kleineren Mannschaften eine Minute auf das Feld herausgefahren hatte, dank einer Attacke, die wie jeder andere frühe Ausreißversuch von vornherein zum Scheitern verurteilt war. Die Teams mit guten Sprintern würden unseren Vorsprung bei drei Minuten halten und uns am Ende wieder einfangen, aber die Tour de Phil zeigte offenbar Wirkung, denn nach 80 von 170 Kilometern konnten die drei südamerikanischen Mitausreißer mein Tempo nicht mehr halten, wenn sie die Führung übernahmen, und ich fühlte mich immer noch gut.

»Kein Sprint!«, versprachen sie, was bedeuten sollte, dass sie am Ziel nicht angreifen würden, sollten wir wie durch ein Wunder durchkommen. Damit lag es an mir und Marc de Maar von UnitedHealthcare, die Schwerarbeit zu machen. Am Gipfel schlug ich Marc im Sprint um die Bergpunkte und war erleichtert, an einem Tag, der sich bestimmt als grandiose Energieverschwendung entpuppen würde, zumindest das gepunktete Bergtrikot errungen zu haben, aber 60 Kilometer vor dem Ziel fuhr ein Offizieller auf seinem Motorrad heran und teilte uns mit, dass unser Vorsprung gewachsen sei. Die Teams der Sprinter waren sich uneinig, wer die Nachführarbeit leisten sollte, und das Feld lag zwölf Minuten zurück.

Ich war den sinnlosen Ausreißversuch aus einer Laune heraus mitgegangen, jetzt aber war mir ein Podiumsplatz bei einer UCI-Etappe sicher und sofern sie sich hinten nicht beeilten, würde sich auch das Gesamtklassement zwischen mir und Marc entscheiden. Wir waren beide konsterniert und blickten uns kopfschüttelnd an, aber Marc und ich arbeiteten zusammen und gingen an die Reserven, um so viel wie möglich von unserem Vorsprung ins Ziel zu bringen.

40 Kilometer vor dem Ziel waren wir immer noch acht Minuten voraus und folgten zwei Polizeimotorrädern blindlings durch eine baumlose, sengend heiße Ebene. Ich fuhr vorneweg, als wir in einen Kreisverkehr einfuhren, wo eins der Motorräder geradeaus weiterfuhr, während das andere links abbog. Unsicher, welchem ich folgen sollte, schaute ich mich um, ob meine Mitstreiter wüssten, wo es langging, aber einer von ihnen passte nicht auf. Er krachte in Marc de Maar hinein, so dass sie alle zu Boden gingen.

Ich nahm einen Moment das Tempo raus und fragte mich, ob ich warten sollte. Warten zeugte von sportlicher Fairness und ich wäre schneller, wenn ich mich an der Spitze mit Marc abwechseln würde, aber ich wusste nicht, ob er ein kaputtes Rad oder ein gebrochenes Schlüsselbein hatte. Chann fuhr zu mir auf und wies mich an, weiterzufahren und die Sache allein durchzuziehen.

Es heißt, Wahnsinn sei, immer wieder das Gleiche zu tun und andere Ergebnisse zu erwarten, aber Beharrlichkeit sieht auch nicht viel anders aus. Wenn man beim Baseball eine Bogenlampe schlägt und es nach einem sicheren Aus aussieht, trottet man zur Bank und setzt sich, um sich emotional zu wappnen; einem richtigen Profi aber wird beigebracht, trotzdem in vollem Tempo zur ersten Base zu laufen, denn eines Tages wird das gegnerische Team den Catch vermasseln und er wird es schaffen, die Base zu erreichen. Ich war im Laufe der Jahre in hundert frühen Fluchtgruppen und glaubte immer wieder, dass dies der Tag sein könnte, an dem die Gruppe durchkommt, nur um wieder enttäuscht zu werden und völlig erschlagen mit fünf Minuten Rückstand ins Ziel zu rollen. Jetzt, an meinem ersten Tag für Garmin-Sharp, hatten sie sich endlich verrechnet. Es war noch ein weiter Weg ins Ziel, aber ich würde gewinnen.

In der nächsten Stunde war die Straße so gerade, dass ich am Horizont die Erdkrümmung erkennen konnte, aber ich hielt den Kopf unten und das Tempo hoch. Auf den letzten Kilometern machten meine Beine mit Krämpfen zu, während sich an den Unterarmen dort, wo sie auf dem Lenker auflagen, blutige Blasen bildeten, aber weil diese herrlichen Chemikalien des Sieges durch mich hindurchströmten, fühlte ich keinen Schmerz. Einen Ritt beendend, der von einigen Fans als das großartigste Debüt in der WorldTour gewertet wurde, küsste ich, als ich mit fünf Minuten Vorsprung ins Ziel kam, die Halskette, die Joanna mir gegeben hatte. Bei der Siegerehrung hatte ich ein schlechtes Gewissen, mich auf dem Podium von den beiden Hostessen auf die Wange küssen zu lassen, wo ich mich doch gerade erst verlobt hatte, und schwor mir insgeheim, die Küsse bei meinem nächsten Sieg in einem UCI-Rennen zu verweigern, um ein Statement abzugeben (darauf warte ich bis heute).

Die Sonne ging bereits unter, als ich mir, mit Konfetti besprenkelt und mit Pokal, Blumen und Leadertrikot beladen, einen Weg durch die Menge bahnte, die um Fotos und Autogramme bat (den Traum leben!). Ich saugte alles auf, konnte aber nach wie vor nicht fassen, dass mir das passierte. Auf meinem Handy warteten tausend Nachrichten, aber nach einem raschen Anruf bei Joanna hatte ich nur noch die Kraft für eine kurze Mitteilung auf Twitter:

»Kneif mich.«

Auf dem Weg zurück zum Hotel versuchte ich, mit Musik herunterzukommen. Ich hätte nie gedacht, bei einem Drake-Song weinen zu müssen, aber »Started from the Bottom« hat es mir richtig besorgt.

Meine Teamkollegen waren zum Hotel zurückgefahren, als ich auf dem Podium stand, ich hatte sie also seit dem Start des Rennens nicht mehr gesehen. Ich fragte mich, ob sie neidisch auf meinen Erfolg sein würden oder ob es sie überhaupt interessierte? Ich hatte Sorge gehabt, dass in der WorldTour die Emotionen fehlen würden, die ich in meinen früheren Teams erlebt hatte, nun da es eher ein Job war als eine Leidenschaft, aber sie kamen einer nach dem anderen ins Zimmer, um mich abzuklatschen und zu umarmen. Ich war so glücklich, dass ich mich abends nur eine halbe Stunde lang über das Piepen und Bimmeln aus dem Casino neben dem Speisesaal beklagte und über das Büfett aus Rote-Bete-Salat, kaltem

Kneif mich. Die Tour de San Luis.

Reis und einer Auswahl aus Rind, Huhn und Fisch, die aber nicht zu unterscheiden waren (und ich war heilfroh, dass es Ketchup gab). Die meisten Teams waren im selben Hotel untergebracht und ich war überrascht, Tom Boonen, Vincenzo Nibali und Mark Cavendish den gleichen Fraß essen zu sehen. Nachdem ich sie all die Jahre bei der Tour de France und Paris-Roubaix mit erhobenen Armen über die Ziellinie hatte fahren sehen, hätte ich nicht gedacht, dass so das glamouröse Leben der besten Radfahrer der Welt aussehen würde: Millionäre, die kalten Reis aßen.

Ich hatte kaum die Gabel niedergelegt, als eine unserer Betreuerinnen mir auf die Schulter tippte. Der Mann hinter ihr trug ein Klemmbrett und wir wussten alle, was das bedeutete: eine weitere Dopingkontrolle. Ich winkte meinen Kameraden zum Abschied und folgte ihm mit gesenktem Kopf und hinter dem Rücken verschränkten Armen, als wäre ich auf dem Weg zum Schafott.

Vor dem Zubettgehen trafen wir uns in Channs Zimmer, um nach einem Tag, wie ihn niemand erwartet hatte, die Strategie zu besprechen.

»Phil, willst du ums Gesamtklassement fahren?«, fragte er. »Oder bleiben wir bei unserem gestrigen Plan und Danielson ist Kapitän? Morgen steht eine Bergankunft an und einige der besten Bergfahrer der Welt hatten im Grunde einen Ruhetag, während du dich den ganzen Tag im Wind gequält hast.«

Es wurde still im Raum, sechs Paar Augen harrten meiner Antwort. Sie hatten dies bereits hinter meinem Rücken erörtert und fragten sich, ob ich bereit wäre, ein Team zu führen. Ich wusste nicht, wie es ausgehen würde, aber ich würde nie wieder eine solche Chance bekommen.

»Scheiße, ja, ich möchte ums Gesamtklassement fahren. Ich bin zwar nicht der beste Fahrer hier, aber sie haben mir einen schönen Vorsprung gegeben. Das werden sie noch bereuen.«

Ben King knetete mir bis über beide Ohren lächelnd die Schulter. Radrennfahrer stehen auf dummen Heldenmut.

»Scheiße, ja!«, sagte Danielson und ballte die Faust.

Nate Brown grinste. »Ich kann es kaum erwarten, vorne im Wind für dich zu schuften, Phil.«

Als die Besprechung vorbei war, hielt Chann mich zurück, um unter vier Augen mit mir zu sprechen. Es war an der Zeit, das unausgesprochen im Raum stehende Thema anzuschneiden.

»Hör mal, Phil. Dir ist sicher klar, dass viele der Fahrer hier dopen, ich wollte dir daher sagen, dass es Januar ist, ich schätze also, sie machen noch nicht viel. Wahrscheinlich wirst du also mithalten können.«

Schluck

An meinem zweiten Tag in der WorldTour ging ich im Trikot des Gesamtführenden an den Start und wurde als letzter Fahrer der jubelnden Menge vorgestellt. Ich stellte mich bewusst neben Pippo Pozzato auf und lächelte ihn an. *Wer ist jetzt der bessere Mann, Arschgesicht?*

Als der Start erfolgte, war es eine Mischung aus Muskelgedächtnis und Schock. Ich hatte Hunderte von Rennen bestritten, hatte eine Menge Leadertrikots getragen und war viele Male mit einer Situation überfordert gewesen, aber zu erleben, wie junge Talente wie Nate Brown und Ben King bei der Hitze mehr als hundert Kilometer für mich schufteten, war irre. Dann kam aus meinem Mund eine Stimme, die sagte: »Hey, Tyler, kannst du noch ein paar Flaschen holen?«, während eine Stimme in meinem Kopf sagte: *Heilige Scheiße. Tyler Farrar holt für mich Trinkflaschen vom Auto.*

Tyler war ein Fahrer, den ich bewunderte, seit ich mit 19 an meiner ersten U23-Meisterschaft teilgenommen hatte. Ich wurde damals schnell abgehängt, stieg frühzeitig aus und schaute vom Straßenrand in Park City aus zu, wie der große, sommersprossige Sprinter gegen einen Haufen Kletterer bei einer Bergankunft Zweiter wurde. Danach schloss er sich einer französischen WorldTour-Mannschaft an und lebte mit seiner Freundin im belgischen Gent. In Interviews antwortete Tyler zunächst in Englisch und wiederholte dann das Gesagte in fließendem Flämisch.

Mein Tag war also ohnehin schon surreal und dann nahm mich am letzten Anstieg Danielson ins Schlepptau. Er hatte seit Monaten Gluten und Fleisch vom Speiseplan gestrichen, um dieses Rennen zu gewinnen – und nicht, um meinem blöden Hintern einen Berg raufzuhelfen –, aber er fuhr vorneweg und ließ sich zurückfallen, um mir zu helfen, als die Attacken losgingen, so dass ich nur wenige Sekunden auf die Spitzengruppe einbüßte. Nairo Quintana war bekannt für das Pokerface, das er aufsetzte, wenn er bei der Tour de France in den Bergen litt, aber er konnte seine Überraschung nicht verbergen, als er mich im Ziel sah. Wir dachten beide, ich würde mehrere Minuten verlieren, aber jetzt wusste er, dass er sich für diesen Sieg ins Zeug legen müsste. Würden Sie Radprofis befragen, gegen wen sie auf keinen Fall eine Woche lang in Südamerika durch die Berge fahren wollten, wäre Quintana die einhellige Wahl.* Ein größeres Heimrennen als diese Rundfahrt in Argentinien würde er in dieser Saison kaum bekommen, und der Gedanke, dass er auf mein Trikot aus war, jagte mir Schauer über den Rücken.

Wenn ich früher gegen europäische Profis gefahren war, hatte auf dem Hotelflur niemand Phil Gaimon erkannt. Sie würdigten mich keines Blickes und gingen an mir vorüber, als würde ich gar nicht existieren – genau wie die Mädels auf der Highschool. Jetzt aber spürte ich, wie die Konkurrenz mich taxierte. Mein geschundener Körper sehnte sich da-

---

* Jens Voigt wäre Zweiter, aber nur, weil er nie die Klappe hält.

nach, auf der Treppe das Geländer zu Hilfe zu nehmen, aber als Julián Arredondo auf dem Weg zum Frühstück hinter mir war, durfte ich mir nicht anmerken lassen, wie sehr ich litt. Ich nahm zwei Stufen auf einmal, vor Schmerzen auf die Zähne beißend.

Sie erzählen einem nicht, wie viel zusätzliche Belastung und Arbeit im Spiel sind, wenn man die Führung im Rennen innehat, mit Dopingkontrollen nach jeder Etappe, täglichen Pressekonferenzen und Interviews an den Abenden. Bis ich jeden Tag den Schauplatz des Rennens verließ, war die Konkurrenz schon lange fort und ruhte sich im Hotel aus, während ich mich noch durch die Menge wühlen musste, die um Autogramme bat. Ich hielt bei manchen an und hasste mich für jeden, den ich stehenließ, erstaunt darüber, wie schnell es von einem Kick zu einer Mühsal wurde.

Ich wurde in dieser Woche außerdem mit einer Unmenge persönlicher Nachrichten bombardiert, von Freunden, Bekannten und mir vollkommen Fremden. Eine stammte von einem Mädchen, das mir Jahre zuvor einen Korb gegeben hatte. Sie würde bald nach Los Angeles kommen und wusste, dass ich dorthin gezogen war.

»Ich will ficken«, schrieb sie.

»Sorry, ich habe mich gerade verlobt«, antwortete ich.

»Egal. Ist sie schärfer als ich?«

Joanna war das Hintergrundbild auf meinem Handy.

»Na ja, darum geht es eigentlich nicht, aber ja, ist sie.«

Dann war da noch eine Mitteilung von Jeremy Powers:

»Schätze, du musst dir ein neues Ziel setzen. Hast gerade mal einen verdammten Tag gebraucht, um ein UCI-Rennen zu gewinnen.«

Ich war der Held, der es in die WorldTour geschafft hatte, ohne zu schummeln, und jetzt wollte mir alle Welt gratulieren, mir alles Gute wünschen oder mit mir ficken. Mir erschien es wichtig, allen zu antworten, also saß ich auf dem Bett und schickte per »Copy & Paste« jedem ein Dankeschön. Da aber nur wenige Stunden zwischen Zielankunft und Bettruhe lagen, kam ich trotzdem kaum hinterher. Es heißt, das Leadertrikot zu tragen, würde zusätzliche Kräfte freisetzen, aber es bedeutete auch eine ziemliche Belastung und dies war nur die Tour de San Luis! Stellen Sie sich den Stress vor, bei der Tour de France in Führung zu liegen. Oder, was weiß ich, Ringo zu sein.

In der ersten Nacht machte ich kaum ein Auge zu, daher bat ich den Teamarzt anschließend um ein Schlafmittel.

»Was auch immer Michael Jackson tötete, aber eine weniger«, verlangte ich. Stattdessen bekam ich Temazepam – ein Muskelrelaxans, das wie ein winziger Schmetterling aussieht – und schlief wie ein Stein. Das gefiel mir so sehr, dass er mir für den Rest der Woche nur noch Ambien verabreichte.

Die vierte Etappe endete mit einem langen, steilen Anstieg zum Ziel. Ich wurde im Kampf um die Positionen von einigen der großen Namen herumgeschubst und war nicht unter den ersten fünf, wo ich hätte sein sollen, als es in den Berg hineinging, aber ich glaube nicht, dass es etwas geändert hätte. Nairos Mannschaft knallte mit vollem Tempo in den Anstieg rein, um ihren Kapitän gleich nach vorn zu bringen, und ich lernte, wie es ist, wenn man versucht, mit den dicken Fischen zu schwimmen (im Radsport sind dicke Fische 55 Kilogramm leichte Kolumbianer). Danielson versuchte mir zu helfen und ich redete mir weiter ein, noch mehr an die Reserven gehen zu können, aber sieben Kilometer vor dem Ziel war Quintana längst enteilt. Ich starb tausend Tode, um meinen Zeitverlust zu minimieren, während Chann mir vom Begleitwagen aus die Abstände zurief.

Mir wurde schwarz vor Augen, als ich ins Ziel rollte, und ich brach mit dem Gesicht im Dreck zusammen, wo ich mich gleichzeitig übergab und mir in die Hose machte. Als ich zu mir kam, schnauzte ich einen Fotografen an, mir nicht zu nahe zu kommen, denn ich hatte Angst, dass er ein Bild von meiner Urinpfütze machen würde.[*]

Ich behielt mein Trikot, aber mein Vorsprung war von vier Minuten auf vier Sekunden geschrumpft, und da noch ein Zeitfahren und eine weite-

---

[*] Wie sich zeigte, endete ich also doch in meiner eigenen Pisse im Dreck liegend und pöbelte fremde Leute an. Danke an Soigneur »Disco« Jon Adams dafür, mich davon abgehalten zu haben, einen Kameramann zu schlagen.

re Bergankunft warteten, konnte ich meine Hoffnungen auf den Gesamtsieg begraben. Ich hatte ein paar Tage lang den Traum gelebt, aber Nairo Quintana hatte mich gekniffen.

Abends las ich eine Vorschau auf die nächste Etappe: ein 20 Kilometer langes, flaches Einzelzeitfahren. Ein Reporter fragte Tom Boonen, ob er glaubte, dass ich die Gesamtführung verteidigen könnte.

»Nun, bis diese Woche hatte ich noch nie von ihm gehört, aber vielleicht schafft er es. Er sieht schon sehr dünn aus«, sagte Boonen.

In den Medien herrschte Einigkeit, dass Phil Gaimon seinen Vorsprung auf Nairo Quintana um 20 Sekunden ausbauen würde.

»Wie kommen die darauf?«, fragte ich Tyler. »Wegen der ganzen einwöchigen Etappenrennen, die ich bestritten habe? Bei der Tour of California bin ich im Zeitfahren nie unter die ersten 30 gekommen und das Feld hier ist stärker besetzt. Ich fahre auf dem Rad von Jacob Rathe!«

»Nur weil du größer bist als Nairo, gehen sie davon aus, dass du ein besserer Zeitfahrer bist. Lies diesen Scheiß einfach nicht mehr.«

Tyler hatte es auf die harte Tour gelernt. Für die Fans mag es so aussehen, dass die WorldTour-Teams alle gleich sind, aber da es keine Gehaltsobergrenze gibt wie in anderen Sportarten, musste Garmin-Sharp mit einem Budget von fünf bis zehn Millionen Dollar im Jahr gegen Rennställe wie Sky und BMC antreten, denen jeweils fast 40 Millionen Dollar zur Verfügung standen. Tyler war der beste Sprinter des Teams, so dass Fans und Medien ihn bei Tour-Etappen und Eintagesklassikern stets weit vorne erwarteten. Er fuhr ein paar tolle Resultate ein, aber jedes Mal, wenn er als Sechster ins Ziel kam, wollten sie wissen, was denn passiert wäre. Passiert war, dass Vaughters sich Mark Cavendish nicht leisten konnte.

Castelli hatte jeden von uns für das Zeitfahren mit einem 500 Dollar teuren, im Windkanal perfektionierten einteiligen »Speedsuit« ausgestattet. Als ich ihn aus der Schachtel nahm, war er kaum so lang wie mein Oberkörper, aber dank des elastischen, aerodynamischen Hightech-Gewebes würde er garantiert einige Sekunden bringen. Trotzdem blieb das Teil im Koffer, denn sofern ich keine Geldbuße von 1.000 Dollar riskieren wollte, musste ich den orangefarbenen Skinsuit des Gesamtführenden tragen, der von der Rennleitung gestellt wurde, an den Armen viel zu weit war und im Wind flatterte. Ich hätte mir in den Hintern treten können dafür, auf das Bikefitting verzichtet zu haben, bevor ich L.A. verließ.

Ich bin sicher, dass ich im Zeitfahren mein Bestes gegeben habe, denn obwohl ich mich immerhin nicht wieder bepisst habe, bekam ich 500 Meter vor dem Ziel Nasenbluten. Nairo war trotzdem 30 Sekunden schneller und ich fiel auf Platz zwei im Gesamtklassement zurück.

»Wie enttäuscht sind Sie, die Führung eingebüßt zu haben?«, fragte mich ein Reporter.

Ich lachte. »Kapieren Sie denn nicht? Ich hätte niemals so weit kommen dürfen.«

Es war eine Erleichterung, außerhalb des Rampenlichts am Podium und an der Pressekonferenz vorüberlaufen und sich direkt für ein Nickerchen ins Hotel begeben zu können.

Meine Teamkollegen hatten die ganze Woche für mich geschuftet, mir war also klar, dass sie sich Sorgen machten, ich könnte auf der sechsten Etappe komplett einbrechen. Es war die letzte Bergankunft und mit so schlechten Beinen wie zwei Tage zuvor könnte ich sogar noch aus den Top Ten herausfallen. Diesmal kämpfte ich in der Anfahrt an den Fuß des Anstiegs um eine gute Ausgangsposition und drückte meine Schulter und Hüfte in Vincenzo Nibali hinein. Er rief etwas auf Italienisch und dann wurde er abgehängt (ein paar Monate später gewann er die Tour de France). Ich litt, fuhr aber meinen Stiefel runter und als ich 500 Meter vor dem Ziel abreißen lassen musste, bestand die Führungsgruppe aus zehn Fahrern: Danielson hatte mich den Anstieg hinauf begleitet, aber der zweite Platz war mir nicht mehr zu nehmen, also gab ich ihm grünes Licht, als die Führenden die ersten Attacken um den Etappensieg fuhren, denn ich war sicher, dass er es zumindest unter die ersten drei im Tagesklassement schaffen könnte.

»Lass mich zurück«, sagte ich wie ein Sterbender in der Wüste. »Hol dir den Sieg.«

Aber er wollte davon nichts hören. Ich war sein Projekt. Er hatte mit mir trainiert, er hatte mich ins Team geholt, ich hatte Glück gehabt, und jetzt, da ich das Vertrauen rechtfertigte, wollte er an meiner Seite sein.

»Nee, Alter. Wir fahren gemeinsam ins Ziel.«

Wenn die Leute mich mit Danielson sahen, fragten sie sich irritiert, wie der Kerl mit dem »Clean«-Tattoo mit dem berüchtigten Doper befreundet sein konnte. Manche hofften, ich wäre ein Undercover-Reporter und würde bestimmt, sobald er das Haus verließe, ein geheimes Schränkchen öffnen und sogleich unter einer Lawine aus Spritzen und Blutbeuteln begraben – »Im Schreckenskabinett des Tommy D«. Andere dachten, es handele sich um eine Art Faustischen Pakt: Er bringt mich in der WorldTour unter, und ich versuche im Gegenzug, die Öffentlichkeit zu überzeugen, dass er in Ordnung ist. Ich hatte versucht, ihn nicht zu mögen, aber in diesem Moment auf dem Gipfel in Argentinien waren Tom und ich wie Brüder. Wir weinten beide.

Mit Tommy D am Gipfel des Schlussanstiegs der Tour de San Luis.

In den sozialen Medien hatte ich mir schon einiges anhören müssen von Doping-Hassern, die mich einen Verräter nannten. Anfangs ignorierte ich sie, aber nach der Tour de San Luis konnte ich nicht anders, als Tom Danielson öffentlich zu verteidigen. Es tat gut, der Welt mitzuteilen, dass gute Menschen manchmal Fehler machen. Es ist erfahrungsgemäß leicht, Meinungen und Ansichten per Twitter zu verändern, es gelang mir also, so ziemlich jeden zu überzeugen, und wir waren glücklich bis ans Ende unserer Tage. Halt, Moment. Stimmt nicht. Eigentlich ging ich den Leuten nur auf den Sack und sah dabei auch noch ziemlich naiv aus.

Während die meisten Fahrer auf die Abschlussparty auf dem Anwesen des Gouverneurs gingen, blieb ich im Hotel und analysierte meine Leistungsdaten. Ich hatte in der Woche sämtliche meiner Rekorde gebrochen, und mein neuer Trainer war hocherfreut über meine Entwicklung, aber gleichzeitig wusste ich, dass ich wieder einmal im Januar meinen Leistungshöhepunkt erreichte. Ich konnte nicht klagen, wie die Sache ausgegangen war, aber in ein paar Monaten würde ich dafür bezahlen müssen. Ich hatte soeben das beste Resultat meines Lebens erzielt und musste meinen Trainer entlassen.

Es wäre unredlich, den anderen Faktor bei dieser Entscheidung zu verschweigen: Er verlangte 250 Dollar im Monat und ich war knapp bei Kasse. Bissell hatte stets zu Beginn des Monats überwiesen, aber Garmin-Sharp zahlte erst zum 13., und da Steuern und Versicherungen vorab fällig waren, blieb von meinem monatlichen WorldTour-Gehalt weniger übrig als das, was ich in meiner Zeit als Continental-Fahrer verdient hatte. Darüber hinaus würde meine nächste Kreditkartenabrechnung einen sehr kostspieligen Stein aufführen, der keinen intrinsischen Wert besaß und den ich einer Frau gegeben hatte, damit sie ihn symbolisch am Finger trug.

KAPITEL 9

Ich wurde 28, als ich nach L.A. zurückkehrte, und Joanna stellte für mich eine Geburtstags/Abreise-nach-Europa-Party auf die Beine. Sie erinnerte sich, was ich in meinem Lieblings-Grillrestaurant in Georgia bestellt hatte und es gab Pulled Pork, Mac and Cheese und einen Cookie Cake von Sweetsalt. Ich lief mir in der ganzen Stadt die Beine in den Bauch, um Gutscheine für ihre Lieblings-Restaurants, -Cafés und -Nagelstudios und ein paar andere Geschenke zu kaufen, die ich in der Wohnung verteilte, aber wir schossen beide übers Ziel hinaus. Es war trotzdem schrecklich, als die Zeit zur Abreise gekommen war.

Fans machen sich romantische Vorstellungen vom Profi-Dasein. Sie sagen, ich könne mich glücklich schätzen, fürs Radfahren bezahlt zu werden, aber darauf kann ich nur antworten, dass es nicht das ist, wofür ich bezahlt werde. Radfahren ist toll, das mache ich sogar umsonst. Ich werde dafür bezahlt, monatelang unterwegs zu sein, fernab von Familie und Freunden, um allein zu Abend zu essen. Ich werde dafür bezahlt, lange Trainingsfahrten in kaltem Regen zu absolvieren, mich auf Zeitzonen umzustellen und an heißen Tagen am Straßenrand einen Reifen zu wechseln. Ich werde für jeden Keks bezahlt, den ich nicht esse.

Als ich in Barcelona landete, wiesen die Zollbeamten mich an zu warten, während sie meine Taschen durchsuchten. Sie packten alles in eine Wanne, trugen sie zu einem Röntgenapparat und kamen wieder, um die nächste Ladung zu holen. Als ich endlich gehen durfte, lag mein ganzer Kram in einem großen Haufen auf dem Boden und ein Paar Turnschuhe und ein Schweizer Taschenmesser fehlten. Willkommen in Spanien.

Das Team hatte ein Taxi bestellt, um mich nach Sant Gregori zu bringen, einer kleinen Stadt drei Kilometer vor Girona. Tom vermietete mir ein Zimmer in seinem Reihenhaus, er würde aber erst eine Woche später eintreffen, so dass ich das ganze Haus für mich hatte. Sant Gregori hatte ein Problem mit Streunern, weswegen das Viertel nachts wie eine Katzenoper klang, und mein Zimmer war voll mit den Spielsachen von Toms Kindern.

Girona liegt in der Region Katalonien, die nicht unbedingt als Radsport-Hotspot bekannt war, bis Lance sich mit seinen Teamkollegen dort niederließ, ganz zufällig zur gleichen Zeit, als in Frankreich schärfere Anti-Doping-Gesetze in Kraft traten. Angesichts all der Alleen, friedlichen Anstiege und Aussichten auf Burgen entlang des Mittelmeers war leicht nachzuvollziehen, warum so viele englischsprachige Profis hier ihre Basis einrichteten, und den Einheimischen schienen wir willkommen zu sein. Autofahrer warteten geduldig, bis sie überholen konnten, und wenn sie neben mir abbremsten, dann nicht, um mich als Schwuchtel zu beschimpfen, sondern um zu lächeln und zu winken oder ein Foto zu machen.

Dort Rad zu fahren, war angenehm, aber dort zu leben, war etwas gewöhnungsbedürftig. Auf dem College hatte ich Spanisch gelernt, aber viele Katalanen streben die Unabhängigkeit von Spanien an und sie hatten ihre eigene Sprache (was mir klar gewesen wäre, *bevor* ich nach Spanien zog, wäre ich kein Idiot). Anfangs sprach ich kein bisschen Katalanisch und ich fand bald heraus, dass viele der Einheimischen lieber Scharade spielen, als Spanisch zu sprechen – die Sprache eines Landes, das sie als ihren Unterdrücker betrachten.

Mit der spanischen Tradition der Siesta hatten die Katalanen aber nicht gebrochen. Man hatte mich gewarnt, aber ich wollte es nicht glauben, bis ich es mit eigenen Augen sah: Jeder Laden war von zwölf bis vier geschlossen und die Restaurants machten abends nicht vor acht auf. Tom erzählte, er sei einmal bei einem BMW-Händler aufgetaucht, um ein Auto zu kaufen, aber es war viertel vor zwölf, also quasi fast so weit, sich für das Mittagessen und ein Bier aufzumachen, also wies man ihn an, es später noch einmal zu versuchen. Wenn man den Trubel in L.A. gewohnt ist, hat es durchaus seinen Reiz, in eine so entspannte Gesellschaft zu kommen, aber Erledigungen, die daheim nur wenige Minuten dauerten, wie einen Brief einzuwerfen oder einen Schlüssel nachmachen zu lassen, konnten hier Stunden in Anspruch nehmen.*

Wir nannten das »spaniert werden«, doch ich hatte mich halbwegs daran gewöhnt, als es an der Zeit war, wieder in den Flieger zu steigen, diesmal nach Mallorca ins Trainingslager.

---

* War es so schwierig, etwas auf die Reihe zu kriegen, weil die Einheimischen so gelassen waren, oder waren die Einheimischen so gelassen, weil es so schwierig war, etwas auf die Reihe zu kriegen? Das alte Problem mit dem Huhn und dem Ei. Sorry, ich meine natürlich mit dem *pollo* und dem *huevo*.

KAPITEL 10

In ein neues Team zu kommen, ist wie der erste Schultag: Für das nächste Jahr sind dies deine Trainingspartner, deine Mitbewohner, deine besten Freunde und deine schlimmsten Feinde. Einer ist dabei, den du für immer lieben wirst, ein anderer, den du nach einem Rennen im Bus zusammenscheißt. Ich sah mich um, als Vaughters beim ersten Team-Meeting alle vorstellte, und versuchte zu erraten, wer wohl wer sein würde.

Ganz vorne saß David Millar. Er war einer der besten Zeitfahrer der Welt, bevor er eine zweijährige EPO-Sperre verbüßen musste.[*] Johan Vansummeren, ein Belgier, der Paris-Roubaix gewonnen hatte, saß hinten mit Thomas Dekker – noch einer, der eine EPO-bedingte Zwangspause eingelegt hatte – und Nick Nuyens, der für Saxo Bank die Flandern-Rundfahrt gewonnen hatte.

Als ich mich Dan Martin vorstellte, war er verhalten, geradezu schüchtern – nichts war zu spüren von dem selbstsicheren Auftreten, das man von einem Lüttich-Bastogne-Lüttich-Sieger erwarten würde, dem größten Eintagesrennen für Kletterer. Dan und ich sind im gleichen Alter, und wenn man die ganzen Ergebnislisten mit dem Gedanken im Hinterkopf durchgeht, wer seine Karriere über sauber war und wer alles rund um 2006 seine Laufbahn beenden musste, gilt Dan häufig als einer der besten unter jenen Fahrern, die von dem Zeug nie etwas angerührt haben.

---

[*] Millars ganze Botschaft lautete »Doping lohnt sich nicht«, aber dafür postete er eine Menge Bilder von seinem Maserati.

Ich fühlte mich geehrt, mit einigen meiner Helden im gleichen Raum zu sein und sie als meine Kollegen zu betrachten, bis ich Gespräche über Apartments für 10.000 Dollar Monatsmiete mitbekam und all die 20.000-Dollar-Uhren bemerkte.*

Das Gefälle zwischen der Spitze und dem Bodensatz der WorldTour war gewaltig und nur weil wir Teamkollegen waren, waren wir damit noch lange nicht auf Augenhöhe. Ich war nicht der Einzige, der nur den Mindestlohn bezog, aber viele dieser Jungs verdienten mehr im Monat als ich in einem ganzen Jahr.

Ich hatte gehört, dass es kritische Stimmen gab, als ich mich dem Team anschloss: Typen, die es Vaughters übelnahmen, als sie hörten, dass ich 28 Jahre alt und noch nie in Europa gefahren war (ich erzählte nicht von den Radwanderwegen in den Niederlanden, als ich sechs war, denn dann hätte ich zugeben müssen, dass ich bei Gegenwind angeschoben werden musste). Wenn man in der WorldTour fahren will, wird von einem erwartet, schon in der Gebärmutter den runden Tritt erlernt zu haben, so dass einem Gegenwind nichts ausmacht und man mit zwölf Landesmeister wird. Der Vater (der natürlich selbst Profi war) hat einem beigebracht, wie man in die Pedale einklickt, bevor er bei den Hausaufgaben half, und man verschwendete die Jahre zwischen 18 und 22 nicht damit, auf dem College die Nase in Bücher zu stecken. Stattdessen schließt man sich gleich nach der Highschool dem nationalen Nachwuchsprogramm an und mit 23 ist man Neoprofi und hat einen Zweijahresvertrag. So hatte es fast jeder bei Garmin-Sharp gemacht, von den Fahrern bis zur sportlichen Leitung, inklusive Charly Wegelius, der von mir wissen wollte, ob ich einen College-Abschluss habe, und angewidert das Gesicht verzog, als ich bejahte. Mir war klar, dass mein Abschluss mir hier nicht helfen würde, aber ich hätte nicht vermutet, dass er mir zum Nachteil gereichen könnte.†

---

* Ich erfuhr später, dass die Uhren größtenteils Geschenke waren. Wenn man ein großes Rennen gewinnt, ist es üblich, jedem, der einem dabei geholfen hat, etwas Schönes zu schenken. Wenn man eine ordentliche Karriere in der WorldTour hinlegt, nimmt man die eine oder andere Rolex mit nach Hause.
† Verdammt, Phil! Hör auf, so geschwollen daherzureden!

David Millar hörte, dass ein Buch von mir erscheinen würde. Er hatte selbst eins veröffentlicht, hatte sich dabei aber eines Ghostwriters bedient und die Geschichte war nichts weiter als ein fadenscheiniger Versuch, seine Doping-Vergangenheit zu rechtfertigen. Ebenfalls in Girona ansässig, fragte Millar, ob ich in der Winterpause Katalanisch gelernt hätte.

»Nein«, musste ich gestehen. »Ich habe das ganze Jahr in meiner freien Zeit am Buch gearbeitet und es schien mir nicht sinnvoll, nur mit einem Einjahresvertrag ausgestattet eine fremde Sprache zu lernen.«

»Tja, geht es dir ums Radfahren oder ums Schreiben? Hättest du Katalanisch gelernt, würdest du vielleicht mehr als nur einen Einjahresvertrag bekommen«, sagte er und ging davon.

Ich achtete darauf, nie wieder mit Millar zu reden. Er nahm mich nicht für voll, weil ich nicht die angemessenen Opfer gebracht hatte. Ich hätte liebend gerne die Schule geschmissen und mich aufs Radfahren konzentriert, aber ich hatte mit 22 kein Nachwuchsteam, dem ich mich hätte anschließen können, denn seine Generation hatte die Sponsoren vergrault.

Bei der nächsten Besprechung saß ich zwischen Tom und Ryder Hesjedal.

»Mensch, Phil, setz dich doch nicht in die Doper-Zange«, stöhnte Ryder.

Wir lachten, aber ich spürte doch eine gewisse Unsicherheit hinter seinen Worten. Das passte zu einer anderen Sache, die ich ein paar Stunden zuvor mitbekommen hatte. Den sozialen Medien zufolge hatte jemand namens »Rusty Woods« auf Maui, wo Ryder seine Winter verbrachte, dessen Rekord an einem Anstieg gebrochen, von dem ich noch nie gehört hatte. Der Typ hatte den Giro gewonnen, aber er war sauer wegen der Zeit irgendeines Bengels am Haleakala.

Ich kam nicht mit jedem zurecht, erhielt aber trotzdem viele Glückwünsche für meinen Sieg in Argentinien, der den meisten reichte, um mir eine Chance zu geben. Ich hatte wegen dieses frühen Leistungshöhepunkts meinen Trainer gefeuert, aber in sozialer Hinsicht hatte ich genau das gebraucht. Bei Bissell hatte ich viel geredet und herumgealbert. Dort war ich der Kapitän des Teams. Der Obermotz. Hier aber war ich ein Stück

Scheiße – der einzige Fahrer mit College-Abschluss und auch der ahnungsloseste. Zuvor hatte ich eher Mutmaßungen darüber angestellt, wie ich schneller würde. Ich hatte Dinge ausprobieren und experimentieren müssen. Matt Koschara schickte mir zum Beispiel Artikel über Höhentraining, jetzt aber war ich umringt von Leuten, die genau wussten, wie man schneller wird. Dies würde ein Jahr des »Mund halten, zuschauen, nacheifern« werden, denn wenn ich einfach kopierte, was sie taten, könnte ich die Tour de France gewinnen. Na ja, vielleicht wenigstens eine Etappe? Okay, es muss ja nicht in diesem Jahr sein – eines Tages, meine ich.*

Das Nachmachen fing mit dem Kaffee an. Ich war 28 und hatte noch nie eine Tasse getrunken, aber als ich auf Mallorca vor der ersten Trainingsfahrt aus dem Bus stieg, nahm sich jeder einen Espresso und ich tat es ihnen gleich. Ich kann nicht behaupten, dass ich es mochte, aber seither gab es für mich keinen Tag mehr ohne Kaffee. Manchmal sind es auch fünf. Erinnern Sie mich daran, niemals Kokain zu probieren.

Ich achtete außerdem sehr genau auf ihre Ernährung. Bei Bissell hatte ich auf die Jungs herabgeschaut, die sich abends einen Drink gönnten, und hatte Gluten und Milchprodukte vermieden, ich war daher überrascht, als ich meine Teamkollegen eines Abends eine Flasche Rotwein herumreichen sah und der 22-jährige Dylan van Baarle zum Frühstück einen Stapel gebuttertes Weißbrot vertilgte. Ich wusste, dass Brot zu Entzündungen und überschüssigem Wassergewicht führte, aber als wir ein paar Stunden später im Windschatten eines Teamwagens dahinrasten, musste ich alles geben, um an der Stoßstange zu bleiben, während Dylan attackierte und mehrere Minuten lang im Wind einen Vorsprung von zehn Sekunden hielt. Ich linste über das Dach und fragte mich, wie zur Hölle er das anstellte, und er sah kein bisschen entzündet oder aufgedunsen aus. Ich las später über Studien, denen zufolge die Sache mit dem Gluten weitgehend eine Marotte war und sich nur bei

---

* Dank der Tour de San Luis hatte ich die maximale Prämie von 5.000 Dollar von Mavic schon sicher, also wozu das alles?

einem geringen Anteil von Sportlern auf die Leistung auswirkt, aber ich brauchte keine Studien. Ich hatte Dylan van Baarle.

In der Post-EPO-Ära wurde im Radsport viel über »Marginal Gains« geredet: viele kleine Verbesserungen, die in Summe das Potenzial schufen, große Resultate zu erzielen. Man strich Gluten, um ein halbes Pfund leichter zu sein, Reifenhersteller testeten verschiedene Gummis, um den Rollwiderstand zu verringern, und sogar Helme wurden so konzipiert, möglichst wenig zu wiegen (statt möglichst viel Schutz zu bieten). Das Team Sky hatte diesen Ansatz perfektioniert und so 2012 und 2013 mit Bradley Wiggins und Chris Froome die Tour de France gewonnen. Ich kannte Amateure, die abends mit der Nagelfeile hantierten, um ein paar Gramm von ihrem Rad zu raspeln. Auch bei Garmin-Sharp wurde alles Mögliche getan in dieser Richtung, aber im Februar war es okay, zum Abendessen Wein zu trinken und auf einer fünfstündigen Trainingsfahrt an einem Café anzuhalten, um sich ein Bocadillo zu genehmigen.

Ich versuchte, eine Runde Kaffee zu schmeißen, als ich dran zu sein schien, aber die Jungs mit den dicken Uhren ließen mich nie zahlen. Fans dachten, ich würde wer weiß wie viel Kohle einstreichen, nun da ich in der WorldTour fuhr, aber meine Kollegen konnten einschätzen, wer ein UCI-Mindestgehalt bezog. Diese Jungs zahlten 10.000 Dollar im Monat für ein Apartment in Monaco, um die Einkommensteuer zu umgehen, aber an der Kaffeebude waren sie Sozialisten.

Anders als im Saufcamp wurde auf Mallorca von den Fahrern erwartet, fit zu sein. Manche hielten sich daher mit den Bocadillos zurück, nachdem die Teamärzte ihre Runde gemacht hatten, um bei jedem den Körperfettanteil zu messen. Nach einer Winterpause in L.A. war es nicht schwer, dünn zu sein, aber mir taten die Jungs aus Nordeuropa leid. Ich zumindest würde da keinen richtigen Winter ohne ein paar zusätzliche Kilos durchmachen wollen.

Das Team nahm auch das Sponsoring sehr ernst. Sie schickten eine Mail herum, in der erläutert wurde, dass Fotografen überall wären und wir uns daher stets »sponsorengemäß« zu verhalten hätten, ansonsten müssten wir blechen.[*]

Ich bemerkte, dass Lachlan Morton noch ein Paar verdreckter Vans trug statt seiner New Balance in Karo-Optik, und statt eines T-Shirts von Garmin-Sharp trug er eins mit dem Konterfei von Lance Armstrong und den Worten »So Dope« darunter. Ich mochte Lachlan.

Neben dem Strafenkatalog erhielten wir einen Zeitplan für unsere Sponsoren- und Medien-Termine im Laufe jeder Woche, was Johan Vansummeren gar nicht in den Kram passte.

»Ich möchte nur trainieren und Rennen fahren und meinen Job machen«, beklagte er sich. Mag sein, dass soziale Medien und Marketing keine Rolle spielten, als er anfing, aber 2014 gehörte das zu unserem Job. Ich würde ihm das aber nicht erläutern. Ich habe einen Grundsatz, demzufolge ich Leuten, die Paris–Roubaix gewonnen haben, keine Ratschläge erteile.

Im Laufe des zehntägigen Trainingslagers erhielten wir jeden Abend eine Massage und ich war stets direkt nach meinem Zimmergenossen an der Reihe.

»Wie war die Abreibung?«, fragte ich ihn, als ich ihm auf dem Weg dorthin im Flur begegnete.

»Irgendwie rassistisch«, sagte er.

Ich hatte keine Zeit zu fragen, was er damit meinte. *Wie kann eine Massage rassistisch sein?*

»Wo kommste denn her, Phil?«, wurde ich in schroffem britischen Akzent gefragt, als ich auf den Tisch kletterte.

»Atlanta«, sagte ich.

»Oh. Jede Menge Schwatte da, wa?«

Aha, so viel dazu.

Nach dem Trainingslager nahmen sich die Amerikaner am Flughafen Barcelona ein Taxi, und Caleb Fairly wies mich auf den McDonald's und den Burger King auf dem Weg nach Girona hin.

»Da gehst du hin, wenn du durchhängst«, sagte er.

---

* Bei Bissell war laut Vertrag eine Strafe vorgesehen, wenn wir unsere Räder mit der Antriebsseite auf den Boden legten, ich glaube aber nicht, dass es je durchgesetzt wurde.

Durchhängen? Wie kann man »durchhängen«, wenn man den Traum lebt? Ich hatte in den Staaten nie bei McDonald's gegessen und ich würde jetzt bestimmt nicht hier in Spanien damit anfangen, aber mir stand ohnehin nicht der Sinn nach Essen. Radfahrern wird beigebracht, sich nach jeder Mahlzeit die Hände mit Desinfektionsmittel zu waschen, trotzdem hatte sich die halbe Mannschaft am Hotelbüfett etwas eingefangen, so dass ich die Nacht auf Danielsons Klo verbrachte und ins Bidet kotzte. Wozu soll ein Bidet überhaupt gut sein? Ach so. Huch!

Unter der Woche lief mir in Girona auch mal John Murphy über den Weg, mein früherer Teamkollege bei Kenda. Als ich zu Bissell ging, wechselte er zu UnitedHealthcare, die im Frühjahr eine Mannschaft nach Europa schickten. Für uns beide stand ein lockerer Tag auf dem Programm, unser erstes Ziel war daher ein Café, als wir in einem Ort namens Banyoles eintrafen. Ich entdeckte eines an der Hauptstraße und wollte hinein, aber John schüttelte den Kopf.

»Ich finde, wir haben was Besseres verdient.«

Ich halte mich für einen praktisch veranlagten Menschen. Ich fahre nicht herum und halte an der Shopping Mall nach dem besten Parkplatz Ausschau und ich probiere auch nicht mehr als zwei Hemden an, bevor ich eins kaufe, aber fünf Minuten später saßen wir auf einer hölzernen Terrasse mit Blick auf den See von Banyoles. Das Ufer war von Zypressen gesäumt und das Wasser war so ruhig, dass es ein perfektes Spiegelbild des blauen Himmels reflektierte, mit den schneebedeckten Gipfeln der Pyrenäen im Hintergrund. Ich bestellte *chocolate caliente* und bekam einen Becher dickflüssige, geschmolzene Schokolade, was ich zunächst für ein Missverständnis hielt, in Spanien aber ein beliebter Posten auf der Speisekarte ist – der leckerste Irrtum, der mir je unterlaufen ist. Das Beste war, dass er mit einem Päckchen Zucker serviert wurde.

»Wir haben was Besseres verdient« war etwas, was ich mir vornahm, nun öfter zu beherzigen, aber als ich ein Auto für die Stadt brauchte, kaufte ich das erstbeste, das ich auftreiben konnte. Als Dave Zabriskie seine Karriere beendete, verkaufte er, statt nach Girona zurückzukehren und seine Wohnung leer zu räumen, sein gesamtes Hab und Gut für 5.000 Dollar an Lachlan Morton, darunter einen Renault Laguna Fließheck Baujahr 2001 mit 150.000 Kilometern auf dem Tacho, Automatikgetriebe und mittels Packband befestigtem Seitenspiegel (ein häufiger Anblick auf Gironas uralten, engen Straßen). Kfz-Versicherungen für Männer unter 25 sind teuer in Spanien, weshalb Lachlan den Wagen wieder loswerden wollte, und da ich keine Lust hatte, mich nach Gebrauchtwagen umzusehen, einigten wir uns auf 2.500 Euro. Zabriskie hatte Neil Youngs *Harvest* im CD-Player vergessen und im Handschuhfach lagen noch Ketchup-Packungen von McDonald's und Burger King. Ich schätze, er hing durch, als er ging.

Ich hielt es für einen fairen Deal, aber nach einem Winter in der Garage hatte die Batterie den Geist aufgegeben, dann mussten die Zündkerzen ausgetauscht werden, gefolgt vom Anlasser. Ich suchte alle paar Tage eine katalanische Werkstatt auf, wo ich pantomimisch Dinge wie Katalysator zum Ausdruck bringen musste. In den ersten Wochen war das Auto weniger ein Transportmittel als ein geldfressender Blechkasten mit Radio, aber es war ein gutes Gefühl, Eigentum in Girona zu haben, so als wäre ich hergekommen, um zu bleiben.

Das Team empfahl mir einen Anwalt, der mir nahelegte, die Karre weiter auf Zabriskies Namen laufen zu lassen, so dass er haftbar wäre, falls ich einen Strafzettel bekäme (du kannst fortgehen, Zabriskie, aber du wirst trotzdem nach Strich und Faden spaniert!), was bedeutete, dass ich mich nicht um Tempolimits scheren musste, als Joanna zu Besuch kam und ich sie vom Flughafen abholte. Da der Plan war, mir eine Gehaltserhöhung zu sichern und sie dann 2015 nach Spanien nachzuholen, zeigte ich ihr begeistert, wie das Leben hier wäre, nahm sie auf sämtliche Ausfahrten mit und stellte sie meinen Teamkollegen vor.

Ich war traurig, als sie wieder abreiste, aber Tom war ein super Mitbewohner. Obwohl er mit einer hässlichen Scheidung beschäftigt war, nahm er sich trotzdem die Zeit, mir bei der Suche nach passenden Strecken für meine Trainingseinheiten zu helfen, er schlich auf Zehenspitzen durchs Haus, wenn ich schlief, und als ich einmal die Wäsche in der

Maschine vergaß, lag sie am nächsten Tag getrocknet und gefaltet auf meinem Bett. Ich hatte seit zehn Jahren keine gefaltete Unterwäsche mehr gesehen.

KAPITEL 11

Der Umzug nach Europa bedeutete eine große Umstellung, aber es war nichts im Vergleich zu der Veränderung, mit der ich in meinen ersten Rennen dort konfrontiert wurde. Als der Obermotz in den USA hatte ich mich daran gewöhnt, mich im Peloton aufzuhalten, wo es mir gefiel, aber nun musste ich kämpfen und verbrauchte Energie damit, eine halbwegs vernünftige Position im Feld zu behaupten. Darüber hinaus waren diese Jungs technisch unheimlich geschickte Radfahrer. Ich überlebte eine Abfahrt ohne Leitplanke und mit einer grünlichen Schmierschicht in den Kurven, aber mein Gesicht war weißer als meine Fingerknöchel, als Andrew Talansky zu mir auffuhr.

»Nicht mehr so wie beim Redlands, was?«, lachte er, die Ruhe selbst.

»Scheiße, Alter!«, war alles, was ich herausbrachte.

Ich war gegen Andrew gefahren, als wir beide auf dem College waren, aber er war klugerweise abgegangen, um sich in Europa zu versuchen. Bei der Tour de France 2013 wurde er Zehnter, die Sache schien sich also gelohnt zu haben, aber mir kam es vor, als würde ich einen ganz anderen Sport betreiben.

Alex Howes und ich wurden angewiesen, am letzten Anstieg des Tages bei Tyler Farrar zu bleiben und ihm zu helfen, für den Sprint wieder zur vorderen Gruppe aufzuschließen. Tyler triefte vor Schweiß, biss auf die Zähne und ging mit nur wenigen Sekunden Rückstand über den Gipfel, aber als Alex und ich uns 15 Kilometer vor dem Ziel die Seele aus dem Leib traten und weiterhin Zeit einbüßten, meinte Tyler, wir sollten es gut sein lassen.

Ich war angezählt, hatte aber noch Reserven, also sagte ich ihm, dass ich nicht aufgeben wolle.

»Das hat mit aufgeben nichts zu tun«, sagte er. »Es ist eine lange Saison. Manchmal muss man eben hinnehmen, dass das Rennen gelaufen ist, und die Körner fürs nächste sparen.«

Zu dritt trudelten wir, »Ninety-Nine Bottles of Beer on the Wall« singend, mit dem Gruppetto ein.

Nach jedem Rennen verglich ich meine Leistungsdaten mit denen meiner Teamkollegen. Mein Schnitt lag meist 25 Watt höher als bei den Jungs, die mit mir zusammen angekommen waren, was zeigte, wie viel Energie ich als dummer Rookie vergeudete. Ich hatte noch viel zu lernen, ich war daher froh, als ich für ein Rennen in Belgien namens Drei Tage von Westflandern eingeteilt wurde. Dort gäbe es Kopfsteinpflaster, technisch anspruchsvolle Passagen und schlechtes Wetter, was mir alles überhaupt nicht lag, aber ich würde etwas lernen.

Beim Auftaktzeitfahren in Westflandern warteten Menschenmassen am Bus und machten von allen Fahrern Fotos für ihre Sammlungen: dicke Ordner, sortiert nach Mannschaften und mehrere Jahrzehnte zurückreichend. Sie schossen ein Foto von dir, druckten es aus und baten dann beim nächsten Rennen um ein Autogramm. Ich hatte es eilig, meine Zeitfahrmaschine von der Rennleitung abnehmen zu lassen, als jemand meinen Namen rief und mit gezückter Kamera vor mich sprang. Geschmeichelt, dass jemand in Belgien wusste, wer ich war, hielt ich an.

»Klar, aber schnell!«, lächelte ich, auf eine imaginäre Uhr deutend.

Ich dachte, er würde ein Bild machen und ich könnte meiner Wege ziehen, aber er sah mich nur an und verdrehte die Augen, als müsste ich es besser wissen. »Sir, könnten Sie Brille und Helm abnehmen?«

Für belgische Sammler sind Fotos mit Radbrille anscheinend nicht zulässig. Während ich dort stand, kamen immer mehr Leute, um Aufnahmen zu machen, und keiner sagte auch nur danke.

»Sind das nicht angeblich Fans?«, fragte ich eine Betreuerin. »Warum sind die dann so grob und ungeduldig? Sollten die uns nicht anhimmeln?«

»Das sind keine Fans«, erklärte sie. »Das sind ›Pedalphile‹.«

Im sieben Kilometer langen Zeitfahren fühlte ich mich großartig und teilte mir das Tempo perfekt ein: Ich ging nicht zu schnell an und flog mit hohem Tempo durch die Kurven, holte sogar den Fahrer ein, der 30 Sekunden vor mir auf die Strecke gegangen war. In den Staaten hätte ich mit der Leistung ein gutes Resultat erzielt und als ich am Bus eintraf, erzählte ich Nate Brown, dass alles gepasst hätte und ich nicht überrascht wäre, unter die ersten zehn gefahren zu sein. Gut, dass Nate kein Zocker ist, denn ich landete auf Platz 110 von 190, fast eine Minute hinter dem Sieger (und 20 Sekunden hinter Nate).

Am Abend rief meine Mutter an, aber ich konnte nicht mit ihr sprechen, weil es Zeit für meine Massage war.

»Oh, wie schön!«, sagte sie. »Genieße es!«

Mom gönnt sich jeden Freitag eine Massage, um von der Arbeit zu entspannen, mit Kerzen und klassischer Musik. Ich musste ihr erklären, dass unsere Massagen anders sind. Insgesamt 75 Stunden im Jahr knetete mir jemand zum Klang von Techno mit roher Gewalt die Knoten aus den müden Muskeln, und dieser Soigneur war ganz besonders rabiat – als würde er versuchen, mich mittels meiner Oberschenkelmuskeln umzubringen. Als ich fragte, wo er früher gearbeitet habe, nannte er eine lange Liste an WorldTour-Teams, darunter Namen aus der Doping-Ära. Unter seinen Schlägen die Tischbeine umklammernd, fragte ich mich, wie er es geschafft hatte, seinen Job zu behalten, aber dann wurde mir klar: Diese Kerle damals scherten sich nicht darum, was mit ihren Beinen geschah. Sie interessierten sich nur dafür, was in den Spritzen war oder in dem Infusionsbeutel, der an der Wand hing. Seine früheren Arbeitgeber fühlten keinen Schmerz, ich aber musste die Rollstuhlrampe nehmen, als ich zum Abendessen ging.

Die wahre Prüfung in Westflandern waren die beiden langen Etappen mit vielen der Kopfsteinpflaster-Anstiege, die zum Parcours der legendären Flandern-Rundfahrt gehören. Die Strecke verlief keinen einzigen Kilometer ohne eine Kurve und die Straßen waren voller Hindernisse wie zum Beispiel gewaltigen Betonblumenkübeln oder Bremsschwellen, liebevoll (hasserfüllt) »belgische Straßenmöbel« genannt, denen es bei hohem Tempo auszuweichen galt. Mein Job war, die Sprinter vor dem Seitenwind zu schützen, aber mein eigentliches Ziel behielt ich für mich: nicht sterben.

Bei jedem Rennen in der Region lebt man mit der permanenten Angst, dass jemand vor einem stürzen könnte oder man im Wind abreißen lassen muss, so dass ein ständiger Kampf darum tobt, sich nahe der Spitze auf- und aus Ärger herauszuhalten. Die Grundprinzipien der Physik besagen aber, dass bei einer Straßenbreite von einem Meter und einer Lenkerbreite von 44 Zentimeter nicht genug Platz an der Spitze ist für 200 Fahrer. Ist das Physik? Ich hatte nur eine drei in Physik, wie wär's also hiermit: Es war fünf Stunden lang wie der Vorspann der Simpsons, wenn die ganze Familie um die Plätze auf dem Sofa vor dem Fernseher sprintet und jedes Mal etwas Verrücktes passiert.

Zu sechst nebeneinander fahrend, näherten wir uns einer Kurve, wo sich die Straße verengte. Das wird nicht gutgehen, dachte ich, mit der Schulter bereits die meines Nebenmanns berührend. Ich hatte ihn noch nie gesehen, aber nun vertraute ich diesem Kerl mein Leben an, lehnte mich in die andere Richtung, damit sich unsere Lenker nicht verhakten, während wir uns gegenseitig bei 50 km/h mit Ellenbogen und Hüften stützten. Der Sturz ereignete sich auf der anderen Seite des Feldes, wir kamen davon, sahen uns mit hochgezogenen Brauen und einem Blick an, der sagte »das war knapp«, und schüttelten die Köpfe, während wir versuchten, es so schnell wie möglich zu vergessen. Wenn ich als Kind Fußball spielte (ich war der moppelige Torwart), hielten wir inne, wenn sich einer wehtat, aber in Belgien hält niemand, um sich um gestürzte Kameraden zu kümmern. Man zieht den Kopf ein und ist insgeheim froh, dass es einen Typen weniger gibt, mit dem man sich um die vorderen Plätze streiten muss. In Belgien finden Dutzende großer Rennen statt und die einheimischen Fahrer sind jede der Kopfsteinpflasterpassagen viele Male gefahren, vermutlich noch vor der Pubertät. Wenn man an einer beliebigen Kursänderung der Strecke auf »Pause« drückt, sieht man eine Kolonne, die am Kreisverkehr den langen Weg nimmt, eine andere, die

die Innenbahn zwischen angehaltenem Verkehr auf der falschen Seite der Straße nimmt, und ein paar Fahrer, die volles Rohr durch die Mitte brettern, während Streckenposten, Polizei und Zuschauer ihre Handys in die Höhe halten, um Fotos zu machen, oder sich an die Wand drücken, wenn wir zu nahe kommen. Man könnte das Rennen tausendmal durch den gleichen Kreisverkehr schicken und jede Passage wäre einzigartig wie eine Schneeflocke – bis jemand stürzt und alles zunichtemacht. Ich sah einen Idioten vor einer Linkskurve mit seinem Rad auf den Bürgersteig springen, durch das Außenmobiliar eines Cafés rasen (wo Gäste versuchten, ihre Fritten zu futtern) und dann zurück auf die Straße schießen. Das alles bei vollem Tempo. Ich hasste ihn dafür, alle anderen gefährdet zu haben, nur um vielleicht zehn Plätze gutzumachen.

Es gab keine Atempause, bis wir an einen geschlossenen Bahnübergang kamen[*], und da wir zwei Stunden ohne die übliche Pinkelpause hinter uns hatten, wandten die Zuschauer ihre Blicke ab, während wir die Gelegenheit nutzten, uns direkt an der Straße zu erleichtern.

»Ihr Esseweine!«, grölte ein Italiener, mit gespielter Empörung die Faust schüttelnd, als er sich der Pinkelparty anschloss. Großes Gelächter.

In Europa braucht man keine Wettervorhersage. Stattdessen schaut man einfach auf die Karte. Wenn dort »Belgien« oder »Niederlande« steht, wird es regnen (oder schlimmer), als ich daher zum zweiten Mal an diesem Tag pinkelte, tat ich es in meine Radhose, um mich zu wärmen. Auf der ersten Runde konnten wir den Dünger auf den Feldern riechen, aber auf der letzten Runde, als der kalte Regen von unseren Reifen spritzte, konnten wir ihn auch schmecken. Ich sprang auf den Bürgersteig und schloss mich der Kolonne an, die einfach durchs Straßencafé hindurchschoss. Inzwischen war es mir egal und die Fritten dufteten herrlich.

20 Kilometer vor dem Ziel holte ich für unsere Sprinter die Ausreißer zurück. Vansummeren hatte gelacht, als ich ihm verriet, dass ich noch nie auf Kopfsteinpflaster gefahren war, aber jetzt gab er mir einen Klaps auf

---

[*] In Belgien geht es so verbissen zu, dass sogar eine Regel eingeführt wurde, derzufolge der Ausschluss droht, wenn man an einem geschlossenen Bahnübergang vor einem ankommenden Zug durchschlüpft.

den Rücken, beeindruckt, dass ich nach all dem Wind und all den Stürzen noch dabei war. Geringe Erwartungen können auch von Vorteil sein.

Am Ziel wiesen Soigneurs uns den Weg zum Bus und reichten uns ein Regenerationsgetränk mit Schokogeschmack. Nathan Haas riet mir, schnell zu trinken und die Flasche abzugeben, aber ich wollte nicht hören und so wurde ich von Pedalphilen bestürmt, als ich mir einen Weg durch die Menge bahnte, außerstande, auch nur einen Schritt zu machen, ohne dass mir jemand wegen eines Souvenirs auf die Schulter tippte.

»*Bidon, Monsieur? Bidon?* Kann ich Ihre Trinkflasche und Ihre Handschuhe haben? Entschuldigung, können Sie mir Ihren Helm geben?«

Ich schleuderte meine Flasche schließlich in die Menge und erwachsene Männer balgten sich darum wie die Raben.

KAPITEL 12

Das Team hielt im März als Vorbereitung auf die Volta a Catalunya ein Trainingslager in Girona ab. Das bedeutete freie Mahlzeiten, Ausfahrten in die Landschaft mit Begleitwagen, nachmittägliche Massagen und die Möglichkeit, jede Nacht im eigenen Bett zu schlafen. Nun ja, im Bett von Toms Kind, aber auf jeden Fall besser als ein Hotel.

Wir absolvierten neun Tage lang ausgedehnte Trainingsausfahrten, bevor es zum Abschluss zweimal einen Anstieg hinaufging, der direkt an der Küste begann und ungefähr 15 Minuten dauerte. 15 Minuten waren meine Spezialität, das jedenfalls hatten die Labortests in Denver ergeben, also setzte ich mir eine bestimmte Wattzahl als Vorgabe, die ich erreichen wollte, und packte es in beiden Versuchen. Ich war sogar schneller als Ryder, der alles daransetzte, mich zu fassen zu kriegen, so dass er am Gipfel noch mal ausdrücklich betonte, wie schwer doch seine Trinkflaschen wären, und Nathan bat, sie zu wiegen, um es mir zu bestätigen.[*] Ist es das, was einen zum Giro-Sieger macht? Muss man ein Spinner sein?

Am Abend fiel ich in Toms Haus ins Bett. Ich fühlte mich, als hätte ich bereits eine lange Saison hinter mir, aber mir wurde klar, dass die Saison daheim gerade erst losging, als ich eine Nachricht von einem alten Freund vom College bekam, der mich um einen Rat bezüglich des San Dimas Stage Race bat. Seit ich abgegangen war, war er der beste Fahrer im Rad-Team der University of Florida, jetzt bekam er also von den Leuten,

---

[*] Ich selbst hatte auch Trinkflaschen am Rad.

die es mir damals eingeredet hatten, den gleichen Kram darüber zu hören, seinem Traum zu folgen. Ich gewann in San Dimas das Zeitfahren, nachdem ich das College abgeschlossen hatte, vielleicht hegte er also die gleichen Erwartungen an sich und bat deshalb um meine Leistungsdaten, um sich daran zu orientieren.

Es gibt immer einen jungen Burschen, der der Beste in seinem Viertel ist und der von jedem zu hören bekommt, dass er der Beste der Welt sein könnte. Die Leute waren sicher, ich könnte es in die WorldTour schaffen, so wie sie auch überzeugt davon waren, dass der Quarterback, der ihre Highschool-Mannschaft geschlagen hatte, gewiss dazu ausersehen war, eines Tages den Super Bowl zu gewinnen. Aber sie wollen nicht die andere Möglichkeit in Betracht ziehen: dass nämlich ihre Highschool vielleicht einfach scheiße war und dass der Beste aus ihrer Stadt vielleicht Probleme kriegt, wenn er sich mit den Besten von überall sonst misst. Ich versuche, junge Fahrer stets zu fördern, ich achte aber auch darauf, sie mindestens einmal in Grund und Boden zu fahren, um sie mit der Realität zu konfrontieren, bevor es zu spät ist. Ich glaube, ich hatte es nicht leicht, aber ich kenne Jungs, die von der Highschool abgegangen sind, um sich voll auf das Training zu konzentrieren, und es nicht mal in die Continental-Serie schafften. Ich sagte meinem alten Freund daher, ich würde bei einem Körpergewicht von 147 Pfund 14 Minuten lang 465 Watt treten, was so ziemlich das Gleiche war, wie zu behaupten, ich hätte einen 40 Zentimeter langen Schwanz. Es heißt ja, Wissen sei die halbe Miete, aber so ganz stimmt das nicht.

Tom war in diesen Wochen in einem anderen Trainingslager in der Höhe der Sierra Nevada, einem Skigebiet auf der anderen Seite von Spanien. Fans machen sich häufig einen Spaß daraus, ehemalige Doper zu necken: Nimm ihnen das EPO weg und Typen wie Pippo Pozzato, Thomas Dekker und die Brüder Fränk und Andy Schleck haben längst nicht so viel drauf wie damals, als sie jung und vollgepumpt waren. Das würde nahelegen, dass sie alles den verbotenen Mitteln zu verdanken haben, aber ich denke, die Sache ist ein bisschen komplizierter. Ich hatte Zeiten, in denen ich nach einer langen Woche oder einem harten Rennen müde und kaputt war und es eine Quälerei war, weiter in die Pedale zu treten. Wenn man nach Jahren des Dopens clean wird, fühlt sich jeder Tag so an. Vorher flog man die Berge hinauf, erholte sich mit einem Blutbeutel und machte am nächsten Tag noch mal das Gleiche, jetzt aber tut jede Fahrt weh, jeder Anstieg ist zermürbend und was man auch anstellt, man hat 30 Watt verloren, die man nie mehr zurückbekommt. Natürlich ist es schwer, das hinter sich zu lassen und wieder zu lernen, wie der Körper sich eigentlich anfühlen soll. Ich glaube, manche Jungs waren nie imstande, so hart zu trainieren, wie es nötig gewesen wäre, während andere, wie Tom, dazu neigten, es zu übertreiben, und sich sieben Stunden lang auf harten Anstiegen und mit Motorpacing durch die Sierra Nevada quälten. Er kasteite sich, vielleicht im Versuch, seinen familiären Problemen zu entkommen, so als könnte er den E-Mails seines Scheidungsanwalts davonklettern.

KAPITEL 13

Als Tom nach Hause kam, ruhten wir uns ein paar Tage aus, dann stellten wir vor der Volta a Catalunya unsere Autos an der Lagerhalle des Teams ab, dem sogenannten Service Course. Die Rennen, die ich bestritten hatte, waren hart, bisweilen kaum zu bewältigen, ich hatte daher ein wenig Muffensausen vor meinem ersten Event mit WorldTour-Status, was längere Etappen, ein Feld von mehr als 200 Fahrern und Teilnahmepflicht für sämtliche Topteams bedeutete. Die besten Fahrer reisen in Höchstform zu WorldTour-Rennen an, wo mit guten Resultaten hochdotierte Verträge winken, und wenn man seine Leistung nicht brachte, war man seinen Job schnell wieder los. Mit anderen Worten: Dies war das Niveau, von dem es hieß, ich sei ihm nicht gewachsen.

Meine Rolle war, unsere Klassementfahrer Andrew Talansky und Titelverteidiger Dan Martin zu unterstützen, sie an entscheidenden Stellen nach vorne zu bringen oder allein zum Begleitwagen zurückzufahren, um Trinkflaschen und Kleidung zu holen, was bedeutete, auf der ganzen Länge des Pelotons im Wind zu fahren, immer und immer wieder. Unsere Kapitäne mussten versuchen, Alberto Contador und Chris Froome zu schlagen, aber ich empfand auch meine Rolle als Wasserträger als sehr schwierig, denn die ersten Etappen hielten all das bereit, wovor ich mich in den Rennen in Europa gefürchtet hatte: enge Straßen, Wind, mieses Pflaster und Kerle, die echt stark waren, möglicherweise durch Doping. Ich wurde angewiesen, jederzeit bei meinen Teamkollegen zu bleiben.

»Selbst wenn ihr nur zum Einschreiben geht, geht ihr als Team«, sagte einer der Sportlichen Leiter.

»Wie Frauen, wenn sie aufs Klo gehen?«, fragte ich. Keiner lachte. Der Teambus ist ein schwieriges Publikum.

Im Rennen bei meinen Teamkollegen zu bleiben, war gar nicht so einfach. Ich bahnte mir mühsam den Weg an Talanskys Hinterrad, jemand stieß mich an, wir rauschten in einen Kreisverkehr, Andrew links herum, ich rechts herum und plötzlich liege ich drei Fahrer hinter ihm und kriege über Funk einen Einlauf.

»Phil! Wo steckst du? Du musst bei uns bleiben.«

Ich tue mein Bestes. Sagte ich nicht, denn mein Bestes war offenbar nicht gut genug.

Nach etwa der Hälfte jeder Etappe warteten in der Verpflegungszone die Soigneurs mit unseren »Musettes«, dünnen Baumwollbeuteln mit zwei Flaschen, Energieriegeln, einer kleinen Dose Coke und, wenn sie gute Laune hatten, einem Snickers drin. Wir schnappten uns im Vorbeijagen die Beutel, nahmen uns heraus, was wir brauchten, und warfen den Rest in die Menge.[*]

Garmin-Sharp hatte keinen Verpflegungs-Sponsor mehr, denn Clif Bar war nach dem Fiasko um Ryder Hesjedal ausgestiegen, aber im Service Course war noch jede Menge eingelagert, so dass wir fast das ganze Jahr hindurch noch Clif-Bar-Produkte mampften. Talansky war vor allem scharf auf die Kinder-Variante Clif Zbar, die diesmal aber nicht wie erhofft im Beutel war.

»Phil, kannst du mir einen Zbar holen?«, fragte er.

Ich wühlte in meinen Taschen und fand einen normalen Clif-Bar-Riegel, also bot ich ihm stattdessen diesen an.

»Nein, ich meinte einen Zbar. Sie haben ein paar davon im Auto.«

Ich sah Andrew an, um mich zu vergewissern, dass er es ernst meinte, dann rief ich über Funk unseren Sportlichen Leiter Johnny Weltz. Er holte

---

[*] Ich weiß nicht, wessen Idee es war, uns im dichten Pulk und mit schweren Taschen beladen einhändig fahren zu lassen. Ich sehe wohl ein, dass wir Verpflegung brauchen, aber es gibt immer einen Sturz.

bei der Rennleitung die Erlaubnis ein, sich durch die Karawane der Begleitfahrzeuge nach vorne zu arbeiten, während ich mich ans Ende des Feldes fallen ließ. Johnny reichte mir am Gipfel eines Anstiegs den Riegel durchs Fenster und ich fand mich unversehens mitten in einem Haufen Autos auf einer steilen, technischen Abfahrt wieder.

Es konnte einem manchmal so vorkommen, dass Garmin-Sharp mehr Sportliche Leiter als Fahrer hatte, was ich nicht verstand, bis ich Weltz den Berg hinab folgte. Der Däne war seinerzeit einer der ersten internationalen Profis gewesen, der nach Girona gezogen war, und hatte sich dann mit Lance überworfen, als die beiden Teamkollegen waren, doch er blieb in Girona wohnen, nachdem er seine Karriere beendete. Nun kannte Johnny jede Straße in diesem Teil von Spanien und obendrein sprach er fließend Katalanisch und verfügte über gute Beziehungen innerhalb der Gemeinde: Er war der Mann, an den man sich wenden musste, wenn zum Beispiel Arbeiten am Haus zu verrichten waren oder man einen gebrauchten Roller brauchte.

Falls ich mal in Girona eine Leiche loswerden muss[*], wäre er der Erste, den ich anrufe.[†]

Jedes Team braucht einen Johnny Weltz, aber in diesem Moment, als ich versuchte, auf den nassen Serpentinen an ihm dranzubleiben, hasste ich ihn. Ich stellte mir vor, in seine Heckscheibe zu knallen und von hinten von anderen Sportlichen Leitern überrollt zu werden, allesamt frühere Profis, die in enger Formation fuhren, mit Hirnen, die Matsch waren von den Dopingmitteln, welche auch immer in ihrer Zeit gerade angesagt waren. Von Trinidad bis Korea war ich allerlei Gefahren ausgesetzt gewesen, aber dies war die erste heikle Situation seit San Dimas. Ich begann die Abfahrt wenige Zentimeter hinter der Stoßstange unseres Teamfahrzeugs, aber weil ich in manchen unübersichtlichen Kehren den Schwanz einzog, wurden aus Zentimetern bald Meter und aus Metern wurden Radlängen.

---

[*] Rein hypothetisch natürlich, ich habe nie jemanden umgebracht.
[†] Aber der Tag ist noch jung.

»Phil, schön dranbleiben, gell?«, sagte Johnny über Funk.

Sei kein Weichei sei kein Weichei sei kein Weichei, betete ich innerlich herunter und flog in vollem Tempo durch die Kurven, bis ich wieder an ihm dran war.

Ich habe gerade mein Leben riskiert, dachte ich, als ich zurück ins Feld glitt, *nur damit Andrew 70 Kalorien mit »Graham Cracker«-Geschmack bekommt. Was für ein Arschloch.*

Fairerweise muss man sagen, dass Andrew die Abfahrt nicht kannte, aber er stand durchaus im Ruf, ein verwöhnter Hitzkopf zu sein. Der eine oder andere mag sich an einen Zwischenfall bei der Tour of Colorado erinnern, als die Ansager die Ergebnisse falsch durchsagten und er vor der versammelten Presse auf dem Parkplatz einen Wutanfall bekam. Es war leicht, Talansky eine Primadonna zu nennen, aber wenn wir zu einer Trainingsausfahrt in Girona verabredet waren, schickte er eine Nachricht, wenn er sich nur fünf Minuten verspätete, und Primadonnen scheren sich nicht darum, ob sie jemanden warten lassen. Talansky verdiente in diesem Jahr vermutlich eine siebenstellige Summe und hatte dementsprechend eine schicke Wohnung, aber er trug immer Jeans und T-Shirt – teure Autos oder Designerschuhe waren nicht seins – und wenn wir an einem Café Halt machten und ich ein paar Euro auf den Tresen legte, schob er sie stets zurück. Andrew war genau die richtige Mischung aus normal geblieben und gönnerhaft.

Ich wette, dass weit weniger Sportler wie Primadonnen rüberkämen, wenn Leute den Kontext verstehen würden: Ähnlich wie Tyler Farrar in den Sprints war Talansky einfach den Anforderungen nicht ganz gewachsen, die von außen an ihn gestellt wurden – er war unser Kapitän in Rennen, die zu gewinnen er schlichtweg noch nicht in der Lage war. Er war ein junger Fahrer in einer jungen Mannschaft, trotzdem wurde von ihm erwartet, 20 Typen hinter sich zu lassen, die inzwischen zwar vermutlich sauber waren, aber die Grenzen ausreizten oder noch von einem restlichen EPO-Effekt aus früheren Tagen zehrten. Und insofern stand es Andrew allemal zu, einen Zbar-Riegel zu verlangen, wenn er meinte, er würde ihm besser bekommen. Als Athlet am Ende der Hackordnung schaut man auf die Jungs über einem und denkt sich, *mit etwas mehr Einsatz, etwas mehr Fokus, könnte ich so sein wie er,* aber wenn man sieht, wie einen der Druck überfordern kann, schien mir mein Gehalt von 50.000 Dollar gar nicht so übel. Und um ehrlich zu sein, wenn ich nicht gut genug war, ein paarmal am Tag für ein paar X-, Y- oder Zbars zum Auto zu fahren, könnte ich auch gleich aufhören. Also riss ich mich zusammen, bahnte mir den Weg durch den Pulk, brachte Andrew alles, was er brauchte, und raste eine Abfahrt runter wie ein Geisteskranker, wenn es denn sein musste. Ich war jetzt in der WorldTour.

Die zweite Etappe endete in Girona. Wir hatten uns auf heimisches Publikum gefreut, aber bei ergiebigem kalten Regen waren die einzigen Anfeuerungen, die ich zu hören bekam, die von Alex Howes, der für das Critérium International statt für die Katalonien-Rundfahrt nominiert war.

»Phil! Du hast nichts drauf!«, grölte er. Alex und ich waren im Nu dicke Kumpels geworden.

Joanna hatte Geburtstag und ich tat mein Bestes, von Ferne ein guter Verlobter zu sein: Ich verriet ihr, wo sie das Geschenk finden würde, das ich in der Wohnung versteckt hatte, schickte ihr Blumen ins Büro, ließ in dem Restaurant, wo sie mit ihren Freunden feierte, eine Flasche Champagner auf meine Kreditkarte setzen und machte mit unserer Mitbewohnerin aus, dass sie ihr einen Kuchen von Sweetsalt besorgte. Ich gab mir Mühe, aber eigentlich sollte man füreinander da sein und ich verbrachte einen Großteil des Abends damit, ihr mit schlechtem Gewissen Nachrichten aufs Handy zu schicken.

KAPITEL 14

Als das Rennen die Pyrenäen erreichte, war von der Form, die ich in San Luis hatte, nichts mehr zu sehen, aber immerhin gewöhnte ich mich allmählich an den WorldTour-Trott.
Jeden Abend bekamen wir einen Ablaufplan für die nächste Etappe:

9:25 Uhr Taschen vor die Tür
9:30 Uhr Frühstück
11:30 Uhr Abfahrt mit dem Bus (30 Min.)
12:30 Uhr Besprechung im Bus
12:50 Neutralisierter Start
Länge der Etappe: 169,7 km
Wetter: 2°C, Regen, evtl. Schnee, Wind aus SW bei 8 km/h

Als um 9:22 Uhr mein Wecker klingelte, zog ich dasselbe T-Shirt mit Teamlogo, dieselbe Unterwäsche und dieselbe Trainingshose an, die ich schon die ganze Woche getragen hatte, und war um 9:25 Uhr, ohne mir die Zähne geputzt, das Haar gerichtet oder in den Spiegel geschaut zu haben, zur Tür raus. Im Geiste der Marginal Gains waren die Fahrer gehalten, ihr Gepäck im Flur abzustellen, damit Soigneurs es runterbrachten, aber ich nahm meinen Koffer auf dem Weg zum Frühstück selbst mit zum Bus.[*] Um 9:35 Uhr aß ich Haferflocken und Eier.

---

[*] Als Mann des Volkes trage ich meinen Koffer selbstverständlich selbst. Außerdem hat er Rollen, es ist also nicht so anstrengend.

Der Transfer zum Etappenstart im extra für die Tour de France 2013 gebauten Teambus von Garmin-Sharp war reinster Luxus. Wir saßen auf drehbaren Sitzen, unsere Fächer in der Gepäckablage darüber waren namentlich gekennzeichnet und enthielten Helme, Schuhe und die Schlechtwetter-Tasche mit allem, was ich laut Pat und Jason bei widrigen Bedingungen im Rennen brauchen würde. Da Schnee angekündigt war, beschränkten sich die Gespräche unter den Fahrern auf Fragen der Kleiderwahl.

»Ziehst du das dicke Unterhemd drunter?«

»Ich schätze, ich nehme die Windweste, damit ich sie an den Anstiegen ausziehen kann.«

»Welche Überschuhe?«

»Auf jeden Fall die aus Latex. Hey, bleiben diese Handschuhe trocken?«

Jeden Tag dieselbe Diskussion – so als hätten wir uns noch nie angezogen.

In der Mitte des Busses gab es Schubfächer voller Energieriegel und einen Tresen, wo diverser Kram auslag: Sonnencreme, Gesäßcreme, Funkgeräte, sogar Klebeband mit Karomuster, um die Ohrstecker zu befestigen. Für jede Kleinigkeit war gesorgt, nur unsere Startnummern mussten wir noch selbst anbringen. Angesichts von GPS-Transpondern an unseren Rädern war es eigentlich unglaublich, dass wir im Jahr 2014 in professionellen Rennen noch mit Papiernummern und Stecknadeln hantierten[*], und ich hatte darauf spekuliert, dass man uns in der WorldTour zumindest das Anstecken abnehmen würde, aber Pustekuchen.

Ich stopfte mir die Taschen voll mit Zbars für Andrew, während Johnny Weltz auf dem Flatscreen-TV das Streckenprofil aufrief. Na ja, er versuchte es zumindest, aber das Programm hängte sich auf, so dass wir alle auf die Karte auf seinem Laptop blinzelten.

---

[*] Irgendwo hält der Eigentümer einer Stecknadelfabrik Pat McQuaid eine Knarre an den Kopf und brüllt: »Und das bleibt auch so!«

»Bei meinem alten Team machte der Flatscreen nie Probleme«, jammerte ich. (Bissells Gefährt war ein Ford Econoline.) Als die Besprechung vorbei war, vertrieben wir uns die restlichen 20 Minuten bis zum Start damit, zu AC/DC Luftgitarre zu spielen und Espresso zu schlürfen.

Bei der Katalonien-Rundfahrt gab es beim Einschreiben eine kurze Vorstellung der Fahrer, wo ich als Sieger der ersten Etappe (»primeraaaa etapaaaa«) der Tour de San Luis angekündigt wurde. Ich war total nonchalant: kurzes Nicken, kurzes Winken in die Menge, dünnes Lächeln.

Die Veranstalter hatten versprochen, die Etappe zu streichen oder zu verkürzen, sollten die Bedingungen gefährlich sein, aber drei Stunden später schneite es und wir fuhren immer noch. Chris Froome und Alberto Contador riefen schließlich zum Protest auf und alle fügten sich zwei Minuten lang, bis irgendein Drecksack seine große Chance witterte, uns als Memmen bezeichnete und zur Attacke blies. Jemand setzte ihm nach, um ihn anzuschnauzen, ein anderer setzte wiederum *ihm* nach und dann waren wir wieder mitten im Renngeschehen. Der Profiradsport hat eine Gewerkschaft, aber sie macht nicht viel, Protestaktionen des Pelotons sehen daher häufig so aus.

Ich machte meinen Job und kam mit dem Gruppetto ins Ziel, 15 Minuten hinter der Spitzengruppe, die Füße taub vor Kälte, mit gerade noch genug Gefühl in den Händen, um Johnny Weltz auf dem Weg zum Bus mit einem Schneeball genau in die Brust zu treffen. Während ich darauf wartete, dass die Dusche frei wurde, aß ich eine Schüssel Reis und Eier, die unser Busfahrer Biso (sein Twitter-Name ist *@BisoBus*) zubereitet hatte, und schaute aus dem Fenster auf eine Burg, die in den Berg hineingebaut war, mit einer Galerie über dem Tor, von wo aus die Ritter einst siedendes Öl auf Eindringlinge gossen. Das relativierte mein Leiden ein wenig, während ich zusah, wie die Horden dick eingepackter Fans, die sich den Berg heraufgequält hatten, um uns anzufeuern, sich auf den Weg hinab machten, im Hintergrund der TV-Hubschrauber. Ich war durchnässt und durchgefroren, ich betrieb einen Sport, der bisweilen runtergewirtschaftet und amateurhaft wirkt, aber ich fuhr in einem der Top-Teams und trat gegen die Besten der Welt an. Das war es, was ich mir erträumt hatte. Ich war ein Teil der Show.

Blick aus dem Bus nach der Etappe in Katalonien.

Als wir am Hotel eintrafen, warteten draußen die Soigneurs mit Zimmerschlüsseln und einem Zeitplan für die Massage und geleiteten uns zu den Fahrstühlen. Sie hatten meinen Koffer bereits auf mein Zimmer gebracht (zusammen mit einer Flasche Mineralwasser und einem Sandwich), aber ich würde ihn sowieso nicht öffnen. Ich würde auch morgen denselben Trainingsanzug anziehen. Meine dreckige Wäsche hatte ich im Bus gelassen, in dem Beutel mit meinem falsch geschriebenen Namen, und würde sie in ein paar Stunden gereinigt wieder zurückbekommen. Jeder Fahrer schleppt einen riesigen Koffer zu jedem Etappenrennen, aber letztlich leben wir aus dem Wäschebeutel und einem Rucksack.

Das Hotel war typisch für Europa: Das WLAN taugte nichts – überlastet von hundert Radprofis, die ihre Frauen und Freundinnen per Skype zu erreichen versuchten – und das Zimmer war winzig, mit zwei Einzelbetten, die zu einer Art Doppelbett zusammengeschoben waren. Tom und ich zogen die Betten zehn Zentimeter auseinander, damit es nicht zu intim würde, aber meine Hand fand trotzdem die seine, als ich in der Nacht nach dem Matratzenrand griff, um mich umzudrehen.*

Ich ging nach der Massage direkt zum Abendessen, das aus dem üblichen faden Pastabüfett bestand, aber das Team stellte eine Auswahl an Saucen bereit, echten Parmigiano Reggiano und teuren Balsamico-Essig, was alles neu für mich war, ich aber rasch zu schätzen lernte. (Als ich klein war, streuten wir Kraft-Parmesan aus einem Plastik-Tennisball auf unsere Nudeln und Essig war etwas, das aus einem Bottich im Wäscheschrank kam.)

Nach dem Abendessen begaben wir uns ins Zimmer der Soigneurs, um noch mehr zu essen. Abends gingen sie mit dem Rest der Belegschaft in die Kneipe, aber sie hatten an ihre Tür eine Liste mit einer Zimmerübersicht geklebt, hinter der ein Schlüssel versteckt war, so dass wir uns gegebenenfalls selbst Zugang verschaffen konnten (jedes Team machte es so, falls Sie mal Haferflocken stehlen wollen). Als hätten wir nicht eben erst zu Abend gegessen, schaufelten wir Schoko-Knuspermüsli und händevoll Nüsse in uns hinein. Ich hatte den Überblick verloren, auf welcher Etappe oder in welcher Stadt wir uns befanden, aber mir ging es gut – ein Schwebezustand aus müde und kaputt. Unsere Smartphones piepten und vibrierten, als der Zeitplan für den nächsten Tag eintraf, und wir gingen zu Bett, um wieder von vorne zu beginnen.

---

* Können Sie sich vorstellen, dass Fußballprofis sich ein Zimmer teilen, wenn sie unterwegs sind? Ich kenne Jungs, die bei der Tour de France in Etagenbetten schlafen mussten.

KAPITEL 15

Ich bekam die Anweisung, auf der fünften Etappe mein Glück mit der frühen Ausreißergruppe zu versuchen, die sich voraussichtlich am ersten Anstieg bilden würde. Wieder und wieder attackierte ich, aber jedes Mal, wenn ich mich umsah, saß mir Luca Paolini von Katusha im Nacken, der für seinen Kapitän, den Gesamtführenden Joaquim Rodríguez, fuhr.[*]

Wenn ich im Vorjahr bei einem Continental-Rennen am Berg attackierte, war das Feld sofort dezimiert und versuchte verzweifelt, mich zurückzuholen; jetzt aber, in einem Rennen der WorldTour, war die Meute nach zehn meiner Attacken zwar auseinandergezogen, aber keineswegs gesprengt, und oben am Gipfel saß ich immer noch im Peloton.[†]

Wie sich herausstellte, herrschte zwischen Garmin-Sharp und Katusha eine Fehde, die seit Jahren schwelte. Dan Martin hatte Joaquim Rodríguez ein paarmal geschlagen, Vaughters hatte den Spanier mit einem lächerlichen Vertragsangebot oder dergleichen verärgert, und jeder hegte irgendeinen Groll. Sie hätten unsere Mannschaft niemals in die Ausreißergruppe gelassen, was aber niemand für nötig hielt, mir zu sagen.

---

[*] Paolini wurde zweimal positiv auf Kokain getestet, was er auf einen Teufelskreis infolge seiner Abhängigkeit von Schlaftabletten schob, die er bei den Rennen schluckte. Ich hörte, dass Kokain häufig im Training genutzt wird, um bei der Gewichtsreduktion zu helfen. Ich hörte außerdem, dass er EPO nahm.

[†] Wir nennen das gerne »den Schwengel rausholen«, wenn jemand am Berg attackiert. Als ich in der WorldTour meinen Schwengel rausholte, klatschte er schlaff auf meinen Oberschenkel.

Im Tal hatte ich Krämpfe und keuchte, also fuhr Dan zu mir auf, um mich ein wenig aufzumuntern und mir eine schlechte Nachricht zu überbringen: »Starker Einsatz, Phil, aber achte darauf, jetzt was zu essen. Denk daran, wir haben noch 180 Kilometer vor uns.«

»Fuck, Dan!«, sagte ich und schaute runter auf meinen Computer. »Fuck!«

Dank eines Schokogebäcks vom Frühstück, das ich in eine Serviette eingepackt hatte, schaffte ich es ins Ziel, aber Tom nicht. Wenn man mit dem Training übertreibt, kann man sich schnell eine Verletzung oder Krankheit einhandeln, als er daher in einen scheinbar harmlosen Sturz verwickelt wurde, stieg er, über Knieprobleme klagend, aus dem Rennen aus.[*]

Tom hatte seinen Kram gepackt und eine Mitfahrgelegenheit zurück nach Sant Gregori gefunden, bevor die Etappe zu Ende war. Ich vermisste seine führende Hand, dafür hatte ich in der Nacht das ganze »Doppelbett« für mich alleine.[†]

Auf der sechsten Etappe, einem windigen, 220 Kilometer langen Abschnitt, der mit einem weiteren langen Anstieg begann, suchte ich erneut mein Heil in der Flucht, aber ich fuhr versehentlich über einen größeren Stein und musste mit einem Platten zurück zum Begleitwagen. Bis ich ein neues Laufrad hatte, war das Feld explodiert und ich fuhr zu einer Gruppe von 40 Nachzüglern auf, die allesamt Gefahr liefen, die Karenzzeit zu überschreiten und mit nichts heimzufahren als dem Vermerk »DNF« (Did Not Finish) in der Ergebnisliste neben ihren Namen.

Da nur noch eine Etappe bevorstand, hatte ich mich schon darauf gefreut, mein erstes Rennen in der WorldTour mit ein paar Runden auf

---

[*] Ich werde jetzt bestimmt ein paar böse Briefe bekommen, aber ich glaube nicht, dass seine vegane Ernährung besonders hilfreich war. Ich respektiere die Argumente, was Aspekte wie Nachhaltigkeit und Tierrechte betrifft, und werde es eines Tages wahrscheinlich selbst ausprobieren; aber es ist für mich schwer vorstellbar, dass man sich in der absoluten Weltspitze eines Ausdauersports behaupten kann, ohne sich schon jahrelang intensiv mit dieser Ernährungsweise befasst und sie akribisch auf die individuellen Bedürfnisse des eigenen Organismus abgestimmt zu haben.

[†] Wenn man ein Hotelzimmer für sich allein hat, spricht man von »Schleuderkammer«. Keine Ahnung, wieso.

Las Ramblas, Barcelonas berühmter Tourimeile, abzuschließen, aber wir lagen mehrere Minuten zurück und es lagen noch 160 Kilometer vor uns.

»Was zur Hölle soll ich tun?«, fragte ich Johnny per Funk.

»Ach, ist nicht dein Fehler. Du versuchst einfach dein Bestes, gell? Und wenn du es nicht packst, trinkst du morgen auf Las Ramblas ein Gläschen Wein, während die Jungs Rennen fahren müssen. Halb so wild, gell?«

Das klang zugegebenermaßen ganz ausgezeichnet. Ich war fast enttäuscht, als sie vorne eine Pinkelpause einlegten und meine Gruppe wieder Anschluss ans Feld fand. Bei Continental-Rennen hatte ich mich daran gewöhnen müssen, während der Fahrt zu pissen, aber in der WorldTour hielten nach ungefähr einer Stunde alle zusammen an. Diese zivilisierte Praktik hatte schon viele Male meine Blase gerettet, jetzt aber rettete sie mir den Arsch.[*]

Nach dem Defekt wieder aufzuholen, war ein hartes Stück Arbeit, aber ich hatte noch die Beine, um am letzten Anstieg zu attackieren und Ryder auf diese Weise in eine aussichtsreiche Position zu bringen. Das war nicht viel, aber es war schön, einen größeren Beitrag zu leisten, als nur Trinkflaschen und Zbars zu schleppen.

Auf der letzten Etappe war es wieder regnerisch und windig. Als wir Barcelona erreichten, spitzte ich die Ohren, auf den erlösenden Ruf »Gruppetto!« horchend, um es dann auf den letzten Runden locker angehen zu lassen und den Deckel auf ein solides WorldTour-Debüt machen zu können. Dann meldete sich knisternd der Funk.

»Talansky. Defekt.«

Bei früheren Teams war ich bei jedem Rennen stets im Bilde, welche Platzierung ich belegte, aber diese Saison hatte ich aufgehört, in den Ergebnislisten nach meinem Namen zu suchen. Ich war hier, um einen Job zu machen, und solange ich das tat, spielte es keine Rolle, ob ich auf Platz 19 oder 90 landete. Entscheidend war, welches Ergebnis wir als Mannschaft erzielten. Andrew war Gesamtvierter und die Spitzengruppe machte richtig Dampf, also wartete ich, um ihn wieder heranzuführen.

---

[*] Dies ist nicht als Toilettenwitz gedacht.

Während ich an meine Reserven ging und durch den Regen blinzelte, war mein Ziel nicht die eigentliche Ziellinie. Mein Ziel war es, Talansky am Ende des Feldes abzuliefern. Als wir dort ankamen, hatte ich keinen einzigen Tritt mehr zuzulegen, also sprang ich auf den Bürgersteig und machte mich direkt auf den Weg zum Bus. All die ganze Arbeit, all die Schüsseln Pasta, die ich heruntergezwungen hatte, und alles, was ich gelernt hatte, das alles für ein DNF. Aber ich bin keine fanatische Fußballmutti und dies war auch kein 5.000-Meter-Volkslauf. Niemanden interessierte es, ob ich ins Ziel kam.

Als wir an diesem Abend am Service Course abgesetzt wurden, kam es mir vor, als wären wir zehn Jahre weg gewesen. Ich fuhr heim, schlief ein paar Stunden und als ich aufwachte, hatte ich das Gefühl, mein Stoffwechsel wäre völlig ruiniert. Daher setzte ich mich ins Auto, um ein paar Lebensmittel einzukaufen. Der Renault war ein paar Stunden zuvor noch einwandfrei gelaufen, jetzt aber gab er nur ein klickendes Geräusch von sich, also fuhr ich mit dem Rad zum Markt und füllte einen Rucksack mit Nahrungsmitteln. Ich musste dabei an Argos denken, den Hund aus der Odyssee: ein starkes, gesundes Tier, als sein Herr ihn verließ, aber alt und von Flöhen befallen, als er von seiner epischen Reise zurückkehrte. Argos erblickte endlich den Mann, auf den er all die Jahre gewartet hatte, und dann starb er. (Ich habe vergessen, ob Argos ihn zuerst noch geleckt hat. Falls nicht, hätte er es tun sollen. Ich schaue das jetzt aber nicht nach.) Argos war eine super Metapher für das Auto, aber eigentlich brauchte ich nur eine Starthilfe.

KAPITEL 16

Es war noch immer früh in der Saison, aber aufgrund von Verletzungen und Krankheiten kam es nach der Volta a Catalunya zu einigen Verschiebungen im Terminkalender. Wenn ich den Google Calendar, den alle Fahrer teilten, nicht im Auge behielt, erfuhr ich von meinem nächsten Rennen erst dann, wenn die Flugtickets in meinem Posteingang auftauchten. Nate Brown bekam während der Kaffeepause einer Trainingsausfahrt eine Mail mit der Mitteilung, er sei für Paris-Roubaix vorgesehen. Sein Gesicht verfärbte sich angesichts der Aussicht, seinen 63 Kilogramm leichten Körper von Kopfsteinpflaster durchrütteln zu lassen, aber die Mail war eigentlich für Nathan Haas gedacht.

Ich war »Reserve« für eine Handvoll kleinerer Rennen, was bedeutete, dass ich jederzeit nachnominiert werden konnte. Ich absolvierte kürzere Trainingsfahrten, um meine Beine frisch zu halten, aber ich wurde nicht ein einziges Mal gebraucht. So wurde es zu einem langen Monat, in dem ich in Toms Haus hockend allmählich meine Fitness verlor. Gelangweilt und einsam, wie ich war, wollte ich jeden Tag mit Joanna sprechen, was ihr ziemlich auf die Nerven ging und angesichts des Zeitunterschieds von neun Stunden schwer zu planen war. Wenn sie also beschäftigt war, rief ich stattdessen meine Mom an. Mom ging immer ans Telefon.

Ich schlug die Zeit damit tot, mich um meinen Radklamotten-Shop zu kümmern und auf einem alten Hewlett-Packard-Laptop, das mein Dad hatte wegwerfen wollen, Netflix zu schauen. Ich schäme mich zuzugeben, wie schnell ich sämtliche Staffeln von *Breaking Bad* gesehen hatte.

Anschließend widmete ich mich Filmklassikern wie *Magnolia*, der ein paar Blocks von unserer Wohnung in L.A. entfernt spielt. Ich genoss die Suche der Protagonisten nach Glück, bis der Song von Aimee Mann einsetzte:

It's not what you thought, when you first began it.
You got what you want. Now you can hardly stand it, though.

Ich nehme an, die Vitaminpräparate von Goglia hatten meinem Testosteronspiegel nicht nennenswert auf die Sprünge geholfen, denn nun saß ich allein in Girona auf dem Sofa und weinte über einen Film. Jahrelang war es mein Ziel gewesen, es in die WorldTour zu schaffen. Ich hatte gedacht, es wäre alles, was ich wollte, und mir darüber hinaus keine Gedanken gemacht, aber ich hatte alles falsch angepackt und mir war elend zumute.

Eine Stunde später, als ich in einen Big Mac biss, verstand ich, warum meine Landsleute einen McDonald's-Besuch so tröstlich fanden, wenn sie durchhingen. Wenn man fern der Menschen und der Dinge ist, die einen glücklich machen, und sich wie ein Fünfjähriger fühlt, weil man keine Speisekarten und Straßenschilder lesen kann, wächst einem alles schnell über den Kopf. Genau aus diesem Grund ist McDonald's für einen Amerikaner in Europa wie eine diplomatische Vertretung, eine Oase. Es ist nur ein mieser Cheeseburger, aber er ist vertraut und man weiß, welches Gefühl er einem vermittelt.

Am Abend schaute ich *Magnolia* zu Ende. In der letzten Szene regnen Frösche vom Himmel und die Worte »Das alles passiert wirklich« erscheinen unten auf dem Bildschirm, bezugnehmend auf das Phänomen, wenn Tornados über einem Gewässer Frösche mitreißen und über Land abwerfen. Ich schätze, die Botschaft lautet, dass man so viel nach Sinn suchen kann, wie man will, aber manchmal muss man halt mit Froschpampe fertigwerden.

KAPITEL 17

Da mir noch ein Monat in Europa bevorstand, gab ich mir Mühe, etwas geselliger zu sein, und begab mich hin und wieder in die Altstadt von Girona, dem kleinen Winkel der Stadt, wo die meisten meiner Teamkollegen ihre Wohnungen hatten. Sie lag nur wenige Kilometer von Toms Haus entfernt, schien aber aus einer ganz anderen Zeit zu stammen, mit gepflasterten Straßen, die im 8. Jahrhundert angelegt worden waren, und einer Kathedrale, die über der Stadt thront und den Touristen jede Stunde mit ihrer Glocke ein Ständchen bringt.[*] Ich hätte mich am besten von Anfang an in der Altstadt niederlassen sollen, wo man kein Auto braucht und in die gleichen Geschäfte und Restaurants geht wie die anderen Profis, so dass es leicht ist, Freunde zu finden und sich abends spontan auf ein *Gelato* zu treffen. In den Staaten scharen sich die Profis in Boulder. Ich war nie scharf darauf gewesen, einen Winter in Colorado durchzustehen, aber ich verstand, welchen Reiz es hatte, in der Nähe anderer Fahrer zu leben, und Girona war wie Boulder auf Steroiden. Moment. Boulder auf EPO? Vergessen Sie's.

Mein Geschmack war seit jeher einfach (um nicht zu sagen: billig) gewesen, aber ich brauchte nicht lange, um Gironas Gastroszene von Weltrang schätzen zu lernen. Meine Kollegen zeigten mir all die netten Restaurants und leckeren Tapas, aber keiner von ihnen war bei Can Roca gewesen, das drei Michelin-Sterne hatte und soeben zum besten

---

[*] In schriftstellerischer Hinsicht ist das jetzt gemogelt, aber falls Ihnen diese Beschreibung nicht reicht: In Girona wurde auch *Game of Thrones* gedreht.

Kaffeepause zwischendurch in Girona.

Restaurant der Welt gekürt worden war. Der Mittagstisch bestand aus zwölf Gängen für 300 Euro und der Laden war ein Jahr im Voraus ausgebucht, aber ich wollte Joanna unbedingt dorthin ausführen.

Es gab keine schicken Partys mit Promis wie in anderen Profisportarten, aber es hätte seinen Reiz, ein paar Jahre am WorldTour-Lifestyle teilzuhaben. Aufgrund meiner Resultate in San Luis meinten die Jungs, ich könnte mir einen Zweijahresvertrag ausrechnen, der mit knapp 150.000 Dollar dotiert wäre. Wir würden für Joanna ein Team in Europa finden, für das sie fahren könnte, gemeinsam den Traum leben, die rennfreie Zeit in L.A. verbringen und uns mit 35 nach neuen Jobs umsehen.

Ziemlich überzeugt davon, meine Schäfchen im Trockenen zu haben, erkundigte ich mich bei meinen Kollegen, was mit Jacob Rathe geschehen war, der ein Jahr zuvor in Girona gewohnt hatte und dessen Zeitfahrrad ich jetzt fuhr. Er hatte gute Leistungen gezeigt, was war also aus seinem sechsstelligen Vertrag geworden? Sie erzählten, dass sein Berater von Vaughters zu viel Geld verlangt habe, so dass Jacob letztlich bei Jelly Belly gelandet war. Doch sie hielten alle große Stücke auf ihn und diejenigen, die keinen Kontakt mehr zu ihm hatten, schienen dies aufrichtig zu bedauern. Es war nichts Persönliches. Sie hatten einfach zu viel um die Ohren und es gab ständig neue Kollegen, die es kennenzulernen galt. Wenn ich einmal fort wäre, unter welchen Umständen auch immer, konnte ich nur hoffen, dass jemand ein Jahr später in einem Café säße und dem Neuen erzählte, wie sehr er mich vermisste.

KAPITEL 18

Soweit möglich, vermieden wir es, über Radsport zu sprechen, und konzentrierten uns stattdessen auf echten Sport und Frauen. Sie wissen schon, Jungskram. Als Dan Martin erwähnte, dass er lange aufgeblieben war, um ein Rugby-Spiel zu schauen, zogen die anderen ihn auf.

»Lass stecken, du hattest ein halbes Bier und warst um halb zehn zu Hause, Dan. Du bist so ›all-in‹ wie kaum ein anderer.«

In der WorldTour bedeutet »all-in«, sein ganzes Leben der Leistung unterzuordnen: Jede Kalorie ist nahrhaft, Schlaf wird maximiert, Stress minimiert. Als ich zur WorldTour stieß, dachte ich, dass der nächste logische Schritt darin bestünde, eine Art inneres Gleichgewicht zu finden, aber vielleicht lag ich damit falsch. Ganz gleich, um welches Metier es geht, auf höchstem Niveau muss man abwägen, was einem wichtig ist: Was wäre, wenn ich die Tour de France gewänne, aber kein guter Freund wäre und niemals einen Keks essen, meine Oma anrufen oder Liebe erfahren würde? Ich hätte den Erfolg, aber wofür wäre er gut? Und was, wenn man all die eigennützigen Opfer brächte und dann nur Vierter wird? Vierter ist kacke. Man kann sein ganzes Leben um ein einziges Ziel herum gestalten und dann ist Scheitern umso niederschmetternder; aber wenn man mehreren Zielen nachjagt, ist Scheitern umso wahrscheinlicher. Was, wenn Gleichgewicht lediglich hieße, permanent am Rande des Abgrunds zu wandeln?

Freilich erwartete das Team von uns, dass wir »all-in« waren. So wie der Bus war unser ganzes Leben bei Garmin-Sharp auf größtmögliche

Effizienz ausgelegt. Wenn ich mich auf den Weg zu einem Rennen machte, bekam ich eine Mail mit der Anweisung, wann ich aus dem Haus zu wanken hätte und ein Taxi würde bereitstehen. Ich fragte nicht, wie ich vom Flughafen zum Hotel käme, denn ich vertraute darauf, dass ein Soigneur im Teamwagen auf mich warten würde, wenn ich von der Gepäckausgabe kam.

Wenn mein Rad eine neue Kette brauchte, würde sich jemand darum kümmern. Vielleicht mal einen anderen Sattel oder einen längeren Vorbau probieren? Ich glaube nicht, jemals das Wort »nein« von einem Mechaniker gehört zu haben, und wenn ich am Service Course vorbeifuhr, um zum Beispiel Quittungen für die Erstattung von Auslagen einzureichen, schnappten sie sich mein Rad, wuschen den Dreck ab und wechselten das Lenkerband.*

Der Service Course bot interessante Einsichten in die Arbeitsweise des Teams. Einmal traf eine Wagenladung an Produkten der Firma Thule ein: Jeder Fahrer und Mitarbeiter würde einen großen Rollkoffer, einen Trolley, eine Reisetasche, zwei Taschen für die Schlechtwetter-Rennkleidung und einen Rucksack bekommen. Ich machte ein Foto, um in den sozialen Medien ein wenig Sponsorenliebe zu verbreiten, als eine der Teammanagerinnen mich stoppte.

»Thule ist kein Sponsor mehr«, sagte sie.

»Häh? Und was ist das alles?«, fragte ich.

»Sie waren letztes Jahr Sponsor«, erklärte sie. »Aber in dieser Saison wollten sie kein Geld mehr zahlen und wir nehmen keine Sponsoren, die nur Ausrüstung stellen. Das ist alles vom Team bezahlt.«

»Also, letztes Jahr stellte Thule Taschen und Koffer *und* Geld bereit, dieses Jahr boten sie nur Taschen und Koffer, aber *kein* Geld, also lehnte das

---

* Lenkerband wickeln sieht einfach aus, aber es ist eine Kunst, und wenn ich es selbst mache, kommt nur Mist dabei heraus. Die drei besten Lenkerbandwickler der Welt sind:
  1. Teammechaniker Sam Elenes
  2. Sam Elenes
  3. Sam Elenes
Lobend zu erwähnen: Chefmechaniker Geoff Brown, der aber zumeist damit beschäftigt war, Lenkerband für jemand zu wickeln, der wichtiger war.

Team sie ab, *kaufte* anschließend die gleichen Taschen und Koffer von Thule, entfernte aber das Sponsorenlogo von der Website?«

»Genau. So läuft das.«

Ich hörte, die Rechnung belief sich auf 60.000 Euro, aber Thule gab ihnen wahrscheinlich Rabatt.

Dann führte mich die Teammanagerin zu einem Tisch voller Trikots und reichte mir einen Stift.

»Unterschreib die mal kurz alle für unsere richtigen Sponsoren.«

Tom hatte mir gezeigt, wie man den Stoff so dehnt, dass er keine Falten wirft, aber trotzdem ist es fast unmöglich, ein Radtrikot zu unterschreiben, und ich konnte kaum meine eigene Unterschrift entziffern. Sorry, Sponsoren.

KAPITEL 19

Der nächste Termin in meinem Kalender war ein Eintagesrennen namens Brabantse Pijl, der Pfeil von Brabant, wo ich mich mit einer guten Leistung für die Ardennenklassiker empfehlen könnte: Amstel Gold Race, La Flèche Wallonne und Lüttich–Bastogne–Lüttich.

Begeistert von der Möglichkeit, bei einem dieser »Monumente« dabei zu sein, unternahm ich lange Touren in Girona mit kurzen, steilen Anstiegen, dann wurde ich per Mail benachrichtigt, dass ich in zwei Tagen zum Höhentrainingslager in die Sierra Nevada aufbrechen würde. Das war ganz schön kurzfristig, aber ich hatte nichts anderes vor, und da Alex Howes und Dan Martin die anderen Gäste waren, klang es sehr unterhaltsam.

Unsere Unterkunft war ein Olympia-Stützpunkt mit Laufbahn, Fußballfeld, Kraftraum, Schwimmbecken und aus irgendeinem Grund auch Trampolinen (der Bereich war geschlossen, sonst hätte ich mir das Bein gebrochen und Howes wäre tot). Unsere Zimmer erinnerten an ein Wohnheim, ebenso das Essen, und in der Lobby gab es WLAN, aber keine Stühle oder Sessel, daher verbrachten wir unsere Abende auf dem Boden sitzend. Angesichts seiner Lage oberhalb der Skistation Sierra Nevada[*] und der grauen Betonfassade sah es ein wenig so aus wie ein Gefängnis mit minimaler Sicherheitsstufe.

---

[*] Ich konnte mir Vaughters' Logik lebhaft vorstellen: »Sky trainiert in 2.500 Metern Höhe? Dann trainieren wir halt auf 2.570 Metern!«

Es schneite auf dem Berg, also verbrachten wir den ersten Morgen im Kraftraum, wechselten uns an der Beinpresse ab und kritzelten »REDRUM« auf die beschlagenen Fenster. Am Nachmittag fuhren wir den Berg hinab für eine lockere Ausfahrt und übten Wheelies. Seitdem Sagan damit in den Gruppettos der Grand Tours angefangen hatte, war es egal, ob man 80. wurde oder auf dem Podium eine Hostess begrapschte – solange man mit dem Vorderrad in der Luft ins Ziel kam, liebten einen die Fans und alles war vergeben. Dieser Teil von Spanien ist voller Oliven- und Zitronenhaine und der Geruch war dermaßen intensiv, dass ich befürchtete, auf Olivenöl ins Schleudern zu geraten. Das ist meine Ausrede, den Wheelie nicht zu beherrschen.

In der Sierra Nevada teilte ich mir zum ersten Mal ein Zimmer mit Alex Howes. Wir hatten uns 2007 bei einem Sturz bei der Tour de Toona in Pennsylvania kennengelernt, wo er unter ein Auto schlitterte und seinen Rahmen schrottete, während ich einen Großteil meiner Haut auf der rechten Seite verlor. Ich fand seine Oakley-Brille im Dreck und wir versuchten, nicht den Minivan eines freundlichen Fremden vollzubluten, der uns zurück zum Start fuhr. Er war 19 und ich war 21. Später in jenem Jahr hielt ihm ein Fan bei der Tour of Utah aus Spaß einen Hot Dog hin. Alex nahm ihn und biss einmal ab, dann attackierte er, gewann die Etappe und auch mein Herz.

Howes war seit dessen Gründung bei Vaughters' Nachwuchsteam dabei gewesen, während ich also als Amateur beim Redlands Classic abgehängt wurde, wurde er in Europa bei einigen der größten Rennen der Welt abgehängt. Er war ein schneller Sprinter, der es auch über schwierige Anstiege schaffte, aber in dem Alter war alles noch eine Nummer zu groß, die Ergebnisse fielen daher mager aus. Wenn er im Sommer zu den U23-Meisterschaften in die Staaten zurückkehrte, wusste niemand, wer Alex war, denn er hatte es das ganze Jahr über nicht unter die Top 20 geschafft, aber er holte sämtliche Titel, wie ein Boxer, der außerhalb seiner Gewichtsklasse gekämpft hat und endlich seine Chance in einem fairen Kampf erhält. Inzwischen war er 25 und machte auch in größeren Rennen allmählich auf sich aufmerksam.

Alex war ein schräger Vogel, aber auf charmante und unterhaltsame Weise. Die meisten meiner Kollegen reisten zu Radrennen an und lasen im Bus ein Radsportmagazin, er aber studierte den *New Yorker* und wenn wir das Hotel verließen, versteckte er den Zimmerschlüssel, statt ihn mitzunehmen, unter einer Pflanze im Flur oder hinter dem Feuerlöscher, jeden Tag woanders. Ein Teil seiner Familie gehört den Native Americans an, und so reiste er stets mit einer Kollektion an Federn und Steinen, die er über seinem Bett drapierte.

Dan Martin war eine andere Art schräger Vogel, aber ebenfalls überaus liebenswert. Er war seit seiner Pubertät ein toller Radrennfahrer gewesen, was zu Lasten anderer Dinge ging, wie zum Beispiel seiner Kindheit.

»Ich hasse Videospiele«, sagte Dan. »Weil, wenn du mit einem anfängst, musst du weitermachen, oder? Und nur gewinnen reicht ja nicht. Du musst von vorn anfangen, bis du in jedem Level das perfekte Ergebnis erzielst. Das würde mich wahnsinnig machen.«

»Eigentlich muss man etwas nicht unbedingt so lange weitermachen, bis man perfekt darin ist, Dan.« *Ist Dan deswegen so ein Siegertyp?*

Etwas anderes, was bei Dan wohl zu kurz gekommen war, war die Partnersuche. Wir waren im gleichen Alter, aber niemand konnte sich erinnern, ihn je mit einem Mädchen gesehen zu haben, als daher nun eine Gruppe Läuferinnen im Hotel eintraf und sie sich beim Abendessen offensichtlich für unseren Tisch interessierten, bedrängten wir Dan, mit ihnen zu reden. Es dauerte zwei Tage, bis er sich dazu durchgerungen hatte, aber es war schön, dass er ein wenig Ausgleich bekam.

Dem Teamprotokoll fürs Höhentraining folgend, lernte ich, was ich im Vorjahr in Big Bear falsch gemacht hatte: Man bleibt nicht länger als drei Wochen, denn wenngleich es die Blutwerte verbessert, schmälert es die Leistung, wenn man zu lange bleibt. Unser Coach erläuterte mir außerdem, dass ein Trip von weniger als zwei Wochen sinnlos sei, denn dann würde man nur müde, ohne eine Anpassung zu erzielen. Und was machte ich? Natürlich reiste ich nach weniger als einer Woche wieder ab. Ich wurde aus dem Kader für die Ardennenrennen, für die ich trainierte, gestrichen und stattdessen für den Circuit de la Sarthe nominiert, ein fünftägiges Etappenrennen in Frankreich.

Vor meinem Abflug fuhr ich morgens ein paar Stunden, dann saß ich mit unserem Sportlichen Leiter Robbie Hunter im Auto, der den Schrittmacher für Alex gab. Robbie war in seiner aktiven Zeit ein grandioser Sprinter gewesen – einer der Typen, die am Berg abgehängt wurden und dann auf der Abfahrt dank kranker Fahrweise wieder Anschluss fanden – und dementsprechend fuhr er auch Auto, mit großer Souveränität um vereiste Kurven driftend. Wäre meine Mom mit im Wagen gewesen, hätte sie gar nicht mehr aufgehört zu kreischen, aber wir führten eine lockere Unterhaltung und ich glaube nicht, dass mein Puls über 45 ging. Robbie war ein Profi.

Er setzte mich frühzeitig am Flughafen Granada ab, wo ich am Ticketschalter eine Familie mit teurem Gepäck bemerkte, die versuchte, in den nächsten Flieger nach Rom zu kommen. *Welche Sorte Spinner läuft am Flughafen auf, um Tickets für den gleichen Tag zu kaufen?*, fragte ich mich, im Souvenirshop stöbernd, der voller Postkarten von einer nahe gelegenen Festung war, die ich auf dem Travel Channel gesehen hatte. Nur ein Radprofi würde eine ganz Woche nur wenige Minuten von der Alhambra entfernt verbringen, ohne sie sich anzuschauen, aber ich schätze, dafür kommen Touristen nicht dazu, den Duft der Olivenhaine zu erleben. Oder das Wohnheimessen im Trainingsgefängnis zu kosten.

KAPITEL 20

Mein Flieger landete spät in Paris und der Flughafen wirkte wie eine Geisterstadt. Die Läden waren geschlossen und die erste Toilette, die ich sah, war mit orangefarbenen Hütchen versperrt, um gereinigt zu werden. Ich steuerte ein offenes WC auf der anderen Seite der Halle an und bemerkte einen Hausmeister, der mit einem weiteren Hütchen in die gleiche Richtung marschierte. Als ich ihm bedeutete, dass ich die Toilette benutzen wollte, bevor er sie schloss, schüttelte er den Kopf und beschleunigte seinen Schritt, um mit seinem Hütchen vor mir anzukommen. Ich erhöhte das Tempo und bald rannten wir beide im Vollsprint Richtung Toilette, er mit seinem Hütchen im Schlepptau und ich mit meinem Koffer wie einen Football unterm Arm. In einem hart umkämpften Duell sicherte ich mir am Flughafen Charles de Gaulle das Gelbe Trikot und kann das Vorurteil bestätigen, dass die Franzosen ein ungehobeltes Volk sind.

Beim Zeitfahren des Circuit de la Sarthe folgte mir unser Sportlicher Leiter Charly Wegelius im Teamwagen und lobte anschließend meine Leistung, meine Sitzposition und mein Pacing, was mir gute Laune bereitete, bis ich meine Resultate sah. Wenn dein Sportlicher Leiter zufrieden mit deiner Leistung ist und du 64. geworden bist, hält er wohl nicht viel von dir. Der Australier Rohan Dennis war unser Kapitän und wurde knapp Zweiter hinter Alex Dowsett von Movistar, während unser Allrounder Ramūnas Navardauskas Dritter wurde, was uns eine hervorragende Ausgangsposition verschaffte, Dowsett im Kampf um den Gesamtsieg anzugreifen.

Auf dem Weg zum Hotel vergaß einer der Soigneurs, dass er auf dem Wagendach Räder transportierte und fuhr in einem Parkhaus fünf Cervélos zu Bruch. Kaputte Rennmaschinen sind in einem Profiteam nichts Neues*, aber wir hatten nicht genug Ersatzräder im Truck. Hätten Rohan und Ramūnas nicht die Plätze zwei und drei im Klassement belegt, hätte uns das Team möglicherweise frühzeitig nach Hause geschickt, aber Wegelius machte sich am Abend auf den Weg nach Norden, während ein Mechaniker von einem Rennen in Belgien aus Richtung Süden fuhr, so dass sich beide zur Übergabe neuer Räder irgendwo in der Mitte trafen.

Man versuchte, den Zwischenfall unter Verschluss zu halten, aber beim Abendessen machte die Runde, warum unser Sportlicher Leiter nicht da war. Auf einen weiteren Teller ungewürztes Hühnchen und zerkochte Pasta in einem französischen Hotel starrend, taten wir, was jeder Sportler tun würde, wenn er herausfindet, dass er unbeaufsichtigt ist: Wir marschierten über die Straße zur nächsten Pommes-Schmiede. Thomas Dekker zückte seine Kreditkarte und wir machten uns über Cheeseburger, Pommes, Coke und etwas namens »Krusty Cheese« her. Ich war inzwischen in einigen der besseren Restaurants in Girona gewesen, aber nichts ließ sich mit der Wonne vergleichen, die mir dieses fettige Mahl bescherte.

Wir hatten kaum zu Ende gegessen, als Dekker sich einen Streifen Kautabak in den Mund schob. Ich war schockiert, wie viele meiner Teamkollegen süchtig waren nach »Snus«, wie sie das nennen, und es sich hinter die Lippen friemelten, sobald sie vom Rad stiegen. Vermutlich war es ein Überbleibsel aus der Doping-Ära, beliebt aufgrund seiner stimulierenden Wirkung, aber das sage ich nur, weil die übelsten Missetäter, die ich sah, Dekker und Hesjedal waren. Ryder sagte, er hätte sogar *während* des Rennens Snus hinter den Lippen gehabt, als er beim Giro in Führung lag.

---

* Für Mechaniker ist es ganz normal, eine Macke an einem Rahmen zu entdecken, das 4.000-Dollar-Teil in den Müll zu schmeißen und für die nächste Etappe ein neues Rad zusammenzuschustern.

Ich war besorgt, dass Thomas dafür bestraft werden könnte, Schuhe zu tragen, die nicht von unserem Sponsor New Balance stammten, musste aber zugeben, dass seine schicken Hightops mit großen Silbersternen am Schaft schon ziemlich was hermachten.

»Ach, die? Das sind Givenchy. Tausend Euro. Habe ich drei Paar von. Damals verdiente ich noch Geld«, seufzte er, über sich selbst lachend. *Und solange er in der sauberen Mannschaft ist, wird er nie wieder so viel verdienen.*

Dekker ging offen mit seiner Geschichte um. Er hatte im Juniorenbereich sämtliche Weltcups gewonnen und war in den Niederlanden bekannt wie ein bunter Hund, als er mit 19 zum inzwischen berüchtigten Team Rabobank wechselte. Thomas' Markenzeichen war sein langes, schönes Haar, als man ihn also aufforderte, es wegen der Aerodynamik abzuschneiden, sagte sein Vater, der ihn jahrelang auf Trainingsfahrten im Auto begleitet hatte, um ihm auf dem Weg in die WorldTour behilflich zu sein, er könne hinschmeißen und direkt nach Hause kommen, wenn er wolle.[*]

Er hielt also an seinen Prinzipien fest, solange es ums Haar ging, aber Dekker sagte, es kam ihm nicht falsch vor, dem Rat des Teams in Bezug auf EPO zu folgen.[†] Bald gewann er große Rennen und verdiente siebenstellige Summen, und was stellte er mit all dem schmutzigen Geld an? Er ging zum Vermieter seiner Eltern und kaufte das Haus. Sein Vater ging eines Tages los, um die Miete zu bezahlen, und man teilte ihm mit, dass das Haus nun ihm gehöre. Jahre später, als die Behörden endlich einen verlässlichen Test auf EPO gefunden hatten, hatten sie unzählige Ampullen Doperblut herumstehen. Hätten sie die alle getestet, hätte das wohl dem gesamten Sport den Rest gegeben, also suchten sie einen heraus, an dem sie ein Exempel statuieren konnten: Thomas Dekker.

---

[*] Die meisten Fahrer von Rabobank hatten blasse Haut und geschorenes Haar. Sie sahen aus wie ausgemergelte Aliens.
[†] Er brachte Vitamine zum ersten Trainingslager mit und wurde gnadenlos aufgezogen, dafür Geld auszugeben.

Talent geht oft mit Exzessen und Selbstzerstörung einher. Während seiner Sperre war Dekker als Partylöwe und Aufreißer bekannt und er sorgte mit Trunkenheit am Steuer für Schlagzeilen.* Er bekniete Vaughters, ihm eine zweite Chance zu geben, und kehrte geläutert in den Profizirkus zurück, als ein Schatten des Fahrers, der er als gepimpter 24-Jähriger gewesen war.

Ich hatte gerüchteweise von Mitteln gehört, die Marginal Gains bringen sollten, wie Xenongas, um die Ausdauer zu verbessern, oder Aicar, das dazu beitragen soll, effizienter Fett zu verbrennen, aber ich dachte, dass EPO der Vergangenheit angehörte, bis Thomas mir verriet, dass manche Arten nach wie vor nicht nachweisbar und binnen zwölf Stunden aus dem Körper verschwunden seien.

»Was ist mit dem Biologischen Pass?«, fragte ich, bezugnehmend auf das neue Programm, im Rahmen dessen die UCI regelmäßige Blutuntersuchungen durchführte, um ein physiologisches Profil jedes Fahrers zu erstellen und so Manipulationen vorzubeugen.

»Ja, aber dabei wird nur auf Abweichungen kontrolliert, das heißt also bloß, dass dein Blut jederzeit das gleiche Niveau aufweisen muss. Falls du gedopt hast, bevor der Pass eingeführt wurde, *musst* du jetzt weiter betrügen, damit sich deine Werte nicht verändern.«

Pat McCarty war als aufstrebendem Fahrer von Dirty Dekker einige Male der Hintern versohlt worden, er war daher verständlicherweise ziemlich genervt, uns zusammen lachen zu sehen, aber ich genoss es, auch Zeit mit Thomas zu verbringen. Anders als manche meiner Teamkollegen, die mich wie einen Außenseiter behandelten, war Dekker freundlich und offen und sagte stets das Richtige. Er war ein böser Bube gewesen, aber er schien ein guter Mann zu sein.

Ein großer Teil meiner Zeit bei Garmin-Sharp bestand darin, mit Leuten zu tun zu haben, die ich einst bewundert hatte, die sich aber, wie ich inzwischen wusste, an meinem Sport bereichert hatten: Es galt herauszufinden, ob es mir wichtig genug war, sie für mich einzunehmen, ob es in

---

* Wie ein holländischer Justin Bieber.

Ordnung war, sie zu mögen, und ob sie nach den Maßstäben, welche auch immer ich mir dafür ausgedacht hatte, den gerechten Preis bezahlt hatten. Mein Job war es, Rad zu fahren, aber ich musste auch Philosoph, Richter und Geschworener sein, und die eine richtige Antwort gab es nicht. Und überhaupt, wenn ich mit ihnen nicht klarkäme, würde es eine lange Saison werden im Bus mit diesen Kerlen, und dann könnte ich meinen Traum gleich begraben, denn ich würde im nächsten Jahr gewiss nicht wiederkommen.

KAPITEL 21

Wegelius nutzte die Sache mit den kaputten Rädern am nächsten Morgen für eine flammende Ansprache. »Einen Moment lang sah es so aus, als könnten wir heute möglicherweise nicht starten, aber die Belegschaft und die Mechaniker haben die ganze Nacht hindurch gearbeitet, um es zu bewerkstelligen. Wir würden es daher sehr zu schätzen wissen, wenn ihr euch heute mit einer besonderen Leistung im Rennen revanchieren würdet.« Charly redete immer wie ein Dickens-Roman, aber wir schlugen uns prächtig. Na ja, ich nicht so sehr, aber Ramūnas attackierte am letzten Anstieg und siegte als Solist und Dowsett musste abreißen lassen, so dass Ramūnas und Rohan nun die Plätze eins und zwei im Gesamtklassement belegten.

Es ist eine bittersüße Erfahrung nach einer Etappe zum Bus zu kommen und zu hören, dass dein Teamkollege gewonnen hat, wenn man selbst nur wenig dazu beigetragen hat, aber Ramūnas umarmte mich und dankte mir trotzdem. Der Circuit de la Sarthe war kein WorldTour-Rennen, es gab also nicht so viel Druck, aber mir gefiel, wie Ramūnas seine Rolle als Kapitän wahrnahm: Er hielt Türen auf und überließ immer jemand anderem die Sitze vorne. Er war so nett, dass er nicht um Trinkflaschen oder Kleidung bitten musste. Ich war begierig darauf, ihm zu helfen.

Nun, da wir das Rennen anführten, war mein Job, die Ausreißer im Auge zu behalten. Die erste Stunde wird nie im Fernsehen übertragen, aber gerade dann wird ein Rennen gewonnen oder verloren. Sicherzustellen, dass die richtige Mischung an Fahrern in der Ausreißergruppe des Tages sitzt, ist eine hochkomplexe und schwierige Angelegenheit, aber nach ein paar Tagen Übung wusste ich genau, wem ich folgen musste, und es war erstaunlich einfach, das Geschehen zu kontrollieren. Die Kommentatoren versuchen immer, Spannung zu erzeugen, und tun so, als hätten die Ausreißer eine Chance, aber die haben sie nicht. Die Ausreißer kommen nur durch, wenn es niemanden interessiert oder wenn eine der großen Mannschaften so richtig Mist baut.

Ein paar Geheimtipps dafür, ein Rennen in der WorldTour anzuführen:

1. Bei Ausreißergruppen geht es nur um die nackten Zahlen, nicht darum, wie sehr sich die Verfolger anstrengen. Wenn vier Fahrer ausbüchsen, können sie noch so stark sein, sobald vorne im Feld fünf Leute arbeiten, wird man sie immer einholen.
2. Auf zehn Kilometern kann das Feld rund eine Minute aufholen. Auf einer 200 Kilometer langen Etappe ist es nicht ungewöhnlich, den Ausreißern bis zu zehn Minuten Vorsprung zu gewähren.
3. Wenn der Vorsprung zu schmelzen beginnt, werden die Teams mit guten Sprintern munter und helfen bei der Verfolgung mit. Manchmal nehmen sie einem sogar die ganze Arbeit ab.

Wenn wir einverstanden mit der Fluchtgruppe waren, war es Ramūnas' Job als Führender im Gesamtklassement, die Pinkelpause einzuläuten (es ist vermutlich kein Zufall, dass Leadertrikots fast immer gelb sind) und ihnen einen beträchtlichen Vorsprung zu gewähren. Dann blieben uns vier Stunden, um sie wieder einzuholen, und ich fuhr regelmäßig zum Begleitwagen zurück, um Flaschen zu holen oder überschüssige Kleidung abzugeben, wenn es wärmer wurde. Es geht hektisch zu in der Karawane, so dass ich eines Morgens aus Versehen einen Armling fallen ließ, als ich bei 50 Sachen versuchte, ein Bündel Klamotten durchs Fenster zu reichen.

»Huch.« Ich blickte dem Armling auf der Straße nach, während wir weiterrasten. »Ich glaube, das war Nathans. Du sagst ihm nicht, dass ich das war, oder?«, fragte ich Charly.

»Ich habe nichts gesehen«, sagte er. »Ich bin als Profi in Italien gefahren, darin bin ich ziemlich gut.«

Ich weiß nicht, wer es ärger getrieben hat, die Italiener oder die Spanier, aber es geht nichts über einen guten alten Dopingwitz. Es war übrigens mein eigener Armling.

Als die letzte Etappe erreicht war, kam mir der Slalom durch die Karawane inzwischen wie ein Kinderspiel vor und ich war ein Meister darin, frühe Ausreißer zu kontrollieren – der Michael Jordan eines Jobs, von dem niemand weiß, dass es ihn gibt –, bis mich jemand bei 60 km/h von der Straße rammte. Ich bin zwar kein Ramūnas, aber normalerweise bin ich ein netter Kerl. Ich warte an der Kreuzung, bis ich an der Reihe bin, und ich halte älteren Damen die Tür auf, selbst wenn sie noch so weit entfernt sind, dass ich vorgeben könnte, sie nicht zu sehen.* Ich verdiente also nicht, zu stürzen, aber die Schwerkraft interessiert sich einen Dreck dafür, wie hart ich trainiert hatte, dass ich nie gedopt hatte und ob der Typ, der nicht stürzte, vielleicht seine Frau betrügt. Die Schwerkraft ist ein Penner.

Ich finde es respektlos, wenn die Leute Kriegsmetaphern auf den Sport ummünzen. Was wir machen, ist nicht so gefährlich und auch nicht so wichtig, aber ich verwende dies hier nicht als Metapher: Nach dem Sturz hockte ich buchstäblich im Graben. Ich kletterte hinaus und klopfte mich ab, während unser Begleitfahrzeug schlitternd zum Stehen kam und der Mechaniker mit zwei Ersatzlaufrädern herbeieilte, während ich die Kette auflegte.

»Ist schon okay«, teilte ich ihm mit.

»Alles klar mit dir?«, fragte Charly aus dem Auto.

»Jaja, alles gut.« Und weiter ging's, zurück ins Feld mit ein wenig Hilfe des Windschattens eines Skoda (aber ohne Sticky Bottle).

Wenn einer meiner Freunde daheim auf einer Trainingsfahrt stürzt, ist der Tag für ihn gelaufen. Er ruft seine Frau an, damit sie ihn abholt, und klagt ein paar Tage über seine Blessuren, aber in der WorldTour ist ein

---

* Ramūnas würde sie durch die Tür tragen, dann rauf in die Wohnung und ihnen noch die Wäsche machen.

Sturz gar nichts. Es passiert. Du fährst weiter. Du machst deinen Job. Wenn jemand im Bus fehlte, dann weil er über die Ziellinie fuhr und sich direkt in die Ambulanz begab, um sich im Krankenhaus nähen zu lassen, und falls er beim Abendessen klagte, dann höchstens über das lange Warten in der Notaufnahme oder über die Krankenschwester, die ihre Handynummer nicht rausrückte. Schmerzen waren kein Problem. Als ich mich wieder meinen Teamkollegen an der Spitze des Feldes anschloss, hatte Nathan Haas dem Kerl, der mich in den Graben geschickt hatte, bereits den Marsch geblasen – ein rührender Akt der Solidarität von einem jungen Senkrechtstarter.

Ich half mit, die Ausreißer zu stellen, und stieg dann aus, als wir den Zielort erreicht hatten. Es wäre schön gewesen, noch ins Ziel zu fahren, aber wir mussten uns beeilen, zum Flughafen zu kommen und unsere Maschine nach Barcelona zu erwischen, und ich wollte nicht, dass alle den Flug verpassten, weil sie darauf warteten, dass ich mit dem Gruppetto eintrudelte. Ich war rechtzeitig fertig, aber weil Ramūnas und Rohan bei der Siegerehrung aufgehalten wurden, ging der Flieger, bevor wir auch nur den Parkplatz verlassen hatten. Nathans Freundin Laura war angereist, um ihn zu besuchen, und wartete bereits in Barcelona, also rief er panisch die Leiterin der Logistik an, um uns im nächsten Flug unterzubringen. Bis wir durch den Verkehr den Flughafen erreichten, hatten wir auch den verpasst und man wies uns an, Tickets am Schalter zu kaufen und uns das Geld später erstatten zu lassen. Ich hatte mich gefragt, welcher Spinner am Flughafen aufliefe, um ein Ticket zum vollen Preis für denselben Tag zu kaufen, und nun hatte ich meine Antwort: ich.

Das Team buchte an diesem Tag drei Flüge für jeden Fahrer und spülte eine Menge Geld im Klo herunter, nur um von einem drittklassigen Rennen heimzukehren. Ich hatte von anderen Beispielen von Verschwendung gehört, wie die Hotels für 800 Dollar pro Nacht, in denen Vaughters abstieg, wenn er unterwegs war, und eine der Teammanagerinnen erzählte, dass er sie so oft ins Can Roca einlud, dass sie des besten Restaurants der Welt inzwischen überdrüssig war. Das Team warf echt mit Geld um sich, aber wenn es darum ging, einen sauberen Fahrer zu verpflichten, der sich den Arsch aufgerissen hatte, konnten sie nicht mehr als den Mindestlohn bieten. Sind wir reich oder sind wir arm?

Mich nach Wochen der Wohnheimkost, Hotelbüfetts und Krusty Cheese nach echter Nahrung sehnend, hielt ich am Flughafen an einem Smoothie-Stand, aber Nathan legte mir die Hand auf die Schulter.

»Kumpel, du weißt nicht, welche Art Eiweiß in den Dingern ist. Du solltest das Zeug nicht trinken, wenn du so kontrolliert wirst wie wir.«

Ich schlug die Zeit tot, indem ich stattdessen Einwegrasierer kaufte, denn ich hatte meinen Mach 3 verloren und das Wo konnte ich nur grob auf vier Länder und 50 Hotelzimmer eingrenzen. Sie kennen das, dass es immer irgendeinen unheimlichen Typen gibt, der sich auf der Flughafentoilette rasiert? Das war ich.

Ramūnas geht beim Flug mit Ryanair auf Nummer sicher.

Dan und Alex hatten gerade die Sierra Nevada verlassen, also schickte ich eine Nachricht und erkundigte mich, wie das Training gelaufen war, wobei ich vor allem auf Neuigkeiten über Dans Liebesleben hoffte, denn es war toll, einen Helden so verletzlich und menschlich zu sehen. Er stieg als Single auf einen Hügel und kam mit einer Freundin wieder herunter, und als sie sich ein Jahr später verlobten, erhob ich Ansprüche darauf, als »Geistlicher« zu fungieren, aber auf so was kann man eigentlich keinen Anspruch erheben.

KAPITEL 22

Das Taxi setzte mich um drei Uhr morgens an Toms Haus ab. In dieser verschlafenen Ecke von Katalonien stellen Katzen um eins das Schnurren ein und sogar Kriminelle haben ihr Tagwerk um halb drei erledigt, doch in Toms Küche brannte noch Licht. Er war wach und nahm per Skype an einer Anhörung zum Unterhalt teil. Notiz an mich selbst: Eine Scheidung wäre echt kacke.

Ich schlich die Treppe hinauf und schlief auf den Rat meines neuen Trainers Frank Overton hin bis mittags. Er hatte bereits mit WorldTour-Fahrern gearbeitet, brachte also die Erfahrung mit, die ich brauchte, und bot mir an, mich unentgeltlich zu betreuen, sofern ich ein wenig Reklame für sein Geschäft machen und mein Konterfei zu Werbezwecken auf seiner Website zur Verfügung stellen würde – ein Angebot, das ich als Toyota-Fahrer nicht ausschlagen konnte. Wir kamen überein, dass dies nach einer langen Frühjahrssaison, mit einem kaputten Knie infolge meines Sturzes und einem in 36 Stunden bevorstehenden Flug nach L.A., ein guter Zeitpunkt für eine Ruhepause wäre. Also teilte ich meinen Kollegen mit, dass ich den ganzen Tag im Café in Sant Gregori sei und der Kaffee auf mich ginge, falls sie sich verabschieden wollten. Ich rechnete nicht damit, dass jemand auftauchen würde, aber der Tag geriet zu einem einzigen Defilee von neuen Freunden, die ich innerhalb weniger Monate gewonnen hatte.

Ich blieb bis Mitte des Nachmittags im Café, als sich die ganze Bande auf den Weg zu McKiernans machte, dem Irish Pub in der Altstadt. Die Kletterer versammelten sich dort jedes Jahr, um ihre Teamkollegen bei

Paris-Roubaix anzufeuern, aber da ich noch packen musste, schaute ich es mir zu Hause an. Klassikerspezialisten hatten Wochen damit zugebracht, die Strecke zu studieren und maßgefertigte Räder für das Rennen einzustellen, und machten nun gemeinsame Sache gegen den großen Favoriten Fabian Cancellara, der dennoch Dritter wurde. Für Trek fahrend, war der Schweizer ein starker Kletterer und Zeitfahrer und dazu ein ganz passabler Sprinter. Der Kerl brachte alles mit, beinahe so wie eins dieser alleskönnenden Armeemesser – wer hat's noch gleich erfunden?

Was den Fuentes-Skandal betraf, war ich mir seinerzeit ziemlich sicher, dass die im Rahmen der Operación Puerto sichergestellten Blutbeutel mit dem Codenamen »Luigi« von Cancellara stammten, aber es kam noch besser: Er dominierte Zeitfahren und Eintagesrennen mit solcher Leichtigkeit, dass Verschwörungstheoretiker schon einen versteckten Motor in seinem Rad vermuteten. Ich tat dies anfangs als Unfug ab, aber als ich mir das Fernsehmaterial anschaute, sahen seine Beschleunigungen für mich nicht natürlich aus, so als hätte er Schwierigkeiten, seinen eigenen Pedalen hinterherzukommen. Womöglich lagen die Verschwörungstheoretiker ja doch richtig.

Ich sortierte meinen Schrank in Danielsons Haus und ließ die meisten Klamotten zurück, zusammen mit meinem alten HP-Laptop (ich hatte soeben mit meinem Vorschuss für das Buch ein MacBook Air bestellt), meinen Vitaminen, einem gerahmten Bild von Joanna und allem möglichen Kleinkram, so dass ich nur einen kleinen Koffer mitbringen müsste, wenn ich zur zweiten Saisonhälfte zurückkehrte. Ich parkte den Renault vor der Tür, versteckte den Schlüssel in einem Ziploc-Beutel unter einer Topfpflanze und bat meine Teamkollegen, sich die Karre gelegentlich auszuborgen, solange ich fort war – für Fahrten zum Flughafen, Ausflüge zum Strand, was auch immer. Er lief tadellos, nachdem ich 1.500 Euro in Reparaturen investiert hatte, und ich wollte nicht, dass er wochenlang nur herumstünde.

Ich flog vom Flughafen Barcelona aus, mit dem ich, so wie die meisten Profis, inzwischen bestens vertraut war. Als Zabriskie seine Karriere beendete, verriet er Lachlan: »Wenn es etwas gibt, was ich dir – quasi der nächsten Generation von Radprofis - mit auf den Weg geben kann, dann dies: Der schwarze Marmor in El Part reflektiert außergewöhnlich gut, so dass man einer Frau unter den Rock gucken kann, wenn man hinter ihr geht.«

Der Abreisetag war ganz entspannt, denn es ging endlich nach Hause und da ich eine kleine Pause einlegen würde, hatte mein Coach mir gesagt, ich solle essen, worauf immer ich Lust hätte, und kein schlechtes Gewissen dabei haben.

»Was, wenn ich eine Babyrobbe oder einen Seeadler esse?«, fragte ich. »Soll ich dann ein schlechtes Gewissen haben?«

Ich begnügte mich mit dem Burger King im Terminal. Seit ich in der WorldTour fuhr, wurde ich ziemlich häufig auf dem Rad erkannt, aber nur selten, wenn ich in Zivil war, also baten mich natürlich zwei Teenager ausgerechnet in dem Moment um ein Autogramm, als ich den Mund voller Zwiebelringe hatte und Ketchup auf dem T-Shirt. Eine 30-minütige Verspätung bescherte mir einen siebenstündigen Aufenthalt am Flughafen London Heathrow, dessen internationaler Terminal voll von Gucci und Prada und anderen überteuerten Designerläden war. Beschämt wegen des Ketchup-Flecks, dachte ich an Dekkers drei Paar Givenchy-Sneaker und die ganzen schicken Uhren in meinem Team und beschloss, ein neues T-Shirt zu kaufen. *Du hast hart gearbeitet, du hast es dir verdient und du fährst in der WorldTour! Schau, da ist ein Verkaufsständer von Burberry. Wie schlimm kann es schon sein?* Das billigste T-Shirt war ein schlichtes weißes mit V-Ausschnitt für 129 Dollar, heruntergesetzt von 178 Dollar - ein einmaliges Schnäppchen.*

---

* Nein, ich hab's nicht gekauft! Ich zog meinen Kapuzenpulli über das das besudelte Shirt.

KAPITEL 23

Ich freute mich so sehr, Joanna wiederzusehen, dass ich mir nicht klarmachte, dass es eine Umstellung bedeuten würde, wieder daheim zu sein. Über Monate sind wir fort, als zögen wir aus, um Drachen zu töten, während unsere Liebsten zurückbleiben, und es war schwer zu vermitteln, wie kaputt ich war. Ich wollte, dass alles so wäre, wie ich es zurückgelassen hatte, aber das Leben ging weiter und ich musste mich erst wieder auf ihre Routine einstellen.

Die Mädels sollen ja auf Profisportler stehen. Auch ich besaß dieses persönliche Momentum: diesen inneren Antrieb, immer der Beste sein zu wollen und sich das zu schnappen, was man will. Frauen fühlen sich häufig davon angezogen, und auch Joanna gab es einen Kick, wenn jemand mich um ein Autogramm bat, aber es konnte die von Schürfwunden befleckten Laken und die Partys, auf die sie allein gehen musste, nicht wettmachen. Sie hatte kein Auto und deswegen meinen Matrix genutzt, um zur Arbeit zu fahren oder abends Freunde zu besuchen. Jetzt musste sie mit ihrem Rad pendeln und auf dem Sofa lag ein schlapper Sack, der nur Abendessen kochen und früh schlafen gehen wollte. Der Schrank in der Wohnung war voll und ihr Kram breitete sich bis in meine einzige Kommode aus, aber es schien mir wenig sinnvoll, nur für ein paar Wochen auszupacken, also lebte ich weiter aus meinem Koffer, der fast unter das Bett passte. Zu Hause fühlte sich nicht gerade wie zu Hause an.

Im Supermarkt lief mir einmal zufällig eine ihrer Arbeitskolleginnen über den Weg.

»Ach! Bist du auch mal da!«, sagte sie. Sie meinte es nicht böse, aber so sehr ich mir auch einredete, mir alle Mühe gegeben zu haben, ein Teil von Joannas Leben zu sein – sprich: dass es nicht total daneben war, um ihre Hand anzuhalten und abzuhauen –, verraten einem kleine Momente wie diese, wie es wirklich war.

Bei Lüttich-Bastogne-Lüttich in der Woche darauf holte Dan Martin auf den letzten 500 Metern die Ausreißer ein und befand sich in perfekter Position, um seinen Sieg bei einem der prestigeträchtigsten Rennen der Welt zu wiederholen, ehe in der letzten Kurve sein Hinterrad wegrutschte. Es war eine Tortur, ihn stürzen zu sehen, wohl wissend, wie viel Arbeit er in den letzten Monaten in dieses Rennen investiert hatte und wie wichtig es ihm war. Ich bin sicher, er hätte sich am liebsten ein Jahr lang in einer Höhle verkrochen, aber Dan kam aus dem Bus, um sich den Medien zu stellen.

»Ich bin einfach zu schnell in die Kurve gegangen«, gab er zu. Kein in die Hecke geschleudertes Rad. Kein Jammern. Keine Ausreden. Es gibt Sieger und dann gibt es Champions.

Im Glauben, ich wäre nach ein paar Tagen daheim gut ausgeruht, begab ich mich zum Mount Wilson, um ein paar Intervalle zu fahren, aber drei Tage in Folge quälte ich mich den heißen, mit Rollsplitt übersäten Asphalt des Highway 2 hinauf, schaffte es nicht, meinen Puls über 90 zu bringen, und fuhr heim, um ein Nickerchen zu machen. Als hoffnungsloser Optimist packte ich stets genug Clif Bars für eine fünfstündige Ausfahrt ein, also verteilte ich sie auf dem Heimweg an Obdachlose. Einer war so glücklich, dass er mir den Rest seiner Zigarette anbot.

Mir gelang es schließlich, vor der Tour of California ein paar gute Trainingseinheiten zu absolvieren, wobei ich mich auf mein Zeitfahrrad konzentrierte. Auf den langen Etappen würde ich Helferdienste verrichten, somit wäre das Zeitfahren meine einzige Chance auf ein gutes Resultat, und ich freute mich darauf.

KAPITEL 24

In Erwartung guter Medienpräsenz bei meinem Heimrennen hatte mein Verlag die Veröffentlichung meines Buchs *Pro Cycling on $10 a Day* auf die Woche vor der Tour of California gelegt. Es war schön, auf Anhieb wohlwollende Kritiken zu bekommen, aber interessanter waren die Stimmen, die es nicht mochten. Sie könnten die Seiten hundertmal durchgehen und Sie kämen nie darauf, woran sich manche Leute stießen, zum Beispiel an meinen Bemerkungen über Brokkoli, die mir böse Briefe von einem Ernährungsberater bescherten. Und glauben Sie mir, dass es ihm nicht nur darum ging, die gesundheitlichen Vorzüge von Brokkoli hervorzuheben. Seine Mail war geradezu hasserfüllt. An alle Ernährungsberater da draußen: Ich mag Kohl und Spinat und ich liebe Rote Bete und dies ist nur meine persönliche Meinung, aber scheiß auf Brokkoli. Oder überbackt ihn wenigstens mit Käse.

Wenig angetan zeigte sich auch der kürzlich zurückgetretene George Hincapie. In meiner Einführung teilte ich gegen Dopingsünder und deren Enthüllungsbücher aus, was George glauben ließ, der Kommentar richte sich gegen sein von einem Ghostwriter verfasstes Scheißbuch, das etwa zur gleichen Zeit erschien. Er rief Tom Danielson an, um sich zu erkundigen, was mein Problem sei, und ich ließ ausrichten, dass meine Einleitung sich vielmehr auf Tyler Hamiltons von einem Ghostwriter verfasstes Scheißbuch beziehe und ich nicht einmal gewusst habe, dass auch George eins in der Mache hatte. Es amüsierte mich aber, dass er sich angegriffen fühlte. Wen interessiert denn schon, was ich zu sagen hatte?

Ich war mit einem Doper befreundet, hatte aber nie mit George zu tun gehabt, also konnte ich Lance Armstrongs früheren Handlanger weiterhin verachten, der seine ganze Karriere dem Umstand verdankte, zur richtigen Zeit am richtigen Ort gewesen zu sein – wie Forrest Gump, aber ohne moralische Richtschnur (und vielleicht nicht ganz so helle). Ich hörte, dass George 40 Millionen Dollar wert sei, aber ein Buch namens *The Loyal Lieutenant* mit einem von Lance Armstrong verfassten Vorwort kam ein paar Jahre zu spät, um irgendjemanden zu blenden, somit waren die Rezensionen vernichtend und mein Buch (mit einem Bruchteil des Marketing-Budgets ausgestattet) verkaufte sich besser als seins. Du kannst mich auf dem Rad schlagen, Georgie, aber überlass das Bücherschreiben lieber den Jungs mit dem Abschluss in Anglistik.

Ich war mit mehreren Fahrern des Continental-Teams befreundet, das von Hincapies Klamottenfirma gesponsert wurde, und es machte mir Freude, seine Unsicherheit zu beobachten, ob er mich mögen sollte oder nicht. Über Monate erhielt ich Benachrichtigungen, dass George mir nun auf Twitter folgte, was im Umkehrschluss bedeutete, dass er in der Zwischenzeit wohl immer mal wieder so genervt von mir war, dass er auf »Entfolgen« geklickt hatte. Als mir zum vierten Mal mitgeteilt wurde, dass George mir jetzt folgte, postete ich, nur um ihn zu ärgern, das Bild eines Fahrers mit einem frischen »Clean«-Tattoo.[*]

Das Team schickte uns ein paar Tage vor der Tour of California auf geheime Mission nach Palo Alto, um PR für aktuelle Sponsoren zu machen und potenzielle Geldgeber zu werben.[†] Wenn sie über die Tage vor einem großen Rennen berichten, verwenden die Medien oft das Klischee von der »Ruhe vor dem Sturm«, aber in der WorldTour sind diese Tage der eigentlich turbulente Part. Das In-die-Pedale-Treten trainieren wir ja, der Sturm waren vielmehr die Medientermine, die jeden Tag von

---

[*] Inzwischen hatte sich eine Handvoll Profis und Amateure das Tattoo stechen lassen – sogar manche, denen ich nie begegnet war. Dadurch fühlte ich mich wie Brad Pitt in *Fight Club* – minus Waschbrettbauch und multipler Persönlichkeitsstörung.
[†] Vaughters twitterte zum Beispiel unentwegt über Nest-Thermostate, aber sie schafften es nie auf unsere Trikots.

acht Uhr in der Frühe bis zum Abendessen dauerten. Eines Nachmittags war ich eingeteilt, in YouTube-Videos für Cervélo mitzuwirken.

»Du bist witzig und wir haben zwei Kameraleute. Was möchtest du machen?«, fragte ihre Marketingbeauftragte.

Ich lebte lange genug in L.A., um zu wissen, dass ich an diesem Nachmittag, mit nur einer Stunde Vorlauf, drei Kurzfilme schrieb, inszenierte und spielte. Sie wurden ganz okay (durchaus witzig, aber trotzdem kein Emmy).

Das Auge des Sturms war ein Ausflug in ein italienisches Restaurant, dessen Betreiber Radsportfan war. Wir freuten uns auf ein tolles Mahl, bis wir herausfanden, dass jemand von der Teamleitung vorab angerufen hatte. Uns stand ein wichtiges Rennen bevor, weshalb der Radsport zwar unser täglich Brot war, trotzdem würde es kein Gluten und keine Milchprodukte geben. Falls Sie mit dem Konzept des »Edging« beim Sex vertraut sind: Ein italienisches Mahl ohne Pasta oder Käse ist das essenstechnische Pendant dazu (falls Sie unter 18 sind, schlagen Sie nicht »Edging« nach).

Wir erreichten schließlich das Rennhotel und ich hatte es nicht mal zu meinem Zimmer geschafft, als ich von der USADA zur Blutprobe gebeten wurde. Ich war mit dem Phlebologen, der für L.A. zuständig war, per Du. Da ich meine Vitamine in Girona gelassen hatte, notierte ich auf dem Formular, auf dem Ergänzungsmittel anzugeben sind: »Keine Pillen, aber jede Menge Kekse von Fremden, sollte das hier positiv ausgehen.«[*]

Nach dem Abendessen eilten wir zur Teamvorstellung der Tour of California. Wir rasten quer durch Sacramento und wurden am California State Capitol abgesetzt, wo ein roter Teppich ausgerollt war. Ich erinnerte mich an die Vorstellung am gleichen Schauplatz ein Jahr zuvor, als ich voller Ehrfurcht zusah, wie Alex Howes dem Bus von Garmin entstieg, den ich mir voller Betreuer und Köche vorstellte, mit Teppichen und Polstern aus dem Fell von Albinotigerwelpen und Einhörnern. Mittlerweile wusste

---

[*] Ging es nicht und ich kann voller Stolz berichten, dass von den vielen hundert Menschen, die die Gelegenheit gehabt hätten, kein einziger versuchte, mich zu vergiften oder mein Leben zu ruinieren.

ich, dass der Bus, den sie in den USA nutzten, in den 1980ern gebaut wurde, inzwischen auseinanderzufallen drohte und außen mit einem 12.000 Dollar teuren Aufkleber aufgehübscht war, doch bei meinem Heimrennen der angesagten Mannschaft anzugehören, verschaffte mir dennoch eine Gänsehaut. Mir blieb über eine Stunde, um dieses Gefühl auszukosten, während ich im Kreise meiner Teamkollegen in hautengen Shorts auf dem Boden hockte – alles nur, um 30 Sekunden lang auf einer Bühne zu stehen und einem Raum voller reicher Säcke zu winken, die vermutlich tausend Dollar für einen Tisch bezahlt hatten.

Drüben in Europa war soeben der Giro d'Italia losgegangen. Ich hatte gehört, dass unser Team geplant hatte, ein spezielles Trainingslager abzuhalten, um sich auf das Mannschaftszeitfahren am ersten Tag vorzubereiten, doch die Fahrer weigerten sich mit der Begründung, schon zu viele Abstecher in die Höhe und zu viele Tage auf der Straße hinter sich zu haben. Ich respektierte ihre Forderung nach Ausgewogenheit, bis Dan Martin nach einem Sturz im Teamzeitfahren nach Hause geschickt wurde und unsere Chancen im Gesamtklassement dahin waren, bevor die Rundfahrt richtig begonnen hatte.

Das legte sogar noch mehr Druck auf den Kader für die Tour of California, aber unser Start fiel kaum besser aus, denn Lachlan hatte Probleme mit dem Visum und wurde nicht ins Land gelassen. Howes war im Urlaub, als er den Anruf erhielt, er solle Lachlan ersetzen, aber er brachte einen Magen-Darm-Infekt mit und verbrachte einen Großteil der Nacht auf der luxuriösen Toilette des luxuriösen DoubleTree. Und jetzt raten Sie mal, wer mit ihm das Hotelzimmer teilte?

Die erste Etappe war heiß und fast 200 Kilometer lang, so dass das Feld es gemächlich angehen ließ. Ein paar Continental-Fahrer witzelten schon, sie hätten gehört, die WorldTour-Teams würden das Rennen angeblich schwerer machen. Ich erinnerte mich, vor gar nicht langer Zeit einer dieser Jungs gewesen zu sein, aber UCI-Rennen sind nicht durchgängig schwerer. An manchen Tagen geht es locker, locker, locker zu, bevor es – das Stadium »schwer« überspringend – direkt zu unerträglich übergeht.

In der Schlussphase wurde das Feld in Seitenwind-Passagen gesprengt und unsere gesamte Mannschaft verpasste die erste Gruppe, doch mit Hilfe von ein wenig Rückenwind brachte ich Rohan Dennis zurück nach vorn, so dass wir zum Schluss noch ganz gut dabei waren – bis auf Howes, der so blass war, dass ich ihm sagte, er solle besser nach Hause fahren.
»Wird schon werden«, sagte er immer wieder.

Vaughters gab mir nach der Etappe einen Klaps auf den Rücken und sagte, ich wäre an diesem Tag der Einzige gewesen, der seinen Job gemacht hätte. Und die Continental-Fahrer, die geschert hatten, es wäre zu leicht? Sie kamen mit dem Gruppetto ins Ziel und fragten sich vermutlich, was zum Geier da passiert war. Ich erinnerte mich, auch einer dieser Jungs gewesen zu sein.

Am Hotel gab mir einer der Mechaniker ein Rennrad mit Aerolenker und fragte, wie es sich anfühle. Als ich eine Runde auf dem Parkplatz drehte, war der Sattel zu niedrig und meine Knie touchierten mit jedem Tritt den Lenker, aber dieser Mechaniker hatte sich mir gegenüber schon immer wie ein Penner benommen, also versuchte ich, das Gespräch kurz zu halten.

»Na ja, ist schon okay. Wofür ist es denn? Ein Ersatzrad für das Zeitfahren morgen?«

»Freut mich, dass du es okay findest. Dein Zeitfahrrad ist auf dem Flug zu Schrott gegangen und wir haben keinen Ersatz, darum musst du dich damit begnügen«, sagte er und zündete sich im Davongehen eine Zigarette an.[*]

Ich hatte in den letzten zwei Wochen 30 Stunden auf dem Rad verbracht, um mich auf diese Etappe vorzubereiten – und jetzt hatte mir Southwest Airlines einen Strich durch die Rechnung gemacht.

Bradley Wiggins war anscheinend mit United geflogen, denn sein Rad funktionierte einwandfrei, als er das Zeitfahren gewann. Mir war Wiggins im Feld aufgefallen, mit Beinen wie Hubkolben und regungslosem

---

[*] Der Kerl geriet mit jedem aneinander und ich hörte, dass man ihn bei der Tour de France 2015 schließlich am Straßenrand stehen ließ, nachdem er Charly gegenüber einmal zu oft das Maul aufgemacht hatte.

Oberkörper, und man sah, dass er die Tour of California seriös anging, denn das Team Sky – bekannt für die unerschöpflichen Mittel, wenn sie einen Sieg brauchten – hatte eine Unmenge Personal mitgebracht. Als ich an ihrem Bus vorbeiging, luden zwei Männer Wäsche in ein und dieselbe Waschmaschine, während ein dritter hinter ihnen stand und nur zusah. Ich schätze, er maximierte die Waschmitteleffizienz und kalkulierte den Rollwiderstand der Wäschesäcke. Marginal Gains.

Trotz aller Detailgenauigkeit war die verdammte Startnummer ein Aspekt, der bei Sky ebenfalls stiefmütterlich behandelt wurde. Ich erkundigte mich bei Ian Boswell, ihrem Alibi-Amerikaner, der bestätigte, dass auch beim Team Sky die Fahrer – die sich wegen der Aerodynamik die Beine rasieren – gehalten sind, ihre im Windkanal getesteten Skinsuits zu nehmen und dann mit Sicherheitsnadeln ihre Startnummern zu befestigen, die dann den ganzen Tag im Wind flattern.

»Wiggins und Froome stecken sich ihre Nummern also selber an?«

»Ja. Schon komisch, oder?«

Man stelle sich vor, man würde Shaquille O'Neil ein blankes Trikot und ein Päckchen Stecknadeln reichen.[*]

Ich platzierte mich im Zeitfahren irgendwo zwischen 40 und 60 (man sieht nicht so genau hin, wenn man zwischen Platz 40 und 60 landet, noch googelt man es, wenn man ein Buch schreibt), was auf einem normalen Rennrad ziemlich gut war. Hätte ich meine Zeitfahrmaschine gehabt, wäre ich um Platz 16 herum gelandet und dann hätte ich eine Ausrede gefunden, um mir einzureden, dass ich eigentlich in die Top Ten hätte fahren können.

Rohan wurde Zweiter – sein fünftes Podium in diesem Jahr ohne einen Sieg, so dass sein Schandmaul in der gleichen Weltklasseform war wie seine Beine, als er zum Bus kam. Ich befand zum Beispiel, der Reis wäre ein wenig zerkocht, aber nach Dafürhalten meines australischen Kollegen war er »trockener als eine Nonnenfotze«.

---

[*] Ian verriet mir aber auch, dass er bisweilen monatelang seine Wäsche nicht selbst waschen musste, was die Sache mit den Nadeln fast wieder wettmacht.

Am Abend wettete Rohan mit Caleb Fairly um 1.000 Dollar, dass er es 24 Stunden aushalten würde, ohne zu fluchen. Wir gingen davon aus, dass Caleb der sichere Sieger wäre, aber als Rohan es bis zum Frühstück schaffte, wurde Caleb langsam nervös, denn Profiradsport ist der falsche Ort für vierstellige Wetteinsätze. Schließlich, im Wagen auf dem Weg zum Start, sagte Rohan, was wir alle sagen, wenn wir im kalifornischen Verkehr festsitzen, und als ihm klar wurde, dass er verloren hatte, brachen alle Dämme und es ergoss sich eine hässliche Sturzflut aufgestauter Obszönitäten. Ich lachte Tränen.

Ich kümmerte mich im Rennen um Rohan und brachte ihm alle paar Minuten Trinkflaschen, mit Eis gefüllte Socken und Essen. Auf der Etappe zum Mount Diablo herrschte Seitenwind, also fuhr ich neben ihm, so dass ich voll im Wind stand, er aber Körner sparte für den letzten Anstieg. Angesichts seiner kräftigen Statur und eines dezenten Bauchansatzes war Rohan eher für seine Zeitfahrqualitäten als für seine Kletterkünste bekannt, aber während sich die anderen am Diablo gegenseitig attackierten, hob er sich seine Kräfte bis 200 Meter vor dem Ziel auf, wo er antrat, den Etappensieg holte und sogar ein paar Sekunden auf Wiggins gutmachte, so dass er im Kampf ums Gesamtklassement in Schlagdistanz war.

»Vielleicht waren meine Beine besser, weil ich wieder fluchen durfte«, überlegte Rohan.

»Alle dachten, Wiggins habe leichtes Spiel, aber jetzt haben wir dank deines Schandmauls ein richtiges Rennen«, sagte ich.

»Tja, war mir ein verficktes Vergnügen.«

Zum Abendessen gab es Grits, was mich als Kind der Südstaaten sehr glücklich machte, ebenso wie Ben King, der die Geschichte von einem Freund erzählte, der eine Kellnerin fragte, was Grits sind.

»Tja, lasses mich ma' so sagen, Liebchen«, sagte die Kellnerin. »Is' wie Oatmeal, nur eben Grits.« Falls Sie das nicht urkomisch finden, müssen Sie es sich von Ben im Südstaaten-Akzent erzählen lassen.

Howes berichtete dem Arzt, dass sein Stuhlgang allmählich besser wurde, trotzdem klang es wie der 4. Juli, als er an diesem Abend aufs Klo ging. Er wollte nicht mal einen Keks zur Aufmunterung haben, was ein

Jammer war, denn die Sache mit den Keksen hatte sich schneeballartig entwickelt, seit ich in der WorldTour fuhr*, und ich bekam jeden Tag mehr Leckereien von Fans (Ted King ging es genauso mit Ahornsirup). Manche Leute backten selbst oder gaben ihr sauer verdientes Geld aus, um in ihrem Lieblingscafé einen Geschenkkorb zu füllen, andere wiederum tauchten mit einer lumpigen Tüte Chips Ahoy auf. Ich bedankte mich bei den Chips-Ahoy-Typen, posierte für Fotos mit ihren Kindern und machte später Witze darüber.

»Wie können die es wagen, mir einen abgepackten Cookie anzudrehen!«, spöttelte ich wie eine verwöhnte Prinzessin.

»Wissen die denn nicht, wer du bist?«, lachte einer der Soigneurs. »Hey! Kannst du nicht mal twittern, ob uns einer Ingwerkekse backt?«

Und wie von Zauberhand tauchten am nächsten Tag Ingwerkekse auf. Dafür, dass ich die Belegschaft gut im Futter hielt, bekam ich an manchen Abenden als Erster die Massage, und ich bemerkte, dass ein Mechaniker mein Ersatzrad ganz außen auf dem Dachgepäckträger montiert hatte (ein Platz, der normalerweise für den Kapitän reserviert ist, da das Rad im Notfall leichter zu erreichen ist).

Howes überstand endlich seine Magen-Darm-Grippe, gleich nachdem ich mich angesteckt hatte. Nachts wachte ich jede Stunde mit Kopfschmerzen und Herzrasen auf, morgens konnte ich nach dem Frühstück nicht kacken. Das klingt nach keiner großen Sache, aber das Kacken vor dem Start ist für Radprofis eine ernste Angelegenheit. Wir beginnen exakt dreieinhalb Stunden vor dem Start mit dem Essen, denn so lange dauert es, eine Schüssel Haferbrei zu verdauen. Im Bus zogen sich die Jungs schon halb um und daran, ob der Reißverschluss am Trikot hochgezogen war, konnte man erkennen, ob jemand gekackt hatte oder nicht.

Ich kam zum Radrennsport, als ich zu Hause auszog und aufs College ging, und da mein Dad versucht hatte, mich davon abzubrin-

---

* Einmal wurde ich erkannt, als ich in einem Café statt eines Kekses einen Brownie aß, und der Typ wurde stinksauer, als wäre ich Bob Dylan, der zur E-Gitarre greift.

gen, legte ich keinen großen Werte darauf, dass meine Eltern zu Rennen kämen. Jetzt, da ich in der WorldTour fuhr, begriffen sie, wie wichtig mir die Sache war, also buchten sie Flugtickets, um als Zuschauer dabei zu sein.

Als meine Eltern eintrafen, hatte ich seit Tagen keinen Stuhlgang mehr gehabt und alles, was ich aß, kam wieder hoch. Ich quälte mich durch ein paar Etappen, aber als ich auch noch Fieber bekam, wies der Arzt mich an, auszusteigen. Mom und Dad hatten sich bei der Arbeit freigenommen und waren quer durchs Land geflogen, um ihren Sohn auf dem Höhepunkt seiner körperlichen Leistungsfähigkeit zu erleben, doch sie trafen mich leichenblass und unter Verstopfung leidend an und mussten sich meiner annehmen, indem sie als Taxi fungierten und mich zu meiner kümmerlichen Bleibe kutschierten.

Der Arzt hatte gesagt, dass die Einnahme von Abführmitteln zwischen Etappen zu Dehydrierung führen würde, aber nun da ich raus war, ließ ich mich von meinen Eltern an meinem Wagen absetzen und begab mich direkt in die Drogerieabteilung bei Vons. Eine befreundete Krankenschwester hatte mir Magnesiumhydrogencitrat empfohlen. Das Zeug wird in diesen winzigen Fläschchen verkauft, wie man sie, allerdings mit Whisky gefüllt, aus dem Flugzeug kennt.

Hinten auf dem Etikett stand: »Portionsgröße: 1 Flasche«, also spülte ich sie kurzerhand auf dem Parkplatz mit ein paar Schluck Traubensaft hinunter.

Vons war nur eine Meile von meiner Wohnung entfernt, aber sobald die Flüssigkeit meinen Magen erreichte, wusste ich, dass es eine Millimeterentscheidung werden würde. Ich missachtete zwei Stoppschilder, parkte am Cahuenga Boulevard und ließ meinen Koffer im Auto, während ich ins Haus stürmte.

Vielleicht kann ich vor der Explosion neu verhandeln, wenn ich im Flur ein paar Geiseln freilasse.

Macht Phil sich in die Hose? Erfahren Sie es auf der nächsten Seite!

* * *

Ich schaffte es mit fast unbefleckter Hose ins Badezimmer und Sie können sich darauf verlassen, dass ich nicht flunkere, denn ich habe ja auch erzählt, wie ich mich in Argentinien bepisst habe. Es war schön, fünf Pfund leichter zu sein und in dieser Nacht im eigenen Bett zu schlafen, aber angesichts eines weiteren DNF fing ich an, mir wegen meines Einjahresvertrags Sorgen zu machen, daher leistete ich am letzten Tag der Tour of California auf die einzige Weise meinen Beitrag, die mir möglich war: Ich brachte einen Cookie Cake ins Rennhotel. Sie würden doch niemanden feuern, der einen Cookie Cake bringt, oder?

Ein Kumpel bastelte aus Schaumstoff ein übergroßes Modell meiner Visage, das Nate Brown mit aufs Podium nahm, als das Team den Preis für den Sieg in der Mannschaftswertung erhielt. Wie es heißt, hat mein Gesicht auch an der anschließenden Party teilgenommen, bevor es seinen Weg zu mir zurückfand und schließlich im Keller meiner Eltern zur Ruhe kam (Symbolismus: ich ende im Keller meiner Eltern). Sie hatten geplant, ein paar Extratage in Los Angeles zu bleiben, reisten dann aber frühzeitig ab, weil Dad sich nicht wohl fühlte. Wie sich herausstellte, war sein Krebs zurückgekehrt, aber nach einem schnellen Eingriff versicherten die Ärzte, alles entfernt zu haben.

Ich fragte meinen Ernährungsberater, ob er vielleicht irgendeine Idee habe, wie ich weitere Magenprobleme in Zukunft vermeiden könnte. Da an Gemüse schwer ranzukommen ist, wenn man unterwegs ist, empfahl er Chlorophyll-Pillen, die meine Kacke grün werden ließen, aber mein Stuhlgang lief fortan wie eine deutsche Eisenbahn (riesig und laut, aber auch beinahe fahrplanmäßig).

KAPITEL 25

Wieder fanden eine Woche später die US-Meisterschaften statt, diesmal in Chattanooga. Ich hatte ein Auge auf das Einzelzeitfahren geworfen, aber als die Teamleitung sah, dass Taylor Phinney gemeldet hatte, war ihnen der Versuch, ihn zu schlagen, nicht mal die Kosten für ein Hotelzimmer wert. Taylor war der Sohn von zwei Weltklasse-Radsportlern, hatte gerade erst für das Team BMC eine Etappe der Tour of California gewonnen und galt als das größte Talent im amerikanischen Männerradsport: als unsere einzige Hoffnung auf einen baldigen Sieg bei Paris–Roubaix oder den Olympischen Spielen.

Nachdem ich im Vorjahr mit Bissell nur knapp an einem Sieg vorbeigeschrammt war, hätte ich vorbringen können, dass ich es verdient hatte, im Straßenrennen als einer der Kapitäne des Teams an den Start zu gehen, aber ich hielt den Mund, als es hieß, dass wir für Tom und Alex arbeiten würden. Ben King sprang in die Fluchtgruppe, die sich frühzeitig bildete, dann nahm das Feld das Tempo raus und man begann zu plaudern. Es war das erste Mal in diesem Jahr, dass ich mit den ganzen Continental-Teams im Peloton saß, ich war daher überrascht, als ein paar von ihnen mir einen Klaps auf den Rücken gaben und mir gratulierten, den Sprung nach Europa geschafft zu haben. Einige der jüngeren Fahrer sagten außerdem, wie sehr ihnen mein Buch gefallen habe. Mir war nie in den Sinn gekommen, dass sie, so wie ich damals zu Ted King aufgeschaut hatte, mich nun als den Beleg ansahen, dass ihr Traum lohnenswert und erreichbar wäre. Sie konnten nicht wissen, dass ich ein paar der schwersten Monate meiner Karriere hinter mir hatte.

Ich wusste den Zuspruch zu schätzen, aber während diese Jungs zu mir aufschauten, konnte ich nicht anders, als auf sie herabzublicken. Viele von ihnen hatten schlichtweg keine Chance – sie würden niemals gut genug sein, um ein großes Rennen zu gewinnen. Ich erinnerte mich an einen älteren Fahrer, der aus dem Krankenhaus ein Selfie gepostet hatte, mit gezwungenem Lächeln und einem Arm in der Schlinge. Dieses Rennen war sein großes Comeback und nun setzte er wieder die Ellenbogen ein, kämpfte um Positionen, ging Risiken ein, brachte Opfer. *Aber wofür?*

Einem Traum zu folgen, ist eine einseitige Affäre: Man muss es lieben und alles dafür geben, ansonsten wird es nicht klappen, aber man kann im Gegenzug keine Loyalität erwarten. Manche Jungs schätzen die Ergebnisse realistisch ein und erfreuen sich einfach an der Entwicklung, die sie nehmen, andere hingegen waren vom großen Traum schon vor langer Zeit sitzengelassen worden und liefen ihm immer noch hinterher – oder sie liefen vielleicht vor etwas anderem davon. Ich hatte Freunde, die so lange dabei waren, dass sie nichts anderes kannten, als zu versuchen, sich in ihrer eigenen kleinen Welt über Wasser zu halten, und sie waren gut darin geworden: Sie schlugen sich mit Nebenjobs und Quartieren in Gastfamilien durch, lebten aus dem Auto heraus, genau wie ich es getan hätte, hätte ich nicht mit zwei Sekunden Vorsprung das Redlands Classic gewonnen und unfreiwillig Tom Danielson kennengelernt. Wenn du dich im Wald verirrst, bist du irgendwann hungrig, also bringst du dir das Jagen bei. Und dann richtest du dir vielleicht einen Unterschlupf ein, wenn dir kalt wird. Das alles erscheint vernünftig, aber nach und nach wird der Wald dein Zuhause und du vergisst, dass du versucht hattest, einen Weg herauszufinden.

Wir hatten nur Ben King gegen elf andere Fahrer in der Spitzengruppe, daher bauten kleinere Teams darauf, dass Garmin-Sharp die Verfolgung organisierte. Da 80 Mann gegen uns arbeiteten, ließ unser Sportlicher Leiter uns in den flachen Passagen langsam fahren und nur an den Anstiegen, wo Windschatten keine so große Rolle spielte und wir das Feld ärgern konnten, das Tempo anziehen. Mein Freund Mike Creed leitete ein

Continental-Team namens SmartStop und dachte sich einen Namen für diese Strategie aus: Er sagte, wir würden einen »auf dicke Eier machen«.

Meine Eier zeigten bei der ersten Überquerung des Lookout Mountain vollen Einsatz, ich war daher überrascht, dass am Gipfel auch Taylor Phinney noch dabei war. Wie ich hörte, fühlte Taylor sich so stark, dass er ein paar Jungs Geld dafür geboten hatte, ihn im Finale zu unterstützen. Solche Kungeleien sind gegen die Regeln, aber dennoch recht verbreitet und Taylor konnte dabei nur gewinnen, denn wahrscheinlich hatte er sich vertraglich einen Bonus für den Gewinn des Landesmeistertitels zusichern lassen. Es wurmte mich, dass er mir kein Geld geboten hatte, aber andererseits hätte ich das vielleicht in irgendeinem Buch ausgeplaudert.

Taylor attackierte in der Abfahrt, auf der es jede Menge weitläufige Kurven gab, aber wenn man sie ein- oder zweimal gefahren war, wusste man, dass man alle in vollem Tempo nehmen konnte, bis auf eine, vor der man tunlichst bremsen sollte (und die am Morgen im Frauenrennen ein Schlüsselbein gefordert hatte). Ich lag ein paar Fahrer hinter Taylor und konnte sehen, dass er nicht wusste, welches die fragliche Kurve war, und anstelle eines weichen, schützenden Heuballens befand sich dort ein Motorrad. Der Pilot des Führungsmotorrads hatte die Kurve falsch eingeschätzt und musste bremsen, so dass Taylor in die Leitplanke rauschte. Ein anderer Fahrer stürzte und blieb bei ihm, während wir anderen vorbeifuhren und versuchten, nicht auf sein schmerzverzerrtes Gesicht und sein zerschmettertes Knie zu schauen. The Show must go on.

Bei der zweiten und dritten Passage jagte ich den Lookout Mountain ebenso schnell hinauf, die Ausreißer waren somit noch in Reichweite und ich wusste, dass ich noch Kraft für eine finale Anstrengung hatte, als wir uns dem Anstieg zum letzten Mal näherten. Ich saß neben Jesse Anthony im Feld, vor uns Titelverteidiger Freddie Rodriguez.

»Siehst du den Typen da, Jesse?«, sagte ich so laut, dass auch Freddie mich hören konnte. »Ich werde ihm gleich den Rest geben, sofern er sich nicht wieder an einem beschissenen Auto festhält. Ist das nicht total cool, dass ich entscheide, wann er nach Hause fährt?«

Jesse lachte und ich machte im Anstieg einen auf dicke Eier, bis nur noch fünf Fahrer übrig waren. Howes attackierte und ich wartete auf Freddie, so dass ich ihn im Auge behalten konnte. Er drängte mich gegen den Bordstein, als wir wieder die Stadt erreichten, und ich konnte mich gerade so aufrecht halten, während der Rest des Gruppettos ihn zusammenschiss. Ich nehme alles zurück, was ich darüber gesagt habe, auf diese Jungs herabzublicken.

Alex Howes schloss heldenhaft zu den Ausreißern auf, wo drei Fahrer aus der SmartStop-Mannschaft sich gegen Ben King verbündet hatten. SmartStop war zur Tour of California nicht eingeladen worden, was mit Blick auf die Sponsoren-Akquise kein gutes Vorzeichen war, aber die Fahrer waren ausgeruht und setzten alles daran, ein gutes Resultat herauszufahren. Unser Sportlicher Leiter hätte Ben deswegen anweisen sollen, sich auf der ersten Runde nicht an der Führungsarbeit zu beteiligen. Hätte er seine Kräfte gespart, hätte er es mit den dreien vielleicht aufnehmen können, aber wenn du Ben King erzählst, dass es keine gute Idee sei, in einer Ausreißergruppe richtig Dampf zu machen, zeigt er dir seinen Schrank voller Stars-and-Stripes-Trikots, die er mit eben dieser Fahrweise gewonnen hat, angefangen im Juniorenbereich bis hinauf zu den US-Profimeisterschaften, die er sensationell als 21-jähriger Fahrer für ein Continental-Team gewann, womit er sich seinen ersten WorldTour-Vertrag verdiente.

Aber Bens Erfolgssträhne als Ausreißer ging in Chattanooga schließlich zu Ende. Als Alex zur Spitzengruppe aufschloss, stieß er auf einen salzverkrusteten, von Krämpfen heimgesuchten Teamkollegen und musste sich hinter zwei Fahrern von SmartStop mit dem dritten Platz begnügen. Wir waren kaum im Ziel, als eine wütende Mail von Vaughters eintraf, der vor allem dem Sportlichen Leiter die Schuld gab. Auch in diesem Job ist es, genau wie bei uns Fahrern, ein ständiges Kommen und Gehen, und sein Vertrag wurde nach Ablauf der Saison nicht verlängert.

KAPITEL 26

Mein Coach ordnete mir nach Chattanooga eine einwöchige Pause vom Radfahren an, damit ich in alter Frische in die zweite Saisonhälfte gehen würde. Joanna hatte mich begleitet, um sich an ihrer ersten US-Meisterschaft zu versuchen, und wir reisten anschließend direkt von Tennessee nach Jekyll Island, wo ich ein Haus in Strandnähe gebucht hatte. Als wir durch das Marschland von Südgeorgia fuhren, rief ich im Jekyll Island Club Hotel an und bestellte ein Dutzend Fudge Brownie Chip Cookies, um sicherzustellen, dass sie auch frisch wären. Ich war seit fast zehn Jahren nicht mehr dort gewesen und befürchtete ein bisschen, dass ich die Kekse in meiner Erinnerung überhöht hatte und sie ihrem Andenken in der Realität vielleicht nicht standhielten, aber die verdammten Dinger schmeckten genauso, wie sie sollten. Auf Cookies ist Verlass.

Wir saßen zum fünften Mal in vier Tagen im Café, als ich den Anruf eines Reporters des *Wall Street Journal* erhielt, der über mein Buch schreiben wollte. Ich hoffe, mein ehemaliger Professor für Kreatives Schreiben an der Uni Florida hat den wohlwollenden halbseitigen Artikel gesehen, der ein paar Wochen später erschien. Von wegen eins minus.

Unsere nächste Reise führte uns nach New York zur Hochzeit von Joannas Freundin – keine gute Idee, denn andere Gäste, Eltern und Fremde fragten uns alle naselang, warum wir noch nicht Nägel mit Köpfen gemacht hätten, was einen Streit auf dem Rückweg zum Hotel auslöste. Joanna und ich kamen gut miteinander aus, ich war hinreichend erfolgreich und mir entging nicht, dass ich in der Öffentlichkeit des Öfteren von Mädchen angelächelt wurde, so schlecht konnte ich also nicht aussehen. Aber Joanna war nicht bereit, sich auf einen Termin festzulegen, und um ehrlich zu sein: Gottseidank hat sie nicht klein beigegeben, nur um dann später die Scheidung zu verlangen.

Da ich nicht Rad fuhr, ging ich jeden Morgen in den Kraftraum. Das Schöne am Krafttraining ist, dass man rasch messbare Verbesserungen erzielt. Am ersten Tag hatte ich Mühe, bei der Beinpresse 90 Pfund zu drücken, aber 24 Stunden später waren schon 180 Pfund kein Thema mehr. Als ich mich am Morgen nach unserem Streit mit meiner Verlobten und nur wenigen Stunden Schlaf an meine nächste Einheit im Kraftraum machte, konnte ich kaum 135 Pfund bewegen. Ich wusste, dass Stress sich auf die Kraft auswirken kann, aber so anschaulich hatte ich es noch nicht erlebt.

Während ich in Brooklyn Gewichte stemmte, gewann Nairo Quintana den Giro d'Italia. Ich war bei der Tour de San Luis einen Platz hinter ihm gelandet, gemäß der transitiven Logik des Profiradsports folgerte ich daher, dass ich beim Giro unter die ersten zehn fahren könnte.

Die andere Neuigkeit war, dass Rohan Dennis mitten in der Saison zu BMC wechselte. Gerüchten zufolge war es um Taylor Phinneys Knie so schlimm bestellt, dass er möglicherweise nie wieder Rennen fahren könnte, daher wollten sie bei BMC ihren Zeitfahrspezialisten ersetzen, und wenngleich ich mit Rohan immer gut ausgekommen war, hatte ich läuten hören, er hätte sich manchen Teamkollegen und Betreuern gegenüber rüpelhaft benommen. Vaughters hatte somit kein Problem damit, ihn abzugeben.

Im Juni kam mein hektischer Terminplan abrupt zum Stillstand. Nach einem Frühjahr endloser Reiserei und logistischer Herausforderungen mit mehreren Veranstaltungen gleichzeitig, gibt es im Sommer nur eins, was die Sponsoren interessiert: die Tour de France. Für einen Radsportfan ist es leicht, die Tour als nur eins von vielen großen Rennen zu betrachten, aber für die allgemeine Öffentlichkeit ist es das, was für Schwimmen und Turnen die Olympischen Spiele sind: Wettkämpfe gibt es ständig, aber die Welt schaut nur alle vier Jahre zu und die Sponsoren wissen das.

Für den vorläufigen Kader für die Tour waren zunächst 16 Fahrer nominiert worden, die angewiesen wurden, sich ausschließlich auf dieses Rennen vorzubereiten, wohl wissend, dass nur neun in die endgültige Mannschaft berufen würden. So stellte die Teamleitung sicher, dass sie das ganze Jahr über um die Plätze kämpfen würden. Fuhr man einen großen Sieg heraus, war man vermutlich auf der sicheren Seite, aber die Aspiranten wurden einer nach dem anderen gestrichen, wie in einer Reality-TV-Show: Du hast einen schlechten Tag, du legst ein paar Pfund zu, du sagst einem Soigneur, dass dein Knie schmerzt, und irgendwo macht einer einen Strich durch deinen Namen. Der geteilte Google Calendar mit den Rennkadern wurde geschlossen, so dass die Jungs versuchten, einen Blick in die Werkstatt hinten im Service Course zu erhaschen. Falls sie ein Rad mit deinem Namen drauf montierten, hieß das, du warst dabei. Vielleicht.

Die endgültige Entscheidung fiel in zwei Rennen im Juni, bei denen die Fahrer, die sich Hoffnungen machten, sich zu bewähren versuchten, während der Rest von uns auf dem Sofa lag. *Sieh zu, dass du die Tour gewinnst, Talansky,* hatte ich gedacht, als ich mich in Katalonien abstrampelte, ihm seine Zbars zu bringen. Dann gewann er die Dauphiné, ein enorm wichtiges Etappenrennen in Frankreich, was schon mal nicht schlecht war. Du kannst von mir so viele Zbars haben, wie du willst, solange du solche Rennen gewinnst (und wenn das nicht Belohnung genug ist, machen sie dich außerdem zum designierten Kapitän, wenn sie schließlich den Kader für die Tour verkünden).

Den letzten Platz erhielt Ramūnas anstelle von David Millar. Millar würde Ende des Jahres seine Karriere beenden, es wäre somit seine Abschiedstour gewesen, aber er war nicht gut drauf gewesen, vielleicht zu sehr mit einem Film über Lance Armstrong beschäftigt, an dem er beteiligt war, sowie mit Renovierungsarbeiten an seinem Haus in Girona. Millar machte einen Fehler, der erfolgreichen Sportlern häufig unterläuft (nicht, dass ich aus Erfahrung spräche): Du hast hart gearbeitet, also ist es wichtig, innezuhalten und auszukosten, was du erreicht hast, und das Geld auszugeben, das du verdient hast, aber während du dich im Erfolg einrichtest und dir auf die Schulter klopfst, bildet sich hinter dir eine lange Schlange von Fahrern, die es auf deinen Platz abgesehen haben. Außerdem laborierte Millar an einer Erkältung und man sollte keine Keime zu einer Grand Tour mitschleppen. Mit einem geschwächten Immunsystem reicht eine einzelne Zelle einer einzigen Bakterie, um eine ganze Mannschaft schon in der ersten Woche aus dem Rennen zu nehmen.

Millar teilte per Twitter tagelang gegen Vaughters und Wegelius aus, vermutlich betrunken. Das war amüsant zu beobachten, doch der kleine Eklat wurde von einem lauteren Paukenschlag überschattet, als das Team Sky entschied, für Chris Froome zu arbeiten und den früheren Toursieger Brad Wiggins zu Hause zu lassen. Das war so, als würden sich die Beatles wieder zusammentun und Paul McCartney nicht einladen.

Mein nächstes Rennen war die Österreich-Rundfahrt, die parallel zur Tour de France stattfindet, weswegen sich kein Mensch dafür interessiert, es sei denn, man ist ich und es ist das einzige Rennen im ganzen Sommer, bei dem man am Start steht. Ich absolvierte einen langen Trainingsblock und erzielte als Lohn meines harten Frühjahrs einige der besten Leistungswerte, die ich je gesehen hatte. Auf der letzten Ausfahrt einer 32-Stunden-Woche stellte ich eine neue persönliche Bestzeit am Decker Canyon auf und taumelte zu meinem Auto, wie ich es nach meiner Tour de Phil getan hatte, aber diesmal aß ich keine Packung Dunkers. Motiviert für Österreich gönnte ich mir stattdessen mit Jesse, Stefano und Katie eine ausgewogene Mahlzeit im Natural Café in Westlake Village.

Wenn der endgültige Kader für die Tour bekanntgegeben wird, nutzen die Fahrer, die es nicht geschafft haben, die Gelegenheit, um ein paar Tage Urlaub zu machen. Aber in diesem Jahr, angesichts von Gerüchten über einen unsicheren Arbeitsmarkt, baten manche der Aussortierten die Teamleitung darum, ihre hart erarbeitete Form, wenn schon nicht in Frankreich, wenigstens in Österreich präsentieren zu dürfen, und so erreichte mich eine Mail, in der Wegelius mich darüber informierte, dass mein Startplatz an einen anderen Fahrer vergeben wurde. Ich bettelte und argumentierte und schickte Leistungsdaten, um zu zeigen, wie gut ich vorbereitet war, aber die Entscheidung war gefallen: Ich war raus und würde bis zur Tour of Utah im August kein Rennen mehr bestreiten. Dann erst holte ich mir eine Packung Dunkers.

Ich redete mir ein, dass es halb so schlimm war. Wie mein Dad sagte, scherte sich niemand um ein Radrennen. Ich könnte einfach zu Hause trainieren und neben meiner Verlobten in meinem eigenen Bett schlafen und würde das gleiche Gehalt beziehen, ob sie mich Rennen fahren ließen oder nicht. Aber ich war nicht überzeugt. Ich war im April so froh gewesen, aus Europa nach Hause zu kommen, und dann wollte ich nach wenigen Wochen nichts anderes, als wieder im Regen um das richtige Hinterrad zu kämpfen und in einem miesen europäischen Hotel trockenes Hühnchen zu essen. Nachdem ich mich wochenlang gequält hatte und jeden Abend früh ins Bett gegangen war, quoll mein Wäschekorb über von schmutzigem, schweißstarrendem Karomuster, aber es war alles für die Katz gewesen.

Ganz abgesehen davon: Aus dem Rennkader verdrängt zu werden, ist kein gutes Vorzeichen, wenn man sich fürs nächste Jahr eine Gehaltserhöhung oder überhaupt einen neuen Vertrag erhofft. Mir waren Gerüchte über eine Fusion von Garmin-Sharp und dem Team Cannondale zu Ohren gekommen, was hieße, dass Jobs gestrichen würden, aber mein Berater Andrew McQuaid versicherte mir, dass sie nur nicht tausend Dollar für ein Flugticket ausgeben wollten, und ich solle keine falschen Rückschlüsse ziehen.

Als Rennfahrer fühlt man sich wie ein eingesperrtes Tier, wenn man den ganzen Sommer zu Hause hockt und keine Rennen bestreiten kann. So sauer, wie ich auf mein Team war, überraschte es mich, dass ich im betreffenden Zeitraum das Interesse aufbrachte und auf meinem Computer so viel von der Tour de France schaute, wie es ging. Ich war enttäuscht, als Talansky stürzte und am achten Tag ausstieg, aber Ramūnas holte für uns mit einem beherzten Etappensieg die Kastanien aus dem Feuer, gefolgt von einem Podiumsplatz in Paris am Schlusstag. Die Fans waren überrascht über seine Sprintergebnisse, aber ich nicht. Ich erinnerte mich an eine Episode im Trainingslager, als Ramūnas sich auf einer langen, flachen Passage auf dem Highway ein paar Sekunden vor die Gruppe setzte. Als er sein Intervall beendete, beschlossen die Sportlichen Leiter, ihm einen Streich zu spielen: Sie nahmen den Rest der Mannschaft in den Windschatten des Teamwagens, so dass wir an Ramūnas vorbeifliegen würden und er uns einholen müsste. Er hätte erschöpft sein müssen von der Anstrengung, aber als er uns kommen sah, schaltete der groß gewachsene Litauer hoch, ging aus dem Sattel und mit zwei, drei Pedaltritten hatte er von 15 auf 50 km/h beschleunigt und war sicher zurück in der Meute.

»Fast hättet ihr mich erwischt!«, lachte er.

Er strengte sich nicht mal groß an, aber das war der eindrucksvollste Sprint, den ich je gesehen hatte.

Teamkollegen, die sich ein Zimmer mit Ramūnas geteilt hatten, können bestätigen, dass er zwölf Stunden am Stück schlafen kann, wenn man ihn lässt, und Sie kennen das sicher, wie man vor dem Auschecken aus dem Hotel noch mal kurz in die Hocke geht, um unter das Bett zu spähen, ob man auch nichts vergessen hat. Ramūnas hebt einfach mit einer Hand den ganzen Rahmen samt Matratze an und schaut nach. Auch auf dem Rad hat der Kerl ein paar beeindruckende Sachen drauf.

KAPITEL 27

Meine Beine wollten Rennen fahren, doch meine nächste Reise führte mich nach Vermont zur Radhändlermesse von Cervélo. Ich war als einziger Fahrer vor Ort, trotzdem schickte mir das Management strikte Anweisungen bezüglich Garderobe und Tagesablauf:

TEAM-FREIZEITBEKLEIDUNG:
- Team-T-Shirt
- Aufwärmhose
- Team-Basecap – mit dem Schirm nach vorne zu tragen, nicht nach hinten[*]
- New Balance Team-Sneakers
- Castelli-Socken
- Garmin-Uhr

Frühstück: 8:00 Uhr
Tour mit Händlern: 9:30 Uhr
Kacken: 10:45 Uhr
Notizen für ein Buch machen, in denen du dich über Zeitplan und Bekleidungsvorschriften beklagst: ebenfalls 10:45 Uhr
Mittagessen und »Meet and Greet«: 13:00 Uhr
usw.

---

[*] Auch bekannt als »Danielson-Regel«. Schirm nach hinten war sein Ding.

Ich war ein bisschen verlegen, der »Alibi-Profi« in einem Raum voller Fahrradladenbesitzer zu sein, ein ähnliches Gefühl wie einige Zeit zuvor bei der Hochzeit in New York, nur dass ich diesmal statt nach meinem Hochzeitstermin gefragt wurde, warum ich in Vermont sei und nicht bei einem Rennen. *Keine Ahnung. Schätze, ich bin nicht gut genug.*

Meine Aufgabe war, die Gruppe auf Touren durchs ländliche New England zu begleiten und zu demonstrieren, wie toll die Produkte von Cervélo waren. Die ganze Idee war albern, denn hochwertige Räder sind alle mehr oder weniger super. Die Leute fragen mich ständig, welches die beste Marke wäre, was ungefähr so ist, als würden sie mich fragen, wer hübscher sei, Angelina Jolie oder Scarlett Johansson: Sie kriegen beide eine zehn, es kommt halt auf den Charakter und persönliche Vorlieben an.[*]

Profis brauchen Wochen, um sich an einen neuen Rahmen zu gewöhnen: Wo ist er bocksteif? Wo flext er? Wie genau verhält er sich in den Kurven? Ich versuchte daher nicht zu lachen, als jeder einzelne Händler aus der Gruppe sich nacheinander aufmachte, um das neueste Cervélo-Modell eigenhändig zu »testen«. Sie sprinteten schnaufend und keuchend einen Hügel hinauf, dann rollten sie wieder zurück und sagten: »Joah, das ist ein ziemlich gutes Rad!« Ramūnas hatte soeben eine Tour-Etappe auf genau diesem Rad gewonnen, aber der moppelige 45-jährige Ladeninhaber musste sich selbst überzeugen, dass es kein Schrott war.

Ich knüpfte Kontakte und machte meine Sache gut, aus Sicht der Sponsoren hatte der Ausflug nach Vermont vermutlich also mehr gebracht, als wäre ich Fünfter bei der Volta a Catalunya geworden, und ich reiste mit neuer Hoffnung ab, meinen Platz im Team zu behalten, bis sich die Gerüchte über eine Fusion von Garmin-Sharp und Cannondale bestätigten. Cervélo würde sich MTN-Qhubeka anschließen, einem neuen Rennstall mit Sitz in Südafrika. Ich bat Cervélo, ein gutes Wort für mich einzulegen.

Laut UCI-Bestimmungen dürfen Teams erst ab dem 1. August mit potenziellen Neuzugängen sprechen, aber das Verbot wird weitgehend miss-

---

[*] Scarlett, falls du das hier liest: Du bist es. 100 Prozent.

achtet, weshalb manche Mannschaften bereits voll sind, bevor sich das Transferfenster öffnet. Ich teilte Vaughters und McQuaid in einer freundlichen E-Mail mit, dass ich gerne bei Garmin-Cannondale bleiben würde, und starrte dann den ganzen Juli einer Antwort harrend auf mein Handy. Wenn ich um zwei Uhr früh pinkeln musste, aktualisierte ich meinen Posteingang, als würde JV mitten in der Nacht zur Vernunft kommen und nicht schlafen können, bis mein Vertrag in trockenen Tüchern wäre, oder als würde McQuaid fieberhafte Verhandlungen mit MTN-Qhubeka führen, um seine zehn Prozent Provision einzustreichen. Nach Wochen ohne eine Antwort musste ich akzeptieren, dass die Rennen im Hochgebirge von Utah und Colorado meine einzigen Chancen wären, mich zu bewähren, also verabschiedete ich mich von Joanna und packte den Wagen voll. Wenn man in großer Höhe fährt, muss man sich akklimatisieren, und dafür gibt es keine Abkürzungen. Okay, manche Leute kennen eine Abkürzung, aber ich begab mich stattdessen nach Big Bear.

Statt mich wieder in der Bude meines Kumpels einzunisten, nahm ich diesmal ein Hotel. Ansonsten aber kletterte ich drei Wochen lang auf den gleichen Straßen und aß abends alleine in den gleichen Restaurants wie ein Jahr zuvor. Eines Nachmittags herrschten am Fuße des Berges 45 Grad Celsius, aber am Gipfel hagelte es und die Straßen von Big Bear City waren überflutet, so dass ich eine Meile von zu Hause entfernt Zuflucht in einem Schnapsladen suchen musste. Ich kaufte einen Kaffee, um mich als zahlender Kunde zu erkennen zu geben, doch der Betreiber warf mich trotzdem hinaus, sich lautstark darüber beschwerend, ich würde seinen Fußboden volltropfen. Ich habe bereits eine vernichtende Kritik bei Yelp hinterlassen, aber falls Sie mal in Big Bear City sind und Schnaps brauchen, gehen Sie lieber zu Safeway.

Es machte keinen großen Spaß, aber es war ein erfolgreicher Ausflug. Ich lebte wie ein Mönch, machte meine Arbeit, aß brav Salat, befolgte das Protokoll fürs Höhentraining, das mir in der Sierra Nevada beigebracht worden war, und stellte erfreut fest, wie meine Leistungswerte stiegen, während mein Gewicht abnahm.

KAPITEL 28

Nach Monaten der Trennung war ich froh, dass meine Teamkollegen sich noch an meinen Namen erinnerten, als ich in Utah zu ihnen stieß. Alex Howes und Ben King hatten von ihrer ersten Tour de France jede Menge zu erzählen (Alex ging auf die Abschluss-Party und wachte am nächsten Morgen auf einem Golfplatz auf). Mir entging nicht, dass ihnen die Tour of Utah nach dem größten Rennen in unserem Sport ziemlich unbedeutend erschien, aber sie bestanden nur noch aus Muskeln und Adern. Beide erfreuten sich jener besonderen Fitness, die sich nach dem härtesten Radrennen der Welt einstellt, und waren bereit, Tom Danielson zur Titelverteidigung zu verhelfen. Auch Tom war seinerseits nicht untätig gewesen, hatte wieder Fleisch gegessen und ein paar Pfund zugelegt. Kurzum: Er war nach einem schweren Frühjahr wieder gesund und gut erholt.

Unser Sportlicher Leiter in Utah war der Spanier Bingen Fernandez. Das ganze Jahr hatten die Sportlichen Leiter mir die leichten Aufgaben gegeben: Flaschen holen, vorne fahren, den Kapitänen helfen – wichtiger Kram, den aber jeder machen kann. Also teilte ich Bingen mit, dass ich in guter Kletterform sei und mehr Verantwortung brauche, um meinen Job zu behalten. Auf der vierten Etappe gab er sie mir.

Die Etappe begann mit dem Anstieg zum Ogden Pass, dann folgte eine schnelle Abfahrt, in der ich genau aufpasste, die Kurven zählte und mir merkte, welche in vollem Tempo genommen werden konnten und in welchen ein leichter Stupser an der Bremse erforderlich war, denn wir würden am Ende der Etappe noch einmal die gleiche Straße passieren und

Bingen sagte, mein Job sei es, Danielson zum Sieg zu lancieren. Ich half mit, die Ausreißer zu kontrollieren, als sich die Strecke unten durchs Tal wand, aber meistens versteckte ich mich im Feld und sparte Kräfte fürs Finale. *Bin ich in der Lage, das zu schaffen?*

Ich war noch nie in einem großen Rennen einen Anstieg ganz vorne an der Spitze des Feldes gefahren, aber zwei Stunden später tat ich genau das und schleppte die Spitzengruppe den Berg hinauf, während Tom mir von hinten Anweisungen gab und mein Tempo regelte, indem er mir sagte, wo ich einen Tritt auslassen und wo ich beschleunigen sollte.

Ich war sofort in der »Zone«. Meine Ohren pochten von der Anstrengung, meine gesamte Existenz bestand nur aus meinem Herzschlag und meiner Atmung, die in meinem Kopf widerhallten. Als ich mich auf halber Strecke umsah, war das Feld bereits in kleine Gruppen zersprengt.

»Schön, Phil!«, sagte eine Stimme, die, wie ich wusste, von unmittelbar hinter mir kam, aber eine Million Meilen entfernt klang. »Du machst das super! Das ist der echte WorldTour-Scheiß!« *Ich schaffe es.*

Einen Kilometer vor dem Gipfel attackierte ein Kolumbianer, aber Tom meinte, ich solle ihn ziehen lassen. Mein Tempo sei perfekt und wir hätten genug Zeit, ihn einzuholen. Als ich mich oben an der Bergwertung umschaute, waren nur noch ein paar der besten Kletterer dabei. *Ich habe es geschafft.*

Mein Job war erledigt, der Rest war nur noch Kür. Auf der Abfahrt legte ich mich tief auf mein Rad, flog durch die Kurven, die ich mir Stunden zuvor eingeprägt hatte, und bereitete allen, die hinter mir waren, eine Höllenangst. Am Ende der Abfahrt angekommen, waren aus unserer Mannschaft nur noch Howes, Danielson und ich dabei. Andy Schleck fuhr zu mir auf, um mich anzuschnauzen.

»Hey! Immer schön sachte in der Abfahrt, ja?«

Als andere Doper gestanden, hatten die Schleck-Brüder es geschafft, unter dem Radar hindurchzuschlüpfen. In der Post-EPO-Ära fuhren sie nur noch hinterher, führten sich aber weiterhin wie Stars auf.

»Geh nach Hause, Andy«, sagte Howes. Alex hatte es sich zur Gewohnheit gemacht, jedes Mal, wenn einer der Schleck-Brüder ihm auf den Sack ging, ihn höflich zu bitten, nach Hause zu gehen, wie einen Freund, der auf einer Party zu tief ins Glas geschaut hat und sich zum Affen macht.

Meinem Powermeter zufolge hätte ich vor 15 Minuten sterben müssen, aber ich bolzte durch das Tal, hielt Tom und Alex in guter Position und sorgte dafür, dass keiner von denen, die ich eben abgehängt hatte, noch einmal herankommen könnte. Ich stellte den Kolumbianer, als wir in die Linkskurve gingen, die den Schlussanstieg einläutete.

»Sieh ihn nicht an, Phil. Fahr einfach an ihm vorbei«, sagte Tom. Beliebte Einschüchterungstaktik schmächtiger Radrennfahrer: niemals Blickkontakt herstellen mit dem Kerl, den du einholst. Einfach vorbeirauschen, als wäre er Luft.

Ich führte die Gruppe noch die ersten paar Minuten den Powder Mountain hinauf, und es waren nur noch sieben Fahrer zusammen, als ich schließlich platzte. Als ich gemächlich Richtung Ziel rollte, schaute ich hinab auf die Serpentinen und lächelte angesichts der Verheerungen, die ich angerichtet hatte, während vereinzelte Fahrer mich überholten, die noch um den 15. Platz kämpften. Das ist der Moment, in dem man Blickkontakt herstellt und dem Konkurrenten vielleicht ein Lächeln schenkt. Vor allem, wenn sein Nachname Schleck ist.

Tom hatte es das ganze Jahr kaum mal unter die ersten zehn geschafft, aber diesmal setzte er sich durch, holte den Tagessieg und übernahm die Führung in der Gesamtwertung. Er sprang vom Podium, um mich mit einer Träne im Auge zu umarmen. Wir waren quitt.

Zweiter auf der Etappe wurde Chris Horner, den ich am Abend zuvor mit einer Tüte von McDonald's durch die Hotellobby hatte stolzieren sehen. Das war seine Masche: mit einer Ausnahmegenehmigung an einem Inhalator nuckeln und hinter verschlossenen Türen wahrscheinlich eine Kortison-Therapie bekommen und dann in der Öffentlichkeit, wo jeder ihn sehen und darüber reden konnte, demonstrativ Müll fressen. Horner hielt das wahrscheinlich für ein cleveres Psychospielchen, mit dem er vorgab, er würde sich nicht mal richtig reinhängen, aber die Wahrheit war, dass wir alle die ganze Woche nur Dreck fraßen, denn die Tour of Utah wurde von Subway gesponsert. Als Amerikaner habe ich schon einige Subway-Sandwiches gegessen, ich weiß also, dass sie nichts taugen, aber ich hatte nie weiter darüber nachgedacht, bis ich Thomas Dekker seinen ersten Bissen probieren sah. Er verzog das Gesicht und dann stellte er eine aufrichtige Frage, die wir uns alle längst hätten stellen sollen:

»Sag mal Phil, bezahlen die Leute echt Geld für so was?«

Auch Thomas aktualisierte alle paar Minuten seinen Posteingang in der Hoffnung, von Vaughters zu hören, aber irgendwann schien er die Motivation verloren zu haben und er schloss sein iPhone an die Buslautsprecher an und rappte »Still D.R.E.« von Dr. Dre und Snoop Dogg mit. Der Song beginnt mit einer Unterhaltung.

Snoop: »Machst diesen Scheiß immer noch, was, Dre?«

Dre: »Oh, na klar!«

»Machst diesen Scheiß immer noch, was?«, fragte Thomas, wenn man ihm im Flur begegnete.

»Oh, na klar, Thomas!«, lautete die korrekte Antwort.

Der junge Amerikaner Lawson Craddock hatte sich Giant-Shimano angeschlossen, einer holländischen Mannschaft, die für ihre Antidoping-Haltung sowie für die billigen Mahlzeiten und Unterkünfte bekannt war, mit denen sie ihre Fahrer abspeiste. Er erzählte, sie hätten im Bus Michael Jacksons »They Don't Care About Us« rauf und runter gespielt.

Weil ich meine Fähigkeiten am Berg nachgewiesen hatte, teilte Bingen andere Fahrer für die schweißtreibende Arbeit im Flachen ein, so dass Alex und ich Ende der Woche noch frisch waren und bereit, auf dem Guardsman Pass Helferdienste zu verrichten, dem schwersten Anstieg der Rundfahrt, wo sich die Spreu vom Weizen trennte. Am Gipfel wäre das Feld auf eine kleine Spitzengruppe dezimiert, aber angesichts einer anschließenden langen Abfahrt und eines längeren Abschnitts unten im Tal, der dem Schlussanstieg nach Snowbird noch vorausging, würde Tom Helfer brauchen, um seine Führung zu behaupten.

BMC brachte drei Fahrer in der ersten Fluchtgruppe des Tages unter. Es war ungewöhnlich für sie, sich so angriffslustig zu präsentieren, aber alle drei lagen im Gesamtklassement weit zurück, weswegen wir uns nicht weiter um sie kümmerten, bis etwa zur Hälfte der Etappe, als Cadel Evans, während alle noch scherzten und Riegel tauschten, das Tempo anzog und davoneilte. Wir reagierten schnell, um den früheren Toursieger wieder einzufangen, aber bald befanden wir uns in einer kniffligen Abfahrt, die Cadel studiert haben musste – oder er war lebensmüde –, denn wir gingen erhebliche Risiken ein und büßten dennoch Zeit auf ihn ein. Ehe wir uns versahen, hatte er zu seinen Teamkollegen in der Ausreißergruppe aufgeschlossen, sie traten sich die Seele aus dem Leib und wir steckten in der Klemme. Von einem milliardenschweren Gönner mit einem Budget von 40 Millionen Dollar im Jahr ausgestattet, machte BMC keine halben Sachen.

Meine Mannschaft leistete vorne mit vier Mann die Führungsarbeit, trotzdem büßten wir im Tal Zeit ein. Ich versuchte, meine Kollegen anzuspornen, als ich Dekker eine Trinkflasche brachte.

»Machst diesen Scheiß immer noch, was, Thomas?«

»Oh, na klar!«, hustete er, denn in großer Höhe kann man nicht lachen.

Unser Plan war, zu schauen, wie weit ich das Tempo am Guardsman Pass hochhalten könnte, und dann würde Alex auf der Abfahrt und im Tal die Führungsarbeit übernehmen. Dies war die Etappe, die er damals mit 19 in heroischer, Hot Dog mampfender Weise gewonnen hatte, aber diesmal hatte er einen schlechten Tag erwischt und verlor den Anschluss, kaum dass der Anstieg begonnen hatte.

»Tut mir echt leid, Phil. Alles deins«, sagte er.

Ich war keineswegs sauer, denn ich sah es als eine Chance, mich für die Mannschaft zu bewähren. Alles, was ich zu tun hatte, war, einem der besten Kletterer der Welt an diesem Berg zwei Minuten abzunehmen. *Schluck.*

Tom erkundigte sich wie eine besorgte Mutter, wie ich mich fühle.

»Na ja, nicht so toll«, gab ich zu. »Aber toll fühlt sich hier eh keiner mehr. Wie fühlst du dich denn? Jetzt sag nicht t...«

»... ich fühl mich toll!«, schnitt er mir das Wort ab.

Ich lachte/hustete und arbeitete mich an die Spitze vor, und die nächsten zwei Stunden dominierte ich die Fernsehschirme, während die

Gruppe hinter mir immer kleiner wurde, wobei Tom mich erneut von hinten anfeuerte. Grandma, ich weiß, dass du dir immer gewünscht hast, mich mal im Fernsehen zu sehen, und es tut mir leid, dass es nicht bei *Jeopardy* war.

Wir verloren etwas Zeit, als Toms Schalthebel auf der Abfahrt den Dienst quittierten, aber bis zum Einstieg in den Schlussanstieg, wo für mich Feierabend war und Tom davonflog, verkürzten wir den Rückstand von vier auf anderthalb Minuten. Die Schalthebel kosteten uns letztlich wohl einen weiteren Etappensieg, aber wir behielten die Führung im Gesamtklassement und ich hatte uns den Tag gerettet.

Meine Freunde jubelten angesichts meiner Vorstellung, überzeugt davon, dass diese Leistung meiner Karriere einen Schub geben und meinen Platz in der WorldTour festigen würde. Konkurrenten klopften mir anerkennend auf den Rücken, beeindruckt davon, wie sehr ich mich seit dem Vorjahr verbessert hatte. Als ich eine Mail von Vaughters bekam, rechnete ich mit einem Vertragsangebot, aber es waren nur zwei lumpige Zeilen, in denen er Zuspruch und Dankbarkeit zum Ausdruck brachte. Beides ist schön, bezahlt aber nicht die Miete.

Dekker stieg vor der Schlussetappe aus. Es war hart, aus direkter Nähe mitzubekommen, wie ihm bewusst wurde, dass er sich aus dem Radsport verabschieden müsste, denn es war offensichtlich, dass zumindest ein Teil von ihm (Beine und Lunge) es noch wollte. Ein anderer Teil von Dekker (Sie können sich denken, welcher) fuhr an diesem Abend mit dem Taxi zum Feiern nach Park City, wo er eine Frau kennenlernte und sich auf den ersten Blick in sie verliebte, um dann irgendwo auf der kilometerlangen Zufahrt ihres Anwesens herauszufinden, dass sie Milliardärin war. Das ist so was wie eine Millionärin, nur mit drei Nullen mehr.

Tom hatte keine Probleme, sein Leadertrikot auf der letzten Etappe zu verteidigen, und mein Gruppetto erreichte auf der letzten Abfahrt nach Park City eine Spitzengeschwindigkeit von 120 km/h. Bei dem Tempo zu stürzen, hätte echt wehgetan, aber es machte auch einen Heidenspaß. Außerdem war ich froh, schneller zum Bus zu kommen, denn ich wusste, dass mich dort Pizza und Bier erwarteten. Wir gaben acht, es mit dem

Feiern nicht allzu sehr zu übertreiben, denn in weniger als einer Woche startete die Tour of Colorado und am nächsten Morgen ging es in aller Früh mit dem Flieger nach Aspen.

KAPITEL 29

Bingen reiste von Utah aus heim, so dass wir ein paar Tage in Snowmass Village, einem wohlhabenden Skiort oberhalb von Aspen, unbeaufsichtigt waren und uns auf Kosten des Teams in schicken Restaurants die Wänste vollschlugen. Garmin-Sharp hatte den Grundsatz, nicht für Alkohol aufzukommen, aber das Essen war gedeckt, also wies einer von uns den Kellner an, zwei Flaschen Wein zu bringen und auf der Rechnung als Pizza zu deklarieren. Das perfekte Verbrechen. Drüben in Spanien waren Chris Horners Pläne nicht so gut aufgegangen. Er war in Utah Zweiter geworden, aber Bluttests im Vorfeld der Vuelta ergaben niedrige Cortisolwerte, also ließ man ihn nicht starten. Es sah so aus, als hätte er mal wieder versucht, die Steroide-auf-TUE-Vorbereitung durchzuziehen, aber er hatte es übertrieben und war außerhalb des zulässigen Bereichs gelandet.

Die Suite in Snowmass Village hatte ein Schlafzimmer mit zwei Einzelbetten und ein weiteres mit Doppelbett. Ich stand in der mannschaftsinternen Hackordnung auf der untersten Stufe, aber Ben King bestand darauf, dass ich das bessere Zimmer bekäme, denn ich bin älter und er ist ein Gentleman. Außerdem hatte ich einen Husten, mit dem sich keiner anstecken wollte.

Wir alle führten tiefgründige Gespräche mit Ben. Er hatte zwar schon zahllose Freundinnen gehabt, legte aber als strenggläubiger Christ Wert darauf, sich seine Jungfräulichkeit für die Ehe zu bewahren. Dekker meinte, er sei geisteskrank, aber aus Sportsicht fand ich es durchaus bewundernswert. Als Ben sich das Sprunggelenk brach, bolzte er Sieben-

Stunden-Schichten auf der Rolle, was, wenn man es recht bedenkt, das Gleiche ist, wie sich für die Ehe aufzusparen. Es erfordert ein unmenschliches Maß an Disziplin und Selbstkontrolle. Gut, außerdem Geisteskrankheit, aber Ben, der es gewohnt war, ein bisschen anders zu sein, machten die Frotzeleien nichts aus.

Wenn er heim nach Virginia fuhr, ging er in Tarnklamotten zum Jagen und Fischen und ich wette, dass seine Hinterwäldlerkumpel sich ihrerseits kaputtlachten über diesen schrägen Vogel mit den rasierten Beinen, der Premium-Mitgliedschaft bei United Airlines und dem Apartment in Lucca.

Wir erlebten eine entspannte Woche der Teambindung und der von ausgiebigen Kaffeepausen unterbrochenen Trainingsfahrten. Ich kam in den Genuss einer täglichen Massage und zum ersten Mal auch der Arbeit von zwei Chiropraktikern des Teams. Bei der Behandlung spürten die beiden mittels Dehnen und kurzer Muskelbalancetests Problemstellen auf. Der eine therapierte sie, indem er einen Laser über eine betroffene Körperpartie hielt, während der andere sanft eine scheinbar beliebige Stelle berührte (zum Beispiel klopfte er auf meine Armbeuge oder Stirn, um einen Oberschenkelmuskel zu behandeln). Dann erklärten sie mich für geheilt, was verwirrend war, aber der menschliche Körper arbeitet auf unergründliche Weise und ich fühlte mich tatsächlich besser. Ich war müde und mir tat alles weh, aber die beiden waren ja Fachmänner, die aufs College gegangen waren und Dinge studiert hatten, die ich nicht aussprechen konnte, und sie versprachen mir, dass alles in Butter sei. Vielleicht war es ein Placebo, aber da ich noch völlig fertig war von der Tour of Utah und in ein paar Tagen das nächste Rennen vor der Brust hatte, sollte es mir recht sein.*

---

* Die Chiropraktiker waren schon seit Jahren beim Team und hatten daher ein paar interessante Geschichten auf Lager, wie zum Beispiel das eine Mal, als der Bus auf dem Weg zu einer Tour-Etappe an der Statue eines Radfahrers vorbeikam, die mit einer ein Meter langen Spritze aus PVC-Rohr verunstaltet war. Sie hielten an und entfernten die Nadel als eine gute Tat, als daher die PR-Managerin abends in den Bus stieg, sah sie die Fahrer eine neuartig dimensionierte Spritze herumreichen und bekam einen Anfall. In den alten Zeiten packten die Jungs gebrauchte Nadeln in Coladosen und warfen sie in den Müll. Ich hätte fragen sollen, wie sie diese Spritze wohl heimlich entsorgt haben.

Angesichts einer enttäuschenden Tour de France und einer sich anbahnenden Fusion standen auch die Sportlichen Leiter Charly Wegelius und Robbie Hunter zusehends unter Druck und bangten um ihre Jobs. Mit dem Spaß war es also vorbei, als sie auftauchten. Ich lief mit einem Fotografen von Castelli im Hotel herum, der ein Bild von mir mit meinem Buch in der einen und einer Tüte Kekse in der anderen Hand inszenierte, als Charly sich ins Bild stellte.

»Phil, du sollst dich ausruhen«, sagte er und ging davon, ohne den Typen mit der Kamera, den er unterbrochen hatte, auch nur zu beachten.

»Hi, Charly«, sagte ich.

»Der Typ geht ja gar nicht«, bemerkte der Fotograf.

»Ich *war* dabei, mich auszuruhen«, sagte ich. »Jetzt bin ich gestresst.«

Von Sportlichen Leitern erwartet man eigentlich, dass sie hereinspazieren und uns bespielen wie ein Musiker sein Instrument. Uns bei Laune zu halten, ist ein Teil ihres Jobs, aber jeder Sportliche Leiter hat seinen eigenen Stil und jeder Fahrer hat seine eigenen Bedürfnisse. Vermutlich funktionierte Charly in seiner aktiven Zeit gut unter Druck, so dass er jedes Mal, wenn wir uns im Flur über den Weg liefen, einen Vorwand fand, mich darauf hinzuweisen, dass ich noch keinen Vertrag für die nächste Saison hätte. Aber hey, in meiner Generation bekommt jeder eine Urkunde und wir sind alle Gewinner. Hätte ich Drohungen gebraucht, um Leistung zu bringen, hätte ich es nie so weit gebracht, und ich hasse es, unter Druck gesetzt zu werden. Ich möchte verhätschelt werden.

Wir trafen das Cannondale-Team eines Nachmittags in einem Café, wo Ivan Basso eine Runde Espresso ausgab. Als ich Teenager war, hatte Basso sich bei der Tour de France heiße Duelle mit Lance Armstrong geliefert, aber inzwischen war er übergewichtig und hatte die besten Tage seit langem hinter sich, denn im Radsport lassen sie dich nicht aufhören, wenn es am schönsten ist. Du bist unterbezahlt, bis du die großen Resultate einfährst, aber dann wirst du für deine vergangenen Leistungen überbezahlt, obwohl du sie nie mehr wiederholen wirst.

Wir wussten alle, dass Ivan für 2015 bei Saxo Bank unterschrieben hatte, aber ich twitterte ein Bild von ihm in seinem Cannondale-Trikot mit dem

Kommentar: »Keine Fusion ist vollkommen, bis Basso mir meinen Kaffee zahlt.« Vaughters schrieb mir umgehend eine SMS und forderte mich auf, es zu löschen, denn die Nachricht war noch nicht publik. Auf meine Anfragen bezüglich eines neuen Vertrags hatte er den ganzen Sommer nicht reagiert, es war also gut zu wissen, dass ich die richtige Telefonnummer hatte.

Ich stand vor der ersten Etappe neben Basso, als die Ansager die Topfahrer vorstellten.

»Der frühere Sieger des Giro d'Italia, für das Team Cannondale startend...«

»... Birillo!«, grölte Ivan, bezugnehmend auf seinen Codenamen im Rahmen der Operación Puerto. Er gab offen zu, dass die sichergestellten Blutbeutel von ihm stammten, dass er auf dem Höhepunkt seiner Karriere gedopt hatte und dass das Beste, was er je erreicht hatte, auf einer einzigen großen Lüge beruhte, aber in einem Feld aus Radprofis erntete er dafür großes Gelächter. Ivan hielt sich später an einem der Anstiege an meinem Trikot fest, ich schätze als Gegenleistung für den Kaffee. Ich ließ ihn ein paar Minuten gewähren, denn als 19-Jähriger hätte ich mich geehrt gefühlt.

Tejay van Garderen ging in Colorado als Favorit an den Start und seine BMC-Mannschaft kontrollierte somit das Rennen. Wir schützten derweil Tom Danielson, unsere beste Chance auf die Gesamtwertung, und Alex Howes, der auf einen Etappensieg aus war. Am Ende des ersten Tages explodierte das Feld in der Anfahrt nach Aspen und Alex machte sich mit seinem Trainingspartner und besten Freund Kiel Reijnen, der für UnitedHealthcare fuhr, auf und davon. Es ist rührend, Freunde gemeinsam ausreißen zu sehen, bis einem klar wird, dass nur einer von beiden gewinnen kann. Alex hatte just an diesem Morgen geprahlt, Kiel im Sprint keine Chance zu lassen, aber er zog den Sprint zu früh an und Kiel holte sich den Sieg.

Kiel war mein Teamkollege bei Jelly Belly gewesen, ich kannte ihn somit seit Jahren und ich kannte niemanden, der auf einen Sieg länger gewartet und ihn sich härter erarbeitet hätte als er (okay, außer mir, aber Kiel kam gleich dahinter). Es kommt selten vor, dass man sich über den Sieg eines Fahrers einer anderen Mannschaft freut, aber alle liebten Kiel.

»Wir freuen uns alle, wenn du gewinnst«, sagte ich ihm mit einer raschen Umarmung im Ziel.

»Danke. Bedeutet mir viel.« Er lächelte.

Im Grunde ist das alles, was von Bedeutung ist. Viele Fahrer gewinnen ein Radrennen und meinen, sie hätten die Welt aus den Angeln gehoben, weil sie an einem Tag der Schnellste waren. Ich glaube, der wahre Gewinner ist der Typ, für den sich alle Unterlegenen mitfreuen, wenn er als Erster über die Linie fährt. (Leider ernten sarkastisch veranlagte Typen mit »Clean«-Tattoos eher gemischte Reaktionen, wenn sie gewinnen.)

Am Abend speisten wir auf einem herrschaftlichen Anwesen in Aspen. Es gehörte dem Besitzer der zahllosen Simon Shopping Malls, die quer über die USA verteilt sind. Er war Fan der Mannschaft und seine Hütte hatte genug Badezimmer, dass wir acht alle gleichzeitig duschen konnten (Dekker nahm die Außendusche am Pool). Angesichts all der schönen Gemälde und Antiquitäten kann ich kaum glauben, dass wir nicht durchsucht wurden, als wir gingen.[*]

Nachdem wir in Aspen knapp das Nachsehen gehabt hatten, war der zweite Tag perfekt zugeschnitten auf einen kleinen Sprinter wie Alex Howes, mit einer längeren Passage auf einer unbefestigten Straße und einem kurzen Anstieg gegen Ende, um die größeren Sprinter abzuhängen. Unser Sportlicher Leiter gab als unsere Mission aus, dafür zu sorgen, dass die Ausreißer gestellt würden, und Alex dann unbeschadet über den flachen Abschnitt zum Schlussanstieg zu bringen, so dass er 500 Meter vor dem Ziel in guter Ausgangsposition wäre.

»Es wird nicht leicht, aber in diesem Abschnitt müssen wir alle dabei haben«, sagte Robbie, während er wie ein General auf die Karte deutete. »Sollten Tom und Alex auf dem letzten Kilometer Attacken kontern müssen, werden wir die Etappe nicht gewinnen.«

---

[*] Ich habe natürlich nichts gestohlen. Ich meine nur, ich hätte es können.

Zur Halbzeit fuhr Ben an der Spitze des Feldes und das Rennen war unter Kontrolle, aber mir fiel auf, dass er immer wieder in den Wald spähte.

»Was ist los, Ben? Wo guckst du hin?«

»Ich möchte einen Elch sehen«, sagte er.

Verdammter Redneck, denkt immer nur ans Jagen. Sich wohl zu fühlen bei 300 Watt, ist das eine, aber sich zu langweilen, ist noch mal was ganz anderes.

Ben musste sich mit einem Fan begnügen, der einen Football-Helm mit Elchgeweih trug. Der Typ tauchte seit Jahren bei jedem größeren Rennen in den Staaten auf, abwechselnd in Trikots, auf denen hinten »Voigt« oder »Horner« stand. Er fuhr raus in die Karpaten und jagte uns zu Fuß einen Anstieg hinterher, seine blöden Helden anfeuernd. Das sind unsere Fans.

Ben gab wieder mehr acht, als das Wetter umschlug, was in großer Höhe schnell passieren kann. Ein plötzlicher Sturm ließ uns am Beginn eines abschüssigen Schotterabschnitts frösteln, der bei trockenen Bedingungen Spaß gemacht hätte, aber im Regen rutschten die Reifen weg, Bremsen versagten ihren Dienst und meine Brille wurde von Matsch bespritzt, so dass ich kaum noch etwas sehen konnte. Ich nahm sie ab und versuchte, bei 70 Sachen die Gläser zu säubern, aber ich musste sie wegwerfen, als ich um eine Kurve fuhr und auf eine Gruppe von Fahrern stieß, die entweder stürzten oder möglicherweise im Schlamm catchten. Das bedeutete, dass mir der Matsch stattdessen ins Gesicht spritzte. Den Rest der Abfahrt bewältigte ich daher weitgehend mit geschlossenen Augen, die ich nur lange genug öffnete, um mir die Straße vor mir einzuprägen.

Ich kam heil durch, aber versuchen Sie bloß nicht, das zu Hause nachzumachen.

Ich machte die Augen auf, als sich die Rennleitung endlich doch noch entschloss, das Rennen aus Sicherheitsgründen zu neutralisieren, aber da Teamfunk in dem Jahr bei kleineren Rennen verboten war, konnten sie ihre Entscheidung nicht übermitteln, bis wir den Asphalt am Ende der

Abfahrt erreicht hatten.* Alle hielten an und unser Mechaniker eilte herbei, um zu schauen, ob wir etwas brauchten. Halb durchgefroren, bedeckt von Matsch, mit pochenden Beinen, fragte ich, ob er eine Radbrille hätte als Ersatz für diejenige, die ich verloren hatte.

»Nö, Kumpel, hab ich nicht. Aber falls es dir hilft, du siehst echt krass aus.«

Ich seufzte. *Ich habe mich in meinem Leben nicht so beschissen gefühlt. Warum sollte es mich einen Dreck interessieren, wie ich aussehe?* Dann schaute ich mich um in der Hoffnung, dass irgendwo ein Fotograf in der Nähe war.

Während die Offiziellen überlegten, was zu tun wäre, planten die Fahrer einen Streik. Wir würden langsam zum Ziel rollen aus Protest gegen ... – tja, keine Ahnung was, aber irgendjemand hatte richtig Mist gebaut, uns erst diese alberne Schotterpiste fahren zu lassen und das Rennen dann fünf Kilometer vor dem Ziel zu neutralisieren. Robbie Hunter kamen die Pläne zu Ohren und er stieg brüllend aus dem Teamauto, dass wir verdammt noch mal nicht auf die Idee kommen sollten, mitzuprotestieren, wenn uns unsere Jobs lieb wären. Robbie hatte erst im Vorjahr seine Karriere beendet, man sollte also meinen, dass er unser Wohlergehen über Resultate und Sponsoreninteressen stellte, aber es war ein gutes Finish für Alex Howes und wir brauchten einen Sieg.

Einer der Ausreißer hatte noch vor uns gelegen, ehe die Rennleitung uns angehalten hatte, so dass er beim Neustart zweieinhalb Minuten Vorsprung bekam. Wir konnten ihn in der Ferne ausmachen, als wir in den Schlussanstieg gingen, er verlor Zeit, war aber noch schrecklich weit weg. Tom begann seine Weste zu öffnen, also fuhr ich zu ihm auf.

»Gib her, ich bringe die für dich zum Auto«, sagte ich.

---

* Teamfunk ist nützlich, um Fahrern zum Beispiel mitzuteilen, wenn ein Krankenwagen kommt oder eine gefährliche Kurve bevorsteht, aber er ermöglicht auch, regelmäßig die Zeitabstände zu den Ausreißern durchzugeben, also wurde kurzerhand eine grundlegende Sicherheitsmaßnahme über Bord geworfen, um »die Rennen interessanter zu gestalten«. Stattdessen wurden die Abstände nun von einem Motorrad durchgegeben. Ein Typ fuhr die große, schwere Maschine an das Feld heran, ein anderer saß hinter ihm, schrieb Zahlen auf eine Tafel und zeigte sie uns. Irgendjemand hatte das ernsthaft für eine sinnvolle Idee gehalten.

Flaschendienst in Colorado.

»Nein! Wir brauchen dich vorne!«, bellte er und schmiss die 140-Dollar-Weste ins Gras neben der Straße.

Ich war acht Jahre lang für Teams gefahren, bei denen ich von Glück sagen konnte, wenn es überhaupt eine Weste gab. Bei Garmin-Sharp bekam jeder von uns im Januar einen ganzen Karton mit Westen, dazu fünf Sorten Handschuhe, zehn Sätze Armlinge, Beinlinge und Knielinge und um die 30 Trikots. Und als würde das nicht reichen, gab es im Bus noch eine Kiste mit Ersatzkram. Ich war empört, dass Tom so verschwenderisch war, aber um mal etwas Neues auszuprobieren, warf ich meine auch weg.*

Es waren noch drei Kilometer zu fahren, aber Jesse Anthony erzählte mir später, dass er fast angehalten und sie aufgehoben hätte, um sie bei Ebay zu verkaufen (Optum war ein Ein-Westen-Team).

Unsere Sportlichen Leiter wollten uns oben auf dem Plateau zwei Kilometer vor dem Ziel alle vorne sehen, aber raten Sie mal, welcher 28-

---

* Als Stefano für Toyota-United fuhr, bekam jeder Fahrer 40 Radbrillen. Bei Bergankünften warfen sie die Dinger aus Jux einfach in die Menge.

jährige WorldTour-Rookie es als Einziger hinbekam, als die Hölle losbrach. Ich brachte Alex perfekt in Position, doch der Ausreißer kam durch und wir mussten uns abermals mit einem ärgerlichen zweiten Platz begnügen.

Ich hatte alles aus mir rausgeholt, so dass meine Beine nichts mehr hergaben, als 500 Meter vor dem Ziel der Teamwagen neben mir auffuhr. Wir führten die Teamwertung an, die mit der Zeit der drei besten Fahrer jeder Etappe berechnet wird, also brüllte Robbie, dass ich, obwohl ich nichts mehr zuzusetzen hatte, nur noch eine beschissene Minute vor mir hätte und noch einmal alles geben müsse. Ich behaupte zwar, verhätschelt werden zu müssen, aber ich hänge mich gewiss noch mehr rein, wenn mich ein Sportlicher Leiter vom Auto aus anbrüllt. Ich sprintete ins Ziel und wurde 18. auf der Etappe – besser, als ich mich für Bissell je in einem großen Rennen platziert hatte – und ich hatte es nicht mal darauf angelegt.

Das Hotel lag nur einen Steinwurf vom Ziel entfernt und jemand gab mir einen Schlüssel mit meiner Zimmernummer darauf (vermutlich war es ein Soigneur, es mochte aber auch ein Engel gewesen sein). Wir sind gehalten, unsere Räder nach jeder Etappe bei den Mechanikern abzugeben, aber ich legte mein 10.000 Dollar teures Cervélo einfach vor dem Hotel auf den Boden und taumelte hinein. In der Dusche setzte ich mich auf den Boden, noch immer voll bekleidet inklusive Schuhe und Helm, und sah zu, wie ein Rinnsal aus Schmutz Richtung Abfluss sickerte. Ich hörte, dass manche Jungs zusammen duschten, weil sie zu durchgefroren waren, um abzuwarten, bis der andere fertig war.

Unsere Köche bereiteten an diesem Abend im Bus das Essen zu und Charly und Robbie beriefen ein Meeting ein.

»Jungs, wir haben ein paar Neuigkeiten. Wir wissen nicht, was es für uns im Einzelnen bedeutet, aber es wird publik gemacht und wir möchten, dass ihr es als Erstes von uns erfahrt.«

»Lass mich raten«, sagte einer. »Es geht um die Fusion, oder? Das schlechtgehütetste Geheimnis im Radsport.«

»Einer von euch ist positiv getestet worden«, sagte Robbie Hunter. Gabeln wurden fallen gelassen und acht Paar Bambiaugen sahen erst

Robbie und dann sich gegenseitig an. Man konnte förmlich spüren, wie im ganzen Raum der Blutdruck anstieg, dann fing er an zu lachen.

»Ha! Nein, es geht nur um die Fusion, Leute! Euch habe ich schön hinters Licht geführt!«

Auf der hügeligen Etappe nach Breckenridge hatten wir dann Ben King und Janier Acevedo in der Ausreißergruppe.

»Ihr Jungs seid sicher ganz happy«, sagte Matt Busche darauf verweisend, dass wir gute Aussichten auf einen Etappensieg hätten.

»Ich war noch nie happy«, sagte ich, einfach nur, weil ich keine Lust hatte, mit ihm zu reden.

Janier wurde Zweiter, während ich am letzten Anstieg ein Tempo anschlug, das Ben Hermans von BMC nicht mitgehen konnte, was mir weiteres anerkennendes Schulterklopfen einbrachte und Tom den zweiten Platz in der Gesamtwertung.

Nachdem ich die ganze Woche in den Bergen geschuftet hatte, glaubte ich, mich im Zeitfahren ein wenig erholen zu können, aber wir hatten weiter Chancen auf die Mannschaftswertung, so dass Charly meinte, ich müsse 110 Prozent geben. In der Hoffnung, mich mit ihm gut zu stellen, wies ich nicht auf die Marginalie hin, dass meine Beine nach vier Tagen vorne im Wind hinüber waren und die Mechaniker mir gerade erst ein neues Zeitfahrrad zusammengeschustert hatten, so dass ich keins mehr angerührt hatte, seitdem Southwest meins vor drei Monaten geschrottet hatte. Und ich wies ganz bestimmt nicht auf die mathematische Abwegigkeit hin, 110 Prozent zu verlangen.

Ich gab 100 Prozent und wurde Zwölfter. Niemand interessiert sich für den zwölften Platz, aber vermutlich war es mein bestes Zeitfahren überhaupt. Jetzt überlegen Sie mal, wie gut ich hätte sein können, hätte ich ein Zeitfahrrad zum Trainieren oder frische Beine gehabt. Nun ja, wenn ich mir die Ergebnisse so anschaue, wäre ich dann wohl ungefähr Siebter geworden, und für den siebten Platz interessiert sich auch keiner. Vergessen Sie's also.

Was das Team interessiert, das ist das Podium, wo Tom Danielson neben Tejay van Garderen stand. Der zweite Platz in der Gesamtwertung war uns vor der Schlussetappe kaum noch zu nehmen, aber BMC zog in der Mannschaftswertung an uns vorbei. Wahrscheinlich hatte ihr Sportlicher Leiter 114 Prozent gefordert.

Am Nachmittag machte ich ein Nickerchen und stellte mir den Wecker für ein Treffen mit Andrew McQuaid. Er reiste an, um Verträge für seine Klienten zu regeln, aber ich bekam nicht viel Zeit eingeräumt. Tatsächlich fand unser Treffen im Hotelflur statt, nachdem er eilig an meine Zimmertür gehämmert hatte, und ich war gerade 45 Sekunden wach, als er mir mitteilte, dass UnitedHealthcare nicht an mir interessiert wäre. Als Team der zweiten Kategorie hätten sie für mich einen Schritt zurück und raus aus der WorldTour bedeutet und ich war besser als jeder ihrer Kletterer, aber ich hatte mich fünf Jahre lang an ihren Manager gewandt, ohne auch nur eine Antwort auf eine meiner Mails zu erhalten. Jemand erzählte mir, dass sie niemanden anstellten, der sich offen gegen Doping aussprach. Ich wünschte, ich würde mir das ausdenken. Ein weiterer möglicher Faktor: Ihr Sportlicher Leiter hatte sich in der Karawane seit jeher wie ein Trottel benommen und vielleicht hatte ich im Laufe der Jahre eine Flasche zu viel in seine Richtung geschleudert und ihn einmal zu oft einen Schwachkopf genannt. Recht hatte ich trotzdem.

McQuaid kannte sämtliche Details zur Fusion: Vaughters würde Eigentümer des Teams bleiben und Kontrolle über den Kader behalten, aber Fahrer mit mehrjährigen Verträgen bei Cannondale hätten die Option, zu bleiben. Andrew sagte, einer davon sei sein Klient Elia Viviani, der zum Team Sky ging. Sobald der Wechsel in trockenen Tüchern sei, würde ein Platz für mich frei werden, aber sicherheitshalber würde Andrew mich dennoch auch bei anderen Teams anbieten, nur für den Fall der Fälle. Quick-Step und Trek hatten mich gut fahren sehen und ich hörte, dass sie Ausschau nach weiteren Amerikanern hielten.

Danach schickte ich eine Nachricht an Vaughters, in der ich ihm sagte, dass es schön zu hören sei, dass weiterhin Platz für mich im Team wäre. Ausnahmsweise antwortete er und teilte mir mit, dass er McQuaid niemals gesagt habe, dass ich Vivianis Platz kriegen würde und ich »auf jeden Fall mit anderen Teams sprechen solle«.

McQuaid antwortete nicht, als ich JVs Nachricht an ihn weiterleitete und ihn einen Lügner nannte; ich war daher froh, an diesem Abend für ein »Meet and Greet« eingeteilt zu sein. Sponsoren-Events sind während einer Rundfahrt meist eine lästige Pflichtübung, aber es würde bedeuten, dass es irgendwo eine offene Bar gäbe. Während meine Kollegen ein richtiges Abendessen zu sich nahmen, taten Dekker und ich uns an Crackern, Käse und Wein gütlich – perfekter Brennstoff fürs Rennen.

Ich hatte nach anderthalb Gläsern Cabernet einen sitzen, aber ich werde nie die Unterhaltung vergessen zwischen Thomas und einem Mann, der neben uns saß, während wir Poster unterschrieben. Er meinte, dass Dekker ein netter Bursche zu sein scheine, daher würde er ihn gerne seiner Nichte vorstellen.

»Sie ist 1,82 Meter groß, Model und du musst dir keine Sorgen machen, dass sie auf dein Geld aus ist«, erklärte er, auf seinem Handy ein Foto aufrufend. »Sie hat einen Treuhänderfonds im Wert von 30 Millionen Dollar.« Thomas lehnte höflich ab.

»Du scheinst ein netter Bursche zu sein?«, flüsterte ich, als er weg war. »Thomas, du weißt, dass ich dich mag, aber du bist einer der übelsten Burschen, die ich kenne!«

»Das stimmt«, lachte Thomas.

»Außerdem saß ich direkt neben dir!«, fuhr ich fort. »Mir bot er keine Nichte mit Treuhänderfonds an oder eine Cousine zweiten Grades mit einem Wohnmobil! Wirke ich etwa nicht wie ein netter Bursche?«

»Davon abgesehen, warum macht er den Zuhälter für seine Familie?«, wunderte sich Thomas. Solche Sachen passierten einem bei Continental-Teams nie.

Ich dachte, der Wein würde helfen, trotzdem hatte ich in der Nacht Probleme mit dem Einschlafen, gestresst wegen meines Jobs. Ich sagte mir wieder und wieder, dass es nur Radsport sei. Wir sind nur ein Haufen Jungs, die herumfliegen und Ressourcen vergeuden[*] und für Horden

---

[*] Bei der Tour of Colorado sah ich eines Morgens, wie ein Soigneur Wasser aus einer Kiste Halbliterflaschen in Flaschen mit Teamlogo umfüllte. Die leeren warf er in den Müll.

schräger Vögel im Kreis herumfahren. Ich könnte locker einen besser bezahlten Job kriegen und die ganzen Trikots und Trophäen, denen wir hinterherjagen, sind sinnlos.

Die letzte Etappe war für Garmin-Sharp von besonderer Bedeutung, denn Start und Ziel waren in Denver, wo das Team gegründet worden war und Vaughters lebte. Vor allem aber wollte Alex Howes unbedingt gewinnen, denn unter den Zuschauern waren zahlreiche Freunde und Verwandte, die Strecke führte an seiner Highschool vorbei und er hatte in dieser Woche bereits zwei zweite Plätze belegt.

Jens Voigt riss früh aus, auf einen Sieg in seinem letzten Rennen vor dem Ruhestand hoffend, und wir machten uns an die Arbeit, einer kühnen Strategie folgend, die Wegelius ausgeheckt hatte: Wir würden Jens einen gewaltigen Vorsprung lassen und ich würde am letzten Anstieg ein hohes Tempo vorlegen und die Sprinter einen nach dem anderen abhängen, bis wir davon ausgehen konnten, dass Alex der schnellste noch verbliebene Fahrer war. Dann würde ich mir auf den flachen Straßen nach Denver die Seele aus dem Leib fahren, um sie nicht wieder rankommen zu lassen. Stundenlang an der Spitze fahrend, ging ich an meine Reserven, platzte und konnte mich mehrmals wieder fangen, rieb mich auf für Alex – und für meinen Job. Vielleicht war ich nicht gut genug, um selbst Resultate einzufahren, aber ich konnte es mit Loyalität wettmachen. An diesem Tag passierte wohl sonst nicht viel, denn anscheinend erzählten die Kommentatoren in einem fort über meinen Einsatzwillen und meine Entschlossenheit.

40 Kilometer vor dem Ziel brachte Tom mir Koffein-Gel und die Sprinter ließen hinter uns abreißen. 20 Kilometer vor dem Ziel begann Voigts Vorsprung zu schmelzen und sein Teamkollege Andy Schleck tauchte neben mir auf.

»Was machst du da?«, fragte er.

»Wie sieht es denn aus?«

»Das ist Jens' letztes Rennen. Ihr werdet ihn doch wohl gewinnen lassen, oder?«

»Nein!«, lachte ich.

»Geh nach Hause, Andy!«, sagte Alex.

Jens kam mir ohnehin nicht wie der Typ vor, der einen Sieg geschenkt haben wollte. Ich klopfte ihm auf die Schulter, als wir ihn einfingen, und acht Kilometer vor dem Ziel war bei mir endgültig der Ofen aus und ich blickte dem Feld hinterher, das in der Ferne verschwand.

Wahrscheinlich war es die beste Leistung meiner Karriere und nun fragte ich mich, ob alles umsonst gewesen sein würde. Ich hatte den ganzen Tag im Vertrauen darauf geschuftet, dass Alex etwas schaffen könnte, was er nie zuvor getan hatte. Was, wenn er nach all der Mühe erneut gegen Kiel unterliegen würde? Ich hatte meinen Job perfekt gemacht, aber das hatten auch die meisten Leute auf der Hindenburg und jetzt entzog es sich meiner Kontrolle.

Auf den letzten Metern streckten mir Fans über den Zaun ihre Hände entgegen, um mich abzuklatschen und mir zu gratulieren.

»Gut gemacht, Garmin!«

»Alex schuldet dir einen Keks, Phil!«

Heilige Scheiße, er hat es geschafft. Ich hätte eigentlich zum Bus rollen und duschen sollen, aber stattdessen bahnte ich mir den Weg zum abgesperrten Podiumsbereich. Als Alex mich kommen sah, sprang er auf seinem Stuhl auf, hob mich mit einer Umarmung in die Luft und gab mir einen satten Kuss auf den Mund. Er weinte und sagte immer wieder: »Danke!« Ich weinte auch. Ich weine auch jetzt wieder, während ich dies schreibe. Niedriger Testosteronspiegel, erinnern Sie sich? Warten Sie, ich brauche eine Pause.

So, ich habe ein paarmal durchgeschnauft. Wo war ich stehengeblieben? Ach ja: Ich hatte mir eingeredet, dass es ja nur Radsport wäre und dass es kein Drama wäre, falls ich meinen Job verlieren würde und aufgeben müsste. Aber falls dem so war, warum bitteschön weinte ich dann und umarmte irgendeinen Typen an der Ziellinie?

Charly legte mir die Hand auf die Schulter, als ich in den Bus schwankte. »Gute Arbeit, Phil. Danke«, sagte er in seinem besonnenen Tonfall.

Auch Vaughters war da. »Das war ein ganz besonderer Ritt, Phil. Du hast da draußen alles für uns gegeben.«

Vertrag. Vertrag. Vertrag. Vertrag.

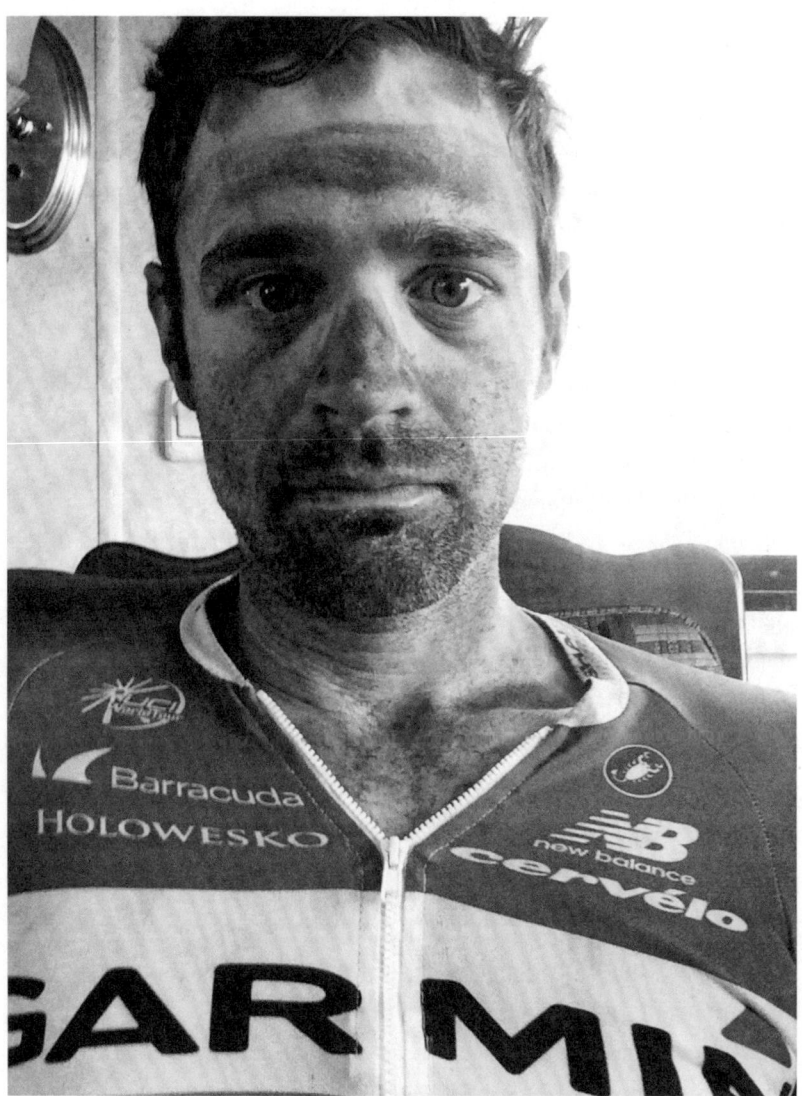
Denver hatte buchstäblich Spuren bei mir hinterlassen.

KAPITEL 30

Mein früherer Boss Omer Kem hatte mir eingebläut, auf Reisen stets ein Poloshirt mit Teamlogo dabeizuhaben, aber die Saison war fast vorbei und keiner hatte von mir verlangt, es zu tragen. Hätte er wirklich einen Schimmer von der WorldTour gehabt, hätte er mir stattdessen ans Herz gelegt, vernünftige Klamotten für die Abschlusspartys der Rennen einzupacken. Um Sponsoren-Strafen zu vermeiden, hatte ich nur teameigene Kleidung gepackt, doch obwohl für Profis, die in Europa fahren, jeder Kubikzentimeter Koffer ein wertvolles Gut ist, ist eine Ecke immer für Jeans, ein schönes Hemd, teure Schuhe, Eau de Cologne und Haargel reserviert, so dass man etwas hermacht, wenn man mit den Podium-Mädchen flirtet. Weil ich wie ein Amateur im Trainingsanzug herumlief, schämten meine Kollegen sich, zuzugeben, dass sie mich kannten.

Ich lieh mir ein Hemd und nahm ein Taxi zu Vaughters' Haus, der zu Dinner und Drinks geladen hatte. Alex und Tom verschwendeten keine Zeit, trieben unseren Boss in die Ecke und verlangten, dass er mir umgehend einen neuen Vertrag anböte. Schließlich saß JV auf seinem Rasen neben mir in einem Klappstuhl und legte dar, dass die Fusion die Dinge verkomplizierte, aber ich hätte es mir verdient und er werde mir bis Mittwoch ein Angebot unterbreiten. Mir fiel ein Stein vom Herzen, und Alex, nach wie vor zutiefst dankbar für die Arbeit, die ich an diesem Tag für ihn geleistet hatte, fing an, mir immer neue Drinks zu bringen. Es war schön zu wissen, dass ich an diesem Tag, der ihn dermaßen glücklich machte, eine wichtige Rolle gespielt hatte, aber ich warnte ihn, dass ich seine Freundin informieren müsste, sollte er mich noch einmal küssen.

Jemand war sehr freigebig mit dem Tequila gewesen, ich erinnere mich daher nicht, wie ich von Vaughters' Haus zur Party oder zurück zum Hotel gekommen bin, ich weiß aber sehr wohl noch, dass Howes und Phinney gegen drei Uhr morgens in meinem Zimmer auftauchten und mich weckten, indem sie meine Matratze umdrehten und mich auf den Boden warfen.

Alex küsste mich ein letztes Mal und kippte aus den Latschen, aber zwei Stunden später klingelte der Wecker, denn wir mussten um acht den Flieger erwischen. Nicht, um nach Hause zurückzukehren und uns nach drei Wochen harter Arbeit auf der Straße auszuruhen – nein, es ging weiter nach Kansas, wo uns ein »Meet and Greet« im Hauptquartier von Garmin erwartete.

Ich habe in meinen Jahren als Profi zwei demütig stimmende Phänomene beobachtet, die auf dieser Reise nach Kansas beide zum Tragen kamen:

- Ganz gleich, wie sehr man an die Reserven geht: Wenn es sein muss, kann man auch am nächsten Tag irgendwie wieder fahren, aber sobald ein Etappenrennen vorbei ist, schaltet das Gehirn ab und die Beine verwandeln sich in Beton.
- So gut ich auch sein mochte, staune ich immer wieder, wie gering die Diskrepanz zwischen Amateur und Profi ist. Es erfordert jahrelangen bedingungslosen Einsatz, diese letzten paar Prozent draufzupacken, aber auf flachen Straßen könnte auch ein Hobbyfahrer den ganzen Tag in meinem Windschatten durchhalten.

Was passiert also nach einem Etappenrennen, einer Nacht mit drei Stunden Schlaf, zu viel Alkohol, einem frühen Flug aus der kühlen, trockenen Höhe in die 38 Grad warme, feuchte Ebene, mit nichts als Frühstücks-Burritos vom Flughafen im Magen? Im Grunde waren meine Kollegen und ich nicht in der Lage, auch nur einen Meter Rad zu fahren. Wir blickten auf unsere Cervélos, die am Bus aufgereiht standen, wie Gefangene auf ein Erschießungskommando.

Die Einheimischen waren so begeistert, mit Profis zu fahren, dass sie jeden Anstieg so schnell hinaufprügelten, wie sie konnten, so dass ich mich mit Tom und Alex am Ende des Feldes quälte. Gerade 24 Stunden vorher waren wir noch Helden gewesen – mein Name war auf den Asphalt gesprüht und Fans hielten Plakate hoch für das »Cookie Monster«, das Krümelmonster, während wir über Andy Schleck lachten und auf dem Weg zum Sieg unter dem Jubel abertausender Zuschauer ein international besetztes Feld in Grund und Boden fuhren. Heute eierten wir irgendwo in Kansas durch die Kornfelder, holten uns einen Sonnenbrand und hatten Mühe, das Hinterrad von Männern mittleren Alters in T-Shirts und Sandalen zu halten.

»Mir ist was hochgekommen, aber ich hab's runtergeschluckt«, beichtete ich Dekker.

»Die nehmen uns ran wie eine billige Nutte«, sagte er. Nicht, dass er sich damit auskennen würde – Dekker beehrte ausschließlich die feinsten Huren von Amsterdam.

Nach der Tour war uns nicht einmal ein Nickerchen vergönnt. Eine Autogrammstunde stand an, wo wir heiter und freundlich zu sein hatten und für Fotos lächelten, die sich ziemlich sicher niemand je wieder anschauen würde. Und abends war den müden, überarbeiteten Athleten auch keine frühe Nachtruhe vergönnt. Wir gingen zum Bowling mit Firmenangestellten.

Sie haben richtig gelesen: Bowling.

Unser Geldsack Dekker schlug vor, die Sache interessanter zu gestalten, indem wir um 20 Dollar Einsatz pro Kopf spielten. Mir war das ganz recht, denn als ich auf der Highschool war, bekamen wir von Chamblee Lanes immer Gutscheine für eine Gratisrunde täglich. Sie glaubten vermutlich, ein Vermögen mit dem Verleih von Schuhen zu machen, denn wer würde schon den Weg nur für eine einzige Runde auf sich nehmen? Die Antwort: Ich und mein Kumpel JC. Wir kauften uns für sechs Dollar Bowlingschuhe bei Kmart, spielten jeden Tag eine Runde, nutzten nicht mal den Snackautomaten und Ende des Sommers hatte ich die Sache mit dem Spin raus und mein Punkteschnitt lag bei über 180. In Kansas warf ich nur eine 133, was aber gut genug war, um die ganze Kohle einzusacken. Europäer haben beim Bowling nichts drauf.

Garmin versuchte, uns aufzumuntern, und ließ am nächsten Tag zum Mittagessen ein echtes Kansas City Barbecue auffahren. Es war köstlich, aber ich musste lachen, als Caleb Fairly sich seine dritte Portion Pulled Pork auf den Teller schaufelte.

»Das nächste Rennen ist die Tour of Alberta! Keine Berge, oder?«, er lächelte. »Ich kann ruhig ein bisschen zulegen.«

Caleb war kein schlechter Fahrer, aber er riss nie viel in der WorldTour, daher fragte ich mich, wie er seinen Job behielt. Die Antwort war ein weiteres Schlupfloch in den Regularien: Die UCI hatte zwar einen Mindestlohn durchgesetzt, aber nichts hinderte einen Fahrer daran, einen Sponsor mit in ein Team zu bringen. Mal ist das Mark Cavendish, dessen persönlicher Deal mit Oakley in ein vollwertiges Sponsoring umgewandelt wurde, als er zu MTN-Qhubeka wechselte. Mal ist das Calebs Familie, die dem Rennstall einen Scheck ausstellte unter der Bedingung, dass sie ihn verpflichteten. Wie viel es kostet, sich in ein WorldTour-Team einzukaufen? Mich würde keine Zahl zwischen 50.000 Dollar und 500.000 Dollar überraschen.

Caleb war nicht der Einzige, aber er sprach nie darüber, denn manche Kollegen meinen, die Existenz von Fahrern mit »persönlichen Sponsoren« untergrabe den Stellenwert des gesamten Teams oder sogar des Radsports als solchem, aber so wie ich es sehe, zahlten meine Eltern meine College-Ausbildung und jemand kaufte Caleb die Chance, sich im Radsport auszuzeichnen. Nur wenige Teams hatten voll besetzte Kader, es war also nicht so, dass er einen Platz beanspruchte, den sonst jemand besetzt hätte, der es eher verdient hätte – tatsächlich war es vielleicht sogar sein Geld, das es Jonathan Vaughters ermöglichte, jemanden wie mich zu verpflichten. Andererseits sollte ein WorldTour-Trikot heilig sein. Entweder kauft man es zum vollen Preis im Geschäft wie jeder vernünftige Mensch oder man verdient es sich durch harte Arbeit, Schweiß und hoffentlich nicht allzu viel Blut. Da Caleb dafür bezahlte, bei Garmin-Sharp zu sein, tat es bestimmt weh, dass auch er durch die Fusion seinen »Job« verlieren würde, aber er machte sich keine Sorgen darum, ein neues Team zu finden.*

Ich nahm einen späteren Flug aus Kansas, meine Kollegen waren somit schon fort, als ich zum Frühstücksbüfett kam, wo ich einen Blick auf das Rührei aus Eigelbpulver warf und mich in die Lobby begab, um ein Taxi zu rufen. 129 Dollar waren zu viel für ein Burberry-Shirt, aber ich hatte mein Portemonnaie seit drei Wochen nicht geöffnet, und die 30 Dollar für ein Taxi, ein Chicken Biscuit und einen Eistee bei Chick-fil-A waren mir diese Annehmlichkeiten daher allemal wert.†

Ich checkte fieberhaft meinen Posteingang und meinen Spam-Ordner, aber bis Mittwoch war der angekündigte Vertrag von Vaughters immer noch nicht da, also hinterließ ich am Freitag eine Voicemail. Am Samstagmorgen erhielt ich eine Antwort als Textnachricht.

»Mal sehen, wie du dich in Alberta schlägst«, stand da.

Daraufhin tat ich etwas, auf das ich nicht stolz bin, aber ich war verzweifelt. Ich orderte EPO übers Internet und spritzte mir – nee, das nehmen Sie mir hoffentlich nicht ab. Ich wüsste nicht mal, wo ich EPO herkriegen oder was ich damit tun sollte, aber eines muss ich zugeben: An all die Schmalspurbetrüger da draußen, die Jungs, die es zu brauchen meinen, nur um über die Runden zu kommen – ich verstehe euch. Freilich ist euer Traum gestorben, wenn ihr diesen Punkt erreicht habt, also zieht los und sucht euch einen Job bei Starbucks. Verkauft Versicherungen. Wischt Fußböden. Aber ich weiß, was in euch vorgeht. Wie auch immer, alles EPO der Welt hätte meinen dürren Beinen auf den flachen Straßen Kanadas eh wenig gebracht.

---

* Caleb beendete 2016 seine Karriere, um auf Berater umzusatteln, und wurde tatsächlich von vielen seiner Freunde angeheuert. Der Typ, der für seinen Vertrag bezahlte, verhandelt jetzt also im Namen seiner Klienten.

† Ich weiß, es ist ein fragwürdiges Unternehmen, und es tut mir leid, aber wären Sie in Atlanta aufgewachsen, würden Sie es verstehen. Boston hat Dunkin' Donuts, L.A. hat In-N-Out Burger und Atlanta hat Chick-fil-A. Für mich ist das ein Stück Heimat.

KAPITEL 31

Die Tour of Alberta startete nur eine Woche nach der Tour of Colorado, wodurch das Ganze zu einer sechswöchigen Reise mit 19 Renntagen wurde. Die Sportlichen Leiter wurden erneut gewechselt, aber die Fahrer waren weitgehend dieselben. Ben King dachte, seine Saison wäre vorüber, als er Kansas verließ, wahrscheinlich war er also beim Fischen, als er nach Alberta beordert wurde.

»Sobald du dein letztes Rennen bestritten hast«, riet er mir, »und sofern mit deinem Vertrag alles in trockenen Tüchern ist, schalte dein Handy mindestens zwei Monate lang aus. Nur so bist du auf der sicheren Seite.«

Die erste Etappe war ein kurzes Zeitfahren, das flach begann, mit ein paar Kurven und Bremsschwellen, ehe es in einen steilen Anstieg hineinging. Es sah bestimmt nicht sonderlich elegant aus, wie ich über die Schwellen ratterte, aber da ich es nur einmal verpatzte und mir die Weichteile lädierte, war ich doch ein bisschen beleidigt, als der deutsche Sportliche Leiter, der mir im Wagen folgte, mich hinterher zusammenstauchte: Es sei einfach »unprofessionell«, dermaßen beschissen auf dem Rad zu sitzen und offenbar nicht auf der Zeitfahrmaschine trainiert zu haben. Er hielt es nicht für nötig, sich zu entschuldigen, als ich ihm erklärte, dass mir das Team kein neues Zeitfahrrad geschickt hatte, als mein altes im Mai geschrottet worden war, und es kam auch dann kein Wort der Entschuldigung über seine Lippen, als die Resultate durchgegeben wurden und ich sagenhafter Sechster war. Das Beste aber war, dass er immer wieder meinen Namen vergaß. Manche Sportliche Leiter betrachten ihre Fahrer so, wie Bauern ihr Vieh betrachten: Lass es emotional nicht zu nah an dich heran, denn früher oder später wirst du es schlachten.

Tom wurde Dritter, und mir fehlten lediglich 1,6 Sekunden zum Podium. Hätte ich das gutmachen können, wenn ich im Sommer eine Zeitfahrmaschine zum Trainieren gehabt hätte? Wäre ich aerodynamischer gewesen? Wäre ich schneller durch die Kurven oder problemloser über die Bremsschwellen gekommen? Was, wenn vor zehntausend Jahren ein Tausendfüßler einen Furz gelassen hat?

Es war ein gutes Ergebnis, aber WorldTour-Teams interessieren sich nicht für die Tour of Alberta, es war daher an der Zeit, sich nach einer Alternative unter den kleineren Teams umzusehen. Als ich 2006 anfing, Radrennen zu bestreiten, gab es jedes Jahr 13 finanziell gut aufgestellte Continental-Teams, bei denen man um einen Job betteln konnte. Nun, da ich ein gefragter Mann sein würde, waren es nur noch zwei.

Als Erstes sprach ich mit Jonas Carney, dem Sportlichen Leiter von Optum Pro Cycling, wo meine beiden guten Freunde Jesse Anthony und Brad Huff fuhren. Jonas konnte sich nicht vorstellen, dass Vaughters mich nach der Saison, die ich hinlegte, ziehen lassen würde, aber er fragte spaßeshalber, welches Gehalt ich mir vorstellte. Ein paar Monate zuvor war ich davon ausgegangen, für eine sechsstellige Summe in der WorldTour zu bleiben, aber Optums Budgets war nur ein Zehntel dessen, was Garmin-Sharp zur Verfügung stand, also sagte ich 50.000 Dollar. Er meinte, das sei fair, aber es gebe eine Reihe von Fahrern, die sich Hoffnungen auf diesen Platz im Kader machten, er bräuchte also bald eine Antwort.

Als Nächstes sprach ich mit SmartStop. Sie hatten ein kleineres Budget als Optum, dank der Leitung von Mike Creed aber hervorragende Ergebnisse. Selbst ein ehemaliger WorldTour-Profi, war Creed das Aushängeschild der Mannschaft in den Medien, aber sie wollten wegen der Leistungen ihrer Fahrer bekannt sein und nicht wegen des Typen im Auto, ich wäre daher ein guter Name, um ihr Imageproblem zu lösen. Creed fand, es wäre ein interessantes Projekt, mich wieder nach Europa zu bringen, und regte einen Rennkalender an, der ganz auf ein gutes

Ergebnis bei der Tour of California zugeschnitten war, mit Trainingslagern, bei denen er als mein Schrittmacher und Koch fungieren würde, und ohne irgendwelche anderen Pflichten, die meiner bestmöglichen Leistung im avisierten Rennen in die Quere kommen könnten. Seine Bosse sagten immer wieder, wie froh sie seien, mich ins Boot zu holen, und dann boten sie mir ein Gehalt von 25.000 Dollar. Joanna wollte nicht nach Georgia umziehen, also teilte ich ihnen mit, dass ich mich anderweitig umsehen müsse, wenn das ihr letztes Wort wäre.

»Na ja, wir haben noch freien Platz auf dem Trikot, den wir versuchen zu verkaufen«, sagten sie. »Wenn du ein paar Sponsoren auftreibst, lassen wir dich das Geld behalten und du kannst dir mit der Antwort so lange Zeit lassen, wie du möchtest, für den Fall, dass es mit Vaughters später noch klappt.«

So wurde ich bei der Tour of Alberta, während ich tagsüber mit Tom gegen heftigen Seitenwind kämpfte, abends zum Verkäufer in eigener Sache. Per E-Mail fragte ich bei allen möglichen Leuten an, die ich in der Branche kannte, ob sie mich vielleicht sponsern würden, um für SmartStop zu fahren. Dank des Zeitfahrens waren wir im Gesamtklassement gut dabei, aber Tom und ich fanden uns ein ums andere Mal in der zweiten oder dritten Gruppe wieder und quälten uns ab, um den Anschluss wiederherzustellen. Als wir auf der vierten Etappe zum fünften oder sechsten Mal nicht aufgepasst hatten, als das Feld sich teilte, hatten wir Ramūnas vorn mit dabei, aber als ich mich anschickte, die Lücke zu den Führenden zu schließen, legte Tom mir die Hand auf die Schulter.

»Lass gut sein, Phil, geben wir's auf. Das ist nicht mehr unser Rennen.«

»Puh«, seufzte ich.

Mir war beigebracht worden, niemals aufzugeben, aber wenn man seine Grenzen nicht akzeptieren kann, kann man sich ebenso gut mit einem Baseballschläger die Rübe einschlagen. Ramūnas rückte auf den zweiten Platz der Gesamtwertung vor und niemand nahm Notiz davon, dass die Kletterer fünf Minuten verloren hatten.

Ramūnas zu helfen, war ein Klacks, also suchte ich mir auf der nächsten Etappe eine Herausforderung in Form einer Meute von Fahrern, die sich vor mir auf der Straße stapelten, als ich aus einer Kurve kam. Ich stürzte zwar nicht, dafür knallte ich mit der Brust auf den Lenker, als ich in die Eisen ging. Ich hatte mir bis dahin nur einmal einen Knochen gebrochen: die Fraktur meines Handgelenks beim Sturz beim San Dimas Stage Race, die ich kaum bemerkte, weil der Rest meines Körpers in noch schlechterem Zustand war (davon abgesehen war ich bewusstlos). Diesmal wusste ich sofort, dass ich mir mehrere Rippen gebrochen hatte. Erinnern Sie sich an den Trainer, der meinte, in der Rennpause an der Knochendichte zu arbeiten, sei Zeitverschwendung? Er konnte von Glück sagen, dass ich ihn schon gefeuert hatte.

Am Abend teilte ich es dem Teamarzt mit, der sagte, er könne nichts für mich tun.

»Fahre ich weiter?«

»Ja, klar! Es wird halt höllisch wehtun.«

Die meisten Teams beschäftigen einen Arzt in ihrem Stab. Es war beruhigend zu wissen, dass wir einen Profi hatten, der sich um Abschürfungen und dergleichen kümmerte und Medikamente dabeihatte für den Fall, dass wir krank wurden, aber es ist nicht unbedingt Aufgabe des Arztes, für unser Wohlergehen zu sorgen. Sein Job ist es, dafür zu sorgen, dass wir Leistung bringen können. In Alberta verschrieb er mir, es »rauszulaufen«.

Am Abend warf ich einen Blick aufs Büfett und überredete die Jungs, auf einen Burger ins Hotelrestaurant zu gehen. Caleb orderte einen Milchshake und Pommes (Alberta ist schließlich flach), und das Gefühl, dem ewig gleichen Fraß entgangen zu sein, hob allgemein die Stimmung – fast wie ein Kurzurlaub. Es war schön, herumzuflachsen, allerdings ist Lachen mit gebrochenen Rippen eine echte Tortur.

Jemand schaltete die Fernseh-Übertragung von der Vuelta a España ein und wir sahen uns Wiederholungen von Ryder Hesjedals kontroversem Sturz an. Er wurde von seinem Rad geworfen, aber die Räder drehten sich weiter, während er über den Asphalt rutschte; in den Medien gab es daher Anschuldigungen über einen versteckten Motor im Rahmen.

Ich mochte Ryder nicht mal, aber ich denke, das konnte man getrost als Physik abhaken.* Er hatte keine eigenen Mechaniker, hätte den Motor also selbst einbauen müssen in ein Rad, auf das er keinen Zugriff hat, denn es ist in einem Truck am Service Course untergebracht. Ich glaube, Nate Brown war bei der Vuelta sein Zimmergenosse, wo also hätte er sein Verbrechen begehen können? Auf dem Hotelflur mitten in der Nacht? Vor allem aber hätte Ryder, wenn er wirklich einen Motor gehabt hätte, in einer Welt der Marginal Gains, in der mit Zähnen und Klauen um jede zehn Watt mehr gekämpft wird, in dem Jahr wohl das eine oder andere Rennen gewonnen.

Als ich am nächsten Tag an der Startlinie stand, wartete ich darauf, bis der Kameramann mich ins Visier nahm, dann zog ich an einer imaginären Schnur, als würde ich einen Rasenmäher starten. Ben King knuffte mich, damit ich diesen Blödsinn sein ließ, aber angesichts meiner schmerzenden Rippen hätte ich einen Motor gut gebrauchen können. Die Schmerzen sorgten dafür, dass ich ganz krumm fuhr und ein Bein schonte (die Soigneurs meinten hinterher, mein linker Oberschenkel sei ein einziger Knoten gewesen, die rechte Seite hingegen wie neu).

Mit jedem Atemzug fuhr mir ein Stechen in die Brust – es tat schon brutal weh, nur ein Paar Socken anzuziehen, das Wetter war kalt und regnerisch, und das Terrain lag mir nicht –, aber ich erledigte jeden Tag meinen Job. An einem Anstieg gegen Ende der Schlussetappe drehte ich auf, sprengte für Ramūnas die Spitzengruppe und machte nach getaner Arbeit den Weg frei. Ich ging davon aus, die letzte nasse Runde durch Edmonton allein zu absolvieren, aber ich traf in jeder Kurve auf gestürzte Fahrer, die ihre Räder entwirrten oder auf eine Ersatzmaschine vom Teamauto warteten. Ich passierte so viele Typen, dass ich dachte, die Etappe vielleicht noch zu gewinnen. Fast die Hälfte des Feldes kam nicht ins Ziel.

Angesichts meiner ungeklärten Vertragssituation verspürte ich solchen Druck, dass es mir vorkam, als hinge mein Wert als Person davon ab,

---

* Ja, obwohl ich nur eine drei hatte.

was ich an einem bestimmten Tag leistete, und als müsste ich mich auf jeder Etappe aufs Neue um einen Job bewerben, den ich schon hatte. Mit einer weiteren starken Woche auf dem Konto schrieb ich Vaughters noch im Bus eine Nachricht mit dem Hinweis, dass ich mich zum hundertsten Mal bewährt hatte.

»Sorry, ich muss einfach sehen, wie du dich in einem WorldTour-Rennen schlägst«, schrieb er zurück. »Lass uns nach Peking sprechen.«

Es mag verrückt klingen, aber mich beschlich allmählich das Gefühl, dass JV nicht ganz aufrichtig mit mir war. Die Tour of Beijing war noch einen Monat hin und Optum drängte bereits auf eine Antwort, aber immerhin hatte meine Sponsorensuche etwas ergeben und ich handelte insgesamt 20.000 Dollar aus, wenn ich für SmartStop fahren würde, was mein potenzielles Gehalt auf verkraftbare 45.000 Dollar schraubte.

KAPITEL 32

Von Alberta aus reisten wir nach Montreal und Quebec zu zwei Eintagesrennen, die zur WorldTour gehörten. Sämtliche Radsportseiten hatten berichtet, dass ich weiter auf der Suche nach einem Vertrag war, was, wie ich hoffte, Vaughters unter Druck setzen oder McQuaid helfen würde, mich anzubieten, aber der Markt war ein einziges Hauen und Stechen. Für mich ging es um einen der letzten freien Plätze bei Cannondale-Garmin, mir rutschte daher das Herz in die Hose, als Joe Dombrowski vom Team Sky zu uns wechselte. Der talentierte amerikanische Kletterer hatte vermutlich eine beträchtliche Gehaltskürzung hinnehmen müssen, da er gerade eine riskante Oberschenkel-OP hinter sich hatte, aber ich musste zugeben, dass es ein kluger Schachzug von Jonathan Vaughters war.

Ich hatte nur ein paarmal mit Joe gesprochen, ich war daher überrascht, eine Nachricht von ihm zu bekommen: »Hey, Phil, ich weiß, dass die Plätze knapp sind bei Cannondale-Garmin. Wollte dir nur viel Glück wünschen und hoffe, dass mein Wechsel dich nicht rauskegelt.«

Es sprach für Joe, dass er den Kontakt zu mir suchte, aber ich hatte keine Probleme mit ihm. Die Entschuldigung hätte von Andrew McQuaid kommen müssen, der auch Joes Berater war. Während er mir erzählte, dass es nichts Neues gebe von Vaughters, hatte McQuaid für einen anderen amerikanischen Kletterer einen Vertrag für einen der letzten Plätze ausgehandelt – und das, meine Damen und Herren, nennt man einen Interessenkonflikt. Hat ein Manager mehrere Fahrer als Klienten, liegt es in seiner Hand, an welche Teams er sie vermittelt – Andrew arbeitete also im Grunde für niemanden als sich selbst.

Damit war nur noch ein Platz frei bei Cannondale-Garmin, der sich zwischen mir und Ted King entscheiden würde: Der Ahornsirup saufende Meister der Vermarktung gegen den Kekse fressenden Lehrling, der ihm in die WorldTour gefolgt war. Wie das Leben so spielt.

Ted war ein solider Domestik, aber ich dachte, dass ich die naheliegende Wahl wäre. Ich war jünger als er und hatte in meiner ersten Saison in Europa einen Etappensieg, eine Podiumsplatzierung im Gesamtklassement und eine Handvoll Top-10- und Top-20-Platzierungen vorzuweisen, während seine Erfolgsbilanz nach fünf Jahren praktisch eine leere Seite war[*], doch Teds Manager ließ seine Beziehungen spielen in der Hoffnung, dass die Sponsoren daraufhin Jonathan Vaughters unter Druck setzten, Ted mir gegenüber den Vorzug zu geben. Der Mann, der mir den Weg gewiesen hatte, versuchte mich auszubooten, aber ich konnte ihm nicht böse sein, weil ich an seiner Stelle genauso gehandelt hätte. Ted beherrschte das Geschäft einfach besser als ich, aber dafür tat ich am nächsten Morgen Butter statt Ahornsirup auf meine Pfannkuchen. Scheiß auf Ahornsirup.

In Quebec City wurden die Vertragsgerüchte von Dopingmeldungen verdrängt, als wir erfuhren, dass bei einem anderen Rennen zwei Fahrer vom Team Astana positiv auf EPO getestet worden waren, was den Verdacht auf ein flächendeckendes Dopingprogramm in der Mannschaft schürte. Astanas Tisch war beim Frühstück direkt neben unserem und der halbe Saal warf wütende Blicke in ihre Richtung. Sie saßen mit gesenkten Köpfen da. Wie das Leben so spielt.

Mich beschlich das Gefühl, dass ich Vaughters mit einer schwachen Vorstellung bei einem der Eintagesrennen in Kanada die Rechtfertigung liefern würde, mich endgültig zu feuern, während eine Platzierung unter den ersten zehn mir den Arsch retten könnte, also lieferte ich natürlich

---

[*] Witzigerweise erscheint eine 404-Fehlermeldung, wenn man auf seiner Website auf »Rennergebnisse« klickt.

Alex Howes mit Kaffee und Champagner, den beiden essentiellen Flüssigkeiten.

irgendwas dazwischen ab. Ich machte vorne Tempo und verhalf Ramūnas aufs Podium, aber es war nichts Besonderes.

In Quebec gingen wir hinterher schick essen, was aus irgendeinem Grund nicht vom Team bezahlt wurde. Es machte mir nichts aus, für mein Steak selbst aufzukommen, aber da ich keinen Job in Aussicht hatte, lehnte ich dankend ab, als es um eine Runde Aperitifs ging, und vehement, als jemand eine Hundert-Dollar-Flasche Wein orderte und mir ein Glas anbot. Dann kam die Rechnung, die gleichmäßig unter allen aufgeteilt wurde, außer dass vier Portionen Nachos auf meinem Deckel auftauchten. Das ganze Jahr über hatten Kollegen meinen Kaffee bezahlt und ich dachte, er wäre ein Geschenk, aber nach Tortilla-Chips und Käse für 86 Dollar waren wir quitt.

Nachdem sie etwas zu viel getrunken hatten, verfielen ein paar der Jungs auf ein Spiel, bei dem es darum ging, wer es aushielt, die Hand über den gläsernen Kerzenständer auf dem Tisch zu halten, bis die Flamme ausging. Es überraschte mich nicht, dass nur Ramūnas es schaffte.

»Ist nur physischer Schmerz«, erläuterte er, über die Brandblase in seiner Handfläche lachend. Ich weiß nicht, ob er einen Witz machte.

Bevor wir die Heimreise antraten, wohnten die Amerikaner unter uns einem Meeting über einen neuen Zweig der CPA bei, der notorisch ineffektiven Radprofi-Gewerkschaft. Bis dahin repräsentierte die CPA nur die Spanier, Italiener und Franzosen im Peloton, aber Christian Vande Velde (der seine Karriere beendet hatte, nachdem er wie Zabriskie und Danielson ein Dopinggeständnis abgelegt hatte) hoffte, eine neue Gewerkschaftsgruppe zu gründen, die die Interessen von amerikanischen und anderen außereuropäischen Fahrern vertreten würde. Mit Hilfe eines wohlmeinenden Anwalts könnten wir die CPA dazu bringen, nicht nur die Interessen von Fahrern aus drei Ländern nicht zu vertreten, sondern sich weltweit als wertlos zu erweisen. Aber es war ein Anfang.

Ich vermute, dass es Vande Velde darum bestellt war, meiner Generation etwas zurückzugeben. Er wusste, dass er einen Teil dazu beigetragen hatte, dass Sponsoren sich rarmachten, und hoffte, dass die Gewerkschaft unsere Arbeitsbedingungen verbessern könnte, indem sie beispielsweise Richtlinien für Rennen bei schlechtem Wetter durchsetzte. Er hatte bereits eine Menge seines eigenen Geldes darin investiert und bat daher um Vorschläge, wie man Gelder generieren könnte, um Gebühren und Kosten zu finanzieren.

Ich hob die Hand.

»Jemand sollte Lance ausrichten, dass wir, sollte er für alles aufkommen, eine Pressemitteilung rausgeben, dass wir nicht mehr sauer auf ihn sind und dass die Öffentlichkeit ihm vergeben solle.«

Lance zog gerne seine »Ich Ärmster, dauernd werde ich verklagt«-Nummer ab, aber ich bin sicher, dass er sein Geld gut angelegt hatte. Er könnte vermutlich jeden Prozess verlieren und trotzdem noch irgendwo 100.000 Dollar zwischen den Polstern finden.

Es wurde still im Raum. Alle wussten, dass es keine schlechte Idee war, und manche der Jungs waren weiterhin mit Lance befreundet, aber sie wagten nicht, ihn zu fragen. Stattdessen einigten wir uns darauf, dass jeder einen kleinen Jahresbeitrag zahlte, wie man es in anderen Sportarten auch macht.

Vande Velde schickte eine Zusammenfassung des Meetings an alle Amerikaner in der WorldTour und erläuterte die Beitragsregelung und die Gesamtstrategie für diejenigen, die nicht persönlich dabei sein konnten. Während ich mir den Weg durch den Flughafen bahnte, hatte ich meine helle Freude an einigen der Antworten, die eintrudelten.

Liebe CPA,
    ich bezahle Leute nicht fürs Nichtstun. Ich kriege auch so schon jeden Tag genug Witzmails. Bitte nehmt mich von der Liste.
    Viel Glück dabei, nicht das zu tun, was eure Teams wollen,

Danny Pate
Team Sky

Das war ein interessanter Punkt. Wie ich in Colorado erfahren hatte, als Robbie Hunter uns untersagt hatte, uns am Protest zu beteiligen, wäre es heikel, die Arbeit niederzulegen, während unsere Arbeitgeber darauf pochten, dass wir weiterfuhren. *Außer, dass das der ganze Sinn einer Gewerkschaft ist, du Hornochse, und dass ein sturer Idiot, der sich weigert mitzumachen, genügt, um es für alle anderen kaputtzumachen.*

Die nächste Antwort stammte von Tom Peterson, der soeben sein letztes Rennen für das Team Giant-Shimano bestritten hatte und seine Karriere beenden würde.

Tejay und Konsorten,
    nehmt mich von dieser Liste von Schwuchteln. Spielt bitte ohne mich mit eurem Geld.

Herzlichst, euer
Tom Peterson

Mir war nahegelegt worden, um Peterson einen Bogen zu machen, und ich verstand allmählich, warum, aber sein Einwand war zumindest berechtigter als der von Pate, denn die Beiträge hätten wohl sinnvollerweiser als Prozentsatz des Gehalts veranschlagt werden sollen statt pauschal 500 Euro zu betragen.

Eine weitere Mail von Peterson folgte wenige Minuten später:

> Ach, zu früh auf Senden gedrückt...
> FICKT euch alle ins Knie!

Wo du auch sein magst, Tom Peterson, fick dich selbst.

KAPITEL 33

Mein früherer Teamkollege Jim Stemper rief an, als ich wieder in L.A. war. Er hatte eine wichtige Rolle als Domestik gespielt, als ich das Redlands Classic gewann, aber mittlerweile arbeitete er als Ingenieur. Jim hatte die Artikel über meine Jobsuche gelesen und wollte mir sagen, dass es halb so wild wäre, wenn ich meine Karriere beenden müsste, und dass er es nach wie vor liebe, auf dem Rad zu sitzen.

»Es erinnert dich nicht ständig daran, was dir entgeht?«

»Es ist so, als würdest du jeden Tag am Grab deines Vaters vorbeikommen«, sagte er. »Aber ich möchte es nicht missen.«

Ich unterhielt mich außerdem mit Isaac Howe, der sich immer noch in der Continental-Tour durchschlug.

»Ich weiß, dass ich gut genug bin«, sagte er. »Aber ich bin es leid, meinen Schwanz durch Scherben zu schleifen und darauf zu warten, dass es jemand merkt.«

Noch jemand, der mit Worten umzugehen weiß.

Nach wie vor hoffnungsvoll, bei Cannondale-Garmin zu bleiben (aber Optum permanent um noch ein paar Tage Bedenkzeit bittend), trainierte ich hart für Peking, mit den gewohnten Anstiegen in den Santa Monica Mountains und ein paar Gruppenausfahrten, um auch Einheiten mit angemessener Intensität zu bestreiten. Beim mit durchaus wettkampfähnlichem Tempo gefahrenen »Nichols Ride« (benannt nach dem Nichols Canyon in Hollywood) begegnete ich zufällig Matt Wikstrom, seines Zeichens Vize-Präsident der Sportmarketingfirma Wasserman Media Group und Berater einiger meiner Freunde und Kollegen. Wikstrom hatte meine Saison verfolgt und mein Buch gelesen, also erzählte ich ihm, wie McQuaid mich hintergangen hatte, ich aber nicht wüsste, was ich tun sollte.

»Ich bin es leid, meinen Schwanz durch Scherben zu schleifen und um Verträge zu betteln«, sagte ich, schamlos Isaac abkupfernd. »Vielleicht ist der Traum ausgeträumt und niemand bringt es übers Herz, es mir zu sagen.«

»Du verdienst es, in der WorldTour zu fahren«, sagte Wikstrom. »Du warst Zweiter in San Luis und ich habe dich letzten Monat bei drei Etappenrennen hervorragend fahren sehen. Hör einfach auf, dich auf andere zu verlassen.«

Wikstrom war Selfmademan und überqualifiziert, Radprofis zu repräsentieren, ich vermute daher, dass er diesen Teil seines Job in erster Linie aus Spaß machte. Radrennfahrern zu helfen, war für ihn ein Zeitvertreib – eine Abwechslung von seiner eigentlichen Arbeit. Wir kannten uns kaum und McQuaid war noch offiziell mein Berater, aber Wikstrom half mir in dieser Woche dabei, an jeden Teammanager in der WorldTour eine Mail zu verfassen, die eher nach einer Geschäftsidee als nach einem Bittgesuch klang: »Dies kann ich in Ihr Unternehmen einbringen und deswegen liegt es in Ihrem Interesse, mich einzustellen.« Wahrscheinlich war ich trotzdem aufgeschmissen, aber es tat gut, mein Schicksal in die eigenen Hände zu nehmen und zu spüren, dass jemand, den ich respektierte, an mich glaubte.

Fast sämtliche der Topteams antworteten (was allein schon mehr war als das, was ich von Vaughters bekommen hatte), aber die meisten meinten, ihr Kader sei voll, und wünschten mir Glück. Quick-Step, Trek und MTN-Qhubeka waren beeindruckt von meiner Saison und sagten, sie hätten vielleicht einen Platz gehabt, hätten sie einen Monat vorher gewusst, dass ich verfügbar war. Erinnern Sie sich, dass McQuaid behauptete, er würde mich bei anderen Teams anbieten? Hatte er wohl nicht.

Wenn es einen Rat gibt, den ich aufstrebenden Radprofis mit auf den Weg geben kann, dann diesen: Wenn ihr einen schlechten Berater anheuert, schafft euch am besten auch gleich eine dieser stoßfesten Handyhüllen an. Ich zumindest empfand es als sehr befreiend, mein Handy gegen eine Betonwand zu schleudern. Der einzige Grund, warum ich es wieder aufsammelte, war, dass ich so erpicht darauf war, McQuaid zu feuern.

Nach einem erbosten Anruf am Nachmittag von einem der Sponsoren, mit denen ich in Kontakt gestanden hatte, warf ich es erneut.

»Hey, Phil, ich habe da heute mit einem Typen namens Omer gesprochen? Er sagte, SmartStop habe ihn gerade verpflichtet, und dann forderte er viel mehr Geld, als wir ausgemacht hatten.«

Wie sich herausstellte, hatte das Team SmartStop meine Polohemd tragende Nemesis angeheuert, um Sponsoren an Bord zu holen, und er hatte sogleich diejenigen kontaktiert, die ich aufgetan hatte, um mehr Geld zu verlangen – eine Win/Win-Geschichte für Omer, denn sein einziges Risiko bei der Sache war, mir auf den Sack zu gehen, und er konnte mich ohnehin nicht leiden. Ich zog meinen Hut vor ihm und teilte Creed mit, dass ich raus wäre.[*] Das bedeutete, dass ich wieder bei einem einzigen Angebot war: 50.000 Dollar von Optum, und Vaughters reagierte noch immer nicht auf meine Anrufe.

Ich war nicht der Einzige, der im Laufe der Jahre unter JVs kalter Schulter zu leiden hatte. Soweit ich weiß, hat er nie jemanden wirklich gefeuert, sondern man wurde einfach ignoriert, bis man verstand. Ich bin sicher, dass es nicht einfach ist, jedes Jahr mit Fahrern »Schluss zu machen«, denn es geht dabei nicht nur ums Geld, es ist mit Kummer und Scheitern verbunden und es findet sehr öffentlich statt. JV war ein Königsmacher: Er zeigte mit dem Finger auf dich und sagte »du«, und dein Leben war für immer verändert. Wenn er jemanden unter Vertrag nahm, twitterte er darüber, teilte seine Freude mit und nahm das Lob von Fans und Medien entgegen, es tat also weh, dass er einen, wenn es vorbei war, im Regen stehen ließ, ohne ein »tut mir leid, dass wir nicht mit dir weitermachen können«, »danke für deine Arbeit« oder auch nur »viel

---

[*] SmartStop ging mitten in der Saison das Geld aus, ich hatte also Glück im Unglück. Ich hätte ihnen mehr Geld gebracht, als sie mir bezahlt hätten und ich bin sicher, dass ich den Radsport drangegeben hätte. Ich hatte das bei Kenda durchgestanden, aber noch mal würde ich mir das nicht antun.

Glück«. Ein früherer Teamkollege schickte mir ein Bild von T-Shirts, die er machen ließ, auf denen »Freunde lassen Freunde nicht für Garmin fahren« stand und die er an alle verteilte, die JV im Laufe der Jahre gefeuert hatte. Ich bekam leider keins. Er hatte keine mehr.

Dennoch brachte ich es nicht über mich, den Traum aufzugeben, ohne von Vaughters eine Antwort in welcher Form auch immer zu bekommen. Ich war wieder der 15-jährige, übergewichtige Phil, starrte auf mein Handy, hinterließ jeden Tag Voicemails; er war das hübsche Mädchen, das mich ignorierte, zu feige, mir ins Gesicht zu sagen, dass es vorbei war.

Optum verlängerte die Frist bis Samstag, am Freitag saß ich also vor einer Gruppenausfahrt mit einem Espresso bei Sweetsalt und schrieb Vaughters eine letzte Nachricht:

»Optum braucht morgen eine Antwort. Was würdest du an meiner Stelle tun?«

Ich drückte auf »Senden«, steckte das Handy in die Tasche und fuhr los mit meinen Freunden.

Ich hatte mich gut gefühlt in meiner Vorbereitung auf Peking und mein Powermeter bestätigte, dass ich gut drauf war, trotzdem musste ich auf die Zähne beißen, als ich Seite an Seite mit einem ortsansässigen Typen die San Fernando Road in Glendale hinaufkletterte. Kurz vor dem Gipfel distanzierte ich ihn ein wenig und nahm die Beine hoch, aber er legte einen Tritt zu und kam mir an der imaginären Bergwertung zuvor. Das war meine erste Niederlage beim Sweet Ride, aber das scherte mich wenig, denn ich war in Gedanken bei meinem Handy. Während wir im Schatten auf die anderen warteten, las ich die Antwort von Jonathan Vaughters.

»Ich würde auf Nummer sicher gehen«, lautete sie.

Ich hatte es seit Monaten kommen sehen und hatte wochenlang quasi darum gebettelt, ich war daher überrascht, wie am Boden zerstört ich war, als ich meinen Radcomputer wieder auf Meilen und Fuß umstellte.[*] Ich war kein Profi in Europa mehr. Ich war raus aus der Show.

---

[*] Ja, man kann auch sein Gehirn wieder umstellen. Ist das nicht eine Erleichterung?

Mir schwirrte der Kopf vor lauter gebrochenen Träumen und Ungerechtigkeit, aber als ich von meinem Handy aufblickte, war ich kein Opfer. Ich stand mit meinen Freunden auf dem Gipfel eines Canyons in Pasadena. Ich erzählte ihnen, was passiert war, und ihre Reaktionen klangen wie Beileidsbekundungen. Sie konnten sehen, dass ein Teil von mir gestorben war.

Die anderen hielten zum Frühstück an, aber ich fuhr weiter, über den Mulholland Drive und dann die Franklin Avenue hinab, in der Hoffnung, dass ein überteuerter Kaffee auf dem Sunset Boulevard mich aufmuntern würde. Ich war nicht in der Stimmung für Karos (ich hatte mein Trikot auf links gedreht), aber um von der Franklin auf den Sunset zu kommen, ist die Argyle Avenue die sicherste Route, also arbeitete ich mich auf die Mittelspur, bog links ab und fand den Seitenstreifen mit Heftklammern übersät vor. Sofort hatte ich an beiden Reifen einen Platten.

Wäre dies ein fiktionales Werk, würde der Lektor mir ans Herz legen, die Sache mit den platten Reifen auf der Argyle Avenue zu streichen.

»Ist nicht glaubwürdig«, würde er sagen. »Ein zu großer Zufall.«

Aber das alles passierte wirklich.

Ich hatte zwei Ersatzschläuche dabei, musste also zumindest kein Taxi rufen. Vor einer Horde obdachloser Zuschauer unter dem Freeway 101 pumpte ich meine Reifen mit meiner kleinen Handpumpe auf, bei jedem Hieb unter den Schmerzen meiner gebrochenen Rippen zusammenzuckend. *Ist nur physischer Schmerz.*

Am Abend rief ich Jonas Carney an und teilte ihm mit, dass ich bei Optum unterschreiben würde, aber es gab noch etwas zu klären. Carney war mit meinem alten, auch in dreckigsten Zeiten sauberen Trainer Matt Koschara Rennen gefahren und er konnte Doper auf den Tod nicht ausstehen. Bevor ich unterzeichnete, musste er daher wissen, wie zum Teufel ich mit Tom Danielson befreundet sein konnte. Ich tat mein Bestes, es zu erklären, aber ich hörte, dass Jonas als Nächstes bei Brad Huff anrief, um sich bestätigen zu lassen, dass ich kein kompletter Idiot wäre.

Ich unterschrieb den Vertrag, war aber ziemlich sicher, dass ich ihn in ein paar Wochen zerreißen und aufhören würde. Klar, es hatte einige

Vorzüge, für Optum zu fahren – ich würde zu Hause wohnen, mehr Zeit mit Joanna verbringen und 50.000 Dollar reichten, um die Rechnungen zu bezahlen –, aber wenn der Traum ausgeträumt war, welchen Sinn hatte das alles? Wäre es nicht besser, ich würde mich ganz auf mein Geschäft konzentrieren, wo ich doch schon jetzt mehr Geld damit verdiente, Radprodukte zu verkaufen, statt sie zu benutzen? Diese Frage würde ich später beantworten müssen. Einstweilen war es an der Zeit, meine Räder zu packen für meine letzte Reise mit Garmin-Sharp: die fünftägige Tour of Beijing und den Japan Cup eine Woche später.

Den Nachrichten entnahm ich, dass Ted King den letzten Platz bei Cannondale-Garmin erhalten hatte, aber Alex Howes munterte mich mit dem Angebot auf, das Auto zu kaufen, das ich in Girona zurückgelassen hatte. Er fand den Schlüssel, den ich an Toms Haus hinterlegt hatte, fuhr eine Runde, um sich zu vergewissern, dass der Wagen lief, und schickte mir noch am selben Tag 2.500 Dollar, der alte Krösus.

KAPITEL 34

Als ich in den Flieger von L.A. nach Peking stieg, plauderte ich ein wenig mit einem BMC-Fahrer, der bei einem gemütlichen Schlafsessel in der Business Class hielt und 300-Dollar-Kopfhöher mit aktiver Lärmunterdrückung herausholte. Von dort aus war es ein langer Gang zu Platz 78D in der Economy Class, wo ich mir billige Plastik-Ohrhörer in die Gehörgänge friemelte und auf meinem Laptop *Amadeus* schaute. Als Einwohner von L.A. bin ich quasi dazu verpflichtet, jeden Film zu besprechen und wie ein ausgewiesener Cineast aufzutreten, ich erkläre daher, dass es eine starke Geschichte über Salieri ist, einen großen Komponisten, der sein Leben der Musik widmet, nur um vom Genie des jungen Mozart überstrahlt zu werden, den er schließlich aus Eifersucht zu ermorden versucht. Die einzige Schwäche des Films war der Umstand, dass ich 1,85 Meter groß bin und mich 13 Stunden in einen winzigen Sitz quetschen musste.

Der Flieger von Amsterdam nach Peking landete zur gleichen Zeit wie meiner, so dass ich an der Gepäckausgabe auf meine Teamkollegen traf. Jemand trieb uns mit Dutzenden anderen Fahrern in einen Bus und es gab ein kollektives Stöhnen, als es hieß, dass das Hotel zwei Stunden entfernt liege. Wir ergaben uns in unser Schicksal und machten es uns in den Sitzen bequem, freuten uns auf ein leichtes Abendessen und einen schweren Schlaf, aber nach anderthalb Stunden auf der Straße bogen wir wieder auf den Flughafenparkplatz ein, wo wir gestartet waren. Aus dem Stöhnen wurde Geschrei, der Fahrer stieg aus, um eine zu rauchen, und keiner konnte uns sagen, warum wir dort waren und wann es weitergehen würde.

Hesjedal ging ins Terminal, kehrte mit einem Eimer Kentucky Fried Chicken und Dosenbier aus dem Automaten zurück (75 Cent das Stück), und eine kleine Schar Radprofis richtete sich, abwechselnd neue Runden holend, mehrere Stunden unter einer Laterne auf dem Asphalt ein, um das Beste aus einer Situation zu machen, die wir weder unter Kontrolle hatten noch verstanden.

»Für jede Stunde, die wir hier festsitzen, trinkt jeder mindestens ein Bier«, sagte jemand.

Dan Martin war nach seinem Sieg bei der Lombardei-Rundfahrt direkt nach China geflogen. Als Spitzensportler, Millionär und, nach Jahren harter Arbeit unter der Anleitung erstklassiger Fachleute im Ausdauerbereich, perfekt eingestellte Maschine, aß er nun Hähnchen aus einem Eimer und spülte es mit billigem Bier runter. Das war so, als würde man Pisse in einen Ferrari kippen.

Es entpuppte sich als vollkommen unnötiges Zollproblem, bei dem es um die 10.000 Dollar teuren Räder ging, die wir mitgebracht hatten. Jemand hinterlegte bei jemand anderem eine Kaution und notierte die Seriennummern, dann stiegen die Fahrer/Geiseln wieder in den Bus und machten sich diesmal wirklich auf den Weg zum Hotel, nur schlechter gelaunt und halbbesoffen.

Als der Bus an einer Tanke hielt, plünderten wir den Shop und gaben Geld aus, das uns so fremd war, dass es uns nicht wie Prasserei vorkam. Tyler Farrar kehrte mit etwas an seinen Platz zurück, das wie eingelegte Würstchen aussah. Als er die Packung öffnete, war der Geruch so überwältigend, dass die wenigen Glücklichen, denen es gelungen war einzuschlafen, wieder wach wurden. Dann riss er ein Loch in den Stoff des Sitzes vor ihm und das Würstchen hatte Sex mit dem Loch, aber Tyler ließ es aus Versehen hineinfallen, was nach meinem vierten Bier und 30 Stunden ohne Schlaf echt witzig war. (Obwohl, wenn ich so darüber nachdenke… doch, ist immer noch witzig.)

Ich kam mit einem der Würstchen aus meinem Hosenstall lugend am Hotel an und schlenkerte damit herum, die Jungs machten Fotos, und Dekker konterte, indem er sich eine Haarbürste unter die Vorhaut schob.

Thomas gab unheimlich gerne mit seiner Vorhaut an, die echt beeindruckend war.* Sie über den Griff der Bürste stülpend, behauptete er, darin zehn Vierteldollar-Münzen unterbringen zu können. Denken Sie darüber nach, wenn Sie das nächste Mal eine Vierteldollar-Münze in der Hand haben.

»Machst diesen Scheiß immer noch, was, Thomas?«

»Oh, na klar!«

Das Hotel lag nördlich von Peking, in einem kleinen Dorf, das für die Olympischen Winterspiele 2022 gebaut wurde. Sie waren noch nicht als Gastgeber bestätigt worden, aber sie errichteten bereits Hotels und Wettkampfstätten und die Hänge hallten vom Lärm der Traktoren und Bulldozer wider. Was, wenn sie nicht den Zuschlag bekämen? Würde eine brandneue Stadt einfach aufgegeben werden? Darauf können Sie einen lassen. So ist China.

Es war traurig, an den Baustellen unweit des Hotels vorbeizulaufen, wo Arbeitsrecht und Gewerkschaften noch nicht zum Rest der Welt aufgeschlossen hatten. Schutzhelme waren selten und Männer machten Schweißarbeiten ohne Schutzmasken, wendeten lediglich den Kopf ab, um keine Funken ins Gesicht zu bekommen (ich hingegen jammerte 500 Wörter lang darüber, in Colorado ein bisschen Schmutz im Auge zu haben). Sie bauten schneller und billiger in China, aber man sah Leute, die mit Glasaugen und fehlenden Gliedmaßen umherliefen. Unser Mechaniker fiel in ein Loch im Bürgersteig und musste genäht werden.

Die von der UCI mitveranstaltete und daher mit einer Startpflicht für alle WorldTour-Teams einhergehende Tour of Beijing war ein Überbleibsel der korrupten Führung von Pat McQuaid. Das Rennen wurde 2014 eingestellt, doch das machte es nicht einfacher, den Brief zu lesen, der beim Abendessen auf jedem Tisch lag und vor potenziell verunreinigtem Fleisch warnte, das zu positiven Dopingproben führen könnte. Die Sorge galt bestimmten Betäubungsmitteln wie DHEA, einem Steroidhormon, das natürlich im Körper vorkommt, aber als Doping gilt, wenn

---

* Schauen Sie mal runter, vielleicht stehen Sie gerade darauf.

man einen gewissen Grenzwert überschreitet. Als leicht nachweisbare Substanz wäre es eine seltsame Wahl der Leistungssteigerung, und von der Handvoll positiver Tests, zu der es im Laufe der Jahre gekommen ist, stammten mehrere von Fahrern, die über jeden Zweifel erhaben sind.

So entpuppte sich der Eimer Hähnchenteile vom Flughafen-KFC als das letzte »richtige« Fleisch, das wir in China essen würden. Die Soigneurs verteilten Dosen-Thunfisch und -Trockenfleisch als Beilage zu unserem Reis, aber täglich 5.000 Kalorien zu ersetzen, war eine ziemliche Mühsal.

Ich aß die DHEA-Eier zum Frühstück, wenn niemand hinsah, aber ich wusste von früheren Rennen, dass Gemüse nicht in Frage kam.*

Als wir vor der ersten Etappe aus dem Hotel auscheckten, wartete am Empfang für jedes Team eine Rechnung über mehrere hundert Dollar, da wir angeblich Kleiderbügel, Fernbedienungen, Glühlampen und Gasmasken aus unseren Zimmern entwendet hatten.

»Niemand will eure Kleiderbügel!«, hörte ich unseren Soigneur argumentieren. »Und welcher Spinner würde eine Gasmaske klauen? Wir zahlen das nicht!«

Sie wundern sich vielleicht, warum es überhaupt Gasmasken in Hotelzimmern gab, aber Sie würden es sofort verstehen, hätten Sie durch die Fenster den Dunst gesehen. Während die Betreuer wegen der Anschuldigungen mit dem Personal stritten, trafen sich Fahrer, Sportliche Leiter und Organisatoren in der Lobby und debattierten, ob es unbedenklich wäre, bei der verschmutzten Luft zu fahren. Dan Martin lud eine Luftqualität-App auf sein Handy und wir studierten Feinstaubwerte, plötzlich alle Experten. Die schlimmsten Werte, die in Los Angeles auftreten, liegen bei um die 100 (einem Wert, bei dem es laut Medizinern bedenklich ist, draußen Sport zu treiben), also ließen sich die Organisatoren auf einen Kompromiss ein: Aktuell lag der Messwert bei 285, aber man würde das Rennen abbrechen, sollte er die 300 übersteigen.

---

* Bei der Tour of Qinghai Lake 2010 landete Kiel Reijnen mit schlimmen Magenschmerzen im Krankenhaus. Der Arzt meinte, seine Eingeweide seien total verdreht, und sie wollten ihn schon aufschneiden, um sie zu entwirren. Zum Glück weigerte er sich, denn es stellte sich als einfache Lebensmittelvergiftung heraus, wahrscheinlich verursacht durch mit Leitungswasser gewaschenes Gemüse.

Fast hätte man meinen können, dass unsere Gesundheit nicht die höchste Priorität genoss.

»Ich meine, was ist der Unterschied zwischen 285 und 300?«, fragte Ryder. »So oder so ist es schädlich.«

»15 ist der Unterschied, glaube ich, oder?«, sagte Thomas Dekker, sich mit freiem Oberkörper und einer Gasmaske auf dem Kopf im Sessel zurücklehnend.

Lachlan saß, ein Streichholz entzündend, in der Ecke. »286«, zählte er und zündete ein weiteres an. »287.«

20 Minuten vor dem Start tranken wir unseren Espresso aus und füllten unsere Taschen mit Snickers und Cola-Flaschen. Es war Oktober und weil keiner mehr Energieriegel und Sportgetränke sehen konnte, mogelten wir uns eine Woche lang mit Zucker und Koffein durch. Bei anderen Teams mochte es obendrein ein bisschen Tramadol geben – das unerklärlicherweise legale Opioid-Schmerzmittel aus der Grauzone.

Mein Teamkollege Steele Von Hoff saß im gleichen Boot wie ich ein paar Wochen zuvor: Andrew McQuaid als (nicht auf seine Anrufe reagierender) Berater, keine Resultate, kein Wort von Vaughters und eine tickende Uhr, während andere Teams ihre Kader auffüllten. Farrar hatte bei MTN-Qhubeka unterschrieben und bot Steele freundlicherweise an, im Sprint für ihn zu arbeiten, statt wie sonst andersherum.

»Bleib einfach an meinem Hinterrad, Steele«, sagte er. »Ich setze dich 200 Meter vor dem Ziel ab.«

Steele tat mir leid, als ich das Video vom Finale sah: Er sitzt auf den letzten tausend Metern an Tylers Hinterrad, aber als das Team Sky heranrauscht, wechselt Steele in deren Zug rüber, just bevor Tyler den Sprint anzieht und die Sky-Formation sprengt. Der Typ, der in die Lücke hinter Tyler schlüpfte, gewann die Etappe, während Steele eingeklemmt war und es gerade noch in die Top Ten schaffte. Das wäre das Resultat gewesen, das er gebraucht hatte, um seinen Traum am Leben zu erhalten, aber eine falsche Entscheidung bei 65 km/h und es hatte sich ausgeträumt.

Wir stiegen in den Van und fuhren über einen Höhenrücken zum nächsten Hotel. Auf Peking hinabzuschauen, erinnerte mich an die Szene aus *Matrix*, wo enthüllt wird, was aus der Welt wirklich geworden war: Die Wolken waren rot vor lauter Luftverschmutzung, aber an den Rändern regenbogenfarben wie eine ölige Pfütze, und im Tal war alles, was wir durch die Fenster erkennen konnten, ein dickes Grau. Kanonendonner hallte von den Bergen wider und ein Dolmetscher erläuterte, dass man die Wolken »säen« würde, indem man Chemikalien in den Himmel schoss, um auf diese Weise Regen zu erzeugen, der die Luft reinigte. Ich trat mir in den Hintern für die ganze Zeit, die ich daheim mit Mülltrennung verschwendet hatte, als würde das irgendetwas bringen.[*]

Das Freundschaftsspiel von AC Mailand am Abend wurde abgesagt (die Fußballer haben halt eine funktionierende Gewerkschaft), ebenso das Konzert von Mariah Carey, aber unser Hotel war ein Chor aus Husten, mit blutunterlaufenen Augen, Kopfschmerzen und heiseren Kehlen.

Ich hatte zehn Zeitzonen überquert, um nach Peking zu kommen, und war high von Koffein, so dass ich in den ersten Nächten eine Schlaftablette brauchte. Garmin-Sharp konnte es sich nicht leisten, einen Arzt zum Rennen zu schicken, aber wir brauchten keinen. Wir hatten ja Dr. Dre. Ich klopfte an Dekkers Tür.

»Machst diesen Scheiß immer noch, was, Thomas?«, fragte ich in meinem schönsten Snoop-Tonfall. »Hast du deinen Vorrat an Schlaftabletten dabei?«

»Oh, na klar! Welche Sorte Schlaf hättest du denn gerne? Auf dem Weg zum Flughafen habe ich eine hiervon genommen«, sagte er und hielt eine blaue Pille hoch, die unschuldig aussah. »Ich kann mich an den Trip nicht erinnern. Ich lande und gehe zur Gepäckausgabe, frage mich, ob ich mein Rad überhaupt eingecheckt habe. Dann kommt es raus und ich sage: ›Nicht schlecht, Thomas!‹«

Ich nahm eine halbe davon.

Ich konnte nicht fassen, wie gut ich in dieser Woche fuhr. Ich half unseren Kapitänen mit Trinkflaschen und Kleidung aus, schaffte es trotz Windkantensituationen in die erste Gruppe, war entspannt in den

---

[*] Ja, ich mache es immer noch. Sparen Sie sich Ihre Mails.

Abfahrten, und wenn wir nach jeder Etappe unsere Leistungsdaten verglichen, lag ich ungefähr im gleichen Bereich wie alle anderen, was bedeutete, dass ich, anders als noch zu Beginn das Jahres, keine Energie verschwendete. Es dauerte bis Oktober und ich hatte meinen Job längst verloren, aber ich hatte endlich den Dreh raus in der WorldTour. *Verdammte Axt.*

Dan Martin wurde bei einer Bergankunft Zweiter hinter Philippe Gilbert von BMC und Tyler Farrar gewann eine Etappe im Massensprint, wir sammelten also einiges an Preisgeldern ein, und da sich endlich keiner mehr außer dem armen Steele Sorgen um einen neuen Vertrag machen musste, hatten wir trotz Luftverschmutzung und Dosen-Thunfisch eine tolle Zeit. Lachlan Morton und ich kauften in einem Spielzeugladen neben dem Hotel billige ferngesteuerte Autos und veranstalteten Rennen auf dem Flur. Steele hatte einen ferngesteuerten Hubschrauber, aber er hockte nur in seinem Zimmer und legte die Beine hoch.

»Wo ist Steele? Warum spielt er nicht mit?«, fragte Lachlan.

»Keine Ahnung, Mann. Man könnte meinen, es ginge um seinen Job oder so was.«

Wir lachten. Lachlan hatte nach einem hässlichen Vertragspoker mit Vaughters bei Jelly Belly unterschrieben. Ich vertue mich bestimmt mit den Details, aber ich schätze, es lief ungefähr so ab: Lachlan war im ersten Jahr eines Zweijahresvertrags, als er die Etappe in Utah gewann, also bot Vaughters ihm 200.000 Dollar für ein weiteres Jahr. Lachlan schlug ein und dann wurde ihm ein Vertrag über 90.000 Dollar vorgelegt.

»Kein Problem, JV«, sagte Lachlan irritiert. »Falls du das Geld nicht hast, verlängern wir den Vertrag jetzt noch nicht und schauen, was nächstes Jahr passiert.«

Vaughters Gegenangebot: Sollte Lachlan nicht unterschreiben, würde er ihn nächste Saison zu den übelsten Rennen schicken, so dass er keine Resultate einfahren könnte und niemand bereit wäre, ihm 90.000 Dollar zu zahlen.

Lachlans Antwort: »Nur zu.«

Wenn ich das richtig verstehe, ist die Familie Morton stinkreich. Haben Sie schon mal von Morton Salt gehört? Damit haben sie nichts zu tun, aber wie ich hörte, hat Lachlans Vater das Patent für irgendeine Art Magnet, der in hochwertigen Geräten und Autos zum Einsatz kommt. Allerdings hatte sich Lachlan nicht so wie Caleb seinen Platz in der WorldTour erkauft. Es ging ihm nicht ums Geld, aber es ging ihm erst recht nicht darum, für jemand anderen Geld zu verdienen. Er kriegte in der Saison nichts auf die Reihe und landete bei Jelly Belly. Letztlich hatte JV also das bessere Ende für sich, aber für mich war Lachlan ein schmächtiger, 60 Kilogramm leichter Superheld.

Ein Gerücht machte die Runde, dass weitere Astana-Fahrer positiv getestet worden waren und dem ganzen Team der Ausschluss aus der WorldTour drohte. So weit kam es nicht, aber Lachlan und ich taten unser Möglichstes, unsere Autos unter ihre Füße zu steuern, wenn sie vorbeiliefen. Er lenkte seins schließlich auf die Straße, wo es überfahren wurde (habe ich auf Video), ich fuhr meins im Flur zu Schrott und ließ es – einen Fall von Alkohol am Steuer implizierend – mit einer Bierdose in einer Ecke stehen.

Die vierte Etappe war die große Bergankunft und die einzige Chance für Dan, Philippe Gilbert zu distanzieren und die Führung im Gesamtklassement zu übernehmen. Zehn Kilometer vor dem Schlussanstieg hatten die Ausreißer noch immer mehrere Minuten Vorsprung und ich machte vorne mit Lachlan und Nathan Haas Tempo. Wir holten die Ausreißer ein und am Fuße des Anstiegs aß ich ein Snickers.[*]

Im Anstieg machte BMC mächtig Druck und die Gruppe flog auseinander. Mein Job als Domestik war erledigt, aber ich konnte problemlos in der Spitzengruppe mitfahren, ich fuhr daher zu Dan auf. Er war ebenso überrascht, wie ich selbst es war, mich dort anzutreffen, aber ich gab mich ganz nonchalant.

»Dan, brauchst du Flaschen oder sonst etwas?«

---

[*] An alle Sportwissenschaftler da draußen: Ich bestritt die ganze Etappe nur mit Snickers und Coke und ich bin nie besser gefahren.

Die Überreste von Lachlans ferngesteuertem Auto.

»Nein, ich habe alles. Danke.«
»Ja? Fühlst du dich gut? Soll ich vorne ein bisschen Tempo machen?«
Dan sah mich an.
»Klar. Wenn du kannst.«
Ich flog am BMC-Zug vorbei und erhöhte die Pace. Es waren nur ein paar Minuten, aber es war ein WorldTour-Rennen, wo jeder erwartete, dass ich nichts zu melden hätte, aber ich fuhr in der härtesten Phase an der Spitze und legte ein Tempo vor, das große Namen nicht mitgehen konnten. Als bei mir der Ofen aus war, attackierte Ryder, BMC seinerseits unter Druck setzend, und Dan holte zwar nicht die erhoffte Zeit auf Gilbert auf, dafür aber den Etappensieg.

Radrennfahrer sind darauf geeicht, faul zu sein – stehe nicht, wenn du dich anlehnen kannst, lehne dich nicht an, wenn du sitzen kannst, sitze nicht, wenn du liegen kannst, und so weiter –, aber ich brach an diesem Tag im Ziel sämtliche Regeln. Als Gesamtzweiter musste Dan sich auf die Regeneration konzentrieren, ebenso Tyler, der auf Sprintsiege und Preisgeld aus war, und Steele, der wider besseres Wissen nach wie vor auf einen neuen Vertrag hoffte.[*] Sie saßen im Auto, während ich jenseits des Parkplatzes auf einem unbefestigten Weg weiterfuhr. Hinter ein paar Kurven blies der Wind die Stimmen der Ansager fort und ich war bei keinem Radrennen mehr. Ich war an einem Tempel auf dem Gipfel eines Berges und blickte hinab auf die Chinesische Mauer. Ich machte Fotos, damit ich nicht noch einmal wiederkommen müsste.

Auf dem Rückweg klopften mir die Jungs alle auf die Schulter.

»Hätte nicht gedacht, dass du das in der WorldTour draufhättest, Phil«, sagte Lachlan grinsend.

»Ich kann nicht fassen, dass das der gleiche Kerl ist, mit dem ich vor ein paar Monaten durch Westflandern gefahren bin«, sagte Nathan Haas. »Du hast in einer Saison mehr gelernt als manche Typen in dreien!« Nathan ist ein Schatz.

Nach der Schlussetappe erhielt jeder von uns einen Anteil am Preisgeld in Höhe von je 7.500 Dollar, also zogen wir um die Häuser. Manche Fahrer verjubelten ihre Kohle in Bordellen[†], die in Peking kaum zu meiden sind. Wir hielten Ausschau nach einer Bar und glaubten, eine gefunden zu haben, doch dann stellten sich ein paar Frauen in Unterwäsche in einer Reihe vor uns auf. Wir sahen uns an, schüttelten die Köpfe und zogen weiter, schließlich in einem dunklen Hotelrestaurant landend (dessen Puff sich im Keller befand).

Mit ein paar Drinks intus, klagte Ryder über die Fusion. Sein Vertrag lief noch ein Jahr, aber wie es hieß, wollte Cannondales neuer Boss die frühe-

---

[*] Falls Sie glauben, Steele würde die Augen vor der Wahrheit verschließen, sollten Sie mal den Fahrer von Cannondale sehen, der seinen Job im Zuge der Fusion verlor und sich 2015 mit Benefiztouren und inoffiziellen Rennen durchschlug, während er den Leuten erzählte, er gehöre noch zum Team.
[†] Es ist nicht überraschend, aber mir ist aufgefallen, dass viele der Fahrer, die mit Doping davonkamen, die gleichen waren, die ihre Frauen betrogen. Ich hörte von einem Kerl, der jeden Abend vor dem Zubettgehen seine beiden Freundinnen anrief, sich in beiden Fällen mit »Ich liebe dich« verabschiedend.

ren Doper im Team loswerden*, weshalb Vaughters versucht hatte, ihn (und vermutlich auch Tom) abzufinden. Ich erinnere mich an den exakten Moment, in dem ich aufhörte, Ryder zu bedauern: »Ich war echt stinkig«, sagte er. »Ich musste einen Blick auf meinen Kontostand werfen, um wieder runterzukommen.«

Seit der Gründung des Teams hatte Vaughters einen Bonus in Millionenhöhe ausgelobt für einen Sieg bei einer Grand Tour, wohl davon ausgehend, dass es nie passieren würde. Vermutlich mussten sie die Zahlungen über mehrere Jahre strecken, als Ryder den Giro gewann, aber er hatte aus seiner Zeit als gedopter Mountainbiker schon Millionen gebunkert.

Dann hörten wir Steele zu, der immer noch bei Cannondale-Garmin zu bleiben hoffte, aber Dan und Nathan hatten bereits Flugtickets zum ersten Trainingslager, wir versuchten Steele daher schonend beizubringen, dass es vorbei war, während er betrunken die Weltrangrangliste auf seinem Handy durchging.

»Falls ich aus den Top 500 raus bin, verdiene ich es nicht, in der WorldTour zu bleiben und halte die Klappe«, gelobte er. Er stand auf Platz 526.

Als Nächstes schauten wir auf meine Platzierung: 480. Nach all dem Aufwand Platz 480 der Welt. Klingt nicht gerade beeindruckend, aber welchen Platz belegen Sie weltweit in Ihrem Beruf, Sie anmaßender Arsch? (Sorry, sensibles Thema.)

Ich versuchte, es von der positiven Seite zu sehen. »Wartet! Gäbe es also einen Flugzeugabsturz und 479 der besten Radfahrer der Welt wären an Bord, dann wäre ich die Nummer eins!«

Dan – auf Rang 51 platziert – schaute mich böse an.

»Ich meine, da sei Gott vor!«

»Du wärst die Nummer eins, bis irgendjemand anders anfinge, Fahrrad zu fahren«, sagte Haas, der mit gerade 25 Jahren Platz 202 belegte.

Der Pizza Hut war geschlossen, als wir die Bar verließen, aber wir fanden immerhin einen TGI Fridays und holten uns Milchshakes.

---

* Daher auch Bassos Abschied. Cannondale verdient eine gewisse Anerkennung dafür, falls es stimmt.

KAPITEL 35

Am nächsten Morgen ging es mit einem kurzen Flug nach Japan, wo wir direkt bei McDonald's einkehrten und Burger aus grauem, billigem Fleisch aßen, das, wie wir uns nach einer Woche Thunfisch aus der Dose einig waren, das Beste war, was wir je gegessen hatten. Die Farbe kehrte in unsere Gesichter zurück und ich schwöre, als ich aufstand, fühlten sich meine Beine schon besser an.

Unser Kader für den Japan Cup war geschlossen aus Peking angereist, außer dem guten alten Bingen Fernandez, der dort zu uns stieß, und Dekker, der durch Caleb Fairly ersetzt wurde, der daheim in Colorado gewesen war. Wie sich herausstellte, hatte Caleb für 2015 bei Giant unterschrieben (parallel dazu verpflichteten sie zwei junge Fahrer, die vielleicht nicht ahnten, dass Caleb ihr Gehalt zahlte und sie ihm einen Kaffee schuldeten), aber er lief zu seinem letzten Rennen der Saison mit ein paar Extrapfunden auf und scheute sich nicht einzugestehen, dass er seit einem Monat nicht mehr auf dem Rad gesessen hatte. Außerdem hielt er es nicht mal für nötig, seine Beine zu rasieren. Ich verstand, dass Caleb gekränkt war, bei Cannondale-Garmin keine Rolle mehr zu spielen, trotzdem war es respektlos seinen Teamkollegen gegenüber.

Bei der Eröffnungsfeier des Japan Cups standen wir in einer Freiluftarena auf der Bühne, während überdrehte Ansager uns, unterlegt von Licht, Lasern und lauter amerikanischer Popmusik (ich erwähnte, dass wir in Japan waren, oder?), den Fans vorstellten. Ich war damit beschäftigt, nicht meine Zunge zu verschlucken, als Steele mir zuraunte.

»Phil! Phil! Guck dir Caleb an! Seine Radhose ist geplatzt!«

Ich schaute an Steele vorbei ans andere Ende der Bühne. Nach all dem Pulled Pork in Kansas, den Milchshakes in Alberta und einem Monat ohne Rad hatte Caleb sich von Größe XS deutlich in Richtung M entwickelt und er zahlte den Preis dafür, mit einer Hand eine aufgerissene Naht verbergend. (Ich weiß nicht, ob ich an Gott oder Karma glaube, aber ich glaube auf jeden Fall an hochwertiges Elastan.)

»Das Sumo-Turnier ist erst morgen, Caleb!«, frotzelte Bernie Eisel vom Team Sky.

Im Austragungsort Utsunomiya wimmelte es von Fans und sie bestürmten uns um Fotos und Autogramme, wann immer wir aus dem Hotel kamen. Wir posierten für ein Foto und sie druckten es zu Hause aus, dann kamen sie am nächsten Tag mit einem kleinen Geschenk für uns wieder, falls wir das Bild unterschrieben. Sie waren, mit anderen Worten, genau wie die belgischen Pedalphilen, nur eben höflich und bescheiden. Trotzdem nutzte ich den Hintereingang des Hotels, um ihnen zu entgehen, denn manchmal möchte man einfach zum 7-Eleven von Utsunomiya gehen, um ein paar Cashews und etwas Limo zu kaufen, ohne sich mit einer ekstatischen japanischen Meute herumzuschlagen. Sie wissen, was ich meine, oder? Sicher ist es auch Ihnen schon oft so ergangen.

Die Organisatoren baten uns, an einem Morgen eine kurze Tour mit Einheimischen und ehrenamtlichen Helfern zu unternehmen, und als wir zurückkehrten, erhielt jeder WorldTour-Fahrer einen Umschlag mit je 100 Dollar darin. »Sagen Sie nichts den kleineren Teams«, flüsterte unser Dolmetscher. »Die bezahlen wir nicht.« Am Nachmittag wurden die Reichen sogar noch reicher, bei einem Kriterium, wo ich half, das Rennen für Steele zu kontrollieren, der hinter Chris Sutton von Sky auf einen achtbaren zweiten Platz fuhr. Ich wette, Steele starrte in Erwartung eines Angebots von Jonathan Vaughters die ganze Nacht auf sein Handy, aber ein zweiter Platz beim Japan Cup reicht nicht, um dich in der WorldTour zu halten.[*]

---

[*] Er kam bei einer soliden Mannschaft der zweiten Kategorie unter, was es ihm erlaubte, seine Wohnung in Girona und seinen Traum aufrechtzuerhalten.

Zuschaueraufauf beim Japan Cup.

Das Haupt-Event beim Japan Cup war das wellige Straßenrennen. Halb Wettkampf, halb Show, sah die Veranstaltung auch eine Handvoll einheimischer Teams am Start, inklusive einiger Keirin-Fahrer, die aussahen, als wären sie noch nie einen Anstieg gefahren.[*]

Es war ausgemacht, dass die WorldTour-Fahrer eine Fluchtgruppe mit den japanischen Mannschaften ziehen lassen und ihnen ein wenig Ruhm

---

[*] Keirin ist ein Bahnwettbewerb, der in Japan sehr beliebt ist für Sportwetten. Ein paar dieser Jungs verdienen siebenstellige Gehälter – und ich spreche nicht von Yen.

gewähren würden, und das eigentliche Rennen ginge los, wenn wir sie auf den letzten 60 Kilometern stellten. Nathan Haas hatte im Vorjahr gewonnen, wir waren daher in der Pflicht, das Rennen zu kontrollieren. Trotz seiner behaarten Beine fuhr Caleb in der ersten Hälfte gut, dann übernahm Dan Martin an der Spitze.

Dan führte eine ganze Weile, holte die Ausreißer ein und ging schnell genug in den Anstieg, um die Gruppe in zwei Hälften zu sprengen. Auf den flachen Passagen rollte ich kräftesparend in seinem Windschatten mit, musste aber an den Anstiegen leiden, was mir Sorgen machte, denn es war meine Aufgabe, die Tempoarbeit zu übernehmen, wenn Dan erledigt war, und es erschien mir ausgeschlossen, dass ich dann weiter sein Tempo würde gehen können. Aber Dan bat mich gar nicht erst, für ihn zu übernehmen. Er blieb über eine Stunde alleine vorn und zog alle paar Minuten das Tempo an, während das Feld hinter ihm auseinanderflog.

Es war eine Vorstellung, die mich mein Leben hinterfragen ließ. Es war eine lange Reise und eine lange Saison gewesen und Dan hatte für dieses Rennen nicht trainiert. Aufgrund des Biers am Abend zuvor, des Snickers in der Trikottasche und eines Vertrags über ein weiteres Jahr hätte ihm niemand einen Vorwurf gemacht, wenn er einen schlechten Tag gehabt hätte, aber stattdessen zeigte er eine Leistung, von der ich selbst an meinen besten Tagen nur träumen konnte.

Mir war in diesem Jahr oft genug der Hintern versohlt worden. Ich war am Limit, als Quintana in Argentinien an mir vorbeitänzelte, aber dies war noch demütigender: Es war eine dieser überragenden Leistungen, die scheinbar mühelos und ohne es darauf anzulegen erbracht werden – so wie Ramūnas, der im Trainingslager einfach in die Gruppe zurücksprintete, als wir ihn foppen wollten, oder Dylan van Baarle, der in einer Trainingseinheit im Windschatten des Teamfahrzeugs einfach mal den motorisierten Schrittmacher attackierte. Ich besaß Talent, eine herausragende gewichtsbezogene Leistung, einen Wahnsinns-VO_2max und den Einsatzwillen, das meiste davon auszuschöpfen, aber das galt auch für alle anderen hier. Um in der WorldTour herauszuragen, brauchte es noch etwas anderes – nennen wir es »wahres Talent«. Auf einer schmalen Straße in Japan, wo ich bei Puls 170 versuchte, Dan Martins Schweißperlen auszuweichen, musste ich mir eingestehen, dass ich es nicht hatte. Dan hatte nie gedopt und uns trennten vielleicht nur ein oder zwei Prozent, aber es hätte genauso gut der Pazifik sein können.

Zehn Jahre lang hatte ich mich auf einer aufsteigenden Kurve bewegt. Ich begann die Saison damit, Kollegen zu helfen, aber im Juli waren sie es, die mir Trinkflaschen brachten. Nun saß ich hier im Oktober, ich lernte schneller und war stärker denn je, aber ich brachte immer noch Jacken zum Auto. Meine Kurve war abgeflacht, und es war nur eine Frage der Zeit, bevor sie nach unten zeigen würde. All die Trainer und Lehrer und Klischees hatten unrecht: Nicht jeder ist ein Gewinner. Niemand möchte über natürliche Begabung sprechen, denn »wahres Talent« ist weder beflügelnd noch fair, aber wenn du als eine sechs zur Welt gekommen bist, können auch harte Arbeit und viele Opfer dich nur zu einer neun machen.*

Dan Martin ist Mozart und ich bin Salieri.

Aber ich versuchte nicht, Dan umzubringen. Ich war dankbar. Es war gut zu wissen, dass, was auch immer passierte, ich niemals der Beste sein würde und keine noch so große Menge an Vitaminen oder Grünkohl-Shakes daran etwas ändern könnte. Ich könnte meinen Toyota mit Super betanken, aber ich wäre dennoch niemals in der Lage, mit Dans Ferrari mitzuhalten, selbst wenn er ihn mit Pisse füllte. Würde ich also beschließen, meine Karriere zu beenden, würde ich wenigstens mit einem gewissen Seelenfrieden abtreten. Eine Last war von mir genommen.

Leider war diese Last nur metaphorisch, denn als Dan am letzten Anstieg schließlich platzte, klammerte ich mich mit Müh und Not ans Ende der Gruppe. Ich war ziemlich sicher, dass ich dranbleiben und Nathan helfen könnte, aber als wir oben ankamen, huschte Mozart wieder an mir vorbei. Es sah zum ersten Mal nicht mühelos aus, doch er brachte es fertig, sich in den ersten 30 Sekunden des Anstiegs wieder von

---

* Ich kenne ein paar Typen, die als eine zehn zur Welt kamen und sich auf eine neun runterrauchten oder -tranken. Ich heiße das nicht gut, aber eine zehn scheint mit einer Menge Druck einherzugehen, insofern kann ich es verstehen.

seinem stundenlangen Kraftakt an der Spitze des Feldes zu erholen, und hatte sich bis zum Gipfel wieder gefangen. Auf den letzten 20 Kilometern neutralisierte Dan jede Attacke und Nathan gewann.

Ich war in unserem Teamzelt fast mit meinem ersten Bier durch, als Dan eintraf und den Mechaniker um einen Rollentrainer bat, um ein anständiges, professionelles Cool-down zu absolvieren. Natürlich hatte der Mechaniker zum letzten Rennen der Saison keine Rolle mitgebracht, weswegen er untröstlich war, bis Dan anfing zu lachen.

»Reingelegt! Gib mir ein Bier.«

Die Saison war vorüber, selbst für ein ausgewiesenes »wahres Talent«.

Nun, da das Rennen vorbei war, waren die Fans scharf auf Souvenirs. Ich verkaufte mein durchgeschwitztes Trikot für 75 Dollar (saubere Trikots gingen für 50 Dollar über den Tisch), fuhr nur in Radhose die 20 Minuten zurück zum Hotel, und noch bevor ich aus der Dusche raus war, klopften Einheimische an meine Tür, um mir noch mehr Krempel abzukaufen. Dies war eine alljährliche Tradition beim Japan Cup und die Teams richteten in ihrem Teil des Hotels eine Art Basar ein. Nathans Sieg steigerte die Nachfrage nach Karomuster, der wahre Gewinner war somit der rassistische Soigneur, der mit Extrakoffern voller Teamklamotten angereist war.

Jedem WorldTour-Team stand im Hotel ein großer Saal zur Verfügung, wo Fans am Abend die Fahrer treffen konnten. Nach japanischer Tradition saß man auf dem Boden, aber meine Oberschenkel waren so steif, dass ich sie kaum beugen konnte.

»Das kommt schon mal vor nach 25.000 Kilometern auf dem Rad seit Januar«, meinte Nathan.

Es fühlte sich eher nach gerade mal 24.980 an, aber vielleicht hätte ich mich doch öfter dehnen sollen.

Die Party von Cannondale fand im Saal nebenan statt, der mit einer akkordeonartigen Stofftrennwand abgeteilt war.

»Warum nehmen sie nicht einfach die Trennwand ab, schmeißen Steele und mich raus und bringen diese Fusion hinter sich?«, fragte ich.

Wir entkamen schließlich aus dem Hotel und zogen los, um das Geld auf den Kopf zu hauen, das wir mit dem Verkauf der Klamotten gemacht

Glas-Bar in Japan mit Steele, Dan, Laura und Nathan.

hatten. Zu uns gesellten sich Joanna und Nathans Freundin Laura Fletcher. Laura war Journalistin und Produzentin einer Radsport-Newsseite, ihr war daher ein Flugticket gestellt worden, um über das Rennen zu berichten. Ich bezahlte Joannas Anreise, und Nathan und ich hatten mit der Teamleitung vereinbart, dass sie uns Tickets für einen Rückflug eine Woche später buchten – ein gerissener Schachzug, sich einen billigen Urlaub zu verschaffen.

Wir beschlossen die Saison mit der einzigen Form von Nachtleben, die Utsunomiya zu bieten hatte: eine Reihe winziger »Glas-Bars« mit acht Sitzen in Hufeisenform und einem Barkeeper in der Mitte. Nathan gab die erste Runde aus. Er strahlte den Glanz eines Siegers aus und man sah, dass es Dan stolz machte, seinem Freund dazu verholfen zu haben, so wie ich es Alex in Denver und wie Tom es mir in Argentinien ermöglicht hatte. Wir tranken, wir plauderten und wir scherzten. Es hatte lange dauert, aber ich hatte fast vergessen, wie viel diese Jungs mir bedeuteten, und ich unterhielt mich mit einem Raum voller Siegertypen, als würde ich wirklich dazugehören. Ich liebte diesen Sport, ich liebte meine Teamkollegen und ich würde sie vermissen. Es folgten weitere Runden Sake und als wir zurück ins Hotel schwankten, hatten Soigneurs, die wussten, dass wir es nötig hätten, Wasserflaschen vor unsere Zimmertüren gestellt. Sie dachten wirklich an alles.*

Joanna und ich schmiedeten Pläne, uns mit Nathan und Laura in Tokio zu treffen, und verabschiedeten uns von allen anderen. Ich hatte niemandem erzählt, dass ich mit dem Gedanken spielte, aufzuhören, aber ich hoffte auf irgendeine Art von Bestätigung – nur eine Andeutung von Endgültigkeit in diesen Lebewohls. *Sag mir, dass du mich nie wieder sehen willst. Sag mir, dass ich zu alt und zu langsam bin.*

»Wir werden dich vermissen, Phil«, sagte Dan. »Es ist verrückt, dass du nächstes Jahr nicht in der WorldTour fahren wirst. Wir brauchen Jungs wie dich.«

Verdammt. Ein »wahres Talent« kommt schon auf der dritten Base zur Welt. Manche von ihnen führen sich auf, als hätten sie ein Triple geschlagen, aber nicht Dan.

Bingen lächelte und streckte mir die Hand entgegen. »Ich weiß, dass du es wieder in die WorldTour schaffen wirst, Phil.« Ich umarmte ihn, damit er meine Tränen nicht sah.

Joanna und ich verbrachten ein tolles Wochenende mit einem Triathlon-Pärchen namens »Iron Sam« und Emi, die ich auf Instagram kennengelernt hatte. Sie nahmen uns mit zu Wanderwegen, Tempeln und Restaurants und setzten uns dann an einem Bahnhof ab, von wo aus wir uns allein durchschlugen. Ein paar Tage lang verirrten wir uns in kleinen Städtchen, entspannten in traditionellen heißen Quellen, verirrten uns in Lebensmittelläden, wanderten auf dem Fuji, verirrten uns in Bahnhöfen und aßen alle möglichen köstlichen Speisen, die wir nicht identifizieren konnten.

---

* Dank an Alyssa, die sich an mein Lieblingsmüsli erinnerte und daran, dass ich gesalzene Cashews bevorzuge.

Joanna ließ sich in einem Laden, in dem Taylor Swifts »Shake it Off« in Endlosschleife lief, die Nägel machen, während ich ein Paar hellblaue Puma Hightops mit einer fellartigen Textur kaufte, die ich in den Staaten niemals zu tragen gewagt hätte. Am Ende der Woche trafen wir Nathan und Laura in Tokio und sangen Karaoke.

Auf dem Rückflug reiste ich auf Kosten des Japan Cups erster Klasse, Joanna kam in der zweiten Klasse unter. Als wir einstiegen, nahm ich die zweite Hälfte von Dekkers Schlaftablette und versprach, mit ihr den Platz zu tauschen, wenn ich aufwachte. Es war mein erstes Mal in einer dieser magischen Schlafsessel, also legte ich die Füße hoch, stöpselte die Ohrstecker ein und zog die Maske über die Augen, doch die Worte von Dan, Nathan und Bingen spukten mir noch im Kopf herum. Ich dachte, dass ein Teil von mir sich freuen würde, sich aus dem Radsport zu verabschieden und ganz auf das Geschäft zu konzentrieren, aber die Aussicht war überhaupt nicht verlockend. Genauso wenig wie der Gedanke, für ein Radsport-Magazin zu schreiben oder irgendeinen anderen Job anzunehmen, für den ich qualifiziert sein mochte. Selbst wenn man mir 500.000 Dollar im Jahr dafür geboten hätte, Kekse zu testen, hätte mich das nicht gereizt.[*] Viele Fahrer machten im Laufe der Jahre einen Schritt zurück aus der WorldTour, zuversichtlich, sich wieder nach oben arbeiten zu können, aber angesichts schrumpfender Teams und Budgets fielen mir nur zwei ein, denen es tatsächlich gelungen war. Wahrscheinlich machte ich mir etwas vor damit, zu glauben, dass ich der Dritte sein könnte, aber ich musste es zumindest probieren. Ich gab den Versuch einzuschlafen auf und schlich mich nach hinten in die zweite Klasse, um Joanna meinen Platz zu überlassen, aber sie schnarchte schon.

Die UCI verlangt von den Teams, für die Reisekosten ihrer Fahrer aufzukommen, aber ich hatte das ganze Jahr mein Bestes getan, Vaughters' Geld zu sparen, mich mit Flughafenpersonal gestritten, um die 150 Dollar Transportgebühren für Räder zu vermeiden, und am Flughafen Los Angeles meine Taschen in kleine Taxis gezwängt. Nun, da ich gefeuert

---

[*] Ist nur ein Witz. Falls Sie einen Kekstester suchen, rufen Sie mich an.

war, orderte ich für die letzte Quittung, die ich bei Garmin-Sharp einreichen würde, einen exklusiven Fahrdienst. Ein Mann in einem Anzug hielt an der Gepäckausgabe ein Schild mit meinem Namen hoch und trug alles zu einem schwarzen SUV.

Auf dem Heimweg rief ich meinen Coach an und wies ihn an, sich an die Arbeit für meinen Trainingsplan für 2015 zu machen, denn ich würde »all-in« gehen. Ich mochte nicht gut genug sein, um in Europa zu gewinnen, aber ich verdiente es, dort zu sein, und ich war bereit, es unter Beweis zu stellen. Ich würde Optums Kapitän bei den größeren Veranstaltungen sein, ich würde meinen Kalender im Voraus kennen, ich würde Rennen bestreiten, die meinen Fähigkeiten entsprachen, und ich würde meine Basis in Kalifornien haben, mich also nicht mit einer Fernbeziehung herumschlagen müssen. Ich musste einfach weiterhin das tun, wozu ich erwiesenermaßen in der Lage war, und solange nicht alles ganz furchtbar schiefging, wäre ich 2016 zurück in der WorldTour und würde den Traum leben.

TEIL 3

Das Jahr, als alles ganz furchtbar schiefging

KAPITEL 36

Der erste Schritt auf dem Weg, »all-in« zu gehen, bestand darin, mein Radklamotten-Geschäft loszuwerden. Ich bin nicht weiter auf meine Gehversuche als Unternehmer eingegangen, zumal diese ein eigenes (vermutlich eher langweiliges) Buch füllen könnten, aber wenn ich darüber nachdachte, den Radsport dranzugeben, konnte mich die Aussicht, mich ganz dem Geschäft zu widmen, so rein gar nicht begeistern. Also was für ein Plan B war das dann? Mein Partner hatte eh einen Großteil der Arbeit erledigt, trotzdem hatte ich immer mal wieder schnell einspringen müssen, wenn es Probleme gab; es war also durchaus mit Stress verbunden – zu Lasten meiner Leistung im Sattel. Wir einigten uns auf einen fairen Preis und er kaufte mir meine Hälfte ab.

Das Geschäft zu verkaufen, ermöglichte mir, mehr Zeit dem Radsport zu widmen, und half mir außerdem, meiner miesen Wohnung zu entfliehen, denn nun konnte ich mir eine Anzahlung auf ein Haus in Toluca Lake leisten. Für die besseren Gegenden in L.A. zahlt man ein Vermögen, aber nach all den mageren Jahren gefiel mir die Vorstellung, an einer renommierten Adresse zu wohnen. Sowohl Miley Cyrus als auch Justin Bieber wohnen in Toluca Lake und das Anwesen von Bob Hope stand gerade – inklusive Golfplatz – für 22 Millionen Dollar zum Verkauf. Das kriegt man, wenn man einer der größten Komiker oder Popstars des Landes ist. Als überdurchschnittlicher Kletterer in einem Radrennen schaut man sich ein paar Blocks außerhalb der Promi-Enklave um und bietet 420.000 Dollar für ein »luxuriöses Reihenhaus« mit 90 Quadratmeter Wohnfläche in der Nähe eines mexikanischen Restaurants namens

Ernie's. Es gab keinen Golfplatz, aber es hatte alles, was wir brauchten: eine Garage, ein Gästezimmer, Waschmaschine samt Trockner und genug Marmor und Hartholz, um die Bezeichnung luxuriös zu verdienen – es wäre also leicht zu vermieten, wenn wir nach Europa zogen. Es war außerdem nicht weit bis zu Sweetsalt und zu Joannas Büro, sie würde also nicht mehr mein Auto nehmen müssen, und außerdem machte Ernie ziemlich brauchbare Enchiladas.[*]

Ich hatte das Geld, aber angesichts eines auf ein Jahr befristeten Vertrags und des stetigen, unberechenbaren Hin und Her von Steuernachzahlungen und -erstattungen waren die Banken nicht begeistert von der Idee, mir ein Darlehen zu gewähren, so dass ich als 28 Jahre alter WorldTour-Profi, Autor mit Verlagsvertrag und semi-erfolgreicher Unternehmer meine Eltern bitten musste, für mich zu bürgen, was kein angenehmes Gespräch war. Dad räumte ein, dass das Reihenhaus nach einer guten Investition aussah, wies mich aber eindringlich darauf hin, dass ich wichtige Entscheidungen traf: Ob ich mir ganz sicher wäre, dass es eine kluge Entscheidung sei, mich auf Grundlage eines Jobs, den ich in einem Jahr vielleicht nicht mehr hätte, und einer Verlobten, die sich auf keinen Hochzeitstermin festlegen wollte, häuslich niederzulassen?

»Was, wenn es mal nicht so gut läuft?«, fragte er.

»Na ja, dann kann ich es immer noch verkaufen«, erinnerte ich ihn. *Und du kannst mich mal, nicht an mich zu glauben.*

Als das Darlehen abgesegnet war, machte ich mir sofort meinen Makler zum Feind und drohte den Deal platzen zu lassen, bis nicht jede noch so kleine Reparatur erledigt war. Nachdem ich zehn Jahre lang um Verträge gebettelt hatte, hatte ich bei einer Verhandlung endlich mal die Oberhand, der bedauernswerte Verkäufer zahlte also für alles, was Vaughters und McQuaid mir angetan hatten.

Ich hatte Jahre damit zugebracht, mir ein Leben mit geringen Kosten und geringem Risiko einzurichten, denn die Karte Profiradsport war mir

---

[*] Um eine großartige Enchilada zu bekommen, gehen Sie zu Cascabel am Riverside Drive. Aber auch Ernie ist vollkommen okay.

nie sicher oder zukunftsfähig erschienen, doch in die Saison 2015 ging ich ohne einen Plan B und mit einem Haus, das ich abbezahlen musste. Ich war »all-in« gegangen, und es war ein gutes Gefühl – so als würde ich zum allerersten Mal wirklich daran glauben, dass ich mein Leben auf die Reihe kriegen würde. Joanna musste bei den laufenden monatlichen Kosten aushelfen, aber ich hatte uns ein Dach über dem Kopf verschafft, was mir das Gefühl gab, erfolgreich und erwachsen zu sein. Vielleicht würde ich eines Tages doch eine Familie gründen können.

Es sah so aus, als würde 2015 ein hartes Jahr in der Continental-Serie werden. Mancebo war nach Übersee zu einem Team namens Skydive Dubai gewechselt (vermutlich für eine satte Gehaltserhöhung, und wie ich hörte, durften sie auch umsonst Fallschirm springen), doch ich war nicht besonders scharf darauf, gegen meinen früheren Teamkollegen Lachlan Morton zu fahren. Nach all dem Ärger um seine Blutwerte ließen die WorldTour-Teams die Finger von Chris Horner, der schließlich bei einer winzigen amerikanischen Mannschaft untergekommen war. Die meisten seiner Teamkollegen waren unbezahlt[*], Horner würde also nicht viel Unterstützung haben, trotzdem würde ein Vuelta-Sieger schwer zu schlagen sein.

Als mein Vertrag mit Garmin-Sharp am 1. Januar auslief, fühlte ich mich gleich weniger wichtig, fast so, als wäre ich nur noch ein halber Radprofi. Wenn ich 2014 eine Gruppe Radfahrer sah, trug immer irgendeiner mein Trikot, und ich konnte keine Ausfahrt unternehmen, ohne erkannt zu werden. Wann immer ich in ein Radgeschäft kam, und sei es nur, um meine Reifen aufzupumpen, bestand der Mechaniker auf einer vollständigen Schnell-Inspektion für Mr. WorldTour und man ließ mich nie bezahlen.

»Ach, wir wollen dein Geld nicht, Phil! Kannst du uns dieses T-Shirt unterschreiben?«

2015 wollte man mein Geld in Radgeschäften wieder haben, ich verlor hunderte Follower in den sozialen Medien (leckt mich doch) und keiner wollte mehr ein Foto.

---

[*] Wie ich hörte, kassierte Horner 125.000 Dollar. Den Traum leben!

KAPITEL 37

Für das Trainingslager von Optum richteten wir uns eine Stunde nördlich von L.A. in einem Ferienhaus am Pazifik ein. Als ich mir meine neuen Teamkollegen ansah, war es ganz anders als ein Jahr zuvor, als ich es mit einem Who's who an herausragenden Champions und fragwürdigen Charakteren zu tun hatte. Fast alle meine Mitstreiter bei Optum waren aufs College gegangen und das eheste, was wir als Doper vorzuweisen hatten, war Tom Zirbel, der mal positiv auf DHEA getestet worden war, vermutlich wegen eines verunreinigten Nahrungsergänzungsmittels oder irgendeines anderen Irrtums.[*] Am ersten Tag ging ich mit ein paar jüngeren Teamkollegen einen Kaffee trinken und mir kam die harte Erkenntnis: *Ich bin der bestbezahlte Fahrer hier. Jetzt muss ich den Espresso zahlen.*

Ich brauchte mir in diesem Jahr keine Sorgen machen, im Kreise meiner Teamkollegen sozial akzeptiert zu werden, denn Brad Huff und Jesse Anthony waren bereits zwei meiner besten Freunde und auch mit Will Routley und Tom Soladay hatte ich zuvor schon viel Zeit verbracht. Routley war zweimal knapp an einer Olympiateilnahme im Mountainbiking gescheitert – an Ryder Hesjedal und einem weiteren Kanadier, der wahrscheinlich auf EPO war –, aber er war nicht allzu verbittert. Er verdiente seinen Lebensunterhalt mit Radfahren, war glücklich verheiratet und betrieb in der rennfreien Zeit einen Biobauernhof.

---

[*] Wenn man Zirbel fragte, was passiert war, zuckte er die Achseln. Er hatte jedes Vitamin an ein Labor geschickt und sich jahrelang damit beschäftigt, aber er fand es nie heraus.

Brad Huff und ich, Sprinter und Kletterer.

Dazu kamen ein paar Teamkollegen, die ich nicht kannte, darunter ein Kanadier namens Mike Woods, der von allen »Woodsy« genannt wurde. Er hatte mir ein paar Wochen vor dem Trainingslager eine Mail geschickt:

Hey Kumpel,
   habe übers Wochenende dein Buch gelesen. War echt toll, ich konnte es gar nicht weglegen.
   Freue mich auf die Saison,
                                              – Mike

Ich hatte gehört, dass Mike als Teenager ein vielversprechender Läufer gewesen war. Mit 17 lief er die Meile in unter vier Minuten und träumte von den Olympischen Spielen, aber Verletzungen zwangen ihn, nach dem College aufs Rad umzusteigen. Inzwischen war er 29 – so alt wie ich – und hoffte, 2016 in Rio für Kanada an den Start zu gehen, aber da er nur wenige Jahre Erfahrung in kleinen Mannschaften mitbrachte, räumte ich Mike keine allzu großen Chancen ein.

Ich hatte einen Riesenspaß mit den Jungs und freute mich darauf, das Jahr mit ihnen zu verbringen, aber es gab eine Sache, aus der ich nicht schlau wurde: Was ist Optum und wie verkauft man es? Bei Garmin-Sharp gehörten zu den Trainingslagern Vorträge von Sponsoren, die uns über ihre Produkte informierten und darüber, was es zu bewerben galt, aber bei Continental-Teams kümmerte sich niemand um diese Kleinigkeiten, was wahrscheinlich der Grund war, warum Sponsoren nie lange blieben. Ich war der Einzige, der je versuchte, Bissell-Staubsauger zu verkaufen, und alles, was wir über Optum wussten, war, dass es etwas mit Krankenversicherung zu tun hatte (mit der sie uns aber nicht versorgten).

Verglichen mit Trainingslagern in der WorldTour, mit schweren Anstiegen und Motorpacing, ging es bei Optum alarmierend locker zur Sache. In großen Trainingsgruppen war es unter WorldTour-Fahrern üblich, harte zehnminütige Ablösungen vorne im Wind zu fahren und sich dann ans Ende der Gruppe zurückfallen zu lassen, aber hier begann ich gerade erst meinen Turn an der Spitze und schon schrie mich jemand von hinten an, es gefälligst langsamer angehen zu lassen. »Jungs, wir müssen trainieren«, wollte ich zurückschreien.

In punkto Fitness war es eine verschenkte Woche, abgesehen vom »Camp Champ«, ein paar Tagen, an denen wir gegeneinander antraten und wo es um Preise für die Sieger und um die Ehre ging. Das Camp Champ begann mit einem Rennen die Gibraltar Road hinauf: ein schwerer Anstieg in Santa Barbara mit steilen Passagen nahe dem Gipfel. Wir hatten die 30-minütige Kletterpartie kaum begonnen, da waren nur noch Mike Woods und ich übrig.

Ich kontrollierte zunächst das Tempo und erwartete, dass »Woodsy« jeden Moment Anker werfen müsste, aber stattdessen zog er vorbei und wir wechselten uns im Wind ab, den Anstieg gemeinsam hinaufffliegend. Es machte Spaß, aber ich hatte wenig Freude an dem Gedanken, diesen Rookie nicht in die Schranken weisen zu können.

Dann erreichten wir die steileren Passagen und der Spaß war vorbei. Als Woods aus dem Sattel ging, passierte etwas Seltsames: Er war noch in die Pedale eingeklickt und hielt seinen Lenker fest, aber Mike fuhr im Grunde nicht Fahrrad – er lief vielmehr und an seiner rechten Wade zeichnete sich eine gewaltige krampfaderartige Vene ab, als würde ein Alien in ihm wachsen. Das gab mir etwas, auf das ich starren konnte, als er das Tempo forcierte, bis er mich auf den letzten 500 Metern schließlich abhängte. Mein Selbstvertrauen bekam einen empfindlichen Dämpfer. *Wer ist dieser Kerl und wie soll ich das Team führen und zurück nach Europa kommen, wenn ich mich nicht mal im Trainingslager durchsetzen kann?*

Am Abend lud Mike seine Leistungsdaten hoch, um nachzuschauen, wie wir uns im Vergleich mit der ewigen Bestenliste auf der Gibraltar Road geschlagen hatten. Ich blickte ihm über die Schulter und bemerkte seinen Nutzernamen: »Rusty Woods«. Er war der Typ, der Ryder Hesjedals Rekord auf Maui gebrochen hatte. Ich hatte ein Problem.

Am nächsten Camp-Champ-Tag fuhren wir einen Anstieg namens Fernwood hinauf, wo ich viele Male trainiert hatte. Sie denken vielleicht, es ist von Vorteil, mit einem Anstieg vertraut zu sein, aber die Straße zu kennen, verbesserte meine gewichtsbezogene Leistung nicht. Woods hängte mich ab, wartete auf mich, fragte, wo es an der nächsten Abzweigung weiterginge, und hängte mich wieder ab. Mein Powermeter sagte 430 Watt, als er zum vierten Mal um eine Kehre verschwand, und ich musste schließlich einsehen: Woodsy gehörte zu denen, die »wahres Talent« besitzen. Ich war nicht der beste Kletterer der Welt, aber ich gehörte zum weiteren Kreis und er ließ mich durchschnittlich aussehen.

Als ich den Gipfel erreichte, war ihm anzumerken, dass er stolz war, mich geschlagen zu haben, aber Mike brüstete sich nicht damit. Er lächelte, streckte mir die Faust zum Check hin und sagte: »Schönes Ding,

Kumpel!« Woodsy nannte jeden »Kumpel« und er meinte es auch. Genau wie ich war er College-Absolvent, ebenfalls mit Abschluss in Anglistik, und er erzählte immer gern Geschichten über sein Geschäft als Trainer und seinen Job in einem Schuhgeschäft. Mir gefiel seine positive Einstellung und ich war ernsthaft beeindruckt, wie hart er gearbeitet und welche Widrigkeiten er überwunden hatte. Kurzum: Mein neuer Teamkollege gefährdete meine Karriere und ich konnte ihn nicht mal hassen.

Das dritte Camp-Champ-Rennen war ein flaches Zeitfahren. Ich wurde knapp Zweiter hinter Zirbel – dem besten Zeitfahrer der Continental-Szene – und Woods lag weit zurück, denn eine Zeitfahrmaschine erfordert eine tiefe, aerodynamische Sitzposition, aus der man sich kaum einmal aufrichtet. *Schätze, auf dem Ding kannst du nicht laufen, was, Kumpel?* Ich sah ein, dass Zeitfahren meine einzige Chance wären, mich als Kapitän der Mannschaft zu profilieren, also verbrachte ich nach dem Trainingslager einen Tag bei einem Bikefitting-Spezialisten und arbeitete an meiner Sitzposition und Effizienz.

KAPITEL 38

Optums erster Saison-Auftritt war die Volta ao Algarve, eine Rundfahrt in Portugal im Februar – das für uns wohl größte Rennen des Jahres. Wir landeten früh in Lissabon und bezogen in einem Ort namens Vilamoura an der Südspitze des Landes zwei Ferien-Appartements. Ich plante meine Höchstform für die Tour of California und nutzte die Algarve als Training, getreu dem Motto: »Gib dein Bestes, hilf der Mannschaft und warte ab, was passiert.« Als wir am Abend vor der ersten Etappe im Hotel eincheckten, fand ich eine tote Amsel in meinem Zimmer, aber das machte nichts, ich glaube nicht an böse Omen.

Unser Sportlicher Leiter war der Kanadier Eric Wohlberg. Er war ein Energiebündel, aber da er seine Karriere in nordamerikanischen Continental-Teams verbracht hatte, wusste er nicht so recht, wie der Hase in Europa lief, und hatte eine frühzeitige Anreise eingeplant – »nur für den Fall«, so wie meine Mutter auch immer schon zwei Stunden vor dem Abflug am Flughafen sein möchte. Die Organisatoren richteten noch die Strecke her, während wir zur Vorbesprechung neben dem Van auf Klappstühlen saßen, dick eingepackt gegen die morgendliche Kälte.

Auf eine Karte deutend, gab Wohlberg uns einen Überblick über den Streckenverlauf und wie sich die Etappe seiner Einschätzung nach entwickeln könnte.

»In diesem Teil wird es windig sein. Haltet euch da vorne auf. 20 Kilometer später erwartet euch ein echtes Hauen und Stechen, achtet also darauf, vorne zu sein. Ihr müsst sie ficken, bevor sie euch ficken, Jungs. Die Abfahrt sieht ziemlich gefährlich aus, haltet euch also vorne auf.«

»Haltet euch vorne auf« ist ein Rat, den man Junioren mit auf den Weg gibt, wenn man sonst nichts zu sagen hat, daher ließ ich meine Gedanken schweifen, aber dann sahen mich plötzlich alle an und wollten wissen, was ich dachte. Bei Garmin-Sharp war ich eine Fliege an der Wand und niemand fragte mich nach meiner Meinung, aber jetzt war ich der Fahrer mit der meisten Erfahrung in der Mannschaft. Im Grunde waren wir geliefert, aber ich hatte ein paar Ideen, was die großen Teams vorhaben könnten und worauf wir achten sollten.

»Hier werdet ihr eventuell abgehängt, wenn es windig ist.« Ich zeigte auf eine bestimmte Stelle im Streckenplan. »Aber keine Panik, denn hier holt ihr wieder auf.«

Schließlich trafen die WorldTour-Teams in ihren schicken Bussen ein und der Schatten des Cannondale-Garmin-Sattelschleppers erhob sich über unseren Van. Ich blickte sehnsüchtig durch meinen dampfenden Atem, erinnerte mich an die verstellbaren Liegesitze, den gut gefüllten Kühlschrank und die Betreuer, die sich erkundigten, ob man irgendetwas bräuchte, dann öffnete sich die Tür und Sebastian Langeveld kam mit seinem breiten Lächeln heraus und lud mich auf einen Espresso hinein. »Man sieht sich, ihr Trottel!«, sagte ich zu meinen Teamkollegen und stieg die Treppe hinauf.

Von den Fahrern bis zu den Betreuern wollte jeder im Bus mich umarmen und ich war froh, dass sie mich nicht schon nach wenigen Monaten vergessen hatten. Ich war ein guter Teamkollege gewesen, was mir zwar keinen Vertrag einbrachte, aber dafür ein paar Freundschaften und einen Espresso aus einem Plastikbecher.[*]

Im Rennen hatte ich aber nur wenige Freunde. Im Vorjahr hatte ich mich daran gewöhnt, im Feld ein gewisses Maß an Respekt zu genießen – wenn ich einen Platz in einer Fahrerreihe haben wollte, bekam ich ihn normalerweise –, aber jetzt sah mein Optum-Trikot für die meisten Fahrer wie ein Drehkreuz aus. Ich wurde herumgeschubst und musste hart arbeiten, um meine Position zu behaupten.

---

[*] Einen halben, denn ich verschüttete ein bisschen, als ich aus dem Bus stieg.

Am Abend vor der zweiten Etappe träumte ich, dass ich als Solist attackieren und gewinnen würde, also ließ ich es auf den letzten Runden um ein kleines Dorf herum darauf ankommen, um ein für alle Mal nachzuweisen, dass ich bei Cannondale-Garmin hätte bleiben sollen. Die Fans säumten auf dem steilen Anstieg die Straße, schrien mir ins Ohr, als ich vorbeiflog, und eine Weile war es wieder wie bei der Tour de San Luis.

Hätten die WorldTour-Teams gezögert und mich nur ein bisschen von der Leine gelassen, hätte ich gewonnen und wie ein Genie ausgesehen, aber sie kontrollierten den Vorsprung und holten mich ein paar Meilen vor dem Ziel ein, also sah ich wie ein Idiot aus. Nach der Anstrengung war ich nicht mehr in der Lage, am letzten Anstieg bei der Spitzengruppe zu bleiben, so dass ich zwei Minuten verlor und jede Hoffnung auf einen Platz unter den ersten zehn begraben konnte. Woodsy schlug sich besser und wurde ein paar Tage später bei einer Bergankunft Vierter. Ich wurde 15., was ziemlich gut ist, aber niemand nahm Notiz davon.

Auch Jonathan Vaughters hatte die Identität von »Rusty Woods« ermittelt und es gelang mir nicht, meinen Neid zu verbergen, als mein alter Chef ihn auf Twitter in den höchsten Tönen lobte.

»Viel Spaß bei den Drei Tagen von Westflandern«, sagte ich.

Als man mein Rad vor der letzten Etappe vom Autodach nahm, war das Hinterrad voller Blut und Federn.

»Himmel! Schon wieder ein toter Vogel!«, sagte ich ungläubig.

»Wie hieß noch gleich dieser Hitchcock-Film?«, fragte ein Mechaniker.

»Er heißt einfach *Die Vögel*«, antwortete Woods etwas zu schnell. *Es gibt keine bösen Omen. Es gibt keine bösen Omen. Es gibt keine bösen Omen.*

An diesem Tag wurde eine Sprintankunft erwartet. Optum hatte den Kanadier Guillaume Boivin verpflichtet, um unseren schnellsten Mann Eric Young als Anfahrer zu unterstützen, aber ich hatte mitbekommen, wie er sich über seine Rolle beschwerte. »Ich kriege keinen Vertrag in der WorldTour, indem ich Eric 200 Meter vor dem Ziel in guter Position absetze und dann selbst 30. werde«, sagte er und plante insgeheim, seine Beine für ein eigenes Ergebnis zu schonen.

Guillaume wäre vielleicht besser in den Etappenrennen in der Frühzeit des Radsports aufgehoben gewesen, die als ultimative Prüfung von Ausdauer und Eigenständigkeit angelegt waren. Bei der Tour de France 1913 zum Beispiel gab es keine Anfahrer und Domestiken, und der Gesamtführende Eugène Christophe musste nach einem Gabelbruch viele Kilometer zu Fuß laufen, bis er eine Schmiede erreichte, und dort das kaputte Teil eigenhändig reparieren und wurde dann trotzdem dafür bestraft, unerlaubte Hilfe angenommen zu haben, weil ein Junge den Blasebalg bedient hatte.

Über hundert Jahre später hatte sich der Profiradsport zu einem reinen Mannschaftssport entwickelt, mit Peloton und Windschatten und Mechanikern, so dass der vollständige Einsatz von neun Fahrern erforderlich war, um ein modernes Rennen zu gewinnen. Die Realität kann der Tradition aber nicht das Wasser abgraben, weswegen auch heute noch nur Platz für einen auf dem Podium ist, statt die ganze Mannschaft zum Sieger zu erklären (wie es zum Beispiel in vielen Ballsportarten der Fall ist). Damit erklärt sich das enorme Gehaltsgefälle in der WorldTour (und wohl auch die Doping-Problematik), was Fahrern wie Guillaume den Anreiz bietet, auf eigene Rechnung zu fahren, statt für das Team zu arbeiten.

Ich versuchte, selbst unserem Sprinter zu helfen, und brachte ihn wenige Kilometer vor dem Ziel in gute Position, aber das war nicht viel und Eric war nicht in Bestform. Nach einem kalten Winter in Colorado winkte ihm an der Algarve als Letztem im Gesamtklassement die Rote Laterne, aber er trug es mit Fassung.

»Es sollte einen Preis dafür geben, Letzter zu werden«, scherzte er beim Abendessen. »Ein Trikot oder so was.«

»Wie wäre es mit einem rostigen, fleckigen Pokal voller Hundescheiße?«, schlug jemand vor.

»Ich dachte eher an zwei Minuten in der Besenkammer mit einem Podium-Mädchen«, sagte Eric.[*]

---

[*] Er ist ein Traumtänzer, aber Eric hat tatsächlich das eine oder andere Podium-Mädchen abgeschleppt. Die haben es immer auf die Sprinter abgesehen.

»Was würdest du die anderen anderthalb Minuten machen?«, fragte ich und alle gaben mir High Five.

Ich wurde 20., wofür man ebenfalls keinen Preis bekommt. Hätte ich nicht wegen eines blöden Traums auf der zweiten Etappe Zeit verloren, wäre ich Achter geworden. Achter wäre schön gewesen.

KAPITEL 39

Wir blieben noch drei weitere Wochen in Portugal, um zwei Amateurrennen zu bestreiten, was all die Zeit fern von zu Hause nicht wert war, aber wir wären ja von vornherein nicht dort gewesen, würden wir nicht drauf stehen, mit ein paar Jungs zusammen in einem fremden Land abzuhängen. Vilamoura hatte ein Café mit brauchbarem WLAN, also hockten wir dort jeden Morgen mit unseren Laptops. Wir saßen alle in einer Sitzecke, als Woods uns ein Interview mit Chris Horner über die bevorstehende Saison zeigte. »Ich habe das Redlands Classic viermal gewonnen«, prahlte er. »Sie könnten es genauso gut das Chris Horner Cycling Classic nennen.«

Beim Redlands hatten sie für 2015 die Route verändert, mit einem Etappenziel in Oak Glen, einem schweren Anstieg, der seit den frühen Nullerjahren, als Horner gewann, nicht mehr auf dem Programm gestanden hatte. Ich verwette meinen Arsch, dass er die Veranstalter angerufen und darum gebeten hatte, diesen Berg als persönlichen Gefallen wieder anzusteuern.

»Was für ein anmaßender Drecksack!«, sagte einer. »Der Typ hat sich einen Vuelta-Sieg erschwindelt und jetzt fährt er zu Hause in den Staaten gegen einen Haufen saubere Jungs und tönt, wie einfach alles sein wird!«

»Das ist so, als würde man mit einem Mord davonkommen und im Hof des Opfers Burnouts fahren«, meinte ich.

»Dafür lassen wir ihn bluten, Kumpel!«, lächelte Woodsy und gab mir einen Faustcheck.

An den Nachmittagen trainierten wir an Anstiegen entlang der Küste, die mich an L.A. erinnerten, nur dass es nicht so viele Ferraris gab und der Pausenkaffee billiger war. Für weniger als je zwei Euro saßen wir draußen, tranken Espresso und aßen *pastéis de nata*, eine portugiesische Blätterteigspezialität. Einheimische Kinder sahen uns und liefen los, um ihre eigenen Räder zu holen, und vollführten Sprünge vom Bordstein, um anzugeben.

»Und hierfür werden wir auch noch bezahlt«, erinnerte ich meine Kollegen, unter noch mehr High Fives und Faustchecks.

Um ein wenig Pfeffer in unsere Touren zu bringen, fuhren wir an den Anstiegen um die Wette und veranstalteten Ortsschildsprints. Eines Nachmittags war ich als Erster am Gipfel einer unbefestigten Straße (Woods hatte sich den Tag freigenommen, sonst wäre ich Zweiter gewesen). Die Straße endete in einer Sackgasse an einem kleinen Bauernhof, wo ich die Aussicht genoss und den Atem anhielt, als ein alter Mann mit einer Harke in der Hand aus einem Olivenhain auftauchte. Er sah mich an, als wäre ich ein UFO, und ich winkte unsicher, im Wissen, dass jeden Moment fünf Typen, die genauso aussahen wie ich, um die Kurve kämen, nur um zu wenden und sich den nächsten Anstieg zu suchen. Erzählte der Bauer an diesem Abend seiner Frau von den Besuchern? Würde sie ihm Glauben schenken?

Das Team stellte einen einheimischen Soigneur ein, damit wir nachmittags eine Massage bekamen. Jonas Carney hatte wegen meiner Freundschaft zu Tom Danielson gezögert, mich zu verpflichten, aber bei diesem Kerl hatten sie offenbar nicht so genau hingesehen – ein großer Fan von Alberto Contador.

»Contador! Bester Radsportler aller Zeiten!«, beharrte er mit heiserer Stimme.

»Sieh mal, wenn du die ganzen Doper mit berücksichtigst, ist offensichtlich Lance Armstrong der Beste aller Zeiten«, wendete ich ein.

Der Soigneur war zutiefst gekränkt und sprach nie mehr ein Wort mit mir. Als ich den Jungs davon erzählte, meinte Guillaume, dass es nicht gerecht sei, mit einem Doper befreundet zu sein und einen anderen zu

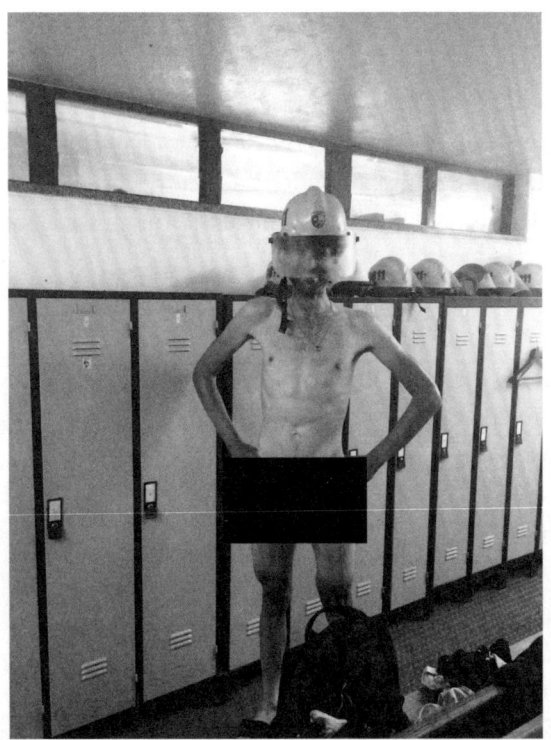

Eines Tages fuhren wir mit dem Van in die Berge, um eine längere Trainingsausfahrt zu unternehmen. Als es regnete, tat einer der Soigneurs eine Feuerwache auf, wo wir uns umziehen und duschen konnten. Ich habe vergessen, wer dieses Bild gemacht hat, aber ich schätze, dass derjenige keinen Wert auf die Meriten legt.

verachten. Ich hielt dagegen, dass es vollkommen in Ordnung sei, bei der Beurteilung des Charakters mehr als einen Faktor zu berücksichtigen, und führte aus, dass der eine ein krimineller Drahtzieher war, der das Wohlergehen seiner Feinde gefährdete, während der andere ein Typ war, der ein paar unerlaubte Mittel genommen, sich dann aber meine Freundschaft verdient und mir geholfen hatte, meine Träume zu verwirklichen. Als ich die Träne erwähnte, die Tom oben auf dem letzten Berg bei der Tour de San Luis im Auge gehabt hatte, fing ich selbst an zu weinen. Ich ging raus auf einen Spaziergang, damit es keiner bemerkte.

Guillaume insistierte, dass es so etwas wie eine Grauzone nicht gäbe, aber vor dem Schlafengehen holte er ein verschreibungspflichtiges Medikament hervor, das illegal gewesen wäre, hätte nicht irgendein Arzt behauptet, er habe Asthma. Der Inhalator klang wie eine Mundharmonika, also heulte ich Dylan-Songs, während Zirbel auf dem Knie dazu den Takt schlug.

Hummmmmmm.

»Once upon a time you dressed so fine, you threw the bums a dime in your prime, didn't youuuuuu?«

Hummmmmmm.

Guillaume hatte außerdem erwähnt, dass sie bei seinem vorigen Team bei Zeitfahren *Koffeinzäpfchen* benutzt hätten, woran er aber nichts Falsches fand.

»Also wenn du ein Sandwich bestellst und der Kellner steckt es dir in den Arsch, da ist nichts Falsches dran?«, erkundigte sich Woods.

Das gemeinsame Training erhielt einen Dämpfer, als jemand eine Erkältung in unser Appartement einschleppte. Drei von uns ließen das nächste Rennen aus, um stattdessen das Bett zu hüten, aber Woods gewann dennoch. »Wahres Talent« kommt bei Dorfrennen in Portugal auch ohne Teamkollegen aus.

KAPITEL 40

Der Rückflug nach Los Angeles war turbulent und die Frau neben mir griff immer wieder ängstlich meinen Arm. Als wir landeten, lief sie direkt in die Raucherlounge. Quizfrage: Was wird sie wohl eher töten?

Ich war nur einen Monat weg gewesen, aber es bedeutete erneut eine Umstellung für mich und meine Verlobte, als ich heimkam. Joanna hatte die Woche über viel zu tun gehabt, bei meinem Auto war daher der Tank leer, in der Spüle stapelte sich das Geschirr und auf dem Boden lagen Klamotten verstreut. Ich hatte soeben mein Geschäft verkauft, um dieses Haus zu erstehen, ich war also nur fünf Minuten zu Hause und schon sauer. Ich dachte, dieses Jahr würde leichter werden, aber wir bekamen es immer noch nicht richtig auf die Reihe. Ich fragte Ziibel, wie er es mit seiner Familie bewerkstellige, und er meinte, sein Sohn würde ständig nach Mami rufen, wenn er ihn hochhob.

Ich versuchte, meinen Frust ins Training zu kanalisieren. Meine nächste Trainingseinheit waren drei Serien mit Wiederholungen am Berg à zehn Minuten, also begab ich mich zum Nichols Canyon in Hollywood, einem Anstieg, den ich hundertmal gefahren war und wo mein Rekord bei 9:50 Minuten lag. Ich fühlte mich gut, als ich den flachen Abschnitt erreichte, an dem die Straße ein paar weitläufige Kehren beschreibt, aber seit ich weg gewesen war, hatte jemand angefangen, dort ein Haus zu bauen, und von der Baustelle ergoss sich eine kleine Pfütze auf die Straße. An den meisten Orten ist ein bisschen Wasser auf der Straße kein großes Ding, aber in den trockenen Hügeln von Los Angeles reicht das schon, um ins Schleudern zu geraten. Wenn man bei hohem Puls stürzt, wird ordentlich Blut gepumpt, so dass es richtig spritzt, und ich musste die Bauarbeiter beruhigen und sie anflehen, keinen Krankenwagen zu rufen.*

Normalerweise würde ich eine Trainingseinheit nach einem Sturz nicht zu Ende bringen, aber ich war motiviert für das Zeitfahren von San Dimas, das am Wochenende anstand. Ich hatte es schon zweimal gewonnen, es sah also aus wie leicht verdientes Preisgeld und ich wollte wissen, wie viel schneller ich nach einem Jahr in der WorldTour wäre. Außerdem wäre es ein schöner Test für das Redlands »Chris Horner« Classic, das eine Woche später begann. Ich klopfte mir den Staub ab, fuhr nach Hause, um meine zerrissenen Klamotten zu wechseln, und machte mich für meine beiden letzten Intervalle wieder auf den Weg – diesmal zum Benedict Canyon in Beverly Hills, wo es keine Pfützen gab.

---

* Ich begab mich mal in die Notaufnahme, um mich nach einem Sturz nähen zu lassen. Im Wartezimmer saß ein alter Mann mit einem gebrochenen Bein, aber ich war so blutüberströmt, dass ich vorgezogen wurde.

KAPITEL 41

Optum hatte sowohl eine Männer- als auch eine Frauenmannschaft mit jeweils den gleichen Sponsoren, aber wenn es um Personal, Rennkalender und Ausrüstung ging, herrschte strikte Trennung. Die Männer entschieden, kein Team nach San Dimas zu schicken, ich musste daher ein Startgeld berappen und mich selbst um die Logistik kümmern, aber die Frauen schickten eine komplette Mannschaft mit Betreuern und Ausrüstung und boten mir freundlicherweise an, mir für das Zeitfahren einen Satz Berglaufräder zu leihen. Ich parkte meinen Toyota bei brütender Hitze auf dem Schotter am Straßenrand, direkt gegenüber einem schattigen Abschnitt, wo sie sich auf Rollentrainern aufwärmten, schnappte mir die Laufräder vom Mechaniker und lehnte sie an mein Auto.

Ich war gerade dabei, mich umzuziehen, als ein Freund mich erblickte. Er ging in die Eisen und kam mit schlitterndem Hinterrad knapp vor meiner Brust zum Stillstand, um mich zu umarmen. Es war nur ein winziger Aufprall, aber seine Vorderradbremse durchbohrte den Schorf auf meinem Knie und sofort rann mir das Blut in Strömen das Schienbein hinab. Aus Angst, meine Socken zu versauen, saß ich im Auto, um mich mit einem Taschentuch abzuwischen, als ich bemerkte, dass der Van der Optum-Frauen auf der anderen Straßenseite abfuhr.

Mir blieb ohnehin nicht viel Zeit zum Aufwärmen, aber ich könnte ja immerhin ihren Platz einnehmen und das Ganze im Schatten erledigen. Ich ließ den Motor an, trat aufs Gaspedal, um rasch zu wenden, da hörte ich das Knirschen der Laufräder, die ich geborgt und neben dem Auto hatte stehen lassen. Nun waren sie unter meinen abgewetzten Reifen in zwei Hälften geteilt worden. Ich lieh mir von Fremden einen weiteren Satz und eilte an den Start.

2013 hatte meine Vorbereitung auf das Zeitfahren in San Dimas aus einem Monat Intervalltraining mit Tom Danielson bestanden, mit dem Resultat, dass ich in einer Zeit von 14:03 Minuten den Sieg holte. 2015 bestand meine Vorbereitung aus einer Erkältung in Portugal und einem holprigen Abschnitt in meiner Beziehung, was sich nicht gerade gut mit dem ultraglatten, nassen Abschnitt vertrug, der mir am Nichols Canyon begegnet war.[*]

Hätte ich besser geschlafen oder wäre ich konzentrierter gewesen, hätte ich den Sturz vermeiden können, und dann hätte ich nicht mein blutiges Bein abgewischt oder die Laufräder überfahren. Das hätte möglicherweise ein besseres Aufwärmen und besseres Pacing im Rennen bedeutet, so aber ging ich zu schnell an, verlor auf dem letzten Kilometer Zeit und wurde Vierter in einer Zeit von 14:38 Minuten.

Am Nachmittag las ich ein Gedicht von Rudyard Kipling namens »If« und ich würde gerne ein paar Zeilen an Sie weitergeben, die mir dringend benötigte Inspiration gaben.

If you can make one heap of all your winnings
And risk it on one turn of pitch-and-toss,
And lose, and start again at your beginnings
And never breathe a word about your loss

Bevor Sie mich für einen aufgeblasenen Schlaumeier halten, weil ich Lyrik zitiere: Ich las »If« nur, weil es eingerahmt über dem Urinal in Martha Green's Eating Room in Redlands hing, wohin ich ging, um einen befreundeten Zahnarzt zu treffen. Ich muss gut hydriert gewesen sein, denn ich las das ganze Teil durch und beschloss, statt nach L.A. heim-

---

[*] Kennen Sie das, dass Sie bisweilen Ihren Kaffee verschütten, wenn Sie schlecht geschlafen oder es eilig haben? Ich fahre dann bisweilen mein Rad zu Schrott.

zukehren und mich selbst zu bemitleiden, nach Big Bear zu fahren, um wieder in die Spur zu kommen.

Die Verteilung der Preisgelder beim San Dimas Stage Race war zugunsten der Männer verzerrt, daher bat ich den Sportlichen Leiter der Frauenmannschaft, meinen Scheck für den vierten Platz abzuholen und auf ihren »Berg an Prämien« zu werfen. Das ersparte mir eine Fahrt nach San Dimas, machte mich zu einem Vorreiter der Gleichstellung und beruhigte ein wenig mein schlechtes Gewissen wegen der Laufräder, die ich geschrottet hatte.

KAPITEL 42

In meinem ersten Buch hatte ich erläutert, warum Big Bear perfekt fürs Höhentraining geeignet war, aber von all den Leuten, die mich im Laufe der Jahre um Rat gefragt haben, meinte es nur einer ernst genug, um zuzuhören – Mike Woods. Er hatte sich mit seiner Frau dort ein Haus gemietet und während wir am nächsten Tag trainierten, marinierte sie ein Flanksteak, das er abends grillte. (Ich besorgte einen Grünkohlsalat und eine Flasche Wein. Ich bin ja kein Barbar.)

Elly erinnerte mich an meinen Freund Pat, der den Radsport aufgegeben hatte, um seine Frau Gwen bei ihrem Beruf als Triathletin nach Kräften zu unterstützen. Pat kümmerte sich um das Kochen und Putzen, so dass Gwen sich ganz auf den Sport konzentrieren konnte, und sie war bereits für die Olympischen Spiele 2016 qualifiziert. Elly reiste mit Mike und arbeitete im mobilen Home-Office, um die Rechnungen zu bezahlen, während er seinem Traum folgte. Er hatte noch kein großes Rennen gewonnen, aber es war nur eine Frage der Zeit.

Woodsy und ich fuhren eine Woche zusammen, uns an jedem Gipfel einen freundschaftlichen Faustcheck gebend. Dann, fest entschlossen, mehr als er zu arbeiten, setzte ich mich nach jeder Ausfahrt noch eine Stunde auf die Rolle. Ich schlief viel und ich ging nicht ein einziges Mal in den Süßwarenladen in Big Bear. Gut, einmal versuchte ich es, aber sie schließen um halb neun.[*]

---

[*] Darüber ärgere ich mich nach wie vor. Wer will schon vor halb neun Süßigkeiten?

Mike schlug mich am Gipfel des Mount Baldy, einem für das Gesamtklassement entscheidenden Anstieg bei der Tour of California, und noch einmal, als wir die Bergankunft des Redlands Classic auskundschafteten. Ich hielt so lange mit, wie ich konnte, platzte aber schließlich und sah seiner befremdlichen Ader hinterher, die zwischen den Apfel-Plantagen von Oak Glen entschwand.

Ich hatte Alpträume von dieser Ader, fühlte mich aber bereit, als ich am Gästehaus in Redlands eintraf und die Broschüre mit den Infos zum Rennen aufschlug, die vom Veranstalter verteilt wird. Auf der Umschlaginnenseite stand eine Liste früherer Sieger: Namen wie Vaughters, Vande Velde, Mancebo. Der ehemalige Weltmeister Santiago Botero. Horner. Horner. Horner. Horner. Ich.

KAPITEL 43

Die erste Etappe beim Redlands Classic war ein Rundkurs mit engen Kurven und einem Anstieg zum Ziel am Ende jeder Runde. Jonas bat mich daher, den Anfahrer zu geben. Üblicherweise bedeutet das, bei hohem Tempo die Ellenbogen einzusetzen, weshalb ich mich bei Bissell immer davor gedrückt hatte, aber nach einem Jahr in Europa hatte ich keine Angst mehr. Mein Timing war nicht perfekt und unsere Sprinter wurden abgedrängt, aber meine Beine fühlten sich großartig an.

Die zweite Etappe war ein Zeitfahren mit Start und Ziel am Ostufer des Big Bear Lake – eine Strecke, die ich schon hundertmal gefahren war, die mir aber überhaupt nicht entgegenkam. Die Lehren aus dem Durcheinander in San Dimas ziehend, packte ich meinen Rucksack am Vorabend, heftete meine Startnummern an und legte meine Schuhe in meine Schlechtwetter-Tasche im Teamwagen. Am Morgen frühstückten wir ohne Eile, fuhren den Berg hinauf und dann, 90 Minuten vor meinem Start, bemerkte ich, dass meine Schuhe weg waren. Bei Garmin-Sharp verließen die Schlechtwetter-Taschen nie das Teamauto, aber bei Optum, wo es nicht so viel Personal und Fahrzeuge gab, hatte sie jemand rausgenommen, um Platz zu schaffen, und mir blieb nicht genug Zeit, um zurückzufahren und sie zu holen.

Für einen Radprofi sind Schuhe unmöglich zu ersetzen. Abgesehen davon, dass ich eine bestimmte Marke und Größe hatte, nutzte ich maßgeschneiderte, 300 Dollar teure Einlagen und es dauert normalerweise Tage, bis ich die Cleats so eingestellt habe, dass ich zufrieden bin. *Und du willst Profi sein? Du meinst, du gehörst nach Europa? Du denkst ja nicht mal an deine Schuhe! Chris Horner hat seine Schuhe. Was, wenn Vaughters davon hört? Du verdienst es nicht, in der WorldTour zu sein.*

Ich kreiste panisch auf dem Parkplatz herum, fragte Freunde aus anderen Mannschaften, ob sie ein Ersatzpaar für mich hätten, aber ich konnte nichts in meiner Größe auftreiben. Ein Zuschauer bekam es mit und meinte, er habe zu Hause ein Paar in Größe 10 1/2, also begann ich mich in Turnschuhen aufzuwärmen, während er seine Radschuhe holen ging. Meine Teamkollegen waren so sauer auf mich, dass sie mich nicht ansehen mochten, und die Konkurrenten schmunzelten, als sie Wind von der Sache bekamen, und schlenderten an unserem Wagen vorbei, um einem der Favoriten dabei zuzusehen, wie er Minuten vor seinem Start neue Cleats einstellte.

Mein Freund Stefano war gerade ins Ziel gekommen, als ich mich am Start bereitmachte. Ich befolgte seinen Rat hinsichtlich Pacing und Windverhältnissen und wurde Vierter, acht Sekunden hinter dem Sieger Tom Zirbel. In San Dimas war der vierte Platz angesichts des Streckenprofils eine Enttäuschung gewesen, aber auf dem flachen Kurs in Big Bear war es ein tolles Ergebnis: fünf Sekunden schneller als Lachlan, 30 vor Horner und eine Minute vor Woods. Das machte mich zum unbestrittenen Kapitän, aber viel wichtiger: Meine Kollegen waren nicht mehr sauer.

»Hört mal, Jungs, wenn es etwas gibt, was ich in der WorldTour gelernt habe, dann, wie wichtig ein langes Cool-down ist«, log ich. »Lasst uns noch eine halbe Stunde fahren, ganz locker.«

Sie fielen darauf herein. Ich lotste sie geradewegs zum örtlichen Fudge Shoppe.[*]

Während die Mechaniker den Van packten, stellte ich die Cleats wieder für den Zuschauer ein, der mir seine Schuhe geliehen hatte. Als Dank dafür, meine Karriere gerettet zu haben, wies ich Jonas an, ihm eine Mütze mit Teamlogo zu überreichen.

---

[*] Bevor Sie mich einen Heuchler nennen: Ich packte den Süßkram in die Tasche und aß ihn erst um neun.

Die dritte Etappe war der neue Kurs: vier lange Runden auf breiten Straßen mit Ziel oben in Oak Glen. Jeder, der mich im Zeitfahren geschlagen hatte, würde abgehängt werden, Horner oder Lachlan würden wahrscheinlich die Etappe gewinnen und alles, was ich zu tun hatte, um die Gesamtführung zu übernehmen, war, dranzubleiben. Meine Teamkollegen reihten sich an der Spitze ein, als der Anstieg begann, und machten reihum mit sechs Mann das Tempo, während ich von hinten Anweisungen bellte.

In den seltenen Fällen, wenn jemand an mich glaubt, ist mein erster Gedanke: *Wird aber auch Zeit. Es hieß immer, ich wäre zu alt und dass ich zu spät angefangen hätte, aber ich habe es ihnen gezeigt.* Zwar war ich wieder bei einem Continental-Team, aber wenigstens hatten meine Kollegen Vertrauen in mich. Sie hatten Monate trainiert, waren nach Kalifornien geflogen und schlugen sich beim Frühstück die Bäuche voll, alles als Vorbereitung auf diesen Moment, damit ich ein gutes Ergebnis einfahren konnte. Das ist der Moment, in dem mir der zweite Gedanke durch den Kopf schießt: *Die haben sie doch nicht alle, zu glauben, dass ich das draufhabe. Ich werde einknicken und alle im Stich lassen. Horner wird mir zwei Minuten abnehmen.*

Die meisten der Jungs führten eine oder zwei Minuten lang, dann war Woodsy an der Reihe. Er machte mehrere Meilen von vorne das Tempo, während ich an seinem Hinterrad saß, ihn anwies, wann er eine Schippe drauflegen und wann er etwas rausnehmen sollte, und ihn anfeuerte, so wie Tom es bei mir gemacht hatte.

»Schön, Woodsy! Du machst das super, Kumpel!«[*]

Woods zermalmte das Feld und war 1.500 Meter vor dem Ziel noch frisch genug, um mit mir zu sprechen.

»Ist das Gelbe Trikot abgehängt?«, fragte er, sich nach dem Fahrer umschauend, der nach dem Zeitfahren die Führung übernommen hatte.

Ich lachte. »Der ist schon seit einer Weile weg, Alter. Ich darf nur nicht viel Zeit auf diese Kerle hier verlieren.«

---

[*] Inzwischen redeten sich bei Optum alle mit »Kumpel« an. Es war ansteckend.

Wir taxierten die Überreste der Spitzengruppe. Lachlan war distanziert und Horner sabberte über den Lenker gekrümmt. Alle anderen keuchten, waren unübersehbar am Limit, während Mike und ich uns locker unterhielten. *Ach. Ich muss mir keinen Kopf machen, Zeit zu verlieren. Ich werde gewinnen.* Ich attackierte und hatte am Ziel genug Vorsprung, um mein Trikot zu schließen und den Ring zu küssen, den ich um den Hals trug.

Woods unterstrich, dass er der beste Kletterer im Rennen war, als er, nachdem er sich für mich verausgabt hatte, noch als Zweiter ins Ziel kam. Als er die Ziellinie überquerte, fuhr er ungebremst weiter, mit breitem Lächeln direkt in meine Arme. Ich küsste ihn auf den Mund.

In ein Rennen fließen so viel Vorbereitung, Planung, Nervosität und Zweifel ein, dass es ein wahrer Siegesrausch ist, wenn man gewinnt. Das Schönste aber ist die Erleichterung: Es ist vorüber und nichts ist schiefgegangen. Ich versuchte, das Gefühl zu ignorieren, das immer dann aufkommt, wenn Leute an mich glauben und alles nach Plan verläuft: *Eines Tages werde ich dafür bezahlen.*

Joannas Rennen endete wenige Minuten nach unserem und es war toll, sie bei mir zu haben, statt ihr am Telefon davon zu erzählen. Sie hatte jemanden aus einem der Männerteams um eine Trinkflasche gebeten, und als er sie ihr gab, sagte er: »Richte Phil aus, dass der faule Mechaniker aus seinem Buch grüßen lässt.« Ich weiß nicht genau, wer das war, aber falls du das hier liest, fauler Mechaniker: *Hallo.*

Chris Horner gratulierte mir nicht, als er ins Ziel kam, dafür aber ein Reporter von *Cyclingnews.com*. Er hatte seinerzeit das Interview geführt, in dem Chris getönt hatte, wie einfach das Redlands Classic werden würde, und er vermutete, dass ich deswegen angefressen war. Oder womöglich hatte ich ihm auch eine SMS geschrieben, dass ich deswegen angefressen sei. Na ja, vielleicht sagte ich nicht direkt, dass ich angefressen war. Kann auch sein, dass ich einfach sagte, dass Chris ein großkotziges Stück Scheiße ist und wir ihm zeigen würden, wo der Hammer hängt.

»Also, Phil, Chris Horner sagte, das Redlands sei sein Rennen. Wie fühlt es sich an, ihm nach drei Etappen über eine Minute abgenommen zu haben?«

DAS JAHR, ALS ALLES GANZ FURCHTBAR SCHIEFGING **279**

Der Etappensieg in Oak Glen ist in trockenen Tüchern.

Meine Antwort war die Schlagzeile am Abend:
»Es ist toll, beim Chris Horner Cycling Classic vorn zu liegen.«
Woods und ich stiegen vom Podium und rollten, immer noch lachend, von Oak Glen hinab zu unserem Gästehaus. Wir hatten das Rennen dominiert. Wir waren Helden. Götter. Dann zog direkt vor uns ein rotes Mini Cooper Cabrio herüber – eine jähe Erinnerung an unsere Sterblichkeit. Ich musste ausweichen, in Mike hinein, der Richtung Rinnstein driftete, und wir lehnten uns instinktiv aneinander, um uns auf der Straße so schmal zu machen wie möglich. Radprofi zu sein, ist eine seltsame Form von Ruhm. Man ist bekannt und geachtet innerhalb einer winzigen Blase,

in der man ein paarmal im Jahr in kurzen Schüben Aufmerksamkeit, Bestätigung und Liebe bekommt. Von der Menge geht ein Jubeln und Brüllen aus, was ein echter Kitzel ist, aber es ist verrückt, wie schnell es wieder still wird. Oder es heißt: »Hup! Runter von der Straße!«

Eine Menge Fans unterstützten Horner nach wie vor, aber nicht Vaughters, der mir eine Nachricht schickte, wie sehr ihm mein Zitat gefallen habe. Dann sagte er, dass Ted King zum Ende der Saison aufhören werde, was einen Platz für mich bei Cannondale öffnen würde. Ich wusste, was seine Versprechen wert waren. Solange ich keinen Vertrag hatte, machte ich mir daher keine allzu großen Hoffnungen.

JVs nächste Nachricht betraf Woods.

»Wie ist Rusty so drauf? Die Beine hat er, aber ist er ein netter Kerl? Guter Radfahrer? WorldTour-Mentalität?«

Ich schäme mich zuzugeben, dass ich kurz überlegen musste, bevor ich antwortete. In der WorldTour kabbeln wir uns um ein paar hundert Jobs. Für Nordamerikaner sind es eher 50. Schwer vorstellbar, dass es für 29 Jahre alte Kletterer mit begrenzter Erfahrung mehr als einer wäre. Ich will nicht behaupten, dass JV auf meine Empfehlung gehört hätte, aber es lag wohl in meinem eigenen Interesse, ihm mitzuteilen, dass Woodsy eine Primadonna sei, die keine Kurven fahren könne. Das hätte ich getan, wenn ich ihn nicht gemocht hätte.

»Woodsy ist ein Champion«, antwortete ich. »Er verdient eine Chance.«

Die Mannschaft leistete hervorragende Arbeit, das Kriterium am nächsten Tag zu kontrollieren, dennoch war es körperbetont und gefährlich. Vier Runden vor Schluss ging ich auf einer schlechten Linie in eine Kurve, aber im Vorjahr war ich quer durch Europa auf nassen Straßen durch schnellere Kurven gebrettert, ich glaubte daher nicht, ein Risiko einzugehen. Umso verwirrter war ich, als ich plötzlich auf meinem Allerwertesten herumschlitterte.

Erst vor kurzem hatte ich einen Typen kennengelernt, der sich von einem üblen Sturz auf den Hintern erholte. Seinen Schilderungen zufolge waren seine Eingeweide herausgequollen und er hatte sie zum Krankenhaus tragen müssen, um sie wieder zusammennähen zu lassen.* Als Jesse Anthony anhielt, um mir zu helfen, war diese Geschichte das Einzige, was mir durch den Kopf ging.

»Phil, alles in Ordnung?«, fragte er.

»Ja, glaube schon, aber, sag mal, sind mir die Eingeweide aus dem Arsch gefallen?«

Jesse sah mich mit hochgezogener Braue von der Seite an, dennoch ließ ich ihn mein Gesäß begutachten und schwören, dass zwar Blut an meinem Sattel war, ansonsten aber alles okay wäre. Da der Sturz sich innerhalb der letzten fünf Kilometer ereignete, wurde für mich die gleiche Zeit notiert wie für das Feld.

Mein Hinterteil zu checken, ging weit über das Gebot der Freundschaft hinaus, daher nahm ich Jesse abends, als wir unsere Massagen hinter uns hatten, mit auf Tour. Um halb zwölf, am Abend vor der abschließenden Etappe bei einem der wichtigsten Rennen des Jahres, während die Konkurrenz schlief, aßen Jesse und ich Burritos und Eiscreme (*carna asada* bzw. gesalzenes Karamell). Am nächsten Morgen fegte ich die Küche des Gästehauses und bereitete für die Soigneurs das Frühstück. Wahrscheinlich hätte ich früh zu Bett gehen, mich ausruhen und voll und ganz auf mein Rennen konzentrieren sollen, aber ich beschloss stattdessen, ein guter Mensch zu sein. Falls das bedeutete, dass ich nicht gewinnen würde, dann wäre es halt so.

Ich bezweifle, dass Horner irgendwelche Böden fegte. Er freute sich auf das Sunset Kriterium, das er schon mal gewonnen hatte. Bei der Vorstellung der Fahrer plauderte ich mit Freunden, als Horner mich von der anderen Straßenseite aus anbrüllte.

»Hey, Gaimon, so weit ich weiß, sind eins und eins immer noch zwei, wenn du heute also gewinnst, sind das trotzdem nur halb so viele Redlands, wie ich gewonnen habe.«

Nach zehn Jahren in Europa und einem Sieg bei einer Grand Tour hielt Chris Horner es weiterhin für nötig, uns darauf hinzuweisen, wie gut er

---

* Ist Ihnen schon übel? Eklig, was? Er erzählte es noch viel detailreicher, aber ich belasse es dabei. Nichts zu danken.

Jesse checkt mein Hinterteil.

war. Das Redlands Classic war ihm wichtiger als mir, aber ich brachte ihn um den Sieg und streute in den Medien Salz in seine Wunden. Jetzt wollte Horner den dicken Max markieren, aber alles, was er zustande brachte, war eine abstruse, auf Bruchrechnung basierende Schmähung. Aus meinem Ärger wurde Mitleid, aber alle sahen mich an, also musste ich etwas sagen.

»Alter, du hast die Vuelta gewonnen.«

Dann wurde das Rennen gestartet und es herrschte Chaos. Wenn Sie sich das Redlands Classic als Feuerwerk vorstellen, ist die Sunset-Etappe die letzten paar Minuten, in denen alles verballert wird, was noch übrig ist. Attacken ohne Ende an den Anstiegen und in engen Kurven, und wenn man aus den Top Ten fällt, kann man auch gleich aufgeben. Mein Team kontrollierte das Rennen gut, aber als Lachlan bei einem Ausreißversuch mitging, mussten wir ein paar Jungs verheizen, um ihn einzuholen, so dass auf der letzten Runde nur noch ich und Woodsy in der Spitzengruppe übrig waren.

Im Gespür, dass ich verwundbar wäre, fuhren sämtliche Favoriten abwechselnd Attacken, aber ich geriet nicht in Panik. Ich ließ sie machen, wartete auf den Anstieg und bretterte mit vollem Tempo in die Rampe hinein. Ich holte alle ein und ging als Solist über den Gipfel, nur um zu zeigen, dass ich es konnte. Ich kontrollierte das Feld auf der Abfahrt und den abschließenden flachen Runden durch die Stadt, mit einer Liste im Kopf, welche Fahrer ich nicht ziehen lassen durfte, weil sie mir in der Gesamtwertung zu nahe waren, und solchen, die ich nicht unbedingt einholen musste, weil sie schon ein paar Minuten zurücklagen.

Als ich 2012 das Redlands Classic gewann, ging es um zwei Sekunden und als alles vorbei war, saß ich im Auto, zitternd vor Schmerzen und außerstande zu sprechen. Auf mentaler Ebene verglich ich es mit einer Schachpartie, und wäre das Rennen in jenem Jahr eine Runde länger gewesen, wäre ich auf den fünften Platz zurückgefallen. Drei Jahre später war es eher wie Dame – und die Konstellation sah am Ende so aus, dass ich sämtliche Damen besaß, die Konkurrenz nur einfache Steine. Eine Runde mehr und ich hätte trotzdem gewonnen.

Eingedenk der Rolex-Uhren, die ich bei Garmin-Sharp gesehen hatte, beschloss ich, mich bei den Teamkollegen und Betreuern, die mir in der Woche geholfen hatten, mit einem kleinen Geschenk zu bedanken. Mit meinem Budget wäre es lustig gewesen, hätte ich 15 Casios verteilt, aber stattdessen gab ich jedem eine schöne Flasche Wein. Außerdem gab ich Alex Howes 500 Dollar, denn als Nathan Haas seine Glückwünsche übermittelte, erwähnte er, dass der Renault den Geist aufgegeben habe. Alex gab sich selbst die Schuld, weil er den Renault den ganzen Winter über auf der Straße stehen ließ, aber ich glaube nicht, dass er mit dem Teil mehr als 30 Kilometer gefahren war, also wollte ich ihn ein wenig entschädigen. Sind 500 Dollar angemessen? Falls nicht, schicke ich ihm mehr.*

Nach jenem ersten Sieg beim Redlands Classic hatte ich es richtig krachen lassen, war in Athens durch die Kneipen gezogen und hatte bei den anschließenden Rennen dafür bezahlt. Diesmal machten meine Teamkollegen ein paar Bier auf, denn Optum hatte es seit zehn Jahren auf einen solchen Sieg abgesehen und ihn nie erreicht, aber für mich war es kaum eine Feier wert. Was früher ein Wunder war, war mittlerweile eine Erwartung, und ein Sieg in der Continental-Serie erschien nach einem Jahr in der WorldTour nicht der Rede wert. Abgesehen davon hatte ich es auf einen dickeren Fisch abgesehen.

---

* Außerdem: Kaufen Sie besser nie einen Renault.

KAPITEL 44

Die Tour of California ist ein Fisch.

KAPITEL 45

Mein Hintern war noch geschwollen und geprellt, als ich heimkam, aber ich hörte auf zu jammern, als ich von einem WorldTour-Rennen in Spanien las, bei dem es wegen ein paar hüfthoher Metallpfosten im Zielbereich zu einem üblen Massensturz kam. Peter Stetina von BMC brach sich das Bein, aber die neue Gewerkschaft trat am nächsten Tag mit einem Protest in Aktion und stellte einen Antrag auf grundlegende Sicherheitsanforderungen bei WorldTour-Events.

Es schien, dass in der WorldTour jedes Jahr jemand im Koma endete oder schlimmer – sei es durch einen Sturz oder durch eine Kollision mit einem Begleitfahrzeug oder Kameramotorrad. Nun wollte man darüber *reden* und einen *Antrag* einbringen. Das ist, als würde man sich an Treibholz festhalten, während in der Ferne die *Titanic* sinkt, und sich überlegen, dass es mal an der Zeit wäre, über Eisberge zu sprechen.

Auch Thomas Dekker hatte ein durchwachsenes Frühjahr. Um seine Karriere mit einem Glanzlicht zu beenden, griff er den ehrwürdigen Stundenweltrekord an, versuchte also, auf einer Bahn in 60 Minuten so viele Runden wie möglich zu schaffen. Er scheiterte um 270 Meter, doch mein Bedauern hielt sich in Grenzen, denn anschließend zog er direkt in die Villa seiner milliardenschweren Freundin in Beverly Hills und läutete seinen Ruhestand damit ein, ein paar Monate am Pool zu entspannen und mit namhaften Schauspielern, Produzenten und Künstlern zu verkehren. (Seine Freundin ist jüdischen Glaubens, weshalb er außerdem einem Sederabend voller Promis bewohnte und ich nahm ihm das

Versprechen ab, seine Vorhaut nicht zu erwähnen.) Bei unserer Tour durch den Griffith Park saß Dekker zum ersten Mal seit Wochen wieder auf dem Rad.

»Machst diesen Scheiß immer noch, was, Thomas?«

»Na«, – keuch – »klar!«

Ich hatte vorgehabt, noch zwei Wochen in Big Bear zu bleiben, um mich auf die Tour of the Gila und die Tour of California vorzubereiten, aber Jonas hatte sich in den Kopf gesetzt, mit Optum die Landesmeisterschaft im Mannschaftszeitfahren zu gewinnen, die vier Tage nach dem Redlands Classic in Greenville, South Carolina, ausgetragen wurde. Ich wies darauf hin, dass ein solcher Ausflug quer durchs Land zulasten meines Höhentrainings gehen würde und wir nur wenig Mannschaftszeitfahren trainiert hatten, während George Hincapies junges Team sich in einem Trainingslager speziell auf dieses Rennen vorbereitete.[*] Wir hatten starke Fahrer, aber ich fürchtete, dass das Team Hincapie uns mit Effizienz und Erfahrung schlagen würde.

»Das Letzte, was wir wollen«, sagte ich zu Jonas, »ist, nach Greenville herüberzufliegen, unsere Vorbereitung auf wichtige Rennen wie Gila und die Tour of California zu gefährden und dann Zweite zu werden.«

Jonas wollte es dennoch versuchen und ich musste nicht groß überredet werden, denn ich war seit zehn Jahren auf einen Landesmeistertitel aus und das Trikot mit den Stars and Stripes war so etwas wie mein Moby Dick, ein Fluch, dem ich so lange vergeblich nachjagte.

Jesse und ich flogen zusammen ab Los Angeles, mit einem Anschlussflug in Dallas, wo das Wetter biblische Ausmaße annahm. Sämtliche Flüge wurden gestrichen und wir mussten lange Schlange stehen, um auf den nächsten Tag umzubuchen. Sorgsam darauf achtgebend, *alles* umzusetzen, was ich in der WorldTour gelernt hatte, besorgte ich uns einen Drink

---

[*] Ihr Budget war in jenem Jahr von zwei Giganten der Finanzwelt aufgestockt worden, von Mark Holowesko von den Bahamas, der ein guter Typ zu sein schien, und einem Investmentfonds namens Citadel, der einer der Bösewichte in einem Buch von Michael Lewis über den korrupten Hochfrequenzhandel an der Börse war. Wie es aussah, hatte Citadel die USA um Milliarden betrogen und einen Börsencrash heraufbeschworen, aber meine Freunde hatten einen sehr hübschen Bus.

für jede weitere Stunde, die wir auf dem Flughafen festsaßen. Ich war daher gerade mit meinem zweiten Margarita befasst, als mir einfiel, dass ich der USADA meinen Aufenthaltsort mitteilen musste.

Normalerweise sehen Updates für das automatisierte Meldesystem der USADA so aus:

Name: Phil Gaimon
Sport: Radsport
<Datum>
<Adresse>
<einstündiges Zeitfenster, in dem ich für Tests zur Verfügung stehe>

An diesem Abend in Dallas war das Beste, was ich zustande brachte:

Phil Gaimon
Fahrrad!

Datum: 15.4., aber fast schon der 16.4.
Aufenthaltsort: Alles scheiße. Sitze gerade am Flughafen Dallas, habe aber keine Ahnung, wo ich heute Abend sein werde. Ich glaube, ich fliege morgen nach Charlotte. Ich schwöre, dass ich nichts nehme.

Wir schliefen ein paar Minuten in einem billigen Motel, standen zeitig auf, aßen in einem Waffle House, flogen nach Raleigh, weil es keine Flüge nach Greenville oder Charlotte gab, und mieteten ein Auto für die vierstündige Fahrt zum Rennen. Auf der Strecke kostete uns Ineffizienz wertvolle Sekunden und wir wurden knapp Zweite hinter Hincapies Team, genau wie ich befürchtet hatte.

»Wie bin ich denn vor dir gelandet?«, fragte ich Jesse abends, als ich ein Foto vom Rennen betrachtete und mich an die Reihenfolge erinnerte, die wir vor dem Start ausgemacht hatten.

»Und hier ist eins, auf dem ich hinter Zirbel bin, höchstens eine Minute später!«, sagte er. Es war, als würden wir ein Trinkgelage rekapitulieren.

Auf der Rückreise aus North Carolina saß ich erneut wegen schlechten Wetters in Dallas fest. Diesmal ließ ich die Margaritas aus, doch ich kehrte mit Husten, Fieber, einer Silbermedaille und einer unwiderruflich verlorenen Trainingswoche heim, während meine wichtigsten Wettkämpfe der Saison direkt vor mir lagen.

KAPITEL 46

Ich traf mit ein paar meiner Teamkollegen acht Tage vor dem Start der Tour of the Gila in New Mexico ein, was, wie wir hofften, ausreichend Zeit wäre, um unseren Trainingsrückstand wettzumachen und uns an die Höhe zu gewöhnen. Das Team hatte für uns eine Unterkunft in einer Kirche gebucht, die winzige Gästezimmer vermietete, in denen ich immer wieder Glassplitter im Teppich fand und mich nicht gänzlich sicher fühlte.*

Die Organisatoren der Tour of the Gila baten uns, an einem Nachmittag in einer Grundschule zu sprechen, aber ich weiß bei solchen Gelegenheiten nie, was ich sagen soll. Soll ich über Radrennen reden? Soll ich den Kids erzählen, wie toll es sei, seinem Traum zu folgen, wo ich mich selbst doch gerade so eben durchschlagen konnte? Sollten Leute, die im Lotto gewinnen, ihren Freunden raten, ein Los zu kaufen? Es ist nicht richtig, einem Kind im ländlichen New Mexico einen Radprofi vorzuführen. *Lass es nicht als real erscheinen. Lass sie nicht glauben, dass es erreichbar ist.* Ich sprach stattdessen über Bewegung und Ernährung.

Zumeist war das Leben in der Kirche ganz schön öde. Eines Morgens sahen wir jedoch Wachteln im Gebüsch und gingen zu Walmart, um eine Schleuder für 8,99 Dollar zu kaufen. Will Routley erwischte tatsächlich einen der kleinen Vögel, verbrachte Stunden damit, ihn auszuweiden

---

* Normalerweise mache ich Smalltalk, wenn ich jemanden kennenlerne, aber wenn dieser jemand mir in der Gemeinschaftsküche einer 20-Dollar-Unterkunft in Silver City, New Mexico, begegnet, Mitte 30 ist und Zähne wie eine Schachtel Malkreiden hat, sage ich nur: »Hi.«

und zu rupfen, und legte ihn auf den Grill.* Später an diesem Abend stießen wir auf eine Website, die die durchschnittliche Penisgröße verschiedener Nationen auflistete, und machten ein Ratespiel daraus, wer den längsten hätte.†

Die erste Etappe der Tour of the Gila war eine Bergankunft namens Mogollon. Da Woods und ich in Oak Glen die ersten beiden Plätze belegt hatten, hätten wir zwei Mann nach vorn beordern sollen, um die Ausreißer zu kontrollieren, aber Jonas wollte seine Domestiken nicht so früh im Rennen verheizen, also schloss sich Guillaume einer Gruppe an, die irgendwann zwölf Minuten Vorsprung hatte, und ein Kolumbianer, der 2008 positiv getestet worden war, schüttelte unseren Sprinter locker ab und holte sich den Etappensieg. Woods und ich waren in der Gesamtwertung trotzdem noch gut dabei, allerdings war Woods der beste Kletterer im Rennen und wir hatten eine Chance vertan, ihm seinen ersten großen Sieg zu verschaffen. Man kann die Würfel rollen lassen, man kann sie aber auch in den Rinnstein werfen.

Wir machten es im Massensprint am nächsten Tag wieder wett und bildeten auf den letzten Kilometern einen Zug wie eine WorldTour-Mannschaft. Ich hatte als Sprintanfahrer das richtige Timing und Eric Young schnappte sich den Sieg. Nach einem ordentlichen Zeitfahren im weiteren Verlauf der Woche lag ich vor der abschließenden Königsetappe, dem berüchtigten Gila Monster, auf dem zweiten Platz im Gesamtklassement. Dort hatte ich 2013 attackiert und den Gesamtsieg nur knapp verpasst, aber in diesem Jahr war ich nicht gut drauf und fiel im Klassement zurück, während Woodsy die Etappe gewann.

Da ich aus eigener Erfahrung wusste, dass Resultate in Utah und Colorado zu spät kämen, um mir einen Vertrag in der WorldTour zu sichern, hatte ich meine Saison rund um die Tour of California im Mai geplant. Ich hatte alles auf eine Karte gesetzt und nun wurde mir klar,

---

* Es war kaum Fleisch dran, ich bat daher nicht um eine Kostprobe. Er meinte, es sei widerlich, und ertränkte es in Ketchup.
† Das machte es etwas heikel, als ich mir Wills Maßband borgte, um meine Sattelhöhe zu prüfen.

dass meine Vorbereitung alles andere als ideal war. Das große Rennen stand bevor und ich war nicht in Bestform.

Stefano und Katie waren, statt zu fliegen, mit dem Auto nach Gila gefahren, was neun Stunden dauerte. Das war in etwa die gleiche Zeit, die ich brauchen würde, um meine Räder zu packen, nach Tucson zu fahren, einen Flug zu erwischen und mein Gepäck durch den Los Angeles International Airport zu schleppen, aber eine Landpartie mit Freunden würde wesentlich mehr Spaß machen. Ich stornierte meinen Flug, sprang mit ihnen ins Auto und schlief kurz nach Mitternacht in meinem eigenen Bett ein.

KAPITEL 47

Zum Beginn der Tour of California lieferte unser Radsponsor mir einen individuell lackierten Rahmen mit lauter Keksen darauf. Pat Lemieux hatte sich das Ganze als witzigen PR-Gag ausgedacht und ich hatte mich gegen den Widerstand unseres Managements durchgesetzt, das zunächst über die vielen Rahmen geklagt hatte, die zu bauen wären, und über den geringen Bestand an Komponenten und den begrenzten Platz im Anhänger. Aber schließlich war das »Keksrad« fertig. Die Fans liebten es, der Rahmen diente somit als tolle Plattform zur Markteinführung des neuen Rennrad-Modells unseres Sponsors, doch es gab ein kleines Problem: Sie hatten mir einen 58er-Rahmen geschickt, ich fahre aber Größe 56. Das Keksrad blieb für ein paar Aufnahmen, dann wurde es in den Lagerraum verfrachtet.

Talansky war bei der Tour of California der Kapitän von Cannondale-Garmin, auf einem ollen grünen Rad ohne Backwerk darauf. Wir plauderten vor der ersten Etappe und er fragte, ob Optum ein paar Clif Zbars hätte, die wir ihm für den Rest der Woche geben könnten. Als er noch am gleichen Tag wegen allergischer Beschwerden aus der Rundfahrt ausstieg, warfen ihm manche Fans vor, das Rennen absichtlich zu schmeißen – dass er eine Primadonna sei und von vornherein nicht vorhatte, die Rundfahrt zu beenden. Ich bin für eine gute Verschwörungstheorie immer zu haben, aber ich kann Ihnen versichern, dass an dieser Geschichte nichts dran war, sonst hätte er sich nicht extra die ganzen Snacks beschafft.

Unsere Mannschaft hatte im Frühjahr mit ein paar technischen Problemen zu kämpfen gehabt, mit springenden Gängen, schleifenden

Bremsen und sogar einer gebrochenen Gabel, so dass der betroffene Fahrer plötzlich mit vom Rahmen gelöstem Lenker in der Hand dastand, was die entsprechend schmerzhaften Folgen hatte. Ich möchte nicht undankbar erscheinen, aber wenn wir uns einig sind, dass die Fahrer in der WorldTour stärker sind, muss man auch einräumen, dass die Spitzenteams außerdem bessere Ausrüsterverträge bekommen und hinsichtlich des Personals nur das Beste vom Besten beschäftigen. Berücksichtigt man dazu die Erfahrung, die sie durch große Rennen sammeln, und die geringere Belastung aufgrund der größeren finanziellen Mittel, ist klar, dass bei kleineren Rennställen ein paar Dinge buchstäblich auf der Strecke bleiben. Continental-Fahrer schlagen sich mit so vielen Nachteilen herum, dass es ein Wunder war, dass ich es jemals nach Europa geschafft hatte, und es war schwer daran zu glauben, dass ich es wiederholen könnte.

Ich dachte, ein Problem gelöst zu haben, als ich vor der Tour of California unseren Laufrad-Sponsor kontaktierte und mir bestätigt wurde, dass wir mit zu viel Luftdruck in den Reifen gefahren waren.[*] Nachdem wir auf sechs Bar korrigiert hatten, konnte ich auf der engen Abfahrt vom Mount Hamilton problemlos mit der Spitzengruppe mithalten, während die Fahrer anderer Teams in Gräben und Bäume rauschten und einer in Mike Woods hinein, der dabei zu Fall kam. Ich überlegte, auf Woodsy zu warten, aber Jonas war hinter uns im Teamwagen, um ihm bei der Aufholjagd zu helfen, also beschloss ich, eigennützig zu sein.

Als Woods zur Spitzengruppe aufschloss, lag nur noch ein Ausreißer mit geringem Vorsprung vor uns, es schien also, als hätten die WorldTour-Teams alles unter Kontrolle, doch es gelang ihnen nicht mehr, ihn einzuholen. Toms Skujiņš, ein 25 Jahre alter Lette vom Team Hincapie, war kein großer Kletterer oder Sprinter, weshalb es umso eindrucksvoller war, dass er schon das ganze Jahr über Erfolge eingefahren hatte, gekrönt von einem großen Sieg hier in Kalifornien. Die Leute mögen Superman, weil er stark auf die Welt gekommen ist, aber das ist keine besondere Leis-

---

[*] Härtere Reifen bedeuten mehr Tempo, aber weniger Kontrolle.

Tom Zirbel genießt den wohl einzigen Vorzug, den es hat, mich im Team zu haben.

tung, wenn man mal darüber nachdenkt. Ich hatte schon immer mehr für Batman übrig, der seine eigenen Superkräfte aushedkte. So wie Toms Skujiņš, der Rennen mit Cleverness und Entschlossenheit gewann – ein weiterer Continental-Fahrer, der es auf einen Platz in der WorldTour abgesehen hatte, und ich konnte nicht anders, als ihn zu mögen.

Als wir abends am Hotel ankamen, spielten die Mechaniker mit einem Laufrad, das ich geschrottet hatte, Hula-Hoop. Das neue, breitere Felgendesign unseres Laufradsponsors verbesserte nachweislich Rollwiderstand und Aerodynamik, aber unser Reifensponsor stellte keinen breiten Reifen her, so dass bei dem geringen Druck, den ich wünschte, auf holprigen Straßen das Karbon brach. Damit begann ein über Monate tobender Kampf, bei dem die Mechaniker die Reifen mit hohem Druck aufpumpten, um die Felge zu schützen und ihren Job machen zu können, und ich am Start wieder Luft herausließ, um meine Haut zu schützen und meinen Job machen zu können. Der Deal bescherte ihnen immerhin einige Hula-Hoop-Reifen im Wert von tausend Dollar, es hatte also jeder was davon.

An diesem Abend hatte ich ein geheimes Treffen mit Doug Ryder, dem Besitzer des MTN-Qhubeka-Rennstalls. Ich hatte mich zu spät an ihn gewandt, um noch für 2015 unterzukommen, aber er folgte mir in den sozialen Medien, seit seine Sponsoren Cervélo und Castelli mich empfohlen hatten. Wir führten ein so gutes Gespräch, dass ich zwischenzeitlich dachte, den Raum möglicherweise mit einem Vertrag für 2016 zu verlassen, aber er meinte, er könne zum Thema Geld erst nach der Tour de France etwas sagen, wir sollten uns daher im August noch einmal unterhalten.

Ein ähnliches Treffen hatte ich mit Drapac, einer finanziell gut aufgestellten australischen Mittelklasse-Mannschaft, die im kommenden Jahr Rennen in Europa zu fahren plante. Keine konkreten Angebote, aber es sah so aus, als hätte ich Optionen.

Seit die Route für die Tour of California 2015 vorgestellt worden war, hatte ich mich auf das Zeitfahren in Big Bear gefreut, wo mich vertraute Straßen, Anfeuerungen und hoffentlich etwas Karamell erwarteten. Doch nach mehreren schneearmen Wintern, die dem Skiort wirtschaftlich sicherlich geschadet hatten, begann es nun Mitte Mai zu schneien und, teils dank unserer Gewerkschaft, wurde das Zeitfahren kurzerhand auf den Parkplatz des Freizeitparks Six Flags in Santa Clarita verlegt. Der kurze, flache Kurs kam mir nicht entgegen, dennoch fuhr ich auf einen respektablen 30. Platz, während Joannas Vater mich vom Beifahrersitz des Begleitwagens aus anfeuerte. Peter Sagan vernichtete die Konkurrenz und gewann mit 15 Sekunden Vorsprung.

Als Sagan zu Tinkoff-Saxo wechselte, las ich ein Interview, in dem sich sein Manager albernerweise selbst dafür auf die Schulter klopfte, bei der Entscheidung, wohin sein Star gehen würde, vor allem auch die Atmosphäre und Stabilität unterschiedlicher Teams berücksichtigt zu haben. Dabei war doch offenkundig, dass er sich einfach für dasjenige entschieden hatte, das die meiste Kohle bot. Es gehörte einem profilierungssüchtigen, chauvinistischen russischen Oligarchen namens Oleg Tinkoff, der seine Fahrer als »Spielzeuge« bezeichnete. Nach mageren Resultaten bei den Frühjahrsklassikern drohte Tinkoff nun öffentlich damit, Sagans Gehalt zu kürzen und einen anderen Fahrer zu »kaufen«, als wären sie Sklaven oder Vieh. *Dies ist der Traum, dem wir nachjagen? Man arbeitet sich nach oben, um sich von so einem Typen beschimpfen zu lassen?* Sagan verdiente vier Millionen Dollar im Jahr, aber er tat mir tatsächlich ein bisschen leid. Das einzig Gute war, dass Oleg auch am Sportlichen Leiter kein gutes Haar ließ: Bjarne Riis hätte wegen seiner Dopingvergangenheit längst aus dem Radsport verbannt werden müssen, nun wurde er endlich gefeuert, als Sündenbock.[*]

Sagan hatte in der Woche bereits eine Sprintetappe gewonnen, aber mit seinem Sieg beim Zeitfahren gab er ein eindrückliches Statement ab und ging als Führender der Gesamtwertung in die berüchtigte Etappe am Mount Baldy, wo er aller Voraussicht nach zehn Minuten verlieren würde, während ich hoffte, in die Top Ten zu fahren.

Peter war nach dem ersten Anstieg immer noch dabei, direkt hinter dem Team Sky, das auf der Glendora Mountain Road das Tempo machte. Ich kannte die Straßen, aber die nächste Stunde war schwerer, als ich erwartet hatte, da die verbliebenen Continental-Fahrer ans Ende des Feldes gedrängt wurden, wo angesichts des welligen Terrains jede Beschleunigung wehtat. Ich war zu sehr außer Atem, um Woods die Stelle zu zeigen, wo ich einmal einen weggeworfenen Dildo entdeckt hatte, aber er hatte mit Magenproblemen zu kämpfen und war eh nicht in der Stimmung für meine Faxen.

»Ich fürchte, wenn ich mich noch mehr reinhänge, scheiße ich mir in die Hose«, teilte er mir vertraulich mit. (Notiz an mich selbst: »vertraulich« im Lexikon nachschlagen. Ich hoffe, es bedeutet nicht, dass es ein Geheimnis ist, über das man in einem Buch nicht sprechen sollte.)

---

[*] Und wer sagt, dass zweimal falsch nicht einmal richtig ergibt?

Als wir die Strecke Anfang April ausgekundschaftet hatten, herrschten auf dem Baldy 38 Grad und wir hielten in sechs Stunden viermal an, um Wasser nachzufüllen. Jetzt Mitte Mai waren die Hänge schneebedeckt, aber die Straßen waren frei, so dass die Kälte erfrischend war, wie ein York Peppermint Pattie, nur dass das Team Sky vorne aufs Tempo drückte und versuchte, uns umzubringen. Das Feld wurde im Schlussanstieg gesprengt und ich wurde 15., trotz der Anfeuerungen von Joanna, die auf dem letzten Kilometer mit einer Krümelmonster-Mütze auf dem Kopf hinter mir herjagte.*

Woods verlor den Kampf mit seinem Magen und büßte viel Zeit ein.

»Mann, heute ging bei mir überhaupt nichts«, gestand er untröstlich.

Ich beugte mich zu seinem Hintern hin und schnüffelte hörbar. »Immerhin hast du dir nicht in die Hose gemacht!« Ich hob die Hand, um mir High Five geben zu lassen.

Er zwang sich zu einem Lächeln und klatschte mich ordentlich ab. Woodsy lässt einen nicht hängen.

Joe Dombrowski war erst seit ein paar Monaten bei Cannondale-Garmin, aber als Talansky erkrankte, wurde er bei der Tour of California zum Kapitän. Jahre zuvor war er aus dem Nichts gekommen und Vierter am Mount Baldy geworden – ein Ritt, der ihm einen Vertrag beim Team Sky und ein nettes Gehalt bescherte. Jetzt, mit 24, hatte er eine schöne Wohnung in Frankreich, einen Porsche und ein paar teure Klamotten, die an seinem schmächtigen Körper urkomisch aussahen†, und wurde dank der Ressourcen und Entwicklungsarbeit von Sky abermals Vierter am Mount Baldy, was wieder einmal beweist, dass niemand so recht weiß, wie Training funktioniert. Die wahre Überraschung des Tages aber war Peter Sagan, der Sechster wurde und damit weiter zum Kreis der

---

* Später war Joanna sauer, als sie erfuhr, dass mir am Ziel ein hübsches Mädchen einen Keks überreichte. Da ich noch immer darauf wartete, dass sie sich auf einen Hochzeitstermin festlegte, war es schön, sie eifersüchtig zu erleben, aber ich nahm den Keks nur aus Höflichkeit an. Was soll ich denn machen, ihn ablehnen? Ich schwöre, ich habe nicht mal abgebissen.

† Schauen Sie mal, wenn Sie das nächste Mal shoppen gehen, ob Sie Hosen mit Bundweite 28 und Schrittlänge 36 finden.

Favoriten auf den Gesamtsieg gehörte, zumal auf der Schlussetappe noch Zeitbonifikationen winkten.

Start der letzten Etappe der Tour of California war in Downtown Los Angeles. Es ging früh los, aber meine Freunde kamen, um mich anzufeuern, und die Veranstalter hatten versprochen, mich als Lokalmatador zusammen mit den Favoriten den Zuschauern vorzustellen. Sie klopften am Bus an, um mir mitzuteilen, wann ich bereit zu sein hätte, dann setzte ich meine üblichen Rituale vor dem Rennen fort: mit den Jungs herumalbern, Kaffee trinken und natürlich kacken, aber als ich an der Reihe war, die winzige Toilette im Bus zu benutzen, lag eine lange Woche hinter uns und wer auch immer dafür zuständig gewesen war, sie zu reinigen, hatte sich davor – Trommelwirbel – gedrückt (Tusch!) und das Klo war verstopft.

Als vorbildlicher Teamkollege suchte ich etwas, um das Schlamassel irgendwie runterzudrücken, und in dem Moment hörte ich auch schon, wie ich vom Ansager vorgestellt wurde. Familie und Freunde sahen meinen Namen live im landesweiten Fernsehen und warteten darauf, dass ich lächelnd und winkend ins Bild rollte. Sorry, Leute, ich war gerade damit beschäftigt, auf dem Scheißhaus eines gemieteten Wohnmobils ein Stuhlbein ins Klo zu rammen.

Die Etappe begann mit ein paar Runden auf dem löchrigen Asphalt rund um das Staples Center (mir brachen zwei Felgen und Guillaume die Gabel) und endete an der Rose Bowl in Pasadena – ein Katzensprung von Toluca Lake, unter den Zuschauern waren daher viele Freunde, die mich im vorbeirauschenden Feld nicht ausmachen konnten. Als ich das letzte Mal ein paar Runden um die Rose Bowl gedreht hatte, starrte ich auf das Heck eines Honda Element, in dem mein Kumpel Hrach, der in der Nähe ein Radgeschäft betrieb, den Pacemaker für mich gab. Das Tempo war diesmal nur wenig moderater, da Quick-Step und Tinkoff sich nichts schenkten, und Sagan holte schließlich den Gesamtsieg.

Nach der Etappe duschte ich im Bus und wartete anschließend an der Straße darauf, von Joannas Vater abgeholt zu werden, während die Zuschauer allmählich abzogen. Mit meinem Rad, meinem Koffer und meinen Schachteln voller Kekse, die ich von Fremden bekommen hatte (und die ich schließlich an Obdachlose im Park verteilte), war ich für die Fans unschwer zu erkennen. Mehrere hielten an, um ein Foto zu machen, einer fragte sogar, ob ich eine Mitfahrgelegenheit bräuchte, aber die meisten zeigten nur auf mich und starrten mich an. *Auch Radprofis sitzen auf Bordsteinen!* Wir fuhren direkt zu Sweetsalt zum Mittagessen, und der Typ, der bei *Seinfeld* Newman gespielt hatte, war auch da und auch auf ihn zeigten die Leute. *Newman isst auch zu Mittag!*[*]

Als ich nach Hause kam, schaute ich nach meinem Trainingsrad in der Garage und entdeckte einen Bruch in der Gabel. Unser Sponsor schickte Ersatz und nahm Änderungen in der Fertigung vor, so dass niemand zu Schaden kann, aber es ist schon komisch, wenn es Teil deines Jobs ist, als Versuchskaninchen herzuhalten.

---

[*] Er heißt Wayne Knight und wohnt in Toluca Lake, ich treffe ihn daher häufig bei Trader Joe's. Jemand bittet immer um ein Foto, er sagt immer ja, und an Weihnachten steckt er immer 20 Dollar in die Sammelbüchse der Heilsarmee.

KAPITEL 48

Zum Abschluss eines feinen Monats für Tinkoff-Saxo gewann Alberto Contador den Giro d'Italia. Er überquerte die Ziellinie in Mailand mit drei erhobenen Fingern für seine drei Giro-Siege, inklusive dem, der ihm nach einer positiven Dopingprobe wieder aberkannt worden war. Ich freute mich für Nate Brown, der 67. wurde. Nach drei Wochen im Sattel summierte sich sein Rückstand auf knapp dreieinhalb Stunden.

Inzwischen war die Saison mehrere Monate alt und niemand hatte nach dem brandneuen Cervélo S3 gefragt, das in meiner Garage hing. Eigentlich gehörte es Garmin-Sharp, aber unter Radprofis ist es gängige Praxis, am Ende der Saison die Räder erst einmal zu behalten. Ich würde nicht sagen, dass wir stehlen – wir schicken sie nur nicht zurück, solange niemand fragt.* Ich nahm es daher als Abfindung und verkaufte es auf Ebay. Die kleinen Sünden bestraft der liebe Gott sofort: FedEx zerstörte es beim Versand.

---

* Manchmal lassen wir sie drei- oder viermal fragen, oder wir ändern unsere Namen und setzen uns ins Ausland ab.

KAPITEL 49

Ich wusste nicht so recht, wie ich mein Ergebnis bei der Tour of California bewerten sollte. WorldTour-Teams würden wohl kaum auf meinen 14. Platz schauen und sagen: *Hey, genauso einen brauchen wir*, aber es war auch kein totaler Reinfall. Statt es zu analysieren, tat ich, was wir Profis immer tun: mich ein paar Tage lang hassen und dann ab zum nächsten Rennen! Die Landesmeisterschaften in Chattanooga standen vor der Tür.

In Abwesenheit des Kanadiers Mike Woods bei den US-Titelkämpfen war ich der beste Kletterer im Team und ich wollte dieses Trikot unbedingt haben, also nahm ich Jonas vor der Besprechung zur Seite und erklärte ihm, wie unser Plan nach meinem Dafürhalten aussehen sollte.

»Ich habe mich auf diesem Kurs immer ganz gut geschlagen, wir sollten daher für mich arbeiten und uns aus den Ausreißversuchen raushalten. Schick einfach vier Jungs nach vorne, um das Feld zu kontrollieren, so wie wir es bei Bissell gemacht haben, als ich 2013 fast gewonnen hätte. Sofern das Feld zusammen ist, wenn es zum letzten Mal in den Anstieg geht, werden oben vielleicht zehn Mann übrig sein und ich kann gewinnen, wenn ich dann noch frisch bin.«

Jonas lehnte höflich ab. Er wollte, dass wir alle versuchten, in die Ausreißergruppen zu kommen.

»Ich möchte nicht der Typ in der Gruppe sein, wenn Zirbel mit drinsitzt und am Ende attackiert«, sagte er.

»Echt?«, fragte ich. »Ich würde nämlich alles dafür geben, dieser Typ zu sein. Zirbel ist bei diesem Rennen doch jedes Jahr in der Gruppe mit dabei! Und? Wird er aus der Gruppe heraus gewinnen? Oder wird er erneut eine Runde vor Schluss wieder eingeholt, völlig gar gekocht und mit einer Salzkruste überzogen, so wie immer?« (Ich liebe Tom Zirbel und er ist ein toller Radfahrer, aber die Hitze machte ihm an langen Tagen zu schaffen.)

Wir einigten uns auf einen Kompromiss: Ich würde mich im Feld verstecken und Kräfte sparen, während meine Teamkollegen attackieren würden, statt für mich zu arbeiten. Im Grunde würde also einer der Favoriten fahren, als hätte er gar keine Mannschaft.

Optum brachte drei Fahrer in die Ausreißergruppe, was, wie ich gestehen musste, ziemlich gut war. Allerdings war auch Talansky mit dabei und er ließ sie alle stehen, als er nach etwa der Hälfte des Rennens attackierte. In der nächsten Gruppe saßen unter anderem Matt Busche, Chris Horner, Kiel Reijnen, Alex Howes und ich. Vaughters' Team hatte es geschafft, jedes Jahr als Favorit den Kürzeren zu ziehen, aber mit einem Solisten an der Spitze und dem besten Sprinter in der Verfolgergruppe, sah es danach aus, als würden sie es endlich packen.

So wie ich es sah, hatte ich zwei Möglichkeiten, JVs Aufmerksamkeit zu erregen, so dass er mich wiederhaben wollte. Die eine war, gut zu fahren und sich anzubiedern, aber das hatte ich bereits versucht, also probierte ich es diesmal auf die andere Weise: Ich verhagelte ihm den Tag, indem ich im Anstieg attackierte und so die Spitzengruppe wieder an Talansky heranführte und Howes abhängte.

Zwölf Fahrer waren auf dem Gipfel noch übrig, ich hatte mir somit eine aussichtsreiche Position um den Sieg verschafft, aber auf der letzten Runde fing es an zu regnen und ich hatte versäumt, am Start meinen Reifendruck zu kontrollieren. Ich schlitterte unbeholfen um jede Kurve, bis ich schließlich stürzte.

Ich fand später Videoaufnahmen vom Rennen und sah mir immer wieder an, wie ich Asphalt fraß, so wie man einen spektakulären Dunk in einem Basketballspiel endlos wiederholen möchte (sofern man sich für richtigen Sport interessierte statt fürs Radfahren). Elf Fahrer schafften es unbeschadet um die Kurve – ihre Reifen rutschten nicht weg und keiner rührte seine Bremse auch nur an. Ich ging als Letzter hinein, auf der gleichen Linie und mit dem gleichen Tempo, aber meine Reifen hatten so viel Grip, als würde ich auf Kugellagern fahren.

Die gute Nachricht ist, dass nasser Asphalt die Haut nicht dermaßen aufreißt, wie es trockener tut, ich stand also auf, ließ ein wenig Luft aus den Reifen und setzte mich wieder auf mein Rad. Jonas war hinter mir im Auto und brüllte mich an, die Trinkflasche zu greifen, die er mir aus dem Fenster hinhielt, aber nach meinem ganzen Genörgel über Freddie Rodriguez zwei Jahre vorher auf gleicher Strecke wollte der Typ mit dem »Clean«-Tattoo nichts von einer Sticky Bottle hören, so dass Jonas und ich uns hinterher in die Wolle kriegten.

Der Rest der Begleitfahrzeuge war hinter den Führenden und ich holte sie zu Beginn der letzten Runde um die Stadt wieder ein. Wenn ein Fahrer von hinten herankommt, ist es üblich, dass die Wagen in der Karawane in den Kurven nach außen ausweichen, damit er Platz hat, um auf der Ideallinie zu fahren, aber bei den Landesmeisterschaften, wo kleinere Teams am Start waren, die sich kein Personal leisten können, wurde eines der Autos vermutlich vom Vater irgendeines Fahrers gesteuert, der prompt nach innen auswich. Hätten meine Reifen und Laufräder sich vertragen, hätte ich die Kurve vielleicht überstanden, aber so lag ich, ehe ich mich versah, auch schon wieder auf der Schnauze. Mir war nicht danach, einen dritten Sturz zu riskieren, also begab ich mich zum Bus, wo meine Teamkollegen bereits warteten. Keiner von Optum hatte das Ziel erreicht.

Wenn ich über diesen Tag schreibe, muss ich an Dan Martins Interview nach seinem Sturz in Lüttich denken, wo er in sich ging, die Situation in Ruhe durchdachte und die alleinige Verantwortung auf sich nahm. Das ist die Sorte Athlet, die ich sein möchte. Ich hätte nichts lieber gewollt, als bei einem Rennen zu scheitern und das Gefühl zu haben, es wäre meine Schuld gewesen – dass in punkto Vorbereitung und Umsetzung und äußere Umstände alles stimmte und ich es einfach nicht draufhatte –, aber ich sage Ihnen, diese Reifen hatten echt keinen Grip und unsere Taktik war miserabel!

KAPITEL 50

Auch für das nächste Rennen übernehme ich keine Verantwortung. Die Tour de Beauce fand Anfang Juni statt und umfasste eine Bergankunft und ein langes Zeitfahren, so dass ich mir gute Chancen in der Gesamtwertung ausrechnete, aber die erste Etappe hielt alles bereit, was ich bei Continental-Rennen zu fürchten gelernt hatte. Wenn man in der WorldTour im Feld zu riskant fährt, kann es passieren sein, dass man beim Abendessen neben Chris Froome oder Peter Sagan sitzt und einen Einlauf bekommt.

»Diese Männer haben Familien. Du bringst uns alle in Gefahr«, hörte ich einmal einen Fahrer einem anderen ins Gewissen reden, der bei einem Rennen in Spanien einen Sturz verursacht hatte, als er auf einer Abfahrt wie ein Idiot gefahren war. Aber bei kleineren Rennen wie der Tour de Beauce waren die Jungs so hungrig und entschlossen, dass sie bisweilen vergaßen, dass wir alle in einem Boot sitzen. Manche setzten den ganzen Tag die Ellenbogen ein, als wäre nur noch eine Meile zu fahren, und stürzten sich wie die Irren in die Kurven, nur um einen Zentimeter gutzumachen. Ständig gab es sinnlose Stürze.

Kurz vor Beginn des Anstiegs auf der zweiten Etappe reihte ich mich links hinter Woods ein, während unser Teamkollege Pierrick Naud uns aus dem Wind nahm, bis jemand quer über die Straße schwenkte und in ihn hineinrauschte, wodurch er uns alle drei bei hohem Tempo abräumte.* Ich

---

* Bei Garmin-Sharp wurde uns beigebracht, stets bei unseren Teamkollegen zu bleiben, aber es gibt einen Grund, warum Präsident und Vize-Präsident nie den gleichen Flieger nehmen.

rutschte auf dem Rücken herum wie eine Schildkröte, Woods auf dem Bauch wie ein Pinguin und Pierrick purzelte mehr oder weniger über den Asphalt und schlug auf allen Seiten Wunden.

Bis ich mich aus dem Haufen an Menschen und Maschinen befreit hatte, bestand keine Aussicht mehr auf ein ordentliches Ergebnis, also fuhr ich locker zum Ziel, während Woodsy so schnell er konnte wieder aufsprang, allein die Verfolgung aufnahm und sich für den 16. Platz die Seele aus dem Leib fuhr. Ich zog ihn auf dafür, ein blutiger Anfänger zu sein, und wiederholte, was Tyler mir im Vorjahr gesagt hatte – dass es manchmal besser ist, zu akzeptieren, dass man raus ist, und seine Kräfte für die nächste Etappe zu sparen –, aber ich beneidete ihn um seinen Feuereifer.

Unsere heldenhaften Soigneurs hatten auf dem Gipfel einen kleinen Schuppen aufgetan, wo sie uns unterbringen wollten, damit wir dort nach dem Rennen unsere Klamotten wechseln konnten, aber stattdessen wurde er zu einer improvisierten Notaufnahme. Woods hatte vorne am Körper überall Schürfwunden, inklusive am Penis, der, wie er beharrte, vor dem Sturz noch einen Meter lang gewesen war.[*]

Optum war mein erstes Team, das keinen Teamarzt beschäftigte. Sie behaupteten, der Grund sei, dass Ärzte mit Doping assoziiert würden, aber ich vermute, dass es eher eine Sparmaßnahme war (nicht gerade klug, wenn man eine Krankenversicherung als Hauptsponsor hat). Selbst bei Kenda mit ihrem winzigen Budget hatten sie einen Arzt, der Wunden reinigte und uns auf Gehirnerschütterungen testete, aber an diesem Tag auf dem Gipfel des Mount Mégantic halfen Soigneurs mir dabei, meine Wunden sauber zu kratzen[†], und der Schnelltest auf Gehirnerschütterung bestand aus einem Mechaniker, der prüfte, ob mein Helm beschädigt war.

Mein Helm hatte nur eine kleine Schramme, aber ich hatte Kopfschmerzen auf dem Rückweg zum Hotel und ich ertappte mich mehrfach

---

[*] Schürfwunden vergehen, aber ein guter Schwanzwitz ist für die Ewigkeit, wenn er es ins Buch schafft.
[†] Man benutzt eine grobe Bürste, um den Dreck zu entfernen. Ungefähr so fühlt es sich vermutlich an, wenn man die Haut mit Schmirgelpapier bearbeitet.

dabei, wie ich in die Ferne starrte und dann irgendwie zu mir kam. Ich wusste, es wäre nicht schlau, am nächsten Tag Rennen zu fahren, also drückte ich meinen Helm, bis er barst, und zeigte ihn Wohlberg, der einverstanden war, dass ich den Rest der Woche ausließ. Auch Woods entschied sich, am nächsten Tag nicht zu starten (er hatte dafür nicht mal einen Helm verschwendet), aber Pierrick wurde genäht und biss sich durch.

Eine weitere Gehirnerschütterung bedeutete vier Tage allein in einem dunklen Hotelzimmer, wo ich genug Zeit hatte, Trübsal zu blasen und jede Entscheidung zu hinterfragen, die ich je getroffen hatte. Ich kannte reichlich Jungs, die ihre ganze Karriere in der Continental-Serie verbracht hatten, aber nach einem Jahr in Europa sah ich überall nur Schwierigkeiten: Teams mit knappen Budgets, Rennen ohne Zuschauer, Fahrer ohne gesunden Menschenverstand und keine Anzeichen darauf, dass sich etwas ändern würde. Ich konnte diesem Leben nicht viele positive Seiten abgewinnen und wenn ich über all die NFL-Spieler las, die unter Langzeitwirkungen von Gehirnerschütterungen litten, konnte ich die Risiken nicht von der Hand weisen. Alleine im Dunkeln tätigte ich ein paar Anrufe und versprach Joanna, meinem Berater, meinem Trainer und meinen Eltern, dass ich, sofern ich es nicht zurück in die WorldTour schaffte, mich neu orientieren würde.

Mein Freund Stefano ließ die Tour de Beauce wegen eines Rennens in Minnesota sausen. Er gewann eine Etappe, was nicht einfach ist als Amateur, hatte aber dennoch kein Glück bei der Jobsuche, als sein Team im Zuge einer Fusion geschluckt wurde.

Meinem Kopf ging es wieder besser, als ich zurück in L.A. war, also begann ich wieder zu trainieren, mit reichlich Zeit, mich auf Utah und Colorado vorzubereiten. Auf dem Weg zu den Canyons fuhr ich eines Morgens auf dem Mulholland Drive zu einem anderen Rennradfahrer auf. Er zog das Tempo an, als er mich kommen sah, und stürzte dann in einer Kurve. Irgendwie geschah ihm das ja ganz recht – was war er auch so blöd, hier ein Rennen veranstalten zu wollen? Doch ich hielt an, um zu schauen, ob mit ihm alles in Ordnung war. Der Bursche war jung, sein

Kopf hatte nichts abbekommen, und ich hatte genug Stürze erlebt, um beurteilen zu können, dass dies nur eine Lappalie war. Aber er saß mit einer klitzekleinen Schürfwunde an der Hüfte auf der Leitplanke und gab so ein zischendes Geräusch von sich.

»Alles in Ordnung?«, fragte ich.

»Ich weiß nicht«, sagte er immer wieder, vornüber gebeugt und auf die Zähne beißend. »Ich weiß es nicht.«

Unter meiner Trägerhose hatte ich von meinem Sturz bei der Tour de Beauce, wo ich bis zum Gipfel weitergefahren war, noch immer weitaus ärgere Wunden, und ich hatte keinen Piep von mir gegeben, als diese mit Alkohol gereinigt wurden. Woods hatte schlimmere Abschürfungen *an seinem Penis* und kam trotzdem unter die ersten 20, aber dieser Typ war von einem kleinen Kratzer völlig von der Rolle. Ich kam mir sehr kernig vor, als ich meinen Freunden später von dieser Memme erzählte, die mir begegnet war, aber im Nachhinein klingt das ziemlich bescheuert. War ich wirklich stolz darauf, wie viele Schmerzen ich mir zumutete – so als würde ich nur dadurch zu einem ganzen Mann? Sollte ich nicht vielmehr neidisch auf diesen Typen auf dem Mulholland Drive mit seinen zarten Händen sein, für den Leiden eine so ungewohnte Erfahrung war?

Bei der Tour de France in jenem Jahr war die Schürfbilanz jedenfalls viel schlimmer. Rohan Dennis gewann den Prolog, behielt das Gelbe Trikot aber nicht lange, denn die Veranstalter hatten Passagen von Eintagesklassikern wie Paris–Roubaix übernommen, um das Gemetzel und die Einschaltquoten zu maximieren – als Reaktion auf die Klage, die Fahrer seien in der Post-EPO-Ära der Tour de France zu Robotern geworden und es käme nur noch auf Wattzahlen und Wissenschaft an statt auf *panache*.[*]

Dennoch setzte sich letztlich der Mann mit der besten gewichtsbezogenen Leistung durch und Chris Froome ließ es so locker aussehen, dass die Dopingvorwürfe die Glückwünsche weit überwogen. Irgendjemand musste als Erstes die Ziellinie überqueren, aber Sieg und Skepsis waren in

---

[*] Wissenschaft im Radsport! Man stelle sich das mal vor.

unserem Sport untrennbar geworden. Fans forderten die physiologischen und medizinischen Daten der Topfahrer, um überprüfen zu können, ob sie clean waren, aber sie wären ziemlich sauer gewesen über die ganze Grauzone aus Asthmamitteln und Kortison. Würden sich die Spitzenfahrer auf echte »Transparenz« einlassen, würden sie auf das Zeug verzichten müssen, und dann würden sie sich nicht lange an der Spitze halten.

Abgesehen davon lässt sich eine Unschuld kaum beweisen, weshalb selbst ich dieser Transparenz nicht viel abgewinnen konnte. Das *Road*-Magazin brachte einen Artikel, in dem unter anderem meine Leistungsdaten von Oak Glen angeführt wurden, und die Reaktionen waren entweder Anschuldigungen, ich würde dopen (weil meine Werte so gut waren), oder stammten von Amateuren, die felsenfest davon überzeugt waren, sie könnten es besser (weil meine Werte so schlecht waren). Wenn ich Interviews mit Froome las, versuchte ich mir vorzustellen, was ich tun würde, wenn ich sauber die Tour gewänne und die Fans mir nicht glauben würden. (Als Erstes würde ich in mein mit Geld gefülltes Kissen weinen...)

Ivan Basso stieg bei der Tour aus, um sich wegen einer Hodenkrebserkrankung operieren zu lassen, und Jean-Christophe Péraud riss sich bei einem Sturz seine Hose auf und zeigte den Zuschauern daheim, dass seine beiden Hoden noch intakt waren. Kommentatoren liebten ihn dafür, in Verbände gewickelt und mit blutgetränkten Socken bis Paris weiterzumachen, dann ergingen sie sich endlos über Froomes Trainingslager in tristen, auf 2.500 Metern Höhe gelegenen Skiresorts, fern seiner Familie. Der Radsport fetischisiert Leiden und Opferbereitschaft, weshalb selbst die TV-Werbespots für die Tour de France voller Stürze waren. Als Fahrer ist es ein komisches Gefühl zu wissen, dass die Leute wegen meiner Qualen einschalten. Ein Teil von mir wusste, dass ich dem Ganzen entfliehen sollte, aber die Sache ist die: Ich mag es ja auch.

Mein Berater Matt Wikstrom und ich nahmen in diesen Wochen Kontakt zu zahlreichen Teams auf, wohl wissend, dass die Tour de France der Zeitpunkt war, an dem Bewegung in den Arbeitsmarkt kam. Cannondale-

Garmin schien nach wie vor meine beste Chance zu sein, aber wir wollten ein Angebot von MTN-Qhubeka oder Drapac, damit Vaughters mich nicht wieder unter Wert abspeisen könnte.

Wir bekamen einige positive Rückmeldungen, ich war daher optimistisch, als ich, wenige Wochen vor Utah und Colorado, nach Big Bear aufbrach. Mein Matrix hatte fast zwölf Jahre auf dem Buckel und 240.000 Meilen auf dem Tacho, aber wir schafften es den Berg hinauf zu einem billigen Motel, wo ich meine Mahlzeiten auf einer Kochplatte zubereitete, die ich noch aus meiner Zeit als Obdachloser übrig hatte, und *Walden* von Henry David Thoreau las.

Alleine in einem Haus lebend, das er im Wald gebaut hatte, rühmte Thoreau die Vorzüge des einfachen Lebens. Meine Unterkunft hätte somit wohl seine Zustimmung gefunden: ein kleiner Raum mit einem kleinen Kühlschrank, einem Topf, einem Messer, einer Gabel. Mein Lieblings-Philosoph/Poet war ein glühender Befürworter von morgendlichen Spaziergängen und manueller Arbeit, aber das ganze Training hätte ihm nicht gefallen. Thoreau wäre der Meinung gewesen, dass hundert Meilen lange Radtouren sinnlos seien. *Aber das ist doch das Schöne daran, Henry!*

Ich verlebte einen tollen Aufenthalt, bis ich mit meinen Eltern sprach. Sie waren in den Urlaub gefahren, brachen ihn aber vorzeitig ab, als Dad sich nicht wohl fühlte, und Mom befürchtete das Schlimmste. Ich versuchte, sie am Telefon aufzumuntern, und dann rief Joanna in ihrer Mittagspause an. Freunde von ihr ließen sich scheiden und sie war unsicher, ob sie überhaupt noch an die Ehe glaubte. Sollte ich einen WorldTour-Vertrag bekommen und nach Girona gehen, wollte sie in L.A. bleiben und eine offene Beziehung, um die Dinge für sich zu klären.

Ich hatte es kommen sehen. Ich hatte mich auf dieselbe Weise um sie bemüht, wie ich es auf allen Gebieten tat – ich hatte alles getan, was in meiner Macht stand, und mich geweigert, je ein Nein zu akzeptieren. Das mochte einem eine Anstellung als Profi und einen Buchvertrag einbringen, aber nach zwei gemeinsamen Jahren wurde mir klar, dass es bei Menschen nicht funktionierte. Ich halte mich nicht für verklemmt, aber

Altes Auto rechts, neues Auto links. Ich scheine auf einen Typen festgelegt zu sein.

die Vorstellung, dass sie sich mit anderen Kerlen träfe und sie zu uns nach Hause brächte, während ich unterwegs bei Rennen wäre, behagte mir nicht. Also sagte ich ihr, dass wir uns, sofern sie es ernst meinte, besser im Guten trennen sollten. Sie hätte sechs Wochen Zeit, auszuziehen, bevor ich aus Colorado zurückkäme.

Außerstande, mich zu konzentrieren, als ich am Nachmittag mein Intervalltraining begann, gab ich auf und warf mein Rad ins Auto, in der Hoffnung, es noch rechtzeitig zur Gruppenausfahrt in Redlands zu schaffen, um auf diese Weise eine anständige Trainingseinheit zu bekommen. Ich raste 45 Minuten lang mit quietschenden Reifen den Berg hinab und hievte mein Rad eilig vom Rücksitz, nur um festzustellen, dass ich so gehetzt gewesen war, dass ich meine Laufräder im Motel gelassen hatte.

Ich hätte zurückfahren und mein geplantes Training zu Ende bringen sollen, aber stattdessen ging ich zu einem Autohändler, wo ich einen gebrauchten Lexus Hybrid mit Fließheck kaufte. Ich hatte gerade mein Honorar von meinem Verleger erhalten*, und die Vorstellung, mir ein Auto kaufen zu können, nur weil ich über den Radsport geschrieben hatte, gab mir einen Kick. Darüber hinaus konnte ich angesichts der ganzen Ungewissheit rund um meine Beziehung, meine Familie und meinen Job etwas gebrauchen, das von Bestand wäre. Mein alter Freund JC meinte, er würde den Matrix kaufen, die alte Schrottmühle würde also in der Familie bleiben.

Da Lexus zu Toyota gehört, unterschied sich der CT 200 nicht allzu sehr von meinem alten Wagen, aber er war leiser und innen hübscher. Als ich am Abend mit offenem Schiebedach den Berg hinauffuhr, überlegte ich mir ein neues Motto: »Ändere dich nicht, werde einfach besser.« Als ich mit Joanna sprach, war sie in sich gegangen und nahm alles zurück.

Um die ganze Kletterei mit ein wenig Tempotraining auszugleichen, meldete ich mich für ein lokales Kriterium am Wochenende an, und die heimischen Sprinter lachten, als sie mich sahen.

»Hey Phil, dir ist schon klar, dass es auf dem Kurs keine Berge gibt, oder?«

»Ich hoffe, du warst im Kraftraum«, lächelte Rahsaan Bahati, König der lokalen Radsport-Szene und ehemaliger US-Meister im Kriterium.

Eine Stunde später hatte ich 200 Dollar an Rundenprämien gewonnen, schloss zu den Ausreißern auf und attackierte drei Meilen vor Schluss. Rahsaan blieb dran und bot mir an, die Preisgelder zu tauschen, wenn ich ihn gewinnen ließe. Ich dachte darüber nach, dann ließ ich ihn stehen und überrundete das Feld als Solist.

»Bitte geh wieder nach Europa, Phil«, sagte er am Ziel, eine Hand auf meiner Schulter.

Kletterer gewinnen eigentlich keine Kriterien, aber an diesem Tag war es mir leicht gefallen. Ich schickte die Daten aus dem Rennen an meinen Coach, der bestätigte, dass meine Wattzahlen besser denn je waren,

---

* Der Scheck war noch nicht verrechnet, so dass ich den Kaufpreis auf drei Kreditkarten verteilte.

obwohl ich fast drei Kilo weniger auf die Waage brachte als im Jahr zuvor.[*]

»Mit diesen Werten gehörst du in die WorldTour«, sagte er. »Und in Utah wirst du alles in Grund und Boden fahren.«

Im Nachhinein wurde mir klar, dass ich vergessen hatte, den Ring zu küssen, als ich ins Ziel kam. Vielleicht war ich sauer auf Joanna oder das Rennen war nicht besonders hart und ich brauchte ihre Hilfe nicht. Oder es hatte mit all den Jungs zu tun, die um mich herum noch Rennen fuhren, weil ich sie überrundet hatte, und ich hielt es für besser, beide Hände am Lenker zu haben.

Ich schickte Vaughters meine Leistungsdaten und ein Foto meiner Badezimmerwaage, und wie er es schon zwei Jahre zuvor getan hatte, schickte er mir ein Angebot, in Sorge, ich könnte ein Podium erreichen und den Preis hochtreiben. War es die sechsstellige Summe, die ich hätte bekommen sollen, wäre ich nicht durch die Fusion gelinkt worden? Nein! Es waren 70.000 Dollar. Immerhin: Es war ein Angebot. JV ist ein Mann, der zu seinem Wort steht.

Siebzigtausend war wahrscheinlich mehr, als Drapac bieten könnte, und MTN-Qhubeka hatte nach einer starken Tour de France soeben einen neuen Sponsor und viele große Namen an Land gezogen (sie hießen inzwischen Dimension Data), es sah also nicht danach aus, als hätten sie Bedarf an mir. Wikstrom wollte verhandeln, aber Vaughters blieb standhaft bei seinen siebzig Riesen.

Zum Glück hatte ich von einer Studie in Princeton gehört, die zeigte, dass ein Haushaltseinkommen von 70.000 Dollar genug war, um die Bedürfnisse eines durchschnittlichen Amerikaners zu decken, und alles, was darüber hinaus ging, nichts am allgemeinen Wohlbefinden änderte. Es geht im Leben nicht darum, schöne Dinge zu haben – es geht darum, dass man sich wohl fühlt und dass man tut, was man liebt.[†] Ich muss nicht reich sein – ich brauche nur genug, um mir am Flughafen eine

---

[*] Ich war abgemagert, aber ich fühlte mich großartig.
[†] Solche Dinge finde ich heraus, *nachdem* ich einen Lexus gekauft habe...

Flasche Wasser kaufen zu können und mir die Woche nicht von einem Knöllchen ruinieren zu lassen. Im Grunde sind 70.000 Dollar das Gehalt, das Thoreau sich gewünscht hätte, also teilte ich JV mit, dass ich sein Angebot annehmen werde und er mir den Vertrag schicken könne.

Da ich Vaughters ja kannte, wenn es darum ging, Mails zu beantworten oder zurückzurufen, war ich überrascht, seinen Namen zu lesen, als mein Handy klingelte. JV erläuterte, dass er angesichts von Teds Abschied jemanden im Team brauche, der unsere Sponsoren in den sozialen Medien repräsentieren könne, in Anzeigen erscheine und abseits der Rennen an Veranstaltungen teilnehme. Ich hätte somit so viele Renntage oder mehr wie bei Optum, aber nicht so viel Pause wie der Rest der Mannschaft. Er wollte sichergehen, dass ich mir das vorab klarmachte, so dass ich nicht sauer sein würde, wenn er mich zu einer Benefizfahrt in Massachusetts schickte statt zu einem Etappenrennen in Frankreich.

Ich seufzte. Ich wollte die großen Rundfahrten bestreiten, nicht zu Fototerminen nach Übersee fliegen. Wenn ich Handelsvertreter wäre, könnte ich mich auch einfach bei Cannondale um einen richtigen Job bewerben und wahrscheinlich mehr verdienen als 70.000 Dollar – ohne am Wochenende arbeiten zu müssen. Mein Bemühen, gut vermarktbar zu sein, hatte mir einen Fuß in der Tür verschafft, aber jetzt erwies es sich als Bumerang.

»Ich verstehe«, teilte ich ihm mit. »Und danke für die Warnung. Ich werde gute Arbeit leisten, sollte das meine Rolle sein, aber ich plane, so fit zu sein, dass du mich lieber bei den Rennen dabeihaben willst.«

»Ich halte die Augen offen«, versicherte mir JV. »Wir schicken bald einen Vertrag.«

Es ist verrückt, dass Radprofis abverlangt wird, diese unglaublich strapaziösen Rennen zu fahren und gleichzeitig die emotionale Achterbahnfahrt eines unbarmherzigen Arbeitsmarkts durchzumachen. Ich habe das Gefühl, die Hälfte meiner zwanziger Jahre damit verbracht zu haben, mir Sorgen um Verträge zu machen, und ich würde nicht eher zufrieden sein, ehe die Papiere unterschrieben wären, aber ich schlief besser in dieser Nacht.

KAPITEL 51

Bei der Tour of Utah wurden wir in Studentenbuden untergebracht. Meine Teamkollegen und ich stellten unsere Taschen ab und gingen quer durch den Innenhof Richtung Speisesaal zum Abendessen, als aus einem anderen Gebäude die Trek-Mannschaft kam.

»Was macht ihr denn da, einfach über den Rasen zu laufen?«, meckerte Fränk Schleck.

»Wir nehmen eine Abkürzung«, informierte Jesse Anthony den abgehalfterten Doper. »Mit Abkürzungen kennst du dich ja aus.«

Jesse ist normalerweise ein netter Junge, aber Fränk hatte quasi darum gebettelt. Ich ging vor Lachen in die Knie, was sicher nicht gut war für den Rasen. Am Abend saßen wir draußen bei der Teamvorstellung, wo Schleck auf der Bühne interviewt wurde.

»Es ist schön zu sehen, wie viele tolle Fahrer hier in Utah sind«, sagte er.

Einer weniger als du meinst, Fränk.

Da tippte mir jemand auf die Schulter. Es war Alex Howes.

»Darf ich mich setzen, Continental-Abschaum?«, lächelte er, auf den Platz neben mir deutend.

»Dein Ruf eilt dir voraus, Mister WorldTour«, umarmte ich ihn.

Tom Danielson war der Nächste, der für eine Umarmung fällig war, und ich hob ihn hoch in die Luft. Er wand sich heraus und versuchte als der Favorit auf den Gesamtsieg eine ernste Miene aufzusetzen, aber ich konnte ihn immer noch hochheben wie ein Kind. Sie fragten beide, was mit meinem Gesicht passiert sei. Anscheinend reibe ich mir das Kinn, wenn ich gestresst bin, und dort, wo mein Bart nicht mehr nachwuchs, hatte sich eine kahle Stelle gebildet.

Ich habe Danielson seit dieser Umarmung nicht mehr gesehen, denn am selben Abend erhielt er einen Anruf der USADA und gab eine Bekanntmachung auf Twitter heraus, während er zurück nach Boulder floh.

»Heute war einer der schlimmsten Abende meines Lebens. Ich wurde bei einer Trainingskontrolle am 9. Juli positiv getestet, soweit mir bekannt auf synthetisches Testosteron ... ich habe weder diese noch jegliche andere verbotene Substanz genommen. Ich würde so etwas niemals nehmen, insbesondere nach allem, was ich in den letzten Jahren durchgemacht habe. Dies ergibt für mich absolut keinen Sinn ... ich habe mit [der USADA] und meinem Team gesprochen und ich werde auf die Tour of Utah verzichten, während ich auf die B-Probe warte. Darüber hinaus werde ich sämtliche Möglichkeiten prüfen, die zu diesem Resultat geführt haben könnten ... ich verstehe nicht, wie oder warum dies passiert, und kann nicht akzeptieren, dass es wahr sein soll.«

In den Ohren zynischer Radsportfans klang das wie die ewig gleiche Leier: »Ich weiß nicht, warum die Probe positiv war. Ich weiß nicht, was ich genommen habe. Ich weiß nicht mal, wo ich bin. Ich bin nur ein dummer Athlet, der wahllos Pillen schluckt.« Für mich aber klang es danach, dass einer meiner besten Freunde in der Klemme steckte. Ich wandte mich an zwei mir bekannte Experten, die beide sagten, dass synthetisches Testosteron nichts sei, was aus Versehen in ein Ergänzungsmittel geriet, und der Test exakt sei, soweit sie es beurteilen könnten.

Jesse Anthony sagte mal, dass, sollte ich positiv getestet werden und beschwören, dass es sich um einen Irrtum handle, er mir zu 99 Prozent glauben würde. Das war als Kompliment gedacht, aber das eine Prozent war wie ein Messer in den Rücken. Er sagte, das habe mit seiner Religion zu tun – dass niemand vollkommen sei –, aber ich glaube, es sagt eine Menge über den Zustand des Sports aus, dass man das moralische Fundament der Menschen in Frage stellt, die man am besten kennt. Stefano meinte, er würde mir zu 100 Prozent glauben, mir sofort eine

Niere spenden, wenn ich darum bäte, und mich vielleicht sogar am Los Angeles International Airport abholen, aber unter den Leuten, die mich nicht kennen, gäbe es bestimmt eine ganze Menge, die sagen würden: »Siehste! Wusste ich's doch, dass er sich das Tattoo nur hat stechen lassen, um uns hinters Licht zu führen! Scheiß auf den Typen!«

Es regnete die ganze erste Etappe über, was ich angemessen fand. Wäre das Leben ein Film, hätte es auch geregnet am Tag, als mein Mentor positiv getestet wurde. Nachdem ich ihn so viele Male verteidigt hatte, wie konnte er mich hintergehen und all den Zweiflern recht geben? Aber falls er doch die Wahrheit sagte, würde er es jemals beweisen können? Wie dem auch sei, wenn Danielson jemals einen Freund gebraucht hatte, dann mich, und zwar jetzt. Ich muss 50 Nachrichten an ihn geschrieben und wieder gelöscht haben, als ich am Morgen meinen Haferbrei aß, aber ich habe nie eine abgeschickt. Ich konnte nicht für ihn da sein, weil ich nicht wusste, was ich glauben sollte, und hatte Angst, dass meine mündliche Vereinbarung mit Vaughters in Rauch aufginge, würde ich nicht vorsichtig sein.

Im Wettkampf wird von einem erwartet, den ganzen emotionalen Kram beiseite zu schieben. Man darf sich nicht den Kopf zerbrechen über Verträge, die Freundin, den Vater oder ob der beste Freund gedopt hat. Ich hatte zwei Monate für Utah trainiert und aus eigener Tasche das Motel in Big Bear bezahlt, wo ich nach zahllosen Runden auf dem glühend heißen Anstieg, der von den Einheimischen »Damnation Alley« genannt wird, ausgestreckt auf dem Boden lag und hungrig zu Bett ging, um abzunehmen. Jetzt war ich endlich beim Rennen und mein Kopf war überall, nur nicht hier. Auf dem Gipfel des ersten Anstiegs war der durchgeknallte Fan mit dem Elchhelm und grölte sich wie gewohnt die Seele aus dem Leib. Jetzt, da Jens Voigt seine Karriere beendet hatte, stand hinten auf seinem Footballtrikot »Danielson«. Elche haben offenbar schlechten Empfang im ländlichen Utah.

65 Kilometer vor dem Ziel fuhren wir den nassen Highway hinab zurück Richtung Stadt und Jesse fragte, wie es mir ging.

»Ich bin traurig«, sagte ich.

Ich war nur ehrlich, aber als ich seine Miene sah, wurde mir klar, dass er eigentlich nur wissen wollte, ob ich meine Regenjacke oder etwas anderes aus dem Auto bräuchte.

»Oh. Ich habe alles, Kumpel.«

Er lächelte und half mir, mich im Feld nach vorne zu arbeiten – eine behutsame Erinnerung, dass ich immer noch einen Job zu erledigen hatte.

Knapp elf Kilometer vor dem Ziel attackierten Howes und Reijnen. Das Feld setzte nach, um sie einzuholen, und mein Vorderrad hatte einen schleichenden Plattfuß, was mich in eine knifflige Lage brachte: Würde ich anhalten, um das Rad zu wechseln, würde ich nicht mehr den Anschluss schaffen und meine Chancen im Klassement wären dahin, aber sollte ich stürzen, weil ich im strömenden Regen auf einem halbplatten Reifen fuhr, wäre die Gesamtwertung die geringste meiner Sorgen. Ich war inzwischen so deprimiert, dass ich ehrlich gesagt versucht war, anzuhalten und auf das Gruppetto zu warten. Ich wäre in der Gesamtwertung raus, der Druck, ein gutes Resultat einzufahren, wäre von mir genommen und niemand hätte mir einen Vorwurf gemacht, aber ich war noch nicht ganz bereit, die Flinte ins Korn zu werfen. Falls einem innerhalb der letzten drei Kilometer ein Malheur passiert, erhält man die gleiche Zeit wie das Feld, ich brauchte also nur für ein paar nasse Runden durch Logan dranzubleiben. Ich ließ mich ans Ende des Pelotons zurückfallen, wo ich niemanden gefährdete, bedeutete den Teamautos, mir Platz zu lassen für den Fall, dass ich stürzte, und zehn haarsträubende Tritte lang schleifte ich, um Gleichgewicht ringend, einen Fuß über den Boden und konnte ein Ausscheren des Vorderrads bei 50 Sachen gerade so vermeiden.

Bleich wie ein Gespenst hielt ich exakt drei Kilometer vor dem Ziel an und der Offizielle auf dem Motorrad fuhr zu mir auf.

»Hier ist mein Platten und da ist die Drei-Kilometer-Marke. Ich bekomme die gleiche Zeit wie die Führenden, richtig?«

»Jawoll«, lächelte er und notierte meine Nummer. »Ich dachte, du würdest auf der letzten Runde sterben, aber du bist eben ein Profi, Phil. Tolles Buch übrigens.«

Es war ein mieser Tag, aber ein paar Dinge machte ich richtig.

Bevor Danielson die Schlagzeilen beherrschte, war Taylor Phinneys Rückkehr ins Peloton das große Thema der Tour of Utah. Nach 14 Monaten Reha nach seinem Sturz in Chattanooga war ein Bein noch immer atrophiert – sichtbar kleiner als das andere –, aber während ich hinten schlitternd meine Runden drehte, war Taylor mit Kiel und Alex vorne bei den Ausreißern dabei. Wahrscheinlich hätte Taylor sogar gewinnen können, aber er zog den Sprint für seine Freunde an, so dass Kiel und Alex oben auf einem sauberen Podium standen, und das war alles, was wir brauchten, um wieder an den Radsport zu glauben.

In den Nachrichten am Abend spielte Kiel dennoch kaum eine Rolle, denn es brachte mehr Klicks, Interviews mit Leuten zu führen, die Danielson nicht kannten und seinen Niedergang bejubeln wollten.

»Tom und ich fingen ungefähr im gleichen Alter an und nahmen ganz unterschiedliche Entwicklungen«, sagte Ben Jacques-Maynes. »Ich schätze, jetzt wissen wir, warum.« Ben war in der Doping-Ära einer der Topfahrer in den Staaten, hätte man also die Betrüger aussortiert, hätte er eine Menge großer Rennen gewonnen und es wohl nach Europa geschafft. Stattdessen würde Ben am Ende des Jahres seine Radschuhe nach einer langen, sauberen Karriere in der Continental-Serie an den Nagel hängen.

Der Kerl, der angehalten hatte, um mir zu helfen, als ich in San Dimas gestürzt war, wird sich den Rest seines Lebens fragen, was hätte sein können. Ich kann ihm seinen Ärger daher nicht verdenken, aber anderen dient der Hass auf Doper nur als faule Ausrede. Viele Fahrer verbringen ihr ganzes Leben hinten im Feld, weil sie nicht bereit sind, die nötige Arbeit zu investieren, oder weil sie schlichtweg nicht gut genug sind, und es ist bequem, die Betrüger für die eigene Unzulänglichkeit verantwortlich zu machen. Solche Fahrer verstecken sich hinter ihrer Integrität, um ihr eigenes Scheitern besser ertragen zu können, so wie ich es tat, bevor ich die Wahrheit erfuhr: Es gibt »wahres Talent« da draußen und die einen haben es, die anderen nicht. Taylor Phinney nahm nicht mal ein Multivitamin und hatte uns gerade im ersten Rennen nach seiner Zwangspause abgehängt, *auf einem Bein.*

Das andere Thema in den Medien war, ob Vaughters sein Versprechen wahrmachen würde, die Mannschaft aufzulösen, sollte es je auch nur zu einem einzigen Dopingfall kommen. Mein Handy hörte an diesem Abend gar nicht mehr auf zu klingeln und es waren nicht nur Radsportseiten – es waren ESPN und das *Wall Street Journal*. Nichts, was ich ihnen erzählte, hätte die öffentliche Meinung groß verändert, und JV hatte vermutlich längst die nötigen Anrufe getätigt, um seine Sponsoren zu beruhigen, aber ich hoffte, vielleicht ein klein wenig bewirken zu können, wenn ich genau die richtigen Worte fände. Der Artikel im *Wall Street Journal* endete mit einem Zitat von mir:

»Was auch immer bei Tommy D geschehen ist, es wäre schade, würde das wegweisende Antidoping-Programm – hinter dem eine große Zahl an Fahrern steht, die definitiv nicht betrügen – aufgegeben werden. Es gibt ein paar Teams und Besitzer, ohne die der Radsport nach meinem Dafürhalten besser dastünde, aber Cannondale-Garmin gehört nicht dazu.«

Ich warf Tom nicht den Geiern zum Fraß vor, hatte aber dennoch ein schlechtes Gewissen. Ein wahrer Freund hätte gesagt, dass er unschuldig sei, statt sich mit einer vagen Formulierung wie »was auch immer geschehen ist« zu behelfen und eigennützig seine eigenen Interessen zu wahren.

Die eigentliche Lektion, die ich an diesem Abend lernte, war, dass nichts so schnell über schlechte Nachrichten hinweghilft wie etwas noch Schlimmeres, das alles relativiert. Nehmen wir zum Beispiel an, Sie hätten Ihre Brieftasche verloren, werden dann aber von Wölfen angegriffen. Da ist die Brieftasche nicht mehr so wichtig, oder?

Die WLAN-Verbindung in den Schlafsälen war instabil, daher versuchte ich es mit einem anderen Browser, auf dem Joanna anscheinend vergessen hatte, sich bei Facebook abzumelden. Es öffnete sich eine Nachricht von einem Kerl, den sie ein paar Wochen vorher bei einem Rennen kennengelernt hatte (etwa zu der Zeit, als sie von einer offenen Beziehung angefangen hatte). Ich las ein wenig und schlief nicht viel in dieser Woche.

Auf den nächsten Etappen startete ich aussichtslose Attacken auf den letzten Runden. Ich verlor zwar keine Zeit, vergeudete aber Energie, warf Perlen vor die Säue, und Jesse stellte mich deswegen zur Rede.

»Vorne den Märtyrer spielen kann jeder, Phil. Sieht cool aus im Fernsehen, ist aber nur ein billiges Alibi und nicht fair den Jungs gegenüber, die für dich arbeiten.«

Nichts ist schöner, als sich erschöpft, von Krämpfen geschüttelt und von einer Salzkruste überzogen anhören zu müssen, man sei eine Pfeife, aber er hatte recht und ich wusste es zu schätzen.

Ich hatte noch nie bei einem größeren Rennen den Massensprint aufgemischt, aber als Eric Young auf einer der flachen Etappen sagte, er fühle sich gut, drängelte ich mich anderthalb Kilometer vor dem Ziel zu ihm nach vorne durch, teilte ein paar Ellenbogen aus und setzte mich an die Spitze, um ihn in perfekter Position abzusetzen und dann auszuscheren, just bevor der Sprint losging. Ich war stolz auf meine Dienste als Anfahrer, denn ich wusste, dass Vaughters zusah und ich die Liste meiner Qualifikationen um eine weitere Fähigkeit ergänzt hatte – bis ich mich umblickte und sah, dass Eric hinter dem Zug von BMC geblieben war, statt mir zu folgen. Ich war total genervt, bis er zehn Sekunden später trotzdem gewann. Wenn einer als Erster über die Ziellinie fährt, kann man ihm schlecht vorwerfen, dass er es vermasselt hätte.

Die Etappe endete in einem Ort namens Heber Valley, den ich noch von meiner ersten Tour of Utah im Jahr 2011 kannte. Ich kam damals bei Gastfamilien unter, fuhr für eine Mannschaft, die keinen Mechaniker hatte, keinen Masseur und niemanden, der mir in der Verpflegungszone Flaschen anreichte, ich hatte daher zusätzliches Wasser hinten in der Trikottasche und schaffte es gerade so ins Ziel. Jetzt waren die Straßen von mannshohen Postern von mir aus dem Vorjahr gesäumt, wie ich am Guardsman Pass das Feld sprengte: ich, der auf die Zähne beißt, den Ring von Joanna um den Hals, Danielson in Gelb im Schlepptau, während Horner mit Müh und Not den Anschluss hält. Das Bild bescherte mir gemischte Gefühle, aber ich würde nie wieder ein Poster von mir selbst kriegen, also stieg Eric Young vom Podium, um mir zu helfen, eins zu stehlen. Im Dunkeln traten wir zwei schwere Holzbohlen um, und das Poster hängt bis heute in meiner Garage in Toluca Lake.

Die nächste Etappe war ein Rundkurs in Salt Lake City, mit einer steilen Rampe am Ende jeder Runde, die wie gemacht schien für Woodsy. Ich hatte Jesse versprochen, nicht wieder taktischen Selbstmord zu begehen, landete aber versehentlich in der frühen Ausreißergruppe, brach mir in einem Schlagloch beide Felgen und vergeudete anderthalb Stunden lang meine Kräfte im Wind.

Zwei Runden vor Schluss wurden wir eingeholt und ich versuchte, Woodsy zu helfen. Aber ich brachte ihm nicht viel, er zog einfach seine »Auf dem Rad laufen«-Nummer durch und ließ alle stehen, womit er sich zwei Etappen vor Schluss einen großartigen Sieg und das Leadertrikot sicherte. Am Abend teilte er der Mannschaft mit, dass auch er ein mündliches Übereinkommen mit Vaughters habe.

»Wie viel?«, fragte jemand.

»90.000 Dollar«, gestand er mit gesenktem Blick.

Alle sahen mich an, denn sie wussten, dass ich ein Angebot über 70.000 Dollar bekommen hatte, aber ich lächelte nur und gratulierte ihm. Woodsy war besser als ich und verdiente es. Ich freute mich darauf, mit ihm zusammen in der WorldTour zu fahren, und es wäre mir eine Ehre, ihm Trinkflaschen zu bringen. Wie dem auch sei, keiner von uns hatte einen unterschriebenen Vertrag vorzuweisen und ich wurde aus anderen Gründen um den Schlaf gebracht: Meine Mom war mit meinem Dad im Krankenhaus und der Kerl, mit dem sich Joanna Nachrichten schrieb, war auf dem Weg nach L.A., um sie zu treffen.

»Wann kommst du mich besuchen?«, hatte sie ihn gefragt.

Bei der morgendlichen Besprechung waren die Jungs nervös, denn Continental-Teams gewinnen bei der Tour of Utah für gewöhnlich keine Etappen und führen erst recht nicht das Rennen an. Woodsy steckte seine Startnummer an sein neues Gelbes Trikot, aber die Blicke aller anderen waren auf mich gerichtet. Dies war der Kurs, auf dem ich mein Husarenstück für Danielson hingelegt hatte, als ich das Feld den Guardsman Pass hinaufführte, Cadel Evans den Zahn zog und mir ein

Poster mit meinem Konterfei verdiente. Nun erfuhr ich, was der schwierigste Part daran ist, gut zu sein: Man erwartet von einem, dass man es wiederholt. Ich wies jeden an, was auf der ersten Hälfte der Etappe zu tun war, um die Ausreißer zu kontrollieren, wohl wissend, dass es auf den 50 Kilometern danach auf mich ankäme, und auf den letzten drei wäre dann Woodsy am Zug.

Im Bus von Optum gab es keine Espressomaschine, weshalb ich, bevor wir das Hotel verließen, zwei Päckchen in die Kaffeemaschine auf dem Zimmer stopfte und nur halb so viel Wasser nahm, was so was wie einen »Beinahe-Espresso« ergibt (immer noch besser als Starbucks). Dann plünderte ich den Wagen des Zimmermädchens und machte noch einen. Man geht nicht an den Start, weil man bereit ist. Man geht, weil es Zeit ist.

Meine Kollegen hatten diese Art Hochgeschwindigkeits-Schach, die es bedeutet, in einem großen Rennen die frühen Ausreißer zu kontrollieren, noch nie gespielt. Die WorldTour-Teams gingen daher in der Hoffnung, wir würden es vermasseln und uns das Rennen entgleiten lassen, aggressiv zur Sache. Woodsy und ich mussten die Jungs ziemlich zusammenstauchen, aber wir erreichten das Tal mit der kompletten Mannschaft geschlossen vorne und dem Renngeschehen unter Kontrolle. Mir blieben 60 Kilometer, um mich zu erholen, aber als ich an der Reihe war, die Tempoarbeit zu übernehmen, holte mich meine schlaflose Woche ein und ich konnte kaum treten. Am Guardsman Pass war ich nicht mal in der Nähe der Spitze und ich hasste mich dafür, Woodsy dort allein zu lassen.

Joe Dombrowski gewann für Cannondale-Garmin die Etappe nach Snowbird und verdrängte Woodsy auf den zweiten Platz im Gesamtklassement. Joe war davon ausgegangen, in dieser Woche für Danielson arbeiten zu müssen, und es hatte etwas von ausgleichender Gerechtigkeit, dass der Stab von einem alten Doper an einen sauberen Jungen aus Virginia weitergereicht wurde.

Ich entschuldigte mich bei Woods, als er von der Siegerehrung kam, aber er versicherte mir, dass alles genau so gelaufen wäre, wäre ich bei ihm gewesen, und dass er einfach von einem besseren Fahrer geschlagen worden sei (in sich gehen, die Situation in Ruhe durchdenken, selbst die Verantwortung übernehmen, wie ein wahrer Champion halt). Dann setzte ich mich auf den Schotter hinterm Bus und rief Joanna an. Ihr neuer Freund kam an diesem Nachmittag vorbei und ich musste sie zur Rede stellen, bevor etwas passierte, das ich nicht verzeihen könnte. Sie sagte, ich sei verrückt und eifersüchtig, dass ich mir etwas einreden würde und dass sie einfach nur Freunde seien. Mochte sein, dass das stimmte. Vielleicht brauchte sie aber auch nur Aufmerksamkeit.

Der Silberstreif an diesem Tag war, dass Horner weit abgeschlagen ins Ziel kam. Mir taten seine jungen Kollegen leid – überforderte Jungs, die in Horners eigenem Wohnmobil aus Oregon angereist waren, weil das Team es sich nicht leisten konnte, eines zu mieten.*

So sehr ich ihn verachtete, wusste ich zu würdigen, dass Chris in diesem Jahr so schlecht fuhr, denn es hieß wohl, dass er sauber war. Für jemanden, der immer eine Knarre bei sich hatte, bedeutete es Mut, nur mit einem Messer bewaffnet zu einer Messerstecherei aufzukreuzen und sich jede Woche den Arsch versohlen zu lassen. Ich sagte meinen Teamkollegen, dass er dafür eine gewisse Anerkennung verdiene.

»Nein, tut er nicht! Scheiß auf den Typen«, lautete die einstimmige Antwort.

Ich erhob keine Einwände. In einem Interview an diesem Abend insistierte Horner, dass er gewonnen hätte, hätte die UCI ihn nur seinen Asthma-Inhalator benutzen lassen. Und überhaupt, was wollten die Leute denn alle? Er habe Woods und Dombrowski eine Etappe vor Schluss doch genau da, wo er sie haben wollte. Chris hielt das vermutlich einfach für Trashtalk oder ein kluges Psychospielchen, aber er kam rüber wie der Schwarze Ritter in Monty Pythons *Ritter der Kokosnuss*, der sich auch dann noch weigerte, seine Niederlage einzugestehen, nachdem man ihm Arme und Beine abgehackt hatte. Horner war nur noch ein blutiger Rumpf,

---

* Viele Doper hatten damals eigene Wohnmobile, damit sie ihre Sachen packen und irgendwohin fahren konnten, wo die Behörden sie ein paar Tage nicht finden würden, bis die fraglichen Substanzen in ihrem Körper nicht mehr nachweisbar waren.

der im Morast steckte und meinte, seinen Feinden weiter drohen zu können.[*]

Nichts änderte sich für Horner, Dombrowski oder Woods auf der letzten Etappe nach Park City, aber auch für mich nicht und ich kam erneut im Gruppetto ins Ziel. Ich rief Wikstrom vom Bus aus an, panisch, dass JV sein Angebot zurückziehen würde.

»Soll ich ihm erzählen, was bei mir abgeht? Ich möchte keine Ausreden vorschieben.«

»Das sind keine Ausreden, Phil. Du bist durch den Wind«, sagte Matt. »Ich rede mit ihm. Pass du nur auf dich auf.«

---

[*] »Komm zurück, du Anfänger! Wenn ich dich erwische, spiele ich mit deinem Sack Fußball!«, schrie der Schwarze Ritter.

KAPITEL 52

Die Tour of Colorado startete in sieben Tagen, also bat ich das Team, meinen Flug nach Hause zu stornieren und mir stattdessen einen der Teamwagen zu borgen. Ich würde frühzeitig nach Colorado reisen und so einem Mechaniker die neunstündige Anfahrt ersparen, außerdem würde die Landpartie meinem Kopf guttun. Ich packte meine Räder aufs Dach, meine Taschen auf den Rücksitz und sämtliche Kekse von freundlichen Fremden in den Kofferraum, wo ich nicht an sie herankam.*

Ich war kurz vor Green River, Wyoming, als meine Mom anrief. Dads Krebs war zurück, die Metastasen waren überall, und die Ärzte gaben ihm noch ein Jahr. Ich sagte ihr, dass manchmal Wunder geschehen und er ihn besiegen könne, aber kennen Sie das, wenn in Kriegsfilmen nach einer Explosion der Ton ausgeht und das Bild sich verdunkelt und verschwimmt, so dass man nur noch Lichter sieht und umherlaufende Gestalten und man nicht genau weiß, was passiert? So ging es mir über Monate. Ich versprach, nach Atlanta zu kommen und sie nach der WM im Teamzeitfahren zu besuchen, die ein paar Wochen später in Richmond, Virginia, stattfand, und dann verlor ich das Handysignal. Als ich die Ausfahrt zum Yellowstone National Park passierte, war der Gedanke verdammt verlockend, einfach links abzubiegen und für eine Weile zu verschwinden. Ich könnte im Auto schlafen, Rad fahren und Kekse essen. Den Traum leben?

---

* Hätte ich jemanden entführt und in den Kofferraum gesperrt, wäre das für ihn eine sehr ambivalente Erfahrung gewesen.

Alex Howes hatte mir den Schlüssel für sein Haus gegeben, bevor er wieder nach Girona flog, ich hatte in der Woche also eine kostenlose Unterkunft. Auch Brad Huff hatte Beziehungsprobleme, weshalb er den ganzen Sommer dort auf Eric Youngs Couch verbracht hatte. Beim Kaffee fragten wir uns, ob unsere Beine je wieder auf Touren kommen würden.

»Wie viel trainieren wir heute?«, fragte ich.

»Kein Training mehr, Phil!«, sagte er. »Jetzt ruhen wir uns aus. Das Heu ist in der Scheune!«[*]

Tom Danielson war ebenfalls in der Stadt, aber ich rief ihn nicht an. Stattdessen meldete ich mich bei Vaughters. Er hatte verkündet, dass das Team weitermachen würde, ich wollte daher unbedingt den Vertrag unterschreiben und war irritiert, dass es so lange dauerte.

»Ich bin diese Woche in der Stadt, falls du Lust hast, einen Kaffee trinken zu gehen«, schrieb ich ihm. »Oder Tommy Ds Haus mit Eiern zu bewerfen.«

Ich hielt das für einen guten Witz, aber JV antwortete erst zwei Tage später.

»Ich trinke keinen Kaffee. Und ich ziehe nicht über Leute her.«

Sollten Sie je Vaughters' Twitter-Feed gelesen haben, wissen Sie, dass er nichts anderes macht, als über Leute herzuziehen. Und ich schwöre, ich habe ihn mal Kaffee trinken sehen.

Ich wurde mit einem neuen Keks-Rad begrüßt, als ich zur Tour of Colorado in Steamboat Springs eintraf. Dieses Mal schickten sie die richtige Rahmengröße, aber meine Beine waren schlechter geworden und ich war die ganze Woche bloß Kanonenfutter.

Taylor Phinney gewann die erste Etappe und erschien abends beim Büfett mit einem schwarzen Hut mit breiter, flacher Krempe, wie ihn vielleicht ein Stierkämpfer tragen mochte. Die Leute machen sich gern lustig über Sportler und Promis, die auf Aufmerksamkeit aus oder ein wenig extravagant sind, aber Taylor ist ein guter Kerl und er kann nichts dafür:

---

[*] Brad ist in Missouri aufgewachsen. Er kennt ein paar gute Bauernhof-Metaphern und kann Ihnen bei Bedarf jederzeit etwas Heu bündeln.

Wenn du Talent hast, lachen die Leute über jeden deiner Witze und niemand sagt dir, dass du den albernen Hut doch lieber abnehmen solltest. In gewisser Weise ist es mental dermaßen herausfordernd, sich auf höchstem Niveau mit den Besten zu messen, dass man vielleicht Ja-Sager braucht, aber die Fähigkeit zur Selbsterkenntnis kann genauso verkümmern wie ein untrainierter Muskel, und plötzlich taucht man mit Hitlerbärtchen in einem Hanes-Werbespot auf. Aber vielleicht mochte Taylor den Hut einfach und ich sollte nicht zu viel hineininterpretieren.

BMC hatte Phinney mehr als ein Jahr Zeit eingeräumt, sich nach seinem Sturz in Chattanooga ganz auf Reha und Hutmode zu konzentrieren, doch Peter Stetina fuhr auch in Colorado, obwohl es lediglich vier Monate her war, dass er sich das Bein gebrochen hatte. Taylors Verletzungen waren freilich schwerwiegender, doch davon abgesehen machte Stetina nicht unbedingt den Eindruck, wirklich bereit zu sein, denn er kam auf Krücken zum Abendessen. BMC hatte ihm bereits mitgeteilt, ihn nicht über die Saison hinaus zu beschäftigen.

Ich sah auch Rohan Dennis in dieser Woche, zum ersten Mal, seit wir Teamkollegen gewesen waren. BMC hatte entweder einen prima Ernährungsberater oder einen Arzt, der mit etwas Kortison nachgeholfen hatte, um die zehn Pfund loszuwerden, die Rohan immer mit sich herumgeschleppt hatte, denn in Colorado erschien er mit der Statur eines Kletterers und genug Fitness von der Tour de France, um die Gesamtwertung locker für sich zu entscheiden. Er führte sich dabei wie ein ausgemachter Idiot auf, weshalb es im Feld recht angespannt zuging. Es gab viel Geschrei und einen Sturz, der nicht wie ein Unfall aussah, und einmal warf das Gelbe Trikot mit einem Reiskuchen nach einem 24-jährigen Continental-Fahrer, der wahrscheinlich 6.000 Dollar im Jahr verdiente.

Als ich vor der sechsten Etappe im Bus saß, wollte ich gerade mein Handy ausschalten, als ich sah, dass meine Mom anrief. Klar, wenn man »all-in« ist, geht man vor einem Rennen nicht ans Telefon. Ich hätte über die Strecke nachdenken und meine Aufgabe an diesem Tag visualisieren sollen, aber ich drückte stattdessen die grüne Taste und erfuhr, dass meinem Dad am Nachmittag eine Magensonde gelegt würde. Kein bedrohlicher Eingriff als solcher, aber als ich eine Stunde später in der Hoffnung auf eine weitere sinnlose Ausreißergruppe Attacken mitging, nahm ich mir vor, nach der Etappe anzurufen für den Fall, dass etwas passieren sollte – und um ein letztes Mal seine Stimme zu hören, denn die Sonde würde seine Stimme verändern. In diesem Moment fuhr Kiel zu mir auf. Er meinte, er wisse, dass dies nicht der richtige Moment sei, aber er habe gehört, dass mein Vater krank sei und es tue ihm sehr leid. Ich dankte ihm und wickelte dabei einen Riegel Clif Organic Zartbitter/Mandel aus, so dass ich, falls mich jemand weinen sähe, immerhin behaupten könnte, ich sei nur so gerührt, weil mein Snack so verdammt köstlich sei. Dann fragte ich mich: *Was zum Teufel mache ich hier eigentlich?*

Ein DNF bei der Tour of Colorado würde mich wahrscheinlich um meinen WorldTour-Vertrag bringen, dennoch hielt ich in der Verpflegungszone und teilte dem Team mit, dass ich nach Atlanta müsse. Jonas fuhr mich anderthalb Stunden zum Flughafen und versprach, meinen Platz im Kader für die nächste Saison freizuhalten, bis JV mir einen Vertrag geschickt hätte, und dass ich bei Optum immer ein Zuhause hätte, falls nichts aus der Rückkehr in die erste Liga würde. Ich war nicht immer mit seiner Rennstrategie einverstanden gewesen, aber dort, wo es zählte, war Jonas ein toller Kerl, der eine Loyalität und eine Menschlichkeit besaß, denen man im Radsport nicht oft begegnet.

Es gab Komplikationen beim Eingriff und mein Dad verbrachte den Großteil der Woche im Krankenhaus. Mom und ich spielten Karten im Wartezimmer, das voller Krebspatienten und Taschentücher war. *Sie wissen es. Genau wie mit den Heuballen, die bei Kriterien in den Kurven ausgelegt werden. Die Arschlöcher wissen, dass wir hier weinen werden.*

Ich nahm Dads Ehering und Brille an mich, als man ihn anwies, für eine MRT seine Metallgegenstände abzulegen. Ohne die Brille war er so gut wie blind, aber als er wiederkam, bat er zuerst um den Ring. Ich entschuldigte mich, um auf die Toilette zu gehen, wo ich auf den Papierspender einschlug, bis das Plastik brach. Ich musste meine blutigen Knöchel in der Tasche verbergen, damit meine Mom sie nicht sah, aber es war sehr befreiend.

Optum hatte das Glück, zur Weltmeisterschaft in Richmond eingeladen worden zu sein, und es wäre ein schöner Meilenstein gewesen, auf amerikanischem Boden an einer WM teilzunehmen, aber ich verzichtete auf meinen Startplatz und flog stattdessen nach Kalifornien, um mit Joanna den Joshua-Tree-Nationalpark zu besuchen. Wir hatten uns fast drei Monate lang aus der Ferne gestritten, aber nun schien alles wieder normal zu sein.

Ein alter Freund aus Florida fuhr nach Richmond, um sich das Straßenrennen anzusehen. Er schickte mir ein Foto von Vaughters in einem Burger-Restaurant mit Toms Skujiņš und einem anderen Freund aus alten Tagen: Andrew McQuaid. Gut möglich, dass McQuaid gerade JV zu überzeugen versuchte, Toms meinen Platz zu überlassen. Ich hätte meinen Kumpel daher bitten sollen, zu lauschen, aber mich trieb eine ganz andere Frage um:

»Trinkt Vaughters Kaffee?«, fragte ich.

Er meinte, er könne es nicht sagen.

Dad ging weiter im OP ein und aus, also flog ich wieder zurück nach Atlanta, wo ich meine Zeit zwischen einer weinenden Mutter, einer todgeweihten Beziehung und einem todgeweihten Vater aufteilte. Als wir in Tucker auf der Veranda saßen, sagte er, es tue ihm leid, dass ich bei der Tour of Colorado ausgestiegen war, und da mein letztes Rennen der Saison in Pennsylvania vor der Tür stand, runzelte er verdrossen die Stirn, als ich sagte, dass ich seit vier Tagen nicht mehr auf dem Rad gesessen hätte.

Da legte er seine Hand auf mein Knie und gab mir endlich die Zustimmung, auf die ich gewartet hatte. »Ich bin froh, dass du Radprofi bist. Ich verstehe, was es dir bedeutet, und ich bin stolz auf das, was du erreicht hast. Du solltest deinen Träumen folgen, solange du es kannst, mein Sohn.«

Leider habe ich mir das nur ausgedacht. Wäre es nicht schön, wenn das Leben so abliefe? Dad nannte mich nach wie vor einen »Radler« statt »Radsportler« oder »Radrennfahrer«, aber der schiefe Basketballring in der Einfahrt sagte mir, wie er wirklich empfand. Er versicherte mir, dass ich es schon packen würde, was auch immer sich mit meinem Vertrag ergeben würde, und er wollte nicht, dass ich wegen seiner Krankheit ein weiteres Rennen verpasste. Es war nett von ihm, das zu sagen, aber seinen Ärzten zufolge müsste ich seine Wünsche wahrscheinlich noch ein Mal missachten. Ich versteckte meinen schwarzen Anzug hinten in einem Wandschrank im Haus, damit ich ihn nicht im nächsten Jahr quer durch Europa schleppen müsste.

KAPITEL 53

Die Vuelta hatte gerade begonnen, also checkte ich die News, um zu schauen, wie meine Freunde sich schlugen. Die erste Etappe war ein Mannschaftszeitfahren, eine bekanntermaßen rasante und gefährliche Veranstaltung, aber der Kurs umfasste zudem unbefestigte Passagen, Sand, Gummimatten, Brücken, Rampen, feuerspeiende Drachen und einen Wendy's Drive-in (die beiden letzten waren nur Spaß). Die Teams protestierten und schließlich einigte man sich auf einen Kompromiss: Man würde die Etappe absolvieren, aber sie würde nicht für die Gesamtwertung zählen. Am nächsten Tag beherrschte dann Vincenzo Nibali die Schlagzeilen, weil er sich an einem Auto festgehalten hatte, nachdem er die Spitzengruppe verpasste – ein Mitfavorit, der vor laufenden Kameras unverhohlen betrog.

Jonas hatte wohl nicht mitbekommen, dass Nibali bei der Vuelta rausgeworfen wurde, denn er wollte dennoch, dass ich eine Sticky Bottle nahm, als ich am Wochenende beim Reading 120 in der Nähe von Philadelphia stürzte. Ich war auf meinen prall aufgepumpten Reifen irgendwie in die Ausreißergruppe des Tages gerutscht, bevor ich auf ein paar nassen Gleisen zu Fall kam, doch ich rappelte mich wieder auf und wurde Zwölfter – eine letzte Anstrengung für das Team. Ich überquerte die Ziellinie bibbernd und zerschunden, aber glücklicher, als ich seit Wochen gewesen war, denn vier Stunden Leiden in einem Radrennen waren wie ein Urlaub von der realen Welt. Es stimmte mich traurig, dass die Saison vorüber war und es Monate dauern würde, bis ich wieder Wettkämpfe bestreiten würde.

Toms Skujiņš wurde in Reading Zweiter. Ich hörte, dass er bei Cannondale unterschrieben hatte, und war besorgter denn je, dass mein Angebot sich in Luft auflösen würde, aber in dieser Woche traf der Vertrag endlich ein. Ich war froh, dass JV mir, Woodsy und Skujiņš eine Chance gab – dass ich nicht mehr sauer auf ihn sein müsste –, bis ich sah, dass das Gehalt nur noch 65.000 Dollar betrug, statt der 70.000, die er mir am Telefon geboten hatte. Es stimmte zwar, dass ich bei der Tour of Utah und der Tour of Colorado unter den Erwartungen geblieben war, aber er kannte die Gründe und so oder so hatten wir eine Vereinbarung. War das eine Art »Dein Vater liegt im Sterben«-Steuer? Brauchte Vaughters die 5.000 Dollar so dringend oder sah er eine Chance, mich zu treten, während ich am Boden lag?

Als er das »saubere Team« ins Leben rief, sagten viele, JV würde sich nicht wirklich um das Wohl des Sports kümmern und dass der Antidoping-Ansatz nur eine Marketing-Masche für die Sponsoren sei. Man sagte, er sei wie Whole Foods: Sie verkaufen Bio-Obst nicht, weil sie sich um die Umwelt scheren – sie machen es, weil sich schon irgendein Depp finden wird, der bereit ist, vier Dollar für einen Apfel zu bezahlen. Vielleicht war Vaughters ja nur ein Musterbeispiel menschlicher Unzulänglichkeit. Er hatte viel Gutes bewegt, er hatte den Profiradsport ausgemistet und meine Träume wahr werden lassen. Ich wollte ihm nach wie vor glauben, aber nun war es, als hätte ich den Vorhang beiseite gezogen wie der *Zauberer von Oz*, und eins ist mal sicher: Die Salatbar bei Whole Foods ist ganz hervorragend. Ähm, wovon sprach ich noch gleich?

Woods' Vertrag fiel derweil höher aus, als vereinbart war, zum Teil vielleicht dank meiner Gehaltskürzung. Ich sagte Mike, dass ich einen Kaffee bei ihm guthätte, dann bot Mavic mir eine Vertragsverlängerung um weitere drei Jahre à 5.000 Dollar an, womit ich wieder beim Gehalt war, das die Princeton-Studie empfahl. Sportler können mit Unternehmen auf ähnliche Weise Beziehungen unterhalten, wie sie es mit anderen Menschen tun, und ich empfand für diese gelben Schuhe das Gleiche wie für einen Freund, der die Kaution bezahlte, um mich aus dem Gefängnis zu holen.[*]

---

[*] Hypothetisch.

Ich würde Vaughters niemals vergeben, aber das Geld interessierte mich nicht, denn ich war zurück in der Show. Um auf die *Zauberer von Oz*-Analogie zurückzukommen: Erinnern Sie sich, wie Dorothy die Tür öffnet und plötzlich ist alles in Farbe? So empfand ich es, in die WorldTour zurückzukehren.* Ich wurde wiedergeboren. Mein Traum war lebendig.

JV vergeudete keine Zeit und schickte mich auf eine weitere Tour de Phil, aber diesmal brach ich nach zehn »Etappen« ab und flog mit Southwest nach Atlanta, denn mein Vater war gestorben. Sie hatten ihm ein Jahr gegeben, aber er schaffte nur zwei Monate. Joanna kam, um mir beim Begräbnis beizustehen, und als wir nach Toluca Lake zurückkehrten, hatte mein Rad in der Garage zwei Platten. Es heißt ja, ein Unglück kommt selten allein.

Das »Saufcamp« mit meinem neuen alten Team fand Ende Oktober statt und – das muss gesagt werden – ich hatte es nötig. Wir waren im Little Nell untergebracht, einem Fünf-Sterne-Resort in Aspen, wo man beim Einchecken eine Führung durchs Zimmer erhält, als würde man alleine nicht das Bett finden. Am ersten Tag spielten wir Touch Football, aber die Europäer bestanden darauf, den Ball schießen zu dürfen, und wussten nicht, wo sie zu stehen hatten. Ich sprintete mit vollem Tempo Richtung Endzone, um einen sicheren Touchdown zu erzielen, musste dann aber ins Gras abtauchen, um Pierre Rolland nicht über den Haufen zu rennen – eine der namhaften Neuverpflichtungen des Teams. Er sollte bei der Tour de France das Podium erreichen oder dergleichen, aber wie er so auf der Zehn-Yard-Linie stand, sah er ziemlich zerbrechlich aus. Ich glaube, ich hätte um ein Haar seine Saison beendet, bevor sie richtig angefangen hatte.

Der andere namhafte Neuzugang des Teams wirkte neben Pierre alles andere als schmächtig: der Kolumbianer Rigoberto Urán. Über jemanden, der eine harte Jugend in Medellín hinter sich hatte, durfte ich mir eigentlich kein Urteil erlauben, sollte er auf Winokurows Bestechungsversuch beim olympischen Straßenrennen von 2012 tatsächlich einge-

---

* Allerdings musste Dorothy sich nicht wieder aufs metrische System umstellen.

gangen sein, aber es ärgerte mich trotzdem, dass Vaughters ihn unter Vertrag genommen hatte. Insgesamt schienen wir eine gute Truppe zu sein und ich bin ziemlich sicher, dass kein einziger Doper darunter war.

Unser wahrhaft sauberer Kader wäre rührend gewesen, wäre ich mir darin nicht so alt vorgekommen. JV hatte einen Haufen talentierter Jungspunde wie Lawson Craddock geholt, der von Giant-Shimano zu uns wechselte. In Austin ansässig und aus dem LiveStrong-Nachwuchsteam stammend, war Lawson mit Lance befreundet und traf mit Schürfwunden in Aspen ein, die er sich bei einer Partie Kickball an dessen Haus zugezogen hatte. Vielleicht war Lawson zu jung, um zu begreifen, welchen Schaden Lance mit seinen Taten angerichtet hatte. Aber vielleicht reicht es auch, auf jemandes Anwesen genug Nachos zu essen und Football zu gucken, um sich nicht darum zu scheren, dass dieser jemand dafür verantwortlich ist, dass man ständig für die Behörden in Plastikbecher pinkeln muss und selbst in einem viel kleineren Haus wohnt – und das auch nur zur Miete. Andererseits war ich mit Tom Danielson befreundet, wer also bin ich, ihn zu verurteilen?[*] Ich räume sogar ein: Wir leben in einer Welt der Nuancen, in der es nicht nur schwarz und weiß gibt, und es kann sein, dass Lance kein so übler Bursche ist, wie ich gerne hätte.[†]

Angesichts all der neuen Gesichter gab es ein paar ältere, die ich schmerzlich vermisste, wie Nathan Haas und Dan Martin, die sich beide anderen Teams angeschlossen hatten, aber versprachen, mit mir zu trainieren, wenn ich nach Girona käme. Der Name des Teams hatte sich von Garmin-Sharp zu Cannondale-Garmin geändert, aber im Wesentlichen war alles beim Alten geblieben – so als wäre ich kurz zum Mittagessen gegangen und hätte ein Jahr gebraucht.

---

[*] Jesse Anthony fuhr mit David Zabriskie in einer Mannschaft. Wir scherzten immer: »Mein Doper ist besser als deiner.«

[†] Ungefähr zur gleichen Zeit fing Lance auf Twitter einen abstrusen Streit mit mir an, angesichts dessen ich mich fragte, was passieren müsste, damit der Radsport ihm vergeben würde. Soll ich ihn weiterhassen, bis er sich das Leben nimmt? Der Kerl richtete einigen Schaden an, aber er ist kein Serienkiller und man hört auch Geschichten darüber, dass er für anderer Leute Krebsbehandlung aufkommt.

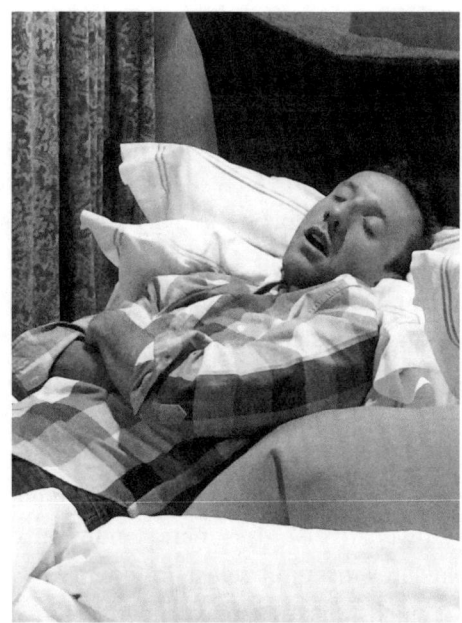

Mike Woods im »Saufcamp«.

Wir wanderten, fuhren Mountainbike und aßen schick zu Abend in Aspen, dann zogen wir mit den Betreuern und Sportlichen Leitern durch die Kneipen, denn es hieß ja nicht umsonst »Saufcamp«, und jemand stellte die Regel auf, dass, sollte einer vor zwei Uhr ins Bett gehen, wir in sein Zimmer einbrechen und seine Matratze umkippen würden. Das Programm sah unter anderem Core-Training um sieben Uhr morgens vor. Diese Einheiten waren zwar optional, aber man wollte keine Schwäche zeigen, indem man weiterschlief. Ich hatte seit Juli keinen Alkohol mehr angerührt und so erinnere ich mich noch, wie ich eines Morgens neben Howes hinten im Kraftraum stand und wir herauszufinden versuchten, warum wir Yoga-Verrenkungen vollführten.

»Warte mal, Alter. Ich glaub', wir sind immer noch betrunken!«, flüsterte er. Dann kicherten wir und kippten um.

Wie richtige Profisportler verwüsteten wir auch das Hotel. Vom Dach aus bewarfen wir Soigneurs mit Tomaten, kippten über Pierre Rollands

Bett einen Blumenkübel aus und liefen nackt über die Flure des Little Nell. Eines Nachts mussten wir Talanskys Matratze umkippen, weil er schon um Mitternacht die Bar verließ, aber er hatte die Tür verriegelt, also kletterte Toms Skujiņš die Galerie entlang und drang vom Nachbarzimmer aus, in drei Etagen Höhe baumelnd, über das Vordach ein. Ich sagte ja: Er ist Batman.

Wir verrichteten ein wenig Sponsorenarbeit in Aspen und jeder Fahrer traf sich mit den Sportlichen Leitern zu einer Besprechung, um seinen Rennkalender zu erörtern. Ich teilte mir das Zimmer mit Woodsy, der beiläufig erwähnte, dass er angewiesen wurde, seine Höchstform für seinen ersten Wettkampf zu planen, die Tour Down Under im Januar, ein Etappenrennen mit WorldTour-Status, bei dem er Kapitän sein würde. Gut, dass Mike zu grün war, um zu wissen, wie irre das war, aber ich freute mich, dass JV genug Vertrauen in ihn setzte, um ihm diese Chance zu geben.*

Zu mir hatte das Team weniger Vertrauen, so dass mein Frühjahrsprogramm fast identisch war mit dem von 2014. Das war also der Fortschritt, den ich in zwei Jahren gemacht hatte, und für den Fall, dass ich nicht wüsste, wo ich stand, schickten sie ein paar Jungs für Bikefittings und Windkanaltests auf die Bahn in Los Angeles, aber ich war nicht eingeladen. Als ich fragte, ob ich hinfahren und mitmachen dürfte, sagte der zuständige Trainer nein.

Diesmal schrieben sie meinen Namen auf dem Wäschesack richtig, aber im Statistikteil der Sammelkarten waren bei mir Größe und Gewicht vertauscht worden und auch die Rennergebnisse waren falsch. Ein paar meiner größten Siege fehlten und sie führten mich auf Platz zwei der Bergwertung eines Rennens, an dem ich nie teilgenommen hatte. Jemand hatte sich also ein Resultat für mich ausgedacht, *und es war nicht mal ein Sieg.* Das stimmte mich nicht gerade optimistisch im Hinblick auf meine weiteren Karriereaussichten, aber es war nichts Neues und ich war

---

* Er maß sich mit einigen der besten Fahrer der Welt und wurde Gesamtvierter, unterschätzen Sie also niemals einen Kerl, der nicht weiß, was er nicht kann. Aber wie auch immer: Ich *gewann* mein erstes Rennen in der WorldTour.

zu froh und motiviert, um mich runterziehen zu lassen. Für ein Bikefitting könnte ich selbst aufkommen und ich wusste aus Erfahrung, dass der Rennkalender nicht in Stein gemeißelt war. Ich hegte keine verrückten Träume von einem Sieg bei einer Grand Tour mehr, aber ich war gut genug, um bei einer zu starten. Das Team USA hatte außerdem nach meiner Kleidergröße gefragt, denn ich war in der Vorauswahl für die *Olympischen Spiele*.

Was auch passierte, diesmal wusste ich, worauf ich mich einließ und wie ich es anpacken müsste. Ich würde hart trainieren und mit den Beinen, die ich hatte, mein Bestes versuchen, aber dabei stets die Perspektive und die Balance wahren. Ich würde das Abenteuer mit Joanna genießen und sollte ich mal wieder auf einer verregneten Abfahrt einem Teamwagen nachjagen müssen, würde ich reichlich Abstand halten, denn es ist es nicht wert, dafür zu sterben – oder eine Sticky Bottle nehmen. Ich würde das Haus in Toluca Lake vermieten, so dass ich zwei Piratenschiffe hätte, was mehr als genug wäre für eine hübsche Wohnung in Gironas Altstadt und einen oder zwei Besuche im Can Roca. Alles erscheint so einfach im Oktober.

Ich war erschöpft, als ich zurück nach Los Angeles flog, mit einem Kater und dem Kopf voller Möglichkeiten, aber als Joanna mich am Flughafen abholte, wollte sie reden. Da weitere ihrer Freunde sich verlobten, musste sie noch einmal bekräftigen, dass ich mir keine großen Hoffnungen auf einen baldigen Hochzeitstermin machen dürfte, und sie wäre sich immer noch nicht so recht sicher, was dieses ganze »Eheding« betraf.*

Das war die letzte schlaflose Nacht, die ich wegen Joanna verbrachte. Mit einem wie mir zusammen zu sein, bedeutete viele Opfer und Kompromisse, und obwohl sie sagte, dass sie mit mir zusammenbleiben wollte, schien es auch, als hätte sie unsere Beziehung sabotiert, weil sie tief in ihr drinnen nicht mehr so weitermachen wollte. Meine emotionale Energie war aufgebraucht und das bisschen, was noch übrig war,

---

* So bitter es scheint, muss ich es Joanna hoch anrechnen. Ich wollte sie unbedingt heiraten und sie gab nie nach, was, wenn man darüber nachdenkt, letztlich nur rücksichtsvoll war.

Meine kalifornische Familie: Jesse, ich, Katie und Stefano.

musste ich meiner Mom widmen, also gab ich Joanna einen Monat, um auszuziehen.

Eine Trennung ist nie leicht, aber wenn dein Vater gestorben ist, ist alles andere egal, und im Hinblick auf das nächste Jahr waren Ordnung und Kontrolle wichtiger als Romantik. Ich würde keine dritte Chance in der WorldTour bekommen und sollte ich scheitern, wollte ich, dass es wenigstens mein Fehler wäre. Stefano, Katie und Jesse richteten ein obligatorisches wöchentliches »Wahlfamilien-Abendessen« ein, um mich aufzumuntern. Koschara meldete sich regelmäßig, um sich nach meinem Befinden zu erkundigen, und Coach Frank verordnete mir fürs Training »Soul Rides«, auf denen ich den ganzen Tag unterwegs sein und durch die Canyons juckeln oder Gruppenausfahrten mit Matt Wikstrom und meinen Freunden in Toluca Lake unternehmen würde. Ich war von großartigen Menschen umgeben und es war nicht zu übersehen, dass das, was sie alle miteinander verband, meine wichtigste Beziehung war: der Radsport. Klar, wir hatten unsere Höhen und Tiefen, aber der Radsport war mein Zuhause, mein Klassenzimmer, meine Zuflucht und mein soziales Umfeld, und mehr brauchte ich nicht. Abgesehen davon bedeutete, Single zu sein, dass ich wieder herumvögeln konnte wie ein richtiger Profisportler (das ist nicht so gut, wie in einer festen Beziehung zu leben, aber es ist nahe dran).

Wenn man sich mit einem Buch herauswagt, fängt man auch an, Mails von Lesern zu bekommen. Die meisten davon waren großartig, aber würde ich den Komplimenten zu viel Gewicht beimessen, müsste ich auch den einen oder anderen Kritiker gelten lassen, so dass ich alles auszublenden versuchte, nur kurze Antworten schickte und alle Nachrichten einfach in einen Gmail-Ordner verschob.

In diesem Winter nahm ich mir schließlich die Zeit, diesen Ordner in Ruhe durchzugehen, und entdeckte eine weitere Beziehung: Das klingt jetzt ein bisschen kitschig, aber ich spreche von Ihnen. Hunderte von Fremden hatten sich bei mir dafür bedankt, sie zum Lachen gebracht oder sie dazu inspiriert zu haben, sich vom Sofa aufzuraffen und Sport zu treiben, und ein paar sagten, mein Buch habe ihnen geholfen, eine schwere Zeit mit einem kranken Angehörigen oder einer Trennung zu überstehen, was mir sehr naheging. Das Autorenhonorar war nicht der Rede wert, angesichts der vielen Stunden, die ich am Computer zugebracht hatte, aber diese Nachrichten zu lesen, gab mir mehr, als ein Rennen zu gewinnen es jemals könnte. Ich fing an, immer ein Aufnahmegerät dabei zu haben, ständig Notizen zu machen und in meiner Freizeit Buchideen zu entwickeln. Mir fehlte das Talent, große Rennen zu gewinnen, aber ich könnte Ihnen erzählen, wie es ist, es zu versuchen.

TEIL 4

In der
Warteschleife

KAPITEL 54

Bevor die Saison begann, schickte mich der Teamarzt in eine Klinik, um einen von der UCI vorgeschriebenen Gesundheits-Check zu absolvieren. Mein Ruhepuls lag bei 28 und bei mir wurde ein »Sportlerherz« diagnostiziert, was einfach gesagt bedeutet, dass einer der Muskeln in meiner alten Pumpe überentwickelt war und ich sterben würde, sollte ich jemals aufhören zu trainieren (halb so wild). Als Nächstes befestigten sie mir einen Haufen Drähte an der Brust und schickten mich für ein Belastungs-EKG aufs Laufband. Ich lief ganz locker, als die Schwester begann, Tempo und Steigung zu erhöhen, und ich bemerkte, dass sich im Korridor Ärzte und Pfleger versammelt hatten, die ins Zimmer blickten, auf mich zeigten und sich zuflüsterten. Anscheinend waren sie ganz aufgeregt, mit eigenen Augen zu erleben, was ein Profisportler in einem Test zu leisten vermochte, dem normalerweise Senioren unterzogen wurden. Die meisten Patienten liefen, bis sie nicht mehr konnten, die UCI brauchte meinen Puls aber nur bis 160, also nahm ich mir vor, dann aufzuhören. *Nicht nötig, für diese Deppen eine Show abzuziehen. Ich bin doch kein verdammtes Zootier, das zu eurer Unterhaltung da ist.*

Ein paar Minuten später rann mir der Schweiß über das Gesicht, ich blendete das Piepen der Maschinen aus und alles, was es auf der Welt gab, war das Echo meines Atems und mein Sportlerherz, das mit 190 Schlägen pro Minute durch meinen Schädel pochte. Ich schätze, ich konnte einfach nicht anders. 29 Jahre alt und immer noch musste ich meine Grenzen austesten. Als mein Körper versagte, war ich zurück im Labor in Denver, vornüber gebeugt, umgeben von Ärzten, die besorgt herauszufinden versuchten, ob mit mir alles in Ordnung war.

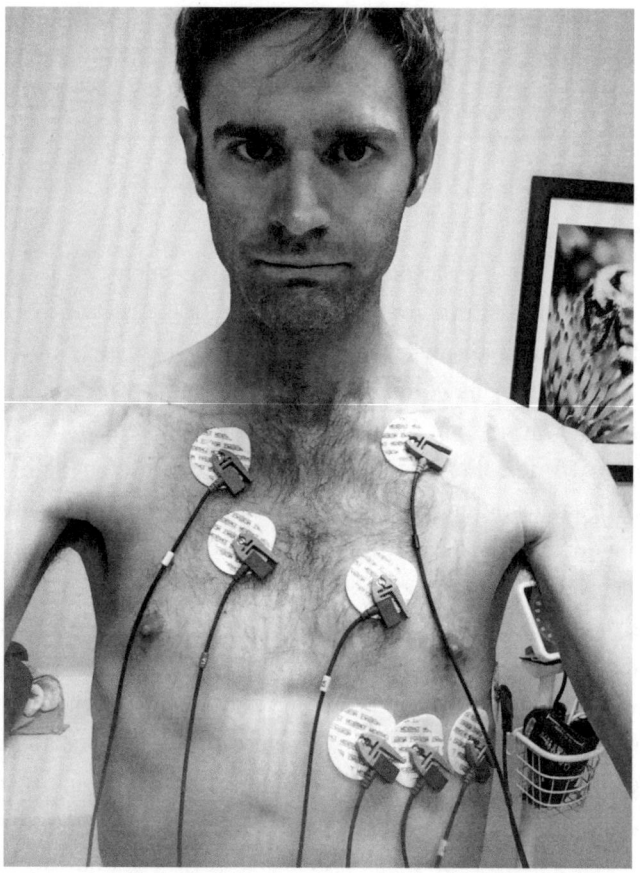

Laborratte.

Ich war in guter Form bei der Tour de San Luis und einer der stärksten im Team beim Mannschaftszeitfahren am ersten Tag, aber statt wie zwei Jahre zuvor eine Etappe zu gewinnen, machte ich bei 60 km/h einen Salto über den Mittelstreifen und verlor einen Großteil der Haut auf der rechten Seite meines Körpers. Wahrscheinlich hätte ich aussteigen sollen, aber stattdessen half ich sechs weitere Tage meinen Teamkollegen, verbrachte die Abende beim Arzt und beendete das Rennen eingewickelt wie eine Mumie. Er sagte, er hätte einen »Grand-Tour-Vorrat« an Verbandszeug mitgebracht und der gesamte Bestand sei in einer Woche nur für mich draufgegangen. Er sagte außerdem, ich hätte mit die höchste Schmerzschwelle, die ihm je untergekommen wäre, was ich als Kompliment auffasste. *Ich bin ein Mann! Ich bin hart!*

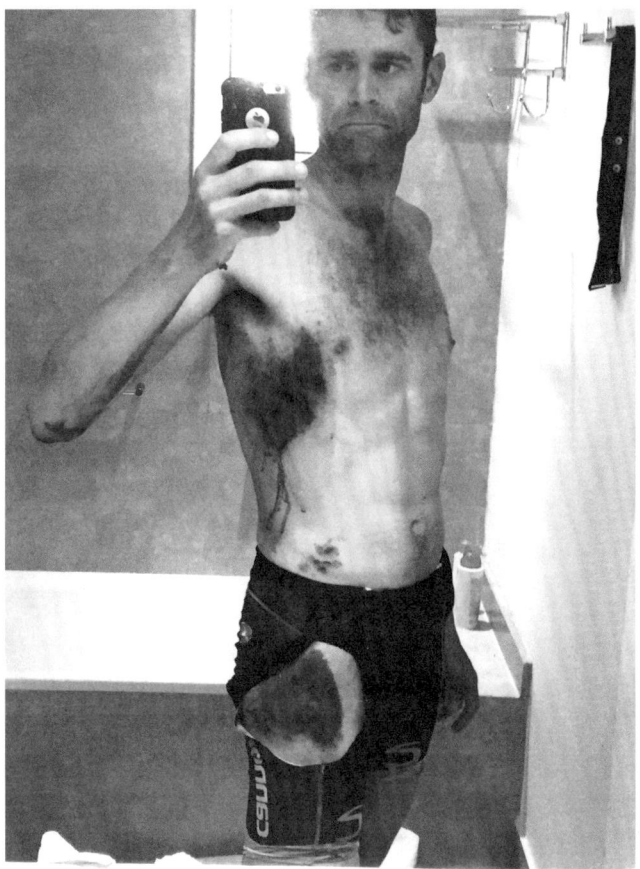

Abschürfungen bei der Tour de San Luis.

Als ich an meinem 30. Geburtstag noch immer voller Schrammen und Beulen nach L.A. zurückkehrte, war mein Geschenk an mich selbst ein

Frühstück in einem Café, wo ich mir einen teuren Cookie und einen Espresso gönnte. Am Abend mietete ich den »Gold Room« in einem Billardschuppen in Burbank, lud alle meine Freunde ein und aß einen Cannabis-Keks. Marihuana ist nur im Wettkampf verboten. Um positiv getestet zu werden, müsste man also quasi während des Rennens breit sein. Für mich war es erst das zweite Mal, aber viele Profis kiffen in der Saisonpause, zwischen den Rennen und sogar auf Trainingstouren. Mir begegnete mal an einem Anstieg bei Girona ein sehr namhafter Fahrer nur in Trägerhose und T-Shirt, ohne Helm, dafür mit »Beats by Dr. Dre«-Hörern auf den Ohren. Ich nehme an, dass Gras etwas damit zu tun hatte.

Geburtstagskeks. Ändere dich nicht, werde einfach besser.

Ich stellte mir vor meiner Geburtstagsparty zehn Wecker und ich habe keinerlei Erinnerungen an meinen Flug nach Barcelona am nächsten Morgen. Irgendwann landeten wir und während ich zur Gepäckausgabe ging, fragte ich mich, ob ich überhaupt welches aufgegeben hatte. *Gute Arbeit, Phil,* dachte ich mit einem Lächeln, als es auftauchte.

Tom Danielson gab sein Haus in Girona auf, aber der Koch des Teams meinte, dass er den Kram, den ich 2014 dort eingelagert hatte, in Verwahrung genommen habe. Ich reiste daher nur mit leichtem Gepäck, doch es stellte sich heraus, dass Dinge verlorengehen, wenn man sie zwei Jahre unbeaufsichtigt lässt. Dies war noch übrig, als ich schließlich meine Taschen bekam:

- Vitamine (zurückgelassen bei einem Typen, der sagte, er sei wegen verunreinigter Vitamine positiv getestet worden, sie wanderten also in den Müll)
- der alte 17-Zoll-Laptop von HP
- ein gerahmtes Foto meiner Eltern
- ein gerahmtes Foto von Joanna
- eine Schachtel Kondome, die in genau zwei Wochen abliefen[*]

Ich musste also Bettwäsche, Handtücher, neue Klamotten und Kondome (für alle Fälle) kaufen, wofür ich viermal mit vollem Rucksack quer durch die Stadt lief, aber ich richtete mich in einer hübschen Wohnung in einem Haus direkt neben der Kathedrale in der Altstadt ein, mit einer knarzenden Holztür und einer Steinmauer, die im Jahr 800 errichtet worden war.

Der Makler hatte damit geworben, dass der WLAN-Anschluss inbegriffen wäre, und wies mich dann an, bei meinen Nachbarn zu klopfen und ihnen 50 Euro für das Passwort anzubieten. Ich hätte sauer sein sollen, aber ich lächelte nur. Es war schön, wieder nach Strich und Faden spaniert zu werden.

---

[*] Wiederum kaum zu glauben. Aber so war es.

Mit Kiel und Woods unterwegs in Girona.

Kiel Reijnen schaffte es mit Trek in die WorldTour, so dass ich mit ihm, Woods, Skujiņš, Haas, Talansky, Howes und vielen anderen tollen Leuten in der Stadt trainierte und abhing. Wir quälten uns während der Trainingsausfahrten gegenseitig an den Anstiegen, entspannten bei einem Kaffee und einem Sandwich und dann zogen wir los und fingen von vorne an.

Ich hatte mir nur aus dem Grund eine Wohnung mit zwei Schlafzimmern gesucht, weil meine Mutter sagte, mich besuchen zu wollen, und sobald sie ihren Flug gebucht hatte, schickte ich eine Mail ans Can Roca, das nach wie vor als bestes Restaurant der Welt galt. Entweder hatte ich Glück oder die Wartezeit von einem Jahr gilt nicht für WorldTour-Fahrer, denn wir kamen sofort rein.* Das 14-Gänge-Menü für zwei kostete zusammen mit dem Wein 600 Dollar, aber jeder Bissen war eine unglaubliche Erfahrung – eher so, als würde man in ein Museum gehen denn in ein Restaurant.

Der zweite Dessertgang im Can Roca.

An diesem Wochenende brauchte Mavic mich in Frankreich, um kurzfristig ein paar Laufräder zu testen. Als ich ihnen mitteilte, dass meine Mom in der Stadt war, luden sie kurzerhand auch sie ein, mieteten für mich einen BMW und brachten uns in einem noblen Hotel unter. Ich unternahm ein paar hübsche Touren mit dem berühmten gelben Auto hinter mir und teilte mir mit meiner Mutter ein Crêpe am Mittelmeer.

---

* Weitere Vorzüge des Profidaseins: Wenn man sich auf Twitter über eine Fluggesellschaft beschwert, schicken sie, sofern man genug Follower hat, eine Telefonnummer, unter der sie sich sofort um einen kümmern. Ich war drauf und dran, in einem weiteren Tweet ihren Service zu loben, aber dann wurde mir klar: Diese Nummer sollte eigentlich jeder haben.

Mit meiner Mom und grauem Haar im Bart.

Mavic war nur einer von vielen Sponsoren-Terminen, die ich in diesem Frühjahr wahrnahm. Unter anderem wirkte ich in einem Werbespot für Rollentrainer mit und war bei der Vorstellung des neuen Cannondale-Rads mit Scheibenbremsen dabei. Die Reisen läpperten sich und es verging ein Monat, ohne dass ich viel auf dem Rad gesessen hätte. Als ich endlich zu einem Rennen geschickt wurde (die Tour du Haut Var – das härteste Radrennen, von dem Sie noch nie gehört haben), fühlte ich mich unzureichend vorbereitet, aber als ich angewiesen wurde, die Lücke zu den frühen Ausreißern zu schließen, fuhr ich an einem zehnminütigen Anstieg ein Loch von einer Minute zu und das Feld hinter uns war gesprengt.

Ich schlug mich wacker und kletterte auf Trainingsfahrten annähernd auf dem Niveau von Woods und Talansky, aber ich wurde weiter aus den Kadern für die WorldTour-Rennen gestrichen. In diesen Wochen trainierte ich für mich allein und ging abends Eisessen mit Elly Woods, Laura Fletcher, anderen Ehefrauen und Freundinnen oder Losern wie mir, die krank oder verletzt waren oder für nicht gut genug befunden wurden, Rennen zu fahren.

JV hatte mich gewarnt, dass mich ein mageres Rennprogramm erwartete, aber er sagte auch, er würde die Augen offen halten. Also schickte ich ihm nach jedem guten Rennen, das ich absolvierte, meine Leistungsdaten, um für mich zu werben, nur um weiterhin geflissentlich ignoriert und dorthin geschickt zu werden, wo auch immer gerade ein Mann gebraucht wurde. Diesmal genoss ich tatsächlich die erste Etappe der Drei Tage von Westflandern und am Abend bat mich ein norwegischer Teamkollege um Übersetzungshilfe bei der Verfassung eines Tweets.

»Was sage ich, wenn ich mich morgen richtig für das Team quälen möchte?«

»Sag, dass du dich darauf freust, dich selbst zu fisten«, schlug ein Soigneur vor.[*]

Er nahm es sportlich, als es von der ganzen Mannschaft retweetet wurde.

Wir lachten während des ganzen Abendessens, aber irgendetwas vertrug sich nicht mit meinem Magen und der kalte Regen und der Wind vertrugen sich am nächsten Tag nicht mit meiner schmächtigen Klettererstatur. Ich fiel frühzeitig zurück und verirrte mich, als ich die Karawane aus den Augen verlor, also suchte ich die nächstbeste Fernstraße und folgte den Schildern zu der Stadt, wo das Etappenziel war. Cannondale hatte für die kleineren Rennen keinen Bus, also begab ich mich zum örtlichen Gemeindehaus, wo ich vier Stunden in meiner nas-

---

[*] Ein anderer Soigneur brachte unseren italienischen Busfahrer dazu, einer Frau, die einen schweren Koffer trug, anzubieten, es »ihr mit der Hand zu besorgen«.

sen Radhose neben einem Heizgerät hockte und auf die Ankunft meines Teams wartete. Vor den Profis waren allerlei Nachwuchs- und Amateurklassen gestartet, so dass nun eine beständige Parade an Junioren durchs Fenster hereinglotzte, als ich in meinem WorldTour-Trikot vor mich hin bibberte. *Ganz recht, Kinder, wenn alles gut läuft, könnt ihr in zehn Jahren so sein wie ich, genau hier, wo ihr schon seid, nur dass ihr keine trockenen Klamotten zum Wechseln habt und eure Eltern nicht da sein werden, um euch zu drücken und nach Hause zu bringen.*

KAPITEL 55

Als die Teamleitung mich schließlich zum Critérium International schickte, einem Etappenrennen, dessen Profil mir lag, setzte ich den ganzen Tag Ausreißern nach und wurde dennoch Elfter auf der Schlussetappe und in der Gesamtwertung. Aber auch das reichte nicht, um mir einen Start bei der Baskenland-Rundfahrt zu verdienen, also fuhr ich zurück nach Girona, um für die Ardennenklassiker zu trainieren. Da ich im Aufgebot für das Amstel Gold Race stand und Reservist für den Flèche Wallonne und Lüttich–Bastogne–Lüttich war, sprintete ich kurze Anstiege hinauf und malte mir aus, wie ich Woods und Howes tausend Meter vor dem Ziel an die Spitze des Feldes brachte, dann erhielt ich einen Anruf: Das Team brauchte mich bei Paris–Roubaix, in 48 Stunden.

Die Sache mit Paris–Roubaix ist die: Es war eine Ehre, bei einem so historischen Rennen an den Start zu gehen, und ich freute mich darauf, aber einen Kletterer nach Roubaix zu schicken, war in gewisser Weise ein Affront: als würde man einen Baseball-Spieler auf die Bank verbannen (sofern die Bank schmerzhaft und 260 Kilometer lang ist) oder ein Zugtier auf die Weide zum Grasen schicken. Die Hälfte unserer Sprinter war krank und JV würde von der UCI mit einer Strafe von 5.000 Euro belegt, sollte er keine vollständige Mannschaft an den Start bringen. Als ich daher also endlich den Aufruf für ein Rennen bekam, von dem ich als Teenager geträumt hatte, war es nicht, weil ich bereit war und sie mich brauchten. Es war eher wie bei der Resteverwertung am Ende einer Party – man nimmt halt, was noch übrig ist (»Ey! Noch wach?«).

Nun ja, ich war übrig und ich brach mit einem Rucksack in Girona auf, in den ich meinen Pass, einen Satz Rennklamotten, Unterwäsche zum Wechseln, ein T-Shirt und einen Riegel dunkle Schokolade gestopft hatte. Meine Teamkollegen bedauerten mich, als ich eintraf, aber sie klopften mir auf die Schulter für meinen Schneid, und die Medien liebten die Geschichte meiner Last-Minute-Ankunft. Es wurde sogar auf Twitter eine #prayforphil-Kampagne ins Leben gerufen (jemand verglich es damit, meine Unschuld an Ron Jeremy zu verlieren). Ich hatte keine Zeit, das spezifisch für Roubaix eingestellte Rad auszuprobieren oder die Pavé-Sektoren zu begutachten, aber andererseits war es ja nicht so, als wäre ich nach einer Probefahrt besser vorbereitet gewesen. Im Gegenteil könnte

Blick von der Bühne bei Paris–Roubaix.

man einwenden, dass es die Überraschung verdorben hätte. Ich bekenne: Am Vorabend malte ich mir sogar noch aus, das Rennen zu gewinnen.

Ich zog die Jungs auf, die sich vor dem Start die Knöchel verbanden wie Boxer vor dem Kampf, manche saugten an ärztlich genehmigten Asthma-Inhalatoren oder warfen Advil ein, als würde es etwas bringen. Wouter Wippert und Ryan Mullen hatten sich gezielt auf dieses Rennen vorbereitet und sie waren froh, dass ich da war und allen half, sich zu entspannen, aber auch ich wurde nervös, als Wegelius mich damit betraute, mit den frühen Ausreißern mitzugehen.

Das war viel verlangt, wenn man bedenkt, dass nur ein paar hundert Fahrer versuchten, in die Ausreißergruppe zu gelangen, aber wissen Sie was? Der schmächtige Kletterer packte es.

Ich setzte mich in den vorderen Reihen fest und passte sorgsam auf, als die Attacken gingen, und ich war sogar im Fernsehen zu sehen, falls irgendeiner in den Staaten um drei Uhr morgens wach gewesen sein sollte. Dann wurden die Ausreißer zurückgeholt und der Rest des Tages war eine perfekte Metapher meiner Karriere als Radrennfahrer: Wenn du nicht als einer der ersten 20 in einen Pavé-Sektor gehst, bist du bloß Teil einer kilometerlangen Splittergruppe. Jemand stürzt, du gehst in die Eisen, bahnst dir den Weg herum, und holst just in dem Moment zu den Führenden auf, in dem das nächste Kopfsteinpflaster beginnt, so dass du wieder hinter einem Sturz festsitzt. Diesen Prozess wiederholst du so lange, bis du die Spitze nicht mehr sehen kannst, und bald fährst du einfach so schnell du kannst und weichst besoffenen Fans aus, während die Begleitfahrzeuge sich ihren Weg um dich herumbahnen.

Falls Sie ich sind, verrutscht auch noch Ihr Sattel, als Sie nach fünf Minuten des Rennens ein Schlagloch mitnehmen, so dass Ihre Balance hinüber ist und Ihre Muskeln wegen der korrigierten Sitzposition krampfen. Nach einer Stunde mit den Ausreißern wissen Sie zudem nicht mehr, wo hinten und vorne ist, das Rad ist vollkommen neu für Sie (ebenso die Roubaix-spezifischen Laufräder und Reifen) und Sie waren nicht mal vorgesehen dafür, an diesem Tag dort zu sein, also schlittern Sie natürlich in einer staubigen Kurve in einen Heuballen.*

Ich fuhr weiter in der Hoffnung, es zumindest bis ins Ziel zu schaffen, als mir klar wurde, dass ich eine der 325.987.239.842 Kurven verpasst hatte und irgendwie von der Strecke abgekommen war. Ich wollte gerade einen Fremden nach dem Weg fragen, als das Teamauto mich zufällig auf dem Weg zur Verpflegungszone einholte.

Ich hatte mich noch nie dermaßen besiegt gefühlt wie in dem Moment, als ich auf den Rücksitz stieg, aber die Soigneurs munterten mich auf. Sie sagten, sie hätten auf das Dach geklopft und »Legende!« gerufen, als sie meinen Namen unter den Ausreißern hörten – eine Erinnerung, dass Freunde mir in McKiernans Irish Pub in Girona bestimmt zujubelten und auf mich anstießen, und was will man letztlich mehr? Sie posteten ein Foto von mir, wie ich heimelig mit einer Coke auf dem Rücksitz saß, dazu die Zeile: »Er lebt! #prayforphil«. Mein Rückflug war nicht erster Klasse, aber immerhin ließ das Team einen Sitz mit mehr Beinfreiheit springen und ich aß den ganzen Riegel dunkle Schokolade.

Ich war noch angeschlagen von Roubaix, als ich ein paar Tage später meine Startnummer für den Brabantse Pijl anheftete, den Aufgalopp für die Ardennenklassiker. Es regnete in Strömen, und um es unbeschadet zum Amstel Gold Race Ende der Woche zu schaffen, ließ ich mich daher auf keine irrsinnigen Positionskämpfe ein. Ich half meinen Teamkollegen, wo ich konnte, und ließ mich 20 Kilometer vor dem Ziel aus dem Feld zurückfallen und rollte ins Ziel. Nate Brown verlor den Anschluss zehn Kilometer nach mir und als das Teamauto ihn überholte, teilten sie ihm mit, dass er meinen Platz für das Amstel bekomme.

Ich konnte nicht fassen, dass sie die Entscheidung, mich aus meinem ersten Monument zu streichen, *während des Rennens im Rennen* getroffen hatten, ohne auch nur mit mir zu sprechen, und ich flehte Johnny Weltz

---

* Cancellara stürzte zweimal, so dass ich mich nicht allzu schlecht fühlte. Wenn man in Roubaix nicht ein bisschen blutet, ist es nur der halbe Spaß. Ich wurde nie schlau daraus, warum ich 2015 so oft stürzte, ob es am Reifendruck oder an der Felgenbreite lag oder einfach Kopfsache war, aber bei Cannondale blieb meine Haut weitgehend intakt und ich fühlte mich großartig in den Abfahrten.

an, sich für mich einzusetzen, aber er sagte, die Entscheidung sei bereits gefallen und es täte ihm leid.

»Träume sind Schäume, gell?«, sagte er.[*]

Um Salz in die reichlichen Wunden zu streuen, war ich weiterhin Reservist für die Ardennen, statt mich also »heim« nach Girona fliegen zu lassen, ließ mich das Team, für den Fall, dass einer krank werden sollte, eine Woche in einem Hotelzimmer im belgischen Genk schmoren.

So gesehen war es umso besser, dass Joanna und ich nicht mehr zusammen waren, denn quer durch Europa zu gurken, ohne Plan und Mitsprache beim Rennkalender, macht es einem nicht leicht, sich wie ein Erwachsener zu benehmen, und es hätte gewiss unsere Beziehung belastet. Aber für einen alleinstehenden Typen war eine Woche in Belgien eine schöne Gelegenheit, das Terrain zu erkunden und versäumtes Training nachzuholen. Ich bolzte jeden Tag sechs Stunden, genoss steile Anstiege und ausgewiesene Radwege, fuhr über die Grenze in die Niederlande und hielt auf einen Kaffee in Maastricht.

Eines Nachmittags führte mich der Radweg zu einem Restaurant am Fluss. Es kam mir bekannt vor und hatte ein Wasserrad am Eingang, also hielt ich an und rief meine Mutter an.

»Erinnerst du dich, als wir mal in den Niederlanden eine Radtour gemacht haben? Dieser windige Tag, als ich klein war? Wo genau war das?«

»Ich weiß nicht«, sagte sie. »Irgendwo bei Maastricht.«

Bestimmt gibt es in der Gegend viele Restaurants mit Wasserrädern und weiß der Himmel, ob es der gleiche Ort war, aber das war nicht so wichtig. Was zählte, war, dass der Pfannkuchen fantastisch war, und diesmal musste ich das Rad nicht wegen des Gegenwinds nach Hause schieben.

Ich wurde am Flughafen abgesetzt, als andere Teams gerade fürs Amstel Gold Race eintrafen, so dass ich dort mit meinen Taschen saß und eine Parade an Radrennfahrern vorbeikam, die hallo sagten und mich fragten,

---

[*] Ich schwöre, er sah mir in die Augen und sprach diese Worte aus.

warum ich in die andere Richtung unterwegs wäre. Es war ein *Walk of Shame* für einen Radprofi und ein schwarzer Tag in meiner Karriere, aber Matt Wikstrom wusste mich aufzumuntern, indem er mir für ein paar Wochen sein Gästezimmer in L.A. anbot, denn mein Haus war ja vermietet. Ich verbrachte Zeit mit ihm, lud die Akkus auf und nutzte meine Wut für drei brutale Wochen in Big Bear im Mai, in denen ich gezielt für das Zeitfahren bei der Tour of California und die Bergankunft an der Gibraltar Road trainierte, wo »Rusty Woods« mich damals zum ersten Mal Demut gelehrt hatte.

KAPITEL 56

Die erste Etappe der Tour of California führte an JCs alter Wohnung in San Diego vorbei, wo ich 2008 als Amateur herumlungerte, mit meinem Kram auf der Veranda, weil nicht genug Platz war. Als ich zu dem Fenster aufsah, wünschte ich, die Zeit zurückdrehen zu können und diesem armen, verzweifelten Loser zu sagen, dass alles okay sein würde. Dann würde ich ihm raten, seinen Vater jeden Monat Krebsvorsorgeuntersuchungen machen zu lassen, mit seiner Freundin über die Ehe zu sprechen, *bevor* er um ihre Hand anhielte, und welche Lottozahlen er spielen sollte.

Die zweite Etappe startete in Pasadena, wo ich eine eigene Fankurve hatte, eine geradezu aberwitzige Menge an Keksen bekam und die Vorstellung des »Lokalmatadors« diesmal nicht verpasste. Ben King übernahm die Führung in der Gesamtwertung, als er die Etappe aus einer Ausreißergruppe heraus gewann, so dass wir auf dem Weg zur Gibraltar Road auf der dritten Etappe das Rennen kontrollieren mussten. Ich war enttäuscht, als Wegelius mich anwies, vorne das Tempo zu machen. Er war offenbar bereit, mich schon vor dem Anstieg zu verheizen, auf den ich mich, wie er wusste, extra vorbereitet hatte. Erneut würde mir eine Chance entgehen, aber ich arbeitete mich nach vorn, um meinen Job zu machen, als Talansky mein Trikot griff und mich zurückhielt. Andrew kümmerte sich nicht darum, was unser Sportlicher Leiter sagte. Wir hatten zusammen trainiert und er wusste, dass ich besser war, als das Team mir zugestehen wollte. »Bleib hier, Phil«, sagte er. »Wir schonen dich für den Anstieg.«

Ich fuhr also nicht auf eigene Rechnung, aber am Beginn der Gibraltar Road, vor den Augen von 0,000000001 Prozent der Weltbevölkerung vor dem Fernseher, übernahm ich die Spitze und riss das Feld in Fetzen.

»Yeah, Phil!«, sagte Phil bei 450 Watt. »Zeig ihnen, dass du hierhergehörst!«

Das Zeitfahren fand auf dem gleichen Kurs statt, den ich 2014 auf meinem normalen Rennrad absolviert hatte, nachdem mein Cervélo auf dem Flug zu Bruch gegangen war. Ich freute mich daher auf eine neue Chance, aber das Team sagte, ich solle es locker angehen lassen und meine Kräfte sparen, um am nächsten Tag unseren Kapitänen zu helfen. Die ganzen Windkanaltests und Bikefittings, das 9.000-Dollar-Rad, der Speedsuit, der aerodynamische Helm, die rasierten Beine – ganz zu schweigen von den vielen Stunden Training in unbequemer Position – gipfelten in einer 24 Kilometer langen Spazierfahrt, die ich mit 80 Prozent Einsatz absolvierte, für die Zuschauer lächelnd und winkend, die dem »Cookie Monster« zujubelten.

WorldTour-Fahrer trainieren hart, aber keine Trainingseinheit kann sich mit den Anforderungen des Wettkampfs messen, letztendlich bestimmt das Rennprogramm also über die Fitness. Im Mai war ich der einzige Fahrer im Team, der noch kein WorldTour-Rennen absolviert hatte (ein halbes Paris–Roubaix zählt nicht), trotzdem brach ich bei der Tour of California sämtliche Rekorde hinsichtlich meiner Wattleistung und schickte Vaughters die Daten. Er wusste, dass mein Kalender ein Handicap gewesen war, aber hier war der Beweis, dass ich mich reingehängt hatte – dass ich immer noch im Spiel und ein guter Teamplayer war und dass ich eine Chance verdiente bei ein paar schweren, gebirgigen Rennen wie der Tour de Suisse oder der Dauphiné.

Stattdessen reiste ich den ganzen Weg nach Europa für ein Fotoshooting bei einer Cannondale-Veranstaltung in Österreich, anschließend ging ich bei der Ster ZLM Tour an den Start, ein weiteres windiges, flaches, fünftägiges Rennen in Belgien, bei dem wir uns zu acht in ein enges Wohnmobil drängten. Es regnete ohne Unterlass, meine Fitness stagnierte, aber ich fuhr ordentlich.

Gepackte Koffer für die Abreise aus Girona, die sich als meine letzte erweisen würde.

Um mich aufzubauen – oder um mich zu ärgern –, setzten sie mich, als ich zur Tour of Utah zurück in die Staaten flog, auf die vorläufige Liste für die Vuelta. Ich wurde euphorisch und schuftete noch einmal drei Wochen in Big Bear, inklusive hitzespezifischem Training, um mich auf den glühend heißen August in Spanien vorzubereiten.*

Ich wurde stärker und schlanker, ließ ein paar Tage lang PowerPoint-Vorträge und eine weitere Sponsorenveranstaltung über mich ergehen, fuhr gut in Utah, flog zu meinem Grand-Tour-Debüt nach Spanien und

---

* Eines Tages stand die USADA vor der Tür, als ich nach Hause kam, und ich war so dehydriert, dass ich wusste, ich würde eine Stunde brauchen, um pinkeln zu können. Der Aufpasser durfte mich nicht aus den Augen lassen, also duschte ich mit offenem Vorhang.

wurde aus dem Kader gestrichen. Pierre Rolland war eine enttäuschende Tour de France gefahren und wollte sich bei der Vuelta rehabilitieren. Mein nächstes Rennen – und mein letztes Rennen – wäre somit die Tour of Alberta.

Vaughters bestätigte im Sommer eine weitere Fusion – mit Drapac, dem australischen Rennstall, mit dem ich ein Jahr zuvor geliebäugelt hatte. Cannondale Pro Cycling würde den Großteil des Budgets, aber nur wenige Fahrer mitnehmen, doch JV ignorierte all meine Rückfragen erneut. Ich nahm das als Hinweis, dass meine Tage im Team gezählt waren, und mir wurde klar, dass ich 2016 in gewisser Weise gar kein Radprofi mehr war. Ich hatte mir etwas vorgemacht – ich war nur ein Verkäufer oder Marketing-Typ in hautengen Shorts. Mein Traum war längst tot, aber ich brauchte eine halbe Saison, um es zu begreifen.

Als Fahrer/Markenbotschafter hatte ich aber dennoch eine Rolle gespielt, und so jämmerlich es klingen mag, ich liebte es so sehr, in der WorldTour zu sein, dass ich JV anflehte, mir die Chance zu geben, mir noch ein weiteres Jahr etwas vormachen und in Girona das Leben als Profi leben zu dürfen. Ich war gut genug gefahren, die Sponsoren und die Teamkollegen mochten mich, und ich glaubte nach wie vor, dass es in ihrem besten Interesse war, mich 2017 zu behalten. »Klar, ich gewinne nicht, aber ihr werdet keinen anderen finden, der innerhalb eines Monats einen Spot für Turnschuhe drehen, an einem Anstieg der Haut Var Ausreißer einfangen und bei Paris–Roubaix in die frühe Fluchtgruppe kommen kann«, argumentierte ich in einer der vielen Mails, die er ignorierte.

Ich wandte mich an andere Teams, aber nach acht Monaten unbedeutender, flacher Rennen war 2016 mein erstes Jahr ohne Sieg, und um ehrlich zu sein, wenn man sich die WorldTour 2017 anschaute, gab es ohnehin nicht viele Mannschaften, für die ich hätte fahren wollen. Oleg Tinkoff warf das Handtuch, aber der Prinz von Bahrain startete ein neues Team und der ist noch viel schlimmer. Die meisten der anderen WorldTour-Rennställe hatten nach wie vor eine schmutzige Vergangenheit oder fragwürdige Fahrer, somit hätten sie, selbst wenn ich für sie hätte fahren wollen, für den Typen mit dem »Clean«-Tattoo wohl nicht viel übriggehabt. Ich führte erneut ein paar gute Gespräche mit Dimension Data, aber sollte sich daraus nichts ergeben, war wohl einfach kein Platz mehr für mich in dem ganzen Zirkus.

KAPITEL 57

Die USA hatten für die Olympischen Spiele nur zwei Plätze zu vergeben, ich hatte also auch dort nie eine Chance, und als ich in meiner Wohnung in Girona die Spiele auf Eurosport verfolgte, nahm ich die Dinge anders wahr, als ich es als Kind getan hatte. Ich war nach wie vor fasziniert von den Führenden, die verbissen um jeden Zentimeter kämpften, aber 2016 achtete ich eher auf die Fahrer hinten im Feld und mir entging nicht, dass sie lächelten. Für die meisten Olympiateilnehmer ist es schon ein Sieg, überhaupt ausgewählt zu werden. Sie wussten, sie könnten nicht gewinnen, statt sich also für einen elften Platz zu quälen, genossen sie diesen Moment, den sie sich verdient hatten.

Den Rest des Sommers über hielt ich es genauso. Ich hatte hart dafür gearbeitet, es in die WorldTour zu schaffen, und nun blieb mir nichts mehr zu tun, als meine Zeit dort zu genießen. Niemand würde bemerken, wenn ich auf den flachen Straßen von Alberta (wo mir selbst ein Etappensieg keinen neuen Vertrag eingebracht hätte) nicht bei 100 Prozent wäre, was hieß, dass es keinen Grund mehr gab, zu trainieren. Ich war im verlängerten bezahlten Urlaub.

Was stellte ich also mit meiner Zeit an, nun da der Sport mich ausspuckte? Ging ich in Museen? Hing ich am Strand ab oder bis spätabends in Kneipen? Nein. Ich saß fünf Stunden am Tag auf dem Rad, aber ich fuhr etwas langsamer als sonst – mit einem höheren Anteil Kaffeepausen pro Kilometer – und statt kehrtzumachen, um ein weiteres Mal einen Anstieg hinaufzustrampeln und auf mein Powermeter zu starren, nahm ich mir oben einen Moment Zeit, um die Aussicht zu genießen. Ich war kein

Athlet mehr. Ich war ein Entdecker, ein Tourist, der zum ersten Mal die Welt sieht.

Ich war abhängig gewesen von den Chemikalien, die freigesetzt werden, wenn man gewinnt, aber mit Vaughters' Hilfe hatte ich einen kalten Entzug geschafft und trotz allem knickte ich in diesem Jahr nicht mental ein, und ich setzte auch keinen Fuß in einen McDonald's. An den meisten Abenden aß ich mit meinen Freunden, schlenderte lauthals singend durch die Straßen und lächelte, als hätte ich 20 Dollar in meiner Jeans gefunden. Es war nicht so, wie ich es erwartet hatte, aber ich lebte den Traum.

Ich hatte endlich ein wenig Glück mit meinen Verträgen, als mein früherer Verleger sich einverstanden erklärte, eine Sammlung meiner monatlichen »Frag den Profi«-Kolumnen zu veröffentlichen, und der Erfolg meines ersten Buchs war auch den Leuten bei Penguin nicht entgangen (für einen Anglistik-Absolventen so was wie die WorldTour unter den Verlagen). Dank ihnen tippe ich dieses Manuskript auf meiner 1200 Jahre alten Veranda in Girona und nippe an einem Mineralwasser, während über den Pyrenäen die Sonne untergeht und im Hintergrund die spanische Gitarre von einem Typen mit Dreadlocks erklingt, der auf den Stufen der Kathedrale hockt.[*]

So ist es wohl: Man kann einer Sache nachjagen und man kann scheitern, aber vielleicht ergibt sich ja, wenn man sich ein wenig umschaut, irgendwo ganz in der Nähe ein anderer Job, den man liebt. Oder zumindest kann man, was auch immer man sich erhofft hatte und wo auch immer man gelandet ist, ganz bestimmt kurze Momente gestalten, in denen man hin und wieder den Traum lebt.

---

[*] Ich kann auch einen Obdachlosen hören, der gerade etwas geschnupft hat und jetzt würgt. Scheiße, jetzt ist er umgekippt. Was soll ich tun, die Polizei rufen? Okay, er steht wieder. Es geht ihm gut. Konzentrieren wir uns auf die Gitarre, ja?

KAPITEL 58

Nach monatelanger Funkstille erhielt ich schließlich eine Mail von einem von Vaughters' Assistenten mit einem Schreiben im Anhang, mit dem ich darüber informiert wurde, dass mein Vertrag für 2017 nicht erneuert würde. JVs Unterschrift war drauf, aber ich bekam nie ein Wort von ihm zu hören. Ich habe mich immer gefragt, warum er mich überhaupt je verpflichtet hatte, sogar zweimal, nur um mich in Rennen einzusetzen, in denen ich nichts verloren hatte, und mich dann ziehen ließ, als ich mich besser schlug, als man erwarten konnte. Wenn man sich mein Programm für 2016 anschaut, sieht es aus, als hätte er sich mit der Absicht daran gemacht, meine Moral zu zerstören, indem er meine Träume wie eine Karotte vor meiner Nase baumeln ließ. Vielleicht ist es ganz gut so, dass ich es nicht verstehe, denn Vaughters ist ein übler Heuchler, und seine Sicht der Dinge zu verstehen, würde bedeuten, dass ich selbst ein wenig gaga sein müsste. Ich glaube nicht, dass JV überhaupt echte Freunde hat, und er setzt sich immer nur für etwas oder jemanden ein, wenn für ihn etwas dabei herausspringt. Ich bin stolz darauf, ihn nicht verstehen zu können, so wie ich auch nie begreifen werde, warum Charles Manson all die Leute töten wollte[*], aber ich bin dennoch froh, dass ich für sein Team fahren durfte, denn ich weiß, dass es mir so heute besser geht, als hätte ich mich weiterhin immer nur in unterklassigen Rennen abgestrampelt.

---

[*] Manson fragt sich vermutlich, warum Sie nie jemanden umgebracht haben.

Ich sollte es vermutlich nicht so persönlich nehmen. Statt also anderen die Schuld für mein Unglück in die Schuhe zu schieben und mich in die Opferrolle zu fügen, wäre es besser, Verantwortung zu übernehmen und Kontrolle über mein Schicksal zu beanspruchen. »Schreibe nicht der Böswilligkeit zu, was durch Dummheit hinreichend erklärbar ist«, lautet die Lebensweisheit, die man auch als »Hanlons Rasiermesser« kennt. Ich könnte dies vielleicht noch einen Schritt weiterführen. »Gaimons Rasiermesser« hieße dann: »Schreibe nicht der Dummheit zu, was durch Gleichgültigkeit hinreichend erklärbar ist.« Vaughters muss sich wie ein Vater einer Rasselbande dreckbesudelter Kinder fühlen, die alle seine Aufmerksamkeit und Anerkennung und Unterstützung brauchen. Hätte er mir die Chance gegeben, mein volles Potenzial zu entfalten, hätte ich mich gut geschlagen, aber auch mein Bestes hätte vermutlich nicht für ein Podium gereicht, also war es aus seiner Sicht sinnvoller, sein Augenmerk auf andere zu richten und mich zu vernachlässigen.

Gegen Ende der Saison sah die Option, bei Dimension Data unterzukommen, weiterhin vielversprechend aus. Freunde, die für die Mannschaft fuhren, baten ihre Bosse, mich ins Boot zu holen, aber dann gab das Team eines Tages seinen Kader für 2017 bekannt. Ich war drei Jahre lang mit dem Manager des Rennstalls in Kontakt gewesen und er hielt es nicht mal für nötig, mir abzusagen. Ich erfuhr es aus den Nachrichten und fand so heraus, dass es vorbei war. Ich war endgültig gestrichen.

An meinem Vorsatz festhaltend, den ich 2015 nach meiner Gehirnerschütterung getroffen hatte, lief ich mir nicht wegen eines Jobs bei kleineren Teams die Hacken ab, trotzdem erhielt ich ein paar Angebote. Eines davon hätte mir mehr Geld beschert, als ich je als Profi verdient hatte, aber als ich einen Blick auf ihren Rennkalender warf, war ich ernüchtert. Ich ertappte mich dabei, an den Fahrer zu denken, der in diesem Jahr bei einem UCI-Rennen ums Leben gekommen war, an die vier, die im Koma gelandet waren, und an den engen Freund, der von einem Auto angefahren wurde und ein neues Gesicht brauchte. Stefano und Katie würden im Frühjahr ein Baby bekommen und ich wollte mit ihnen im Krankenhaus sein, aber nicht, weil ich mir bei einer beschissenen Rundfahrt in Asien oder dem Mittleren Osten den Kopf gestoßen hatte im vergeblichen Versuch, meinen Traum am Leben zu erhalten. Ich dachte daran, wie hungrig ich mit 23 gewesen war, daran, dass ich für solche Angebote damals getötet hätte, und an all die heute 23-Jährigen, die sich nichts sehnlicher wünschten als einen Vertrag, der mir nicht mehr viel bedeuten würde. Ich wollte ihnen nicht die Plätze wegnehmen, so wie mir Ted King vor zwei Jahren meinen Platz weggenommen hatte. Es war an der Zeit, das Feld zu räumen. Sollte jemand anderes versuchen, den Traum zu leben, und hoffen wir, dass er es leichter hat als ich.

Die Medien sprachen unentwegt von meinem »Rücktritt«, als ich meine Entscheidung bekanntgab, aber das Wort schien mir nicht ganz passend. Denn ein Rücktritt impliziert, dass es auch etwas gegeben hatte, was man ernsthaft »Karriere« nennen durfte und was nicht eh im Begriff war zu versanden. Ich habe eine große Kiste mit Medaillen und Trikots und Trophäen, ich besitze zwei Häuser und bald habe ich drei Bücher bei Barnes & Noble im Regal stehen, aber ich fühle mich nach wie vor wie ein Gescheiterter. Ist das mein Fehler, oder ist es das, was es mit einem macht, wenn man einem Traum nachjagt?

Ich versuche, mir einzureden, stolz auf mich zu sein. Ich hatte es weiter gebracht, als ich hätte sollen, wenn man bedenkt, wie schwierig die Dinge standen, als ich anfing. Erinnern Sie sich an all die Typen, die dopten, als ich noch Amateur war, und die mir den Hintern versohlten, als ich zum ersten Mal das Redlands Classic und die Tour of the Gila fuhr? Sie schafften es nie in die WorldTour. Mit der Zeit war ich an diesen Arschlöchern vorbeigezogen, und ich schaffte es sauber. Ich hatte nicht das Glück, das manch anderer hatte, aber viele andere hatten noch weit weniger Glück als ich. Ich habe nicht alles getan, was ich wollte, aber ich tat alles, was ich konnte.

Wann immer ich Alex Howes traf in jenem Jahr, warf er einen prüfenden Blick auf die Stellen, die ich mir 2015 vor der Tour of Utah nervös aus dem Bart gerieben hatte.

»Es wächst nach, Kumpel!«*, sagte er jedes Mal. Und das tat es, irgendwann. Ich habe immer noch Narben an der Stirn, am Kinn, und überall an meiner Hüfte, an meinen Knien und Schultern, aber ich bin der einzige Profi, den ich kenne, der sich nie das Schlüsselbein gebrochen hat, und trotz ein paar Gehirnerschütterungen funktioniert mein Hirn noch recht gut. Wichtiger noch: Dadurch, dass ich meine Helden kennengelernt habe, erfuhr ich, was es heißt, ein Held zu sein, und dadurch dass ich meine Träume verpasst habe, habe ich den Wert wahrer Freundschaft erkannt und gelernt, wie man aus der Enttäuschung heraus Zufriedenheit gestalten kann. Ich lernte zwar nie Katalanisch, aber ich kann »bitte«, »danke«, »tut mir leid« und »leck mich« in acht Sprachen sagen, und bei fast jedem Rennen in den letzten paar Jahren hat mir ein wohlmeinender Fremder Kekse geschenkt. Wenn das nicht bedeutet, den Traum zu leben, dann wüsste ich nicht, was sonst.

---

* Auch bei Cannondale brachte Woodsy alle dazu, »Kumpel« zu sagen.

KAPITEL 59

Ich hatte darüber nachgedacht, Tom Danielsons Nummer auf meinem Handy zu löschen, aber ich blieb in Kontakt mit ihm und hoffte auf eine Aussöhnung. In der Überzeugung, es zu dessen Ärzten zurückverfolgen zu können, wollte er zunächst das Team verklagen, nachdem er seine Nahrungsergänzungsmittel hatte überprüfen lassen. Danach ließ er seine Sonnencreme und Trinkflaschen analysieren. Als Nächstes kam er zu dem Schluss, dass es Sabotage gewesen sein musste, ausgehend von seiner Ex-Frau oder einem aufgebrachten Fan (einmal meinte er, das FBI müsse in die Sache verwickelt sein). Es klang alles ziemlich verrückt, aber es war genau das wirre, verzweifelte Gebaren, mit dem auch ich auf einen positiven Dopingbefund reagieren würde – oder Sie, würden die Bullen vor der Tür stehen und Sie wegen Mordes verhaften.

In seinem emotionalen Zustand hatte Tom sogar die Substanz missverstanden, auf die er positiv getestet worden war. Die USADA gab schließlich bekannt, dass DHEA bei ihm nachgewiesen wurde, was hinsichtlich der Erklärung vom verunreinigten Ergänzungsmittel wesentlich plausibler war. Wir reden hier über sehr geringe Spuren, die in Millionstel gemessen werden; hätte er also vor dem Test nur eine Flasche Wasser mehr getrunken, hätte seine Probe vermutlich schon im erlaubten Bereich gelegen. Ganz abgesehen davon: Hätte Tom betrügen wollen, hätte er Ausnahmegenehmigungen beantragen können für Mittel, die legal waren und zehnmal effektiver – oder einfach ein bisschen EPO aufgetrieben. Er hätte nicht zu DHEA gegriffen: ein billiges, schwaches

Steroid, das bekanntermaßen bloß die Muskelregeneration unterstützt und lange im Körper nachweisbar ist.

Sie gaben es nicht öffentlich zu, aber ich glaube, selbst die USADA ahnte, dass ihnen ein Fehler unterlaufen war, denn sie sperrten ihn nur vier Jahre statt lebenslänglich wie bei Wiederholungstätern üblich und sie gewährten ihm mehrere Monate Zeit für seine Versuche, die Sache aufzuklären. Hätte Tom die Sache geheim gehalten, statt auf Twitter auszurasten, hätte er die ganze Zeit Rennen fahren können. Er hätte an der Tour of Utah 2015 teilnehmen können und ich wette, die ganze Sache wäre unter den Teppich gekehrt worden, hätte er ein verunreinigtes Nahrungsergänzungsmittel vorweisen können.*

Für mein »Image« wäre es in meinem besten Interesse gewesen, meine Freundschaft aufzukündigen und Tom in den Medien anzugreifen so wie alle anderen, aber ich wäre ein Lügner, würde ich nicht die Wahrheit sagen, wie ich sie sehe, nämlich so: Ich glaube Tom Danielson. Ich hasse mich dafür, nicht für ihn da gewesen zu sein, als er mich am meisten brauchte. Ich entschuldigte mich bei ihm dafür, und obschon wir uns heute nicht mehr häufig sprechen, sind wir uns weiterhin freundlich gesonnen.

Ich war immer ziemlich gut darin, meine Gefühle zu erläutern und mich verständlich zu machen, aber wenn es um diese eine Sache geht, verstehen mich die Leute entweder nicht oder sie hören nicht zu. Irgendjemand wird mich also gewiss einen Heuchler oder Einfaltspinsel nennen, und wenn Sie meinen, Sie kennen Tom besser als ich, können Sie mich von vornherein mal kreuzweise. Ich sage nicht, dass er ein Heiliger ist, dass seine verkürzten Sperren fair waren oder dass Sie ihn mögen müssen. Ich glaube, dass der Sport so kaputt war, dass es kein »fair« mehr gab. Ich glaube sehr wohl, dass es an der Zeit war für die EPO-Generation, endlich abzutreten. So gesehen war die Sache mit dem DHEA eine Art korrektive Gerechtigkeit – wie bei Al Capone, der letztlich wegen Steuerhinterziehung in den Knast wanderte. Vielleicht sollte nie-

---

* Da fragt man sich: Was ist wohl alles unter diesem Teppich?

mand eine zweite Chance bekommen, wenn so viele auf ihre erste warten.

Tom veranstaltet heute Trainingscamps und hilft anderen Radsportlern, ihre Ziele zu erreichen. Er meinte, als er damals mit mir bei der Tour de San Luis über die Ziellinie gefahren war, sei ihm zum ersten Mal klar geworden, was für ein gutes Gefühl das sei.

Ich würde gern glauben, dass der Radsport, als ich ihn verließ, in besserem Zustand war als zu der Zeit, als ich begann, aber nach wie vor wurden alle naselang Fahrer positiv getestet, und als Hacker die Ausnahmegenehmigungen von einigen der Topfahrer enthüllten, zeigte sich, dass viele von ihnen Mittel missbrauchten, die in der Grauzone zu verorten waren – so wie es, denke ich, auch Horner tat, als er die Vuelta gewann (von wegen Marginal Gains, Brad Wiggins). Die Gewerkschaft bewahrte uns davor, bei schlechtem Wetter zu fahren[*], aber sie konnte nichts gegen die Kameramotorräder ausrichten, die überall auf der Strecke herumrasten – selbst nachdem eines von ihnen in diesem Jahr einen Fahrer tötete. Es war eine Schande, dass die Teams ihre Fahrer am nächsten Tag antreten ließen, statt strengere Sicherheitsvorkehrungen einzufordern, und es war ein Schlag ins Gesicht, als sie sich dann ein paar Monate später doch zusammenrauften, um gegen UCI-Reformen bezüglich des Rennkalenders zu protestieren. Die WorldTour Teams hielten es also nicht für nötig, etwas zu unternehmen, als es um das Wohlergehen ihrer Angestellten ging, aber sobald Geld auf dem Spiel stand, waren sie in der Lage, sich zu vereinen.

Es gibt aber durchaus Hoffnung: Brad Huff hat sein Leben in den Griff bekommen und einen Haufen Rennen gewonnen. Talansky wurde Fünfter bei der Vuelta und Lachlan holte die Gesamtwertung bei der Tour of Utah[†], bei der jener Fan mit dem Elchhelm seine »Voigt«- und »Horner«-Trikots gegen eins eingetauscht hatte, auf dem »Reijnen« stand. Ende des Jahres gaben beide Schleck-Brüder ihren

---

[*] Finanziert zum Teil durch eine freundliche Spende von George Hincapie.
[†] Im Herbst sah ich Lachlan mit Armstrong auf einem Foto bei etwas, was nach einer kleinen Dinnerparty aussah. Sein »So dope«-T-Shirt trug er nicht.

Rücktritt bekannt (sie gingen endlich nach Hause, Alex!), ebenso Fabian Cancellara.*

Als ich in diesem Herbst eine Tour durch Tucker unternahm, bremste neben mir ein SUV ab und der Fahrer lehnte sich heraus, um mich anzubrüllen. Ich wappnete mich für ein »Runter von der Straße, Schwuchtel!« Aber stattdessen bekam ich zu hören: »Viel Glück bei allem, was auch immer du als Nächstes vorhast, Phil!«

Auf der Main Street hat ein neues Radgeschäft eröffnet, und erinnern Sie sich an dieses alberne Gestrüpp, das sie gepflanzt hatten? Es sind jetzt Bäume.

---

* Aber erst, nachdem er bei den Olympischen Spielen eine Goldmedaille im Zeitfahren gewann. Lance Armstrong twitterte daraufhin »Gratuliere, Luigi«, bezugnehmend auf Fabians vermeintlichen Codenamen auf den bei der Operación Puerto sichergestellten Blutbeuteln. Stellen Sie sich vor, Lance Armstrong zu sein – eine nationale Schande – und auf dem Olympia-Podium jemanden zu sehen, von dem Sie annehmen, dass er das Gleiche abgezogen hat wie Sie (bzw. Schlimmeres, falls die Sache mit dem Motor stimmen sollte), dazu auch noch unterstützt von Trek – einer Marke, die Lance aufzubauen half und die ihn dann hinauswarf. Dann sprach ich mit Thomas Dekker darüber und er sagte, dass *er* der »Luigi« aus dem Puerto-Skandal sei und dass Lance sich irre. Also ich gebe auf. Daraus soll noch einer schlau werden...

NACHWORT

Dies ist der Teil, der wie eine Antrittsrede klingen sollte, wo ich etwas Inspirierendes sage, etwas in der Art wie: Folgen auch Sie Ihren Träumen und alles wird klappen, wenn Sie nur tun, was Sie lieben, selbst wenn es eine Randsportart mit korrupter Führung und Heuballen in den Kurven ist. Aber falls Sie sich von mir Aufmunterung oder Lebenshilfe erhofft hatten, haben Sie möglicherweise ein Problem, und wenn Sie versuchen, Profisportler, Astronaut oder Rockstar zu werden, wird es wahrscheinlich nicht klappen.[*]

Wissen Sie, wer nicht will, dass Sie Ihren Träumen nachjagen? Ihr Vermieter, denn er will, dass Sie pünktlich die Miete zahlen – oder Ihre Kinder, die neue Schuhe brauchen. Wenn Sie es drauf ankommen lassen, werden Sie möglicherweise einen guten Teil Ihres Lebens vergeuden, ohne etwas davon zu haben. Und wenn Sie die wenigen Glücklichen fragen, die alles erreicht haben, was sie sich erträumt hatten, werden sie Ihnen wahrscheinlich sagen, dass es da oben recht einsam ist[†], und wenn es nicht für immer anhält, wette ich, dass es sich anfühlt, als würde man zweimal sterben.

Worauf will ich also hinaus? Sollten Sie lieber kleine Träume hegen? Sollten Sie vernünftige Träume hegen? Sollten Sie gar keine Träume he-

---

[*] Vermerk an Bob Dylan, Michael Jordan und Oprah Winfrey, für den Fall, dass sie das hier lesen: Es tut mir leid. Ihr steht nun mal ganz oben auf der Leiter.
[†] Bob, Oprah und MJ: Ihr wisst, wovon ich rede, oder? Niemand kann euch jemals *wirklich* verstehen, oder? Ich wette, ihr wisst jetzt, warum Elvis den Verstand verloren hat. Aber haltet durch, Freunde, alles wird gut.

gen? Ich bin froh, dass meine Eltern mich nicht ermutigt haben, das Radfahren zu meinem Beruf zu machen, denn hätten sie es gemacht, wäre ich rückblickend echt sauer. Ich möchte es den alten Knackern übelnehmen, die mir rieten, weiterzumachen, aber ich kann es nicht, denn hätten sie gesagt, ich solle auf Nummer sicher gehen und mir einen Bürojob suchen, hätte ich nicht zugehört. Ich habe mich nicht *entschieden*, einem Traum nachzujagen – ich wurde von ihm gekidnappt. Wenn Sie also glauben, grundsätzlich die Wahl zu haben, sollten Sie sich besser entscheiden, die Sache sein zu lassen, denn diejenigen, die es schaffen, sind entweder dafür geboren oder felsenfest überzeugt, dass sie sich lieber davon umbringen lassen, als innerlich dabei zu sterben, etwas anderes zu tun.

Freunde fragten mich, wie ich es in all den Jahren geschafft habe, meine Motivation fürs Training aufrechtzuerhalten, aber es wäre mir viel schwerer gefallen, aufzuhören. Falls das in Ihren Ohren so klingt, als würde ich prahlen, machen Sie sich bitte klar, dass ich es eher als Krankheit denn als Gabe empfinde, und ich hoffe, dass Sie sich nicht anstecken, denn ich bin neidisch, wenn Sie glücklich sind mit einem Leben der Sicherheit und der erreichbaren Ziele. Ich wette, dass auch der Typ, der mir bei Stride Rite die Schuhe zugebunden hat, neidisch wäre, aber wir fahren beide besser damit, gescheitert zu sein, statt unser Leben lang mit dem Gefühl herumzulaufen, es würde uns an einer Stelle jucken, an die wir nicht herankommen.

Ich wünschte, ich könnte sagen, dass Träume dumm sind, aber auf meinem mühsamen Weg zum Mittelmaß lernte ich ein paar glückliche Seelen kennen, die ihren Träumen beharrlich gefolgt sind, bis sie sich tatsächlich voll und ganz erfüllten.

Ich fuhr nicht zu den Olympischen Spielen, aber wissen Sie, wer es schaffte? Mike Woods. Er hatte bereits einen ansehnlichen Vertrag für 2017 bei Cannondale unterschrieben, aber nach den Spielen haftete ihm ein gewisser Glanz an. Er war ein neuer Mensch, voller Freude, Energie und Geschichten. Woodsy bekam, was er immer gewollt hatte, und es war genauso, wie er es sich erhofft hatte.

Wissen Sie, wessen olympische Träume sich ebenfalls erfüllten? Die von Gwen Jorgensen und Pat Lemieux. Ich besuchte sie in jenem Sommer für eine Woche, als Gwen in ihren letzten Trainingsmonat startete, und ich war verblüfft angesichts ihrer Entschlossenheit. Man könnte meinen, es gehe nur darum, die Trainingseinheiten abzuspulen und sich zu quälen, wie Tom Danielson es mich gelehrt hatte, aber sie hielt in ihrem Trainingstagebuch auch tägliche Zielsetzungen fest – keine ergebnisorientierten Ziele, wie Jeremy Powers es empfahl[*], sondern prozessorientierte Ziele – kleine Dinge, die sie kontrollieren und bewerten und verbessern konnte, denn letztendlich ist es weniger das Ergebnis als der Einsatz, was man im Zweifel bereuen muss. Gwens Coach lebte in der Nähe und sie hatte einen ganzen Stab an Betreuern und jede erdenkliche Hilfe. Pat kümmerte sich um die organisatorischen Dinge, kaufte jeden Tag frische Lebensmittel ein, plante seinen Alltag um ihre Bedürfnisse herum. Es gibt Erfolg, der »wahres Talent« erfordert, aber darüber hinaus gibt es noch ein anderes Level, das ich mir nicht hätte vorstellen können: Erfolg, der daraus erwächst, das zwei der tüchtigsten und beeindruckendsten Menschen, die mir je begegnet sind, sich mit ihren komplementären Talenten zusammentun und in einer gemeinsamen Mission »all-in« gehen.

In Rio schwamm Gwen mit den Führenden mit, sie fuhr klug auf dem Rad und ich bekam eine Gänsehaut, als sie beim Lauf das Tempo anzog und unversehens allein in Führung lag. Ich war sicher, sie würde stolpern und sich den Knöchel verdrehen oder dass jemand von hinten kommen würde, denn nichts ging im richtigen Leben so perfekt auf, aber dann überquert sie plötzlich die Ziellinie und es hängt eine Goldmedaille um ihren Hals. Sie weint und ich weiß, dass Pat irgendwo im Hintergrund ebenfalls weint, zusammen mit ihren ganzen Angehörigen und Freunden und Trainern, und ich sitze allein in meinem Apartment in Girona und bin am Heulen. Das geht Ihnen auch nahe, jetzt gerade, nicht wahr? Und Sie kennen die beiden nicht mal.

---

[*] Sorry, Kumpel, du lagst nur ein klein wenig daneben.

Ich bin froh, auf Nummer sicher gegangen zu sein, ich werde Ihnen aber nicht einreden, das Gleiche zu tun. Opfern Sie alles, wenn Sie wollen. Schmeißen Sie die Schule und versuchen Sie das Unmögliche. Hätte ich gewusst, wie mein Leben als Profisportler aussehen und wo ich enden würde, wäre ich nicht sicher, ob ich jemals angefangen hätte, und die Wahrscheinlichkeit ist groß, dass es auch Sie kaputtmachen wird. Aber in den seltenen Fällen, wenn alles so aufgeht, wie es soll und es den richtigen Menschen passiert, ist es so groß und fühlt sich so super an, dass es den Schmerz all derer aufwiegt, die auf der Strecke geblieben sind – all der Deppen wie uns, die es darauf ankommen ließen und scheiterten.

Ich hörte nie auf zu hoffen, dass es in jenem Jahr einen Moment geben würde, in dem ich innehalten und glauben würde, ein gutes Ende für dieses Buch zu haben. Anfangs dachte ich, ich könnte vielleicht irgendwo ein Rennen gewinnen, aber die Ausreißergruppe kam nicht durch, wenn ich es gebraucht hätte. Dann dachte ich, es würde mir indirekt gelingen, indem ich Howes oder Woods oder Talansky zu einem großen Sieg verhalf, aber auch das hat sich nie ergeben. Ich war mir jedes Mal sicher, dass das nächste Rennen besser laufen würde, und dann plötzlich war alles vorbei und die Saison war mir durch die Finger geglitten. Die meisten Leute, die einem Traum folgen, bekommen kein Happy End. Das Beste, was ich machen kann, ist, in den Sonnenuntergang zu fahren.

Covadonga Verlag

Helmer Boelsen, Dino Buzzati, Daniel Coyle, Marijn de Vries, Laurent Fignon, Paul Fournel, Renate Franz, Joe Friel, Phil Gaimon, Hannah Grant, Olivier Haralambon, Jan Heine, Paul Kimmage, Philipp Köster, Tim Krabbé, Albert Londres, Benjo Maso, Tim Moore, Graeme Obree, Kurt Stöpel, die Velominati, Dimitri Verhulst, Charly Wegelius, Peter Winnen. Das ist nur eine kleine Auswahl unserer Autoren. Radfahrer von Welt- und Kreisklasse, die dem Radsport eine literarische Stimme verleihen. Die kritischen Quer- und Vordenker aus dem Peloton. Radprofis, die anecken. Legendäre Reporter und große Humoristen. Die aufregendsten Chronisten der Jedermann-Szene. Internationale Koryphäen in Fragen Training und Fahrradtechnik... Sie alle schreiben für Covadonga. Meist über den Radsport, manchmal auch über seine nahen Verwandten.

Seit 2002 widmet sich der Covadonga Verlag in Bielefeld der Herausforderung, lesens- und sehenswerte Bücher in deutscher Sprache zu schaffen, die den Radsport zeigen, wie er wirklich ist. Mit allem an Fieber und Faszination, Witz und Wunder, Schönheit und Schande. Aktuell lieferbar sind knapp siebzig Titel rund um die Themenschwerpunkte Profi- und Hobbyradsport.

Detaillierte Informationen zu allen Büchern finden Sie unter:
www.covadonga.de

Weitere Radsportbücher im Covadonga Verlag

ISBN	Titel / Autor
978-3-95726-028-4	Der Radrennfahrer und sein Schatten. Olivier Haralambon
978-3-95726-027-7	Die Regeln. Kodex für Radsportjünger. Velominati
978-3-95726-026-0	Die Radfahrer Cartoons. Dave Walker
978-3-95726-024-6	Thomas Dekker – Unter Profis. Thomas Dekker/Thijs Zonneveld
978-3-95726-019-2	Tausend Kilometer Süden. Walter Jungwirth
978-3-95726-018-5	Die Trainingsbibel für Triathleten. Joe Friel
978-3-95726-017-8	Mit dem Klapprad in die Kälte. Tim Moore
978-3-95726-013-0	Pellegrina. Eine italienische Radsportwallfahrt. Lidewey van Noord
978-3-95726-012-3	Tourleben. Vier Jahrzehnte Radsportfotografie. Hennes Roth
978-3-95726-011-6	Das Grand Tour Kochbuch. Hannah Grant
978-3-95726-010-9	Auf der Straße. David Millar
978-3-95726-009-3	Die vierzehnte Etappe. Tim Krabbé
978-3-95726-006-2	Schnell und fit ab 50. Joe Friel
978-3-95726-005-5	Domestik. Charly Wegelius
978-3-95726-001-7	Das Rennen gegen die Stasi. Herbie Sykes
978-3-936973-98-3	Radsporttraining mit der Methode Obree. Graeme Obree
978-3-936973-97-6	Gironimo! Tim Moore
978-3-936973-95-1	Beim Giro d'Italia. Dino Buzzati
978-3-936973-93-8	Frau & Rennrad. Nynke de Jong/Marijn de Vries
978-3-936973-91-1	Ein Mann und sein Rad. Wilfried de Jong
978-3-936973-87-7	Das Land der zweiten Chance. Tim Lewis
978-3-936973-79-2	Spinning ist was für Friseure. Andreas Beune

ISBN	Titel / Autor
978-3-936973-78-5	Das Buch der Radsporttrikots. Andreas Beune/Rainer Sprehe
978-3-936973-77-8	Unmöglich ist kein französisches Wort. Jan Cleijne
978-3-936973-76-1	Monolog einer Frau, die in die Gewohnheit verfiel... Dimitri Verhulst
978-3-936973-74-7	Meine Zeit. Bradley Wiggins
978-3-936973-72-3	Lötzsch. Der lange Weg eines Jahrhunderttalents. Philipp Köster
978-3-936973-70-9	Alles Rower? Ein Wessi auf Friedensfahrt. Rainer Sprehe
978-3-936973-69-3	Meisterwerke des Fahrradbaus. Jan Heine
978-3-936973-68-6	Sind wir nicht alle ein bisschen tri? Lars Terörde
978-3-936973-66-2	Albina und das Fahrrad. Jacques Faizant
978-3-936973-65-5	Die Liebe zum Fahrrad. Paul Fournel
978-3-936973-60-0	Der Schweiß der Götter. Die Geschichte des Radsports. Benjo Maso
978-3-936973-58-7	Dicker Mann auf dünnen Reifen. Ulf Henning
978-3-936973-57-0	Laktatexpress. Im Tal der Ortsschildsprinter. Matt Gelpe
978-3-936973-56-3	Barfuß auf dem Dixi-Klo. Lars Terörde
978-3-936973-55-6	Going Long. Triathlontraining für die Langdistanz. J. Friel/ G. Byrn
978-3-936973-54-9	Dein perfektes Rennrad. Guy Andrews
978-3-936973-52-5	Wir waren jung und unbekümmert. Laurent Fignon
978-3-936973-50-1	Die Trainingsbibel für Radsportler. Joe Friel
978-3-936973-42-6	Die kleine Radsportfibel. Ben Hewitt
978-3-936973-40-2	Das Trainingstagebuch für Radsportler. Joe Friel
978-3-936973-39-6	Alpenpässe und Anchovis. Tim Moore
978-3-936973-37-2	Die legendären Anstiege des Giro d'Italia. Peter Leissl
978-3-936973-35-8	Gute Beine, schlechte Beine. Peter Winnen
978-3-936973-34-1	Der vergessene Weltmeister. Renate Franz
978-3-936973-33-4	Die Geschichte der Rad-Weltmeisterschaft. Helmer Boelsen
978-3-936973-29-7	Put me back on my bike. William Fotheringham
978-3-936973-26-6	Kette rechts! Im großen Gang durch das unnütze Radsportwissen.
978-3-936973-25-9	Bobkes Welt. Radsport auf die wilde Tour. Bob Roll
978-3-936973-23-5	Wir alle waren Götter. Benjo Maso
978-3-936973-22-8	Venga! Venga! Venga! – Die Macher des Radsports. Klaus Blume
978-3-936973-21-1	Girofieber. Marco Pinotti/Gijs Zandbergen
978-3-936973-19-8	Armstrongs Kreuzzug. Ein Jahr auf dem Planeten Lance. Daniel Coyle

ISBN	Titel / Autor
978-3-936973-17-4	*Did Not Finish. Der Radsport und seine Opfer.* Andreas Beune
978-3-936973-15-0	*Rik Van Steenbergen. Das Ass der Asse.* Walter Rottiers
978-3-936973-14-3	*Post aus Alpe d'Huez.* Peter Winnen
978-3-936973-13-6	*Mit dem Fahrrad zur WM. Von Kreuzberg nach Korea.* Felix Göpel
978-3-936973-10-5	*Tour de France.* Kurt Stöpel
978-3-936973-08-2	*Treffpunkt Tresen.* Walter Rottiers
978-3-936973-07-5	*Rennfahrerblut ist keine Buttermilch.* Andreas Beune
978-3-936973-03-7	*Raubeine rasiert. Bekenntnisse eines Domestiken.* Paul Kimmage